Shelley E. Taylor

POSITIVE ILLUSIONEN

Produktive Selbsttäuschung und seelische Gesundheit

Deutsch von Robert Ende
und Sebastian Fetscher

Rowohlt

Die Originalausgabe erschien 1989 unter dem Titel
«Positive Illusions. Creative Self-Deception
and the Healthy Mind» im Verlag Basic Books, Inc.,
Publishers, New York

Übersetzung bis Ende Kap. 3: Robert Ende
Übersetzung ab Anfang Kap. 4: Sebastian Fetscher

1. Auflage September 1993
Copyright © 1993 by Rowohlt Verlag GmbH,
Reinbek bei Hamburg
«Positive Illusions»: Copyright © 1989 by
Basic Books, Inc., New York
Alle deutschen Rechte vorbehalten
Umschlag- und Einbandgestaltung
Susanne Müller
Satz aus der Galliard (Linotronic 500)
Gesamtherstellung Clausen & Bosse, Leck
Printed in Germany
ISBN 3 498 06500 9

INHALT

VORWORT

Während meines Studiums arbeitete ich mehrere Monate lang in einem psychiatrischen Krankenhaus. Als ich die Stellung antrat, glaubte ich, Menschen, die in solchen Institutionen eingesperrt sind, seien vom Schmerz des Lebens in den Wahnsinn getrieben worden. Ich erwartete, Menschen zu begegnen, die unter unerträglichem Streß litten – unter dem Tod eines geliebten Mitmenschen, der Zerstörung von Haus und Besitz durch eine Naturkatastrophe, einer Scheidung oder einer anderen quälenden Trennung. Das, so nahm ich an, mußte es sein, was zu seelischer Krankheit führt. Ich wurde schnell eines Besseren belehrt. Tatsächlich lassen, wie ich bald feststellte, Opfer von Katastrophen – von persönlichen wie Raubüberfall und Vergewaltigung oder von natürlichen wie Feuer und Überschwemmung – selten Anzeichen seelischer Krankheit erkennen. Werden diese Menschen einige Monate nach solchen, wie es scheint, niederschmetternden Verlusten befragt, geben sie häufig an, ihr Leben sei mindestens ebenso glücklich und befriedigend wie vor den katastrophalen Ereignissen.

Diese Tatsachen fesselten mich so sehr, daß ich nach meinem Studium beschloß, die Prozesse zu erforschen, die der Überwindung tragischer oder beinahe tragischer Lebensereignisse zugrunde liegen. Solche Probleme sind nicht leicht zu studieren. Interviews zu führen mit Opfern von Vergewaltigung, mit Krebspatienten und mit Menschen, die vom plötzlichen Tod bedroht sind – dies waren unsere ersten Klienten –, ist eine aufwühlende Art, sich den Lebensunterhalt zu verdienen. Menschen, die den Tod vor Augen haben oder ihm vor kurzem begegnet sind, haben eine Menge zu sagen, und vieles davon ist schwer auszuhalten. Allerdings gibt es auch ungewöhnliche Geschichten von seelischer Gesundung.

Ursprünglich hatte ich mir die Anpassung an psychische Traumen und die Erholung von seelischer Erschütterung als homöostatischen Prozeß vorgestellt, also als psychisches Regulationssystem, dessen Funktion es ist, die psychische Balance und Stabilität aufrechtzuerhalten. Ich vermutete, daß es in der Psyche Mechanismen gebe, die helfen, das emotionale und kognitive Gleichgewicht wieder in den Zustand zu versetzen, in dem es vor dem viktimisierenden Ereignis war. Eine homöostatische Hypothese ist ein logischer Ansatz, denn sie läßt sich bei vielen biologischen Problemen sehr gut anwenden. Der Magen hat zum Beispiel fünf verschiedene Mechanismen, um Salzsäure zu produzieren, und wenn einer oder mehrere davon gestört sind, dann springen die anderen ein und halten die Magenfunktion annähernd auf dem ursprünglichen Pegel. Homöostase erschien oberflächlich als geeignete Beschreibung des psychischen Gesundungsprozesses.

Was wir bald entdeckten, war jedoch ein Prozeß ganz anderer Art. Bei vielen der Menschen, die wir befragten, war nicht nur ihr früherer Funktionspegel wiederhergestellt; vielmehr schienen sie einen höheren Pegel als vor dem viktimisierenden Ereignis erreicht zu haben. Viele der Betroffenen gaben an, ihr Leben sei vor dem belastenden Ereignis einfach dahingeplätschert, wie es eben geschieht, wenn man keine besonderen Anstrengungen macht, den Lebenslauf aktiv zu gestalten. Die bedrohlichen Ereignisse, denen sie ausgesetzt waren, zwangen sie jedoch, ihre Prioritäten und Wertvorstellungen zu überdenken, und viele Patienten äußerten, daß sie nun jeden Augenblick ihres Lebens bewußt lebten, um dem Leben so viel

Freude und Sinn abzugewinnen wie möglich. Anders als je zuvor machten sie sich Gedanken darüber, was hinter ihren Handlungen stand, legten sie Wert auf das, was ihnen wirklich etwas bedeutete, wandten sie sich in einigen Fällen neuen Aktivitäten zu, die ihnen das Gefühl größerer Erfüllung gaben. Einer der Krebspatienten, die wir befragten, sagte dazu: «Das Tollste wäre natürlich, all das zu tun, ohne Krebs zu haben.»

Mein Leben wurde durch den Kontakt mit diesen Menschen verändert. Wenn man stundenlang Interviews zugehört hat, in denen Krisenopfer nachdenklich ihr Leben und ihre Lebensleistungen abschätzen und erklären, wie sie ihre Aktivitäten und ihr Denken neu geordnet haben, dann fühlt man sich fast peinlich davon berührt, wie wenig von dieser intensiven Aufmerksamkeit man dem eigenen Leben widmet. Diese Arbeit zwingt daher zu einer rigorosen Überprüfung der eigenen Wertvorstellungen und zu der Frage nach dem eigentlichen Wert der eigenen Aktivitäten, und sie nötigt zuweilen zu unwillkommenen Betrachtungen über den Tod. «Du und Woody Allen...», sagt mein Mann in solchen Momenten und macht sich auf die Suche nach leichterer Zerstreuung. Trotz dieser Risiken habe ich mit Freude beobachtet, daß auch die Studenten aller Jahrgänge, die mit mir gearbeitet haben, den Kontakt mit Menschen, die sich mit dem Sinn und Wert ihres Daseins auseinandersetzen müssen, als Bereicherung ihres Lebens empfunden haben. Nach vier oder fünf Interviews kommen meine Studenten als veränderte Menschen zurück, und noch Jahre später schreiben sie mir, wie wichtig ihre Erfahrungen für ihre Entwicklung als Wissenschaftler und zu reifen Erwachsenen gewesen seien.

In unseren Forschungsergebnissen begann sich ein merkwürdiges Bild abzuzeichnen. Viele der psychischen Genesungen, von denen die Patienten berichteten, schienen auf einer gewissen Verkennung der Situation zu beruhen, vor allem auf übermäßig optimistischen Einschätzungen der Heilungsaussichten bei einer körperlichen Krankheit und auf dem Glauben, die Wahrscheinlichkeit einer neuerlichen Belastung künftig aktiv beeinflussen zu können. Es war überraschend und verwirrend, dem Bericht einer Krebspatientin darüber zuzuhören, welchen Sinn die Erfahrung mit der Krankheit ihrem Leben gegeben habe, sie voller Zuversicht sagen zu hören, daß sie nie wieder Krebs bekommen werde, und dabei aufgrund der Krankengeschichte zu wissen, daß sie fast mit Sicherheit einen Rückfall erleiden und schließlich an der Krankheit sterben würde. Noch überraschender war allerdings die Entdeckkung, daß diejenigen Menschen, die an solchen übertrieben optimistischen Einschätzungen ihrer Situation und dem Glauben, viktimisierende Ereignisse kontrollieren zu können, festhielten, tatsächlich nicht schlechter, sondern besser an ihre Lebensumstände angepaßt waren. Wir kamen überein, diese adaptiven Fiktionen *Illusionen* zu nennen, und obwohl sie nicht in jedem Bericht über Erholung von seelischer Belastung vorkamen, waren sie doch prävalent.

Irritiert durch die unvorhergesehene Rolle produktiver Einbildungskraft bei seelischer Genesung, suchten wir nach einem Kontext, in dem wir sie weiter erforschen konnten. Zuerst wandten wir uns der psychiatrischen Literatur zu, die aber, obwohl in sich interessant, nicht sonderlich hilfreich war für das Verständnis der Illusionen, die wir bei Opfern lebensbedrohender Ereignisse beobachteten. Als nächstes wandten wir uns der Forschung auf den neuen, schnell wachsenden Spezialgebieten der Kognition und der sozialen Kognition zu, die viele der gescheitesten Wissenschaftler im Fachbereich Psychologie angezogen haben. Hier fanden wir dann auch erste Anhaltspunkte. Bevor ich darauf eingehe, ist eine kurze Abschweifung erforderlich.

In den meisten wissenschaftlichen Disziplinen gab es zu verschiedenen Zeitpunkten ihrer Geschichte Bezugssysteme, die, einmal artikuliert, die Mehrheit der Wissenschaftler in ihren Bann zogen und den jeweiligen Fachbereich plötzlich und unvermittelt in völlig neuer Richtung vorantrieben. Die kognitive Psychologie repräsentiert solch eine Entwicklung für die Psychologie. Die kognitive Perspektive, die sich darauf konzentriert, wie das Bewußtsein organisiert ist und funktioniert, ist zu einem alles beherrschenden Bezugsrahmen geworden für Entwicklungspsychologen, die das Leben von Kindern und Erwachsenen in sämtlichen Abschnitten studieren; für Sozialpsychologen, die untersuchen, wie Menschen über soziale Aktivitäten denken und wie sich ihre Interaktionen abspielen; und für klinische Psychologen, die sich bemühen, seelische Gesundheit und Krankheit zu verstehen. Diese Teilgebiete sind in den letzten Jahren von der kognitiven Perspektive stark beeinflußt worden, so daß Sozial-, Entwicklungs- und klinische Psychologen in mancher Hinsicht oft auch kognitive Psychologen sind.

Was ist die kognitive Perspektive? Sie ist ein Ansatz zum Verständnis des Denkens der Menschen über sich und die Welt. Die kognitive Perspektive stellt die Interpretationen der Menschen in den Mittelpunkt. Untersucht wird, wie Menschen über andere Menschen denken, wie sie über andere zu denken glauben und warum sie so denken. Für den kognitiven Psychologen ist es zum Beispiel weniger wichtig zu wissen, ob jemand einen Test nicht bestanden hat, als vielmehr, ob der oder die Betreffende Scheitern als Rückschlag oder als Lernerfahrung betrachtet. Es ist weniger wichtig zu wissen, ob jemand Protestant, Katholik oder Jude ist, als zu verstehen, welche Bedeutung Religion für sein Leben hat. Zu wissen, daß jemand viel Geld verdient oder einen aufregenden Beruf hat, ist weniger wichtig, als zu wissen, ob er oder sie mit diesen Lebensumständen zufrieden ist. Die Interpretation ist das Schlüsselelement in der kognitiven Analyse.

Ironischerweise half diese Literatur uns, die adaptiven

Fiktionen, die wir bei unseren Patienten beobachteten, besser zu verstehen, denn die kognitive Forschung belegt ähnliche Wahrnehmungsformen im normalen, alltäglichen Denken. Das bedeutet, daß das normale menschliche Bewußtsein, statt engen Kontakt mit der Realität zu halten, Informationen von außen in positivem Sinne verdreht. Insbesondere denken Menschen über sich, ihre Zukunft und ihre Fähigkeit, Einfluß zu nehmen auf das, was um sie herum geschieht, positiv in einem Ausmaß, dem die Realität nicht standhalten kann. So wie Opfer lebensbedrohlicher Ereignisse motiviert zu sein scheinen, sich von seelischer Belastung zu erholen und viktimisierende Ereignisse aktiv in positiver Weise umzudeuten, so scheinen Menschen, die mit den normalen Abfuhren des täglichen Lebens konfrontiert sind, ihre Erfahrungen umzusetzen, indem sie eine übertrieben positive Sicht ihrer eigenen Eigenschaften, einen wirklichkeitsfremden Zukunftsoptimismus und ein unangemessenes Vertrauen in ihre Fähigkeit, die Geschehnisse um sie herum zu kontrollieren, entwickeln und aufrechterhalten.

Diese Arbeiten und Nachforschungen gipfelten in der Auffassung von psychischer Gesundheit, die in diesem Buch dargelegt wird. Ich behaupte, daß das normale menschliche Bewußtsein auf psychische Gesundheit ausgerichtet ist und daß es bei jeder Gelegenheit Ereignisse in einer Weise interpretiert, die günstige Fiktionen über das Selbst, die Welt und die Zukunft fördert. Von einigen wichtigen Ausnahmen abgesehen, tendiert das Bewußtsein aus sich heraus zur Anpassung und ist eher darauf ausgerichtet, widrige Lebensereignisse zu überwinden, als ihnen nachzugeben. Wie ich noch zu zeigen versuche, ist das gesunde Bewußtsein ein selbsttrügerisches. Auf einer Ebene ersinnt es zuträgliche Auslegungen bedrohlicher Ereignisse, die die Motivation und die Selbstachtung steigern; auf einer anderen Ebene erkennt es jedoch die Bedrohung oder Herausforderung, die von diesen Ereignissen ausgeht.

Oberflächlich betrachtet, könnte die Ansicht, Menschen müßten die Realität verzerren, um sich ihr erfolgreich anzupassen, ziemlich zynisch erscheinen. Ich hoffe, genau die gegenteilige Empfindung zu vermitteln. Die Fähigkeit des Bewußtseins, Nutzen aus Tragödien zu ziehen und zu verhindern, daß ein Mensch vom Streß und Schmerz des Lebens überwältigt wird, ist eine bemerkenswerte Errungenschaft. Für den Wissenschaftler macht dies das Bewußtsein als Forschungsobjekt unendlich interessanter. Würde sich unser Bewußtsein darauf beschränken, Informationen so aufzunehmen, wie sie sind, und sie getreulich wiederzugeben, dann läge die Hauptaufgabe des Psychologen darin, als Chronist banaler geistiger Aktivität zu fungieren. Zu erforschen, wie das Bewußtsein Ereignissen Sinn und Struktur aufzwingt und wie es dies systematisch in adaptiver Weise tut, ist dagegen ein echtes Abenteuer. Darüber hinaus geht man aus dieser Forschungsarbeit nicht mit zynischer Verachtung für die kleinen Tricks, mit denen Menschen ihre Defekte verbergen und ihre Tragödien verzerren müssen, hervor, sondern mit höchster Achtung vor einem Organismus, der sich so weit fortentwickelt hat, daß er durch schiere geistige Anstrengung über Mißgeschick triumphieren kann. Die Hilfsmittel des Bewußtseins sind außerordentlich und beeindruckend, und ihre Fähigkeit, Menschen bei der Bewältigung von Unglück zu helfen, zeugt von der Beweglichkeit des menschlichen Geistes.

Ein Wort zu dem Faktenmaterial, auf dem diese Analyse beruht. Die hier vorgestellten Forschungsergebnisse entstammen drei Hauptquellen: Laboruntersuchungen der kognitiven Psychologie, Feldstudien mit Menschen, die von kritischen Ereignissen betroffen sind, und Überblickstudien (Surveys) in der Allgemeinbevölkerung. Diese drei Datenquellen unterscheiden sich sehr. Das Labor ist eine seltsame, fremde Welt, in der alle Aspekte der Umgebung durchstrukturiert sind und der Proband – ob Kind, Adoleszent oder Erwachsener – gefordert ist, auf vorgegebene Reize zu reagieren. Die Arbeit im Labor ist experimentell; der Untersuchungsleiter hat die Versuchssituation so manipuliert, daß er die Reaktionen einer Probandengruppe mit denen einer anderen vergleichen kann. Die Atmosphäre erinnert an die in dem Film «Dr. Seltsam oder Wie ich lernte, die Bombe zu lieben» und in anderen theatralischen Visionen vom unheimlichen Wissenschaftler, der mit Menschen experimentiert. Gerade weil die Arbeit im Labor so rigoros kontrolliert wird, ist sie jedoch auch so bestechend wie keine andere Forschungsmethode.

Im Gegensatz dazu sind Interviews mit Menschen über deren Lebenserfahrungen häufig nur minimal strukturiert; sie geben den Befragten die Gelegenheit, über jene Dinge zu reden, die ihnen am wichtigsten sind. Bei der Methode des Interviews wird die Arbeit oft vom Befragten bestimmt, und der Interviewer fungiert schlicht als getreuer Protokollant der Erfahrungen des Probanden. Die Datenerhebung ist zeitraubend, das gewonnene Material aber reich an Details und Implikationen.

Auch die Methode des Surveys hat ihre Vor- und Nachteile. Im Rahmen einer solchen Überblickstudie wird einer großen Zahl von Menschen eine begrenzte Anzahl von Fragen zu einem bestimmten Aspekt ihres Lebens gestellt. Der Hauptnachteil dieser Methode ist, daß nur wenige Fragen gestellt werden können, wenn die Studie sich auf eine große Zahl von Menschen erstreckt. Die Vorteile sind jedoch mannigfaltig. Bei Erhebungen zu den Überzeugungen der Allgemeinbevölkerung antworten Junge und Alte, Männer und Frauen, Gebildete und weniger Gebildete, Menschen aus verschiedenen geographischen Gebieten und Lebensbereichen auf die Fragen. Die Schlüsse, die über die Überzeugungen der breiten Öffentlichkeit gezogen werden können, sind wahrhaft beeindruckend, denn sie haben über zahlreiche Unterschiede und Lebensweisen, die uns sonst trennen, hinweg ihre Gültigkeit.

Wenn drei so unterschiedliche Arten von Datenmaterial ähnliche Schlußfolgerungen zulassen, dann steigt das Vertrauen in die Resultate enorm. Dies ist bei der vorliegenden Untersuchung der Fall. Die Experimente zur Kognition, die Interviews mit Menschen in Krisensituationen und die Überblickstudien laufen eindeutig darauf hinaus, daß es eine Reihe von Lebensmotiven und von Bewußtseinsmechanismen gibt, die psychische Gesundheit fördern.

Die Zeit ist günstig für ein Buch über psychische Gesundheit. Frühere Analysen entstammen im wesentlichen der klinischen Literatur und beruhen weitgehend auf Krankengeschichten und auf Beobachtungen, die klinische Psychologen in der Praxis bei Patienten in seelischer Notlage und mit verschiedenen mentalen Störungen gemacht haben. Gelegentlich findet man auch eine empirische Untersuchung einer nichtklinischen Stichprobe funktionstüchtiger Personen. Der Psychiatrie-Pionier Abraham Maslow zum Beispiel, der Mitte der fünfziger Jahre den Prozeß der Selbst-Aktualisierung beschrieb, tat dies aufgrund einer intensiven Befragung von einflußreichen und kreativen Führungspersönlichkeiten aus Politik, Literatur und dem humanitären Bereich sowie aufgrund von Interviews mit weniger prominenten, aber kompetenten und funktionstüchtigen Erwachsenen.[1] Untersuchungen dieser Art waren allerdings in den meisten Fällen voneinander isoliert und durch Art und Zahl der untersuchten Personen begrenzt.

Ich habe das Glück, in einer Zeit zu schreiben, in der die Psychologie buchstäblich Hunderte von gut angelegten und geführten wissenschaftlichen Untersuchungen zu Aspekten der psychischen Gesundheit bietet. Günstigere Umstände sind kaum vorstellbar. Einen nichtklinischen Bericht über Vorgänge vorzulegen, die bislang fast ausschließlich aus klinischer Perspektive untersucht wurden, birgt freilich auch ein gewisses Risiko. Der Forschung fehlen oft die Feinheiten und die Ergiebigkeit der klinischen Erfahrung. Die signifikanten statistischen Unterschiede, die einem Wissenschaftler so überwältigend erscheinen können, haben selten soviel Überzeugungskraft wie eine einzelne, einfühlsam geschriebene Krankengeschichte. In dieser Hinsicht kann der klinische Krankenbericht manchmal gefährlich sein, denn er ist zwar oft eine sensible, getreue und einsichtsvolle Beschreibung einer individuellen Erfahrung, aber seine Implikationen für andere Menschen und Situationen sind unbekannt.

Wenn die Wissenschaft sich aufrafft, die Gültigkeit einer bestimmten These zu demonstrieren, ist außerdem stets jemand fast sicher, den gleichen Gedanken bereits geäußert zu haben. Die Folge ist, daß die Neuartigkeit der Schlußfolgerungen zum Teil untergraben werden kann. Aber selbst bei einer völlig anderen Annäherung an das Problem der psychischen Gesundheit gibt es Konvergenzen mit Themenstellungen in der klinischen Literatur, insbesondere mit der Psychologie des Selbst, wie sie von Heinz Kohut und seinen Schülern formuliert worden ist, und mit kognitiv-behavioristischen Analysen von Problemen wie Depression.[2] Durch diese vereinten Bemühungen entwickelt sich allmählich ein klares Bild des psychisch gesunden Bewußtseins.

Der Anthropologe Sol Tax von der University of Chicago trug eines Tages gerade seine Enkelin auf den Schultern, als er einen Kollegen traf. Der Freund, der das Mädchen lange nicht gesehen hatte, sah zu ihr auf und sagte: «Du bist aber gewachsen!» Das Kind erwiderte: «Das bin nicht alles ich.»[3] Diese Feststellung spiegelt meine eigene Situation als Berichterstatterin der im folgenden geschilderten Ereignisse und Beobachtungen gut wider. Äußerst dankbar bin ich jenen Kollegen in der Sozialpsychologie, auf deren Schultern *ich* sitze und die den Löwenanteil der sorgfältigen, behutsamen Arbeiten durchgeführt haben, deren Ergebnisse in diesem Buch zusammengetragen worden sind. Dankbar bin ich auch den kognitiven und klinischen Psychologen, deren Arbeit für die Formulierung meiner Gedanken ebenso unentbehrlich ist.

Ich möchte dem National Institute of Mental Health danken, das mich über zwanzig Jahre vertrauensvoll unterstützt hat. Besonders dankbar bin ich für das zehnjährige Forschungsstipendium, das es mir ermöglichte, meine Zeit dem Studium dieser Probleme zu widmen.

Auch die Bemühungen vieler Generationen von Studenten, Dissertanden und Promovierten, die über die Jahre bei diesen Problemstellungen mit mir gearbeitet haben, möchte ich würdigen. Dazu zählen Lisa Aspinwall, Leslie Clark, Mary Collins, Rebecca Collins, Jennifer Crocker, Gayle Dakof, Roberta Falke, Larry Feinstein, Myra Ferree, Susan Fiske, Nancy Goodban, Judith Hall, Jim Kulik, Darrin Lehman, Smadar Levin, Marci Lobel, John Lydon, Grant Marshall, Fred Miller, Buf Meyer, Geoffrey Reed, Sherry Schneider, Barry Shields, Laurie Skokan, Elliot Smith, Robyn Steer, Suzanne Thompson, Jay Wagener, Charlene Williams, Elissa Wurf und vor allem Jonathon Brown, Rosemary Lichtman und Joanne Wood.

Ich danke meinen vielen Kollegen und Freunden im Fachbereich Psychologie und in angrenzenden Wissengebieten, die die Entwicklung dieser Gedanken beeinflußt und in vielen Fällen Entwürfe von Kapiteln oder Absätzen gelesen und ausführlich kommentiert haben. In diesem Zusammenhang gilt mein Dank Roy Baumeister, Edward Emery, Constance Hammen, Charles McClintock, Richard Nisbett, Lee Ross, William Swann, Charles Taylor, Elissa Wurf und ganz besonders George Vaillant, der mir als erster vorschlug, dieses Buch zu schreiben.

Judy Greissman und Laura Wolff möchte ich für die ermutigende Unterstützung bei diesem Projekt danken, meiner Lektorin Jo Ann Miller für ihre Hilfe bei der Vollendung dieses Buches. Besonderen Dank verdient auch Garrett Duncan Songhawke für seine Bemühungen um die Aufbereitung der vielen Entwürfe und die Fertigstellung des Manuskripts für die Veröffentlichung. Meinem Mann, Mervyn Fernandes, danke ich für seine Liebe und Unterstützung. Und schließlich widme ich dieses Buch meinen Kindern Sarah und Charlie, die mir mehr Freude bereitet haben, als sie sich vorstellen können.

POSITIVE
ILLUSIONEN

KAPITEL 1

FLUCHT VOR DER REALITÄT: ILLUSIONEN IM TÄGLICHEN LEBEN

> Mit der Wahrheit kann man nicht leben.
> Um leben zu können, braucht man Illusionen.
> *Otto Rank*

Was ist psychische Gesundheit? Was meinen wir, wenn wir sagen, jemand habe einen gesunden Geist? Philosophen und Wissenschaftler haben diese Fragen jahrzehntelang erörtert. Manche sehen in der Psyche eine unbändige, nach Lusterfüllung trachtende Triebkraft, die durch soziale Kräfte und das erdrückende Gewicht der eigenen Schuld gezügelt werden müsse. Aus dieser Sicht ist derjenige Geist gesund, der unter Kontrolle ist und dessen geheime Wünsche in sozial erträgliche Bahnen gelenkt worden sind. Andere betrachten den menschlichen Geist als unparteiischen Wissensprozessor, der Informationen relativ unbefangen sortiert und mit sorgsamen Schlußfolgerungen und wohlüberlegten Entscheidungen aufwartet. Gelegentlich mag dieser Prozeß durch Emotionen wie Angst oder Leidenschaft durcheinandergebracht werden, aber normalerweise kommt der menschliche Geist seiner Aufgabe, wie man glaubt, ziemlich gut nach. Aus dieser Sicht ist der gesunde Geist also ein rationales kleines Wesen, das nach den vernünftigsten Antworten sucht.

Bei aller Verschiedenheit der Ansichten über Gesundheit stimmen die meisten Experten in einem Punkt überein. Die psychologische Weisheit von Jahrzehnten hat den Kontakt zur Wirklichkeit als Hauptkennzeichen psychischer Gesundheit etabliert. Eine gut angepaßte Persönlichkeit hat demnach eine klare Perzeption der Realität, während jemand, dessen Wahrnehmung durch Illusionen getrübt ist, als anfällig für, wenn nicht gar als Opfer von Geisteskrankheit betrachtet wird.

Im Jahr 1958 berief die amerikanische Bundesregierung ein Gremium der prominentesten Fachleute des Landes auf dem Gebiet der psychischen Gesundheit, um die Frage, die am Anfang dieses Kapitels steht, zu klären. Die angesehene Psychologin Marie Jahoda wurde gebeten, das einschlägige Wissen in einem Buch zusammenzufassen. Nach sorgfältiger Prüfung der bekannten psychologischen Theorien kam Jahoda zu folgendem Ergebnis:

«Die Perzeption der Wirklichkeit wird als psychisch gesund bezeichnet, wenn das, was das Individuum wahrnimmt, übereinstimmt mit dem, was tatsächlich ist...»[1]

«Psychisch gesunde Perzeption meint den Prozeß, die Welt so zu sehen, daß man Dinge, die man sich anders wünscht, aufnimmt, ohne sie so zu verzerren, daß sie diesen Wünschen entsprechen.»[2]

Die meisten Theorien zur psychischen Gesundheit, so schloß Jahoda, betrachten die akkurate Wahrnehmung der Realität als entscheidende Komponente psychischer Gesundheit; diese These findet sich unter anderem in den Schriften von Gordon Allport, Erik Erikson, Abraham Maslow, Karl Menninger und Erich Fromm.[3]

Der Standpunkt, daß man die Realität akkurat wahrnehmen müsse, um seelisch gesund zu sein, ist bis zu einem gewissen Grad einleuchtend. Markante Verzerrungen der Realität müssen zwangsläufig zu unangepaßtem Verhalten in der Umwelt führen. Fälschlich zu glauben, schwimmen zu können, kann zum Ertrinken führen. Fehleinschätzungen der eigenen Fähigkeiten können eine fehlerhafte Partner- oder Berufswahl zur Folge haben. Vielleicht ist die Annahme, korrekte Perzeption der Realität sei eine entscheidende Komponente psychischer Gesundheit, aus diesem Grund jahrzehntelang nicht in Frage gestellt worden. Tatsächlich ist diese Annahme in einem Maße als konventionelle Lehrmeinung betrachtet worden, daß sie in Lehrbücher eingegangen ist. In einem Band wird zum Beispiel die Ansicht geäußert, daß die Fähigkeit, die Realität wahrzunehmen, wie sie wirklich ist, die Basis für erfolgreiches Funktionieren und eine der wesentlichen Voraussetzungen für die Entwicklung der gesunden Persönlichkeit sei.[4]

Mit Recht könnte man fragen, ob akademische Betrachtungen über psychische Gesundheit irgendwelche praktischen Konsequenzen für das menschliche Denken und Verhalten haben. Das haben sie tatsächlich, und zwar in zweierlei Hinsicht. Zunächst einmal diktiert die Theorie weitgehend, wie wissenschaftliche Arbeit betrieben wird, sowohl auf förderliche Weise, indem sie die Problemstellungen definiert, die für relevant erachtet werden, als auch auf eine hinterlistigere Weise, indem sie die Schlußfolgerungen suggeriert, die zu ziehen dienlich ist. Die Aufsätze von Wissenschaftlern, deren Forschungsergebnisse mit der herrschenden Lehre übereinstimmen, werden veröffentlicht und zitiert, während die Methoden, Statistiken und Schlußfolgerungen von Wissenschaftlern, deren Ergebnisse der etablierten Weisheit widersprechen oder diese in Frage stellen, einer strengeren Prüfung unterzogen und an einem höheren Standard gemessen werden. Wissenschaftliche Voreingenommenheit begünstigt die herrschende Meinung.[5]

Wichtiger ist vielleicht die Tatsache, daß die Praktiker der psychischen Gesundheit, also diejenigen, die unmittelbar mit Patienten arbeiten, den etablierten Konventionen über seelische Gesundheit gemäß ausgebildet und von diesen geleitet werden. Dahingehend unterwiesen, daß Kontakt zur Realität die unerläßliche Bedingung psychischer Gesundheit sei, halten zumindest einige Kliniker dies für die Norm, an der Patienten gemessen werden sollten. Der Psychologe C. R. Snyder berichtete, daß akkurate Realitätswahrnehmung während seiner klinischen Ausbildung als essentiell für psychische Gesundheit hingestellt worden sei, eine Lehrmeinung, die er erst anzuzweifeln begann, als einer seiner Patienten murrte: «Was ist denn so toll an der Wirklichkeit?»[6] Der Psychologe Richard Lazarus bemerkt zu seiner klinischen Ausbildung in den fünfziger Jahren:

«Aufgeklärt zu sein bedeutete, akkurate Realitätsprüfung *(accurate reality testing)* als Kennzeichen psychischer Gesundheit zu akzeptieren… Jeder wußte, daß Selbsttäuschung gleichbedeutend war mit psychischer Gestörtheit. Wenn man das Leben meistern wollte, mußte man die Wahrheit, so schmerzlich sie auch sein mochte, nicht nur kennen, sondern in ihr schwelgen und, wenn nötig, in ihr ertrinken.»[7]

Trotz seiner Plausibilität ist dieser Standpunkt immer schwieriger aufrechtzuerhalten und zu rechtfertigen. Die kognitive Psychologie legt beharrlich einen ganz anderen Schluß nahe. Wie wir sehen werden, spricht der heutige Wissensstand tatsächlich zu einem wesentlichen Teil für die Prävalenz von Voreingenommenheit und Illusionen im normalen menschlichen Denken. Sozialwissenschaftler haben herausgefunden, daß die meisten Menschen, statt sich selbst, die Welt und die Zukunft akkurat wahrzunehmen, sich, ihre Lebensumstände und die Zukunft erheblich positiver sehen, als es objektiv wahrscheinlich ist oder als es von der Wirklichkeit bestätigt wird.[8] Diese voreingenommenen Wahrnehmungen oder Illusionen, wie ich sie nenne, beziehen oft zentrale Aspekte des Selbst und der Umwelt ein und können daher nicht als belanglos abgetan werden. Illusionen sind drei Kategorien zuzuordnen: Selbsterhöhung oder die

Wahrnehmung des Selbst, des eigenen Verhaltens in der Vergangenheit und der bleibenden, persönlichen Attribute als positiver, als es tatsächlich der Fall ist; übertriebener Glaube an die eigene Fähigkeit zur Kontrolle, der die Einschätzung, man könne primär positive Ergebnisse herbeiführen, einschließt; unrealistischer Optimismus, vor allem Wahrnehmungen, daß die Zukunft eine unrealistisch große Zahl von guten Möglichkeiten und keine widrigen Ereignisse mit sich bringen werde.

Obwohl die Auffassung, daß die normale menschliche Wahrnehmung von Täuschung gekennzeichnet sei, nicht völlig neu ist, sind die wissenschaftlichen Grundlagen für diese Feststellung jüngeren Ursprungs.[9] Wie kam es zu dieser Entdeckung? Bei dem Versuch zu verstehen, wie Menschen denken und warum sie so denken, wie sie denken, gingen die früheren Forschungen über das menschliche Denken von der Annahme aus, daß Menschen Informationen über die Welt ziemlich akkurat aufnehmen und interpretieren. Es wurde unterstellt, daß der Mensch mit der Welt gleichsam wie ein Wissenschaftler kommuniziere, Informationen unvoreingenommen sammele, sie klar und logisch zusammenfüge und im allgemeinen zu akkuraten Inferenzen und Entscheidungen gelange.[10] Die Auffassung vom Menschen als getreuem Unterhändler der Realität stieß rasch auf Schwierigkeiten. Wissenschaftler waren alarmiert über die unvollständige Informationssammlung des Menschen und über die Kurzschlüsse, Irrtümer und Vorurteile, die bei der Entscheidungs- und Urteilsbildung zutage traten. Einige derjenigen, die den Prozeß der Urteilsbildung untersuchten, begannen sich zu fragen, wie es kommt, daß die Menschen bei den Fehlern, die in ihren Schlußfolgerungen so leicht nachzuweisen sind, überhaupt überleben.[11]

Es geht nicht nur darum, daß Menschen Fehler machen, wenn sie Informationen aufnehmen und versuchen, Schlußfolgerungen aus diesen herzuleiten. Natürlich müssen sie unweigerlich Fehler begehen angesichts der gewaltigen Aufgabe, eine Fülle von Informationen zu verarbeiten und zu deuten. Vielmehr rührte die anfängliche Beunruhigung der Wissenschaftler daher, daß die Fehler durchweg eine bestimmte Tendenz aufwiesen. Das normale menschliche Denken zeichnet sich durch robuste positive Voreingenommenheit aus.

Meine Aufgabe in diesem Buch ist, den Leser davon zu überzeugen, daß das normale menschliche Denken und Wahrnehmen nicht durch Genauigkeit, sondern durch positive, erhöhende Illusionen über das Selbst, die Welt und die Zukunft gekennzeichnet ist. Ich werde darüber hinaus zu zeigen versuchen, daß diese Illusionen für das menschliche Denken nicht bloß charakteristisch sind; sie scheinen tatsächlich adaptiv zu sein und gute psychische Gesundheit eher zu fördern als zu untergraben. Solch eine Sichtweise zwingt uns nicht nur, die Stützpfeiler des Konzepts von psychischer Gesundheit zu überprüfen, sondern auch, klinische Ansätze bei einer Reihe von Problemen der psychischen Gesundheit zu überdenken, zum Beispiel wie Menschen aus negativen Informationen lernen, wie sie widrige Ereignisse in ihrem Leben überwinden und wie sie bestimmten schwächenden emotionalen Störungen, etwa Depression, erliegen.

Aber diese Bemerkungen greifen den Fakten vor. Der erste Schritt ist, die Illusionen des Denkens zu charakterisieren und ihre Entwicklung zu verfolgen. Dies beginnt bei der wissenschaftlichen Literatur über das Selbst, die untersucht, wie Menschen in ihrer Kindheit das Gefühl für das Selbst entwikkeln und wie sie ihre Eigenheiten als Erwachsene wahrnehmen. Der Romancier André Gide bemerkte einmal: «Jeder von uns hat seine Methode, sich selbst zu betrügen. Wichtig ist, an die eigene Wichtigkeit zu glauben.» Das Gefühl der eigenen Wichtigkeit ist ein geeigneter Ausgangspunkt.

DAS SELBST ALS HELD

Eine der ersten Erfahrungen des Säuglings ist, daß das Selbst eine separate Person ist. Beim Anblick seines Spiegelbildes wird das ganz junge Kleinkind abwechselnd sich selbst und sein Abbild tätscheln und erkennen, daß es sich selbst sieht. Ein großer Teil der frühen Erkenntnisse involviert die Unterscheidung des Selbst von anderen wichtigen Personen in der Umgebung, vor allem von der Mutter und vom Vater. Das Selbst trägt folglich dazu bei, das Denken über seine Attribute und seine Beziehungen zur sozialen Umwelt zu organisieren.[12] Experten auf dem Gebiet der psychischen Gesundheit vertreten die Auffassung, der Prozeß der Differenzierung des Selbst sollte die Fähigkeit einschließen, das Selbst realistisch wahrzunehmen, also die eigenen Stärken und Schwächen getreulich anzuerkennen. So verläuft der Prozeß freilich in Wirklichkeit nicht.

Solange die Erfordernisse des Lebens noch keinen Einfluß auf das Selbstkonzept des Kindes haben, ist das Kind sein eigener Held. Von wenigen Ausnahmen abgesehen, haben Kinder eine recht hohe Meinung von sich. Sie trauen sich viele Aufgaben und Fähigkeiten zu, auch solche, die sie nie ausprobiert haben. Sie halten sich für beliebt. Die meisten Vorschüler und Erstkläßler sagen, daß sie Klassenspitze oder dieser zumindest nahe seien. Sie setzen große Erwartungen in ihren künftigen Erfolg. Darüber hinaus sind diese grandiosen Selbstbeurteilungen durch negatives Feedback kaum zu erschüttern, zumindest bis zum siebten Lebensjahr. Kinder glauben, daß sie bei den meisten Aufgaben erfolgreich sind, sogar bei solchen, bei denen sie gescheitert sind. Sie scheinen über Rückmeldungen von anderen, daß sie ihre Aufgabe nicht so gut erfüllt haben, wie sie glauben, ziemlich unbekümmert hinwegzugehen.[13] Ein befreundeter Architekt erzählte, daß er einmal seine fünfjährige Tochter mit zur Arbeit nahm. Während er an seinem Zeichentisch einige Baupläne vollendete, ahmte die Tochter an einem Nachbartisch sein Verhalten gewissenhaft nach. Amüsierte Beobachter kamen näher, um zu sehen, was das Kind vollbracht hatte, und ein wohlmeinender Freund bemerkte: «Du wirst einmal ein noch besserer Architekt als dein Vater.» Das Kind sah überrascht auf und erwiderte: «Aber das bin ich doch schon.» Dann machte es sich wieder an die Arbeit.

Warum haben Kinder so unrealistisch positive Einschätzungen ihrer Fähigkeiten, die obendrein so unempfänglich für Feedback zu sein scheinen? Die Psychologin Deborah Stipek weist nach, daß Kinder Scheitern nicht unbedingt als Versagen ansehen. Daß ein bestimmtes Ziel nicht erreicht wurde, bedeutet für ein Kind nicht, daß etwas Schlimmes passiert ist oder daß diese Erfahrung irgendwelche Implikationen für die Zukunft hat. Kinder lernen zwar mit der Zeit, ihre Leistungen als Erfolg oder Mißerfolg zu beurteilen, für kleine Kinder sind diese Begriffe aber noch weitgehend bedeutungslos. Kinder haben ein ziemlich kurzes Gedächtnis und vergessen unter Umständen, wie sie abgeschnitten haben. Fähigkeit und Bemühung sind für Kinder im wesentlichen dasselbe, und so sehen sie jede zielgerichtete Tätigkeit unabhängig vom Erfolg oder Mißerfolg als Fortschritt an. Ein Kind drückte es so aus: «Wenn du nachdenkst, hilft das dem Gehirn und macht dich schlauer.» [14] Kleine Kinder differenzieren nicht zwischen dem, was sie für wahr halten, und dem, was sie sich wünschen, daß es wahr sei, und so tritt bei ihren Einschätzungen der eigenen Fähigkeiten Wunschdenken zutage. [15]

Das Selbstbild vom Helden, der alle erforderlichen Qualitäten besitzt, um in einer Welt voller Möglichkeiten Erfolg zu haben, verblaßt in der späten Kindheit zwar ein wenig, bleibt jedoch bei Erwachsenen wie bei Kindern präsent. Entgegen der Ansicht von Experten der psychischen Gesundheit, daß die gut angepaßte Persönlichkeit sich der positiven und negativen Aspekte des Selbst bewußt ist und diese akzeptiert, haben die meisten Erwachsenen ein sehr positives Bild von sich. Aufgefordert, sich selbst zu beschreiben, nennen die meisten Menschen viele positive Eigenschaften und, wenn überhaupt, wenige negative.[16] Selbst wenn sie eigene Fehler zugeben, neigen sie dazu, diese Schwächen herunterzuspielen und als unbedeutend abzutun.[17] Für mathematisch Begabte ist die Welt voller Rechenaufgaben, die auf ihre Lösung warten. Diejenigen mit geringem Talent in dieser Richtung lassen solche Aufgaben lieber unerledigt oder delegieren sie an den Ehepartner oder einen Buchhalter. Menschen halten Dinge, die sie nicht interessieren, für weniger wichtig als solche, an denen ihr Interesse hängt. Für einen Football-Fan ist Football ein wichtiger Teil seines Lebens. Für die an dieser Sportart Uninteressierten ist Football dagegen ein zäher Wettstreit unwirklicher Riesengestalten, die sich gewiß einen besseren Zeitvertreib ausdenken könnten. Wenn Menschen ihren Mangel an Talent auf einem bestimmten Gebiet erkennen, neigen sie dazu, darin einen verbreiteten, auch bei anderen auftretenden Mangel zu sehen. Bevorzugte Fähigkeiten werden dagegen als seltene und charakteristische Zeichen ungewöhnlichen Talents betrachtet.[18] Das Kind, das auf einem Fuß hüpfen kann, ist überzeugt, daß kein anderes das so gut kann, aber dasselbe Kind wird störrisch behaupten, auch all seine Freunde äßen Cornflakes mit den Händen. Das Selbstbild der meisten Menschen ist demnach von einer Ausgewogenheit positiver und negativer Vorstellungen weit entfernt, vielmehr stark zum Positiven hin gerichtet.[19]

Aber sind diese Selbsteinschätzungen tatsächlich unrealistisch? Ist das positive Selbstbild eine Illusion oder Realität? Eine Unausgewogenheit der Selbstwahrnehmungen bedeutet an und für sich noch nicht, daß die Selbstwahrnehmungen der Menschen voreingenommen sind. Die meisten Menschen widmen sich während des größten Teils ihrer Zeit positiven Handlungen, und folglich überwiegen die vorteilhaften Attribute und Aktionen der Menschen die negativen beträchtlich. Es gibt jedoch einige Hinweise darauf, daß die positive Selbstwahrnehmung von Erwachsenen unrealistisch ist. So halten die meisten Leute sich für besser als andere und die meisten ihrer Fähigkeiten für überdurchschnittlich. Aufgefordert, sich und andere zu beschreiben, schildern die meisten Menschen sich positiver als ihre Freunde. Diese Tendenz, das Selbst besser als jeden anderen zu beurteilen, zeigt sich bei einer Reihe von Aufgaben und Fähigkeiten.[20]

Da es logisch unmöglich ist, daß die meisten Menschen besser sind als die meisten anderen, scheint das positive Bild, das die meisten von sich haben, seiner Natur nach bis zu einem gewissen Grad illusorisch zu sein. Die meisten Menschen glauben, bessere Autofahrer zu sein als andere. Bei einer Erhebung schätzten sich zum Beispiel 90 Prozent der Autofahrer besser als den Durchschnitt ein. Bei diesen Überzeugungen zeigt sich bisweilen eine Unempfänglichkeit für Feedback, die an die von Kleinkindern erinnert. Befragungen von Autofahrern, die in Unfälle mit Verletzungsfolgen und anschließendem Krankenhausaufenthalt verwickelt waren, und einer Vergleichsgruppe von unfallfreien Fahrern zu ihrem fahrerischen Können ergaben bei beiden Gruppen nahezu identische Beschreibungen der persönlichen Fahrkünste. Unabhängig vom individuellen Unfallregister stuften die Befragten sich selbst als geschickter als den Durchschnitt ein, und dies galt sogar für Fahrer, die Unfälle selbst verschuldet hatten.[21]

Die Beurteilungen der Menschen durch sich selbst sind auch regelmäßig vorteilhafter als die durch andere.[22] Wenn zum Beispiel Selbstbeschreibungen von Menschen Beschreibungen, die Freunde und Bekannte über sie abgeben, gegenübergestellt werden, zeigt sich bei den Selbstbeschreibungen eine positivere Tendenz. In der Regel sehen wir uns selbst in einem schmeichelhafteren Licht, als wir von anderen gesehen werden. Die Selbstwahrnehmung der meisten Menschen ist also keineswegs so ausgewogen, wie es traditionelle Theorien von seelischer Gesundheit nahelegen. Statt den positiven und den negativen Aspekten des Selbst die gleiche Aufmerksamkeit zu widmen, scheinen sich die meisten Menschen der eigenen Vorzüge und Stärken in beträchtlich höherem Maße bewußt zu sein als der eigenen Schwächen und Fehler. Unsere erhöhende Selbstwahrnehmung könnte zum Teil das Ergebnis von Vorurteilen in der Erinnerung an uns selbst und unsere Taten in der Vergangenheit sein.

Das Selbst als persönlicher Geschichtsschreiber

Unser Bewußtsein ist nicht nur darauf angelegt, die Informationen zu sieben und zu verarbeiten, die uns in der Gegenwart zur Verfügung stehen, sondern auch darauf, all die Informationen zu speichern und zu deuten, die in der Vergangenheit eine Rolle gespielt haben. In gewissem Sinne ist jeder sein eigener Chronist, der die Ereignisse, an denen er teilhatte, festhält. Das Selbst verhält sich weniger wie ein unparteiischer Protokollant der Geschehnisse; es scheint die eigene Geschichte vielmehr aktiv zu erfinden und zu überarbeiten. Darüber hinaus wird diese Aufgabe so gelöst, daß das Selbst als bedeutende, zentrale und positive Figur dasteht.

In seinem hervorragenden Aufsatz «The Totalitarian Ego» legt der Psychologe Anthony Greenwald dar, daß «die Vergangenheit als Schauspiel erinnert wird, in dem das Selbst der Hauptdarsteller ist».[23] Dies ist bei der Erinnerung in gewisser Weise unumgänglich. Man kann sich nur an Ereignisse erinnern, bei denen man dabei war, denn Ereignisse, bei denen man nicht zugegen war, können per definitionem nicht erinnert werden, sondern nur vom Hörensagen bekannt sein. Unsere Erinnerung ist zwangsläufig durch die subjektive Wahrnehmung des Geschehenen begrenzt. Wir können nicht anderer Leute Interpretationen von Situationen erinnern, sondern nur unsere eigenen. Wir können nur unsere eigenen Empfindungen und emotionalen Reaktionen erfahren und nicht die anderer Leute. Da die Erinnerung häufig dadurch befruchtet wird, daß bestimmte Gefühle oder Empfindungen ins Gedächtnis zurückgerufen werden, sind diese Einzelheiten zwangsläufig egozentrisch, das heißt, sie stellen das Selbst in den Mittelpunkt. Bei der Rekapitulation einer Dinner-Party am Abend zuvor mag ich mich daran erinnern, daß ich etwas zuviel getrunken und eine deplazierte Geschichte über einen Kollegen, die am besten zensiert worden wäre, erzählt hatte, daß ich im übrigen ziemlich aus mir herausgegangen und ein bißchen amüsanter als sonst gewesen war. Würde ich diese Wahrnehmungen einem der anderen Partygäste mitteilen, hätten seine Erinnerungen mit den meinen zweifellos nur wenig Ähnlichkeit. Er erinnert sich vielleicht vage an meine peinliche Anekdote, aber ihm mag sich nicht eingeprägt haben, daß ich beschwipst und unterhaltsam gewesen war. Seine Erinnerungen an den Abend könnten statt dessen um die Fragen kreisen, ob die anderen gemerkt hatten, wie mies er sich fühlte, und ob sie das auf seine Ehekrise zurückführen würden. Er mag sich an einige Anekdoten erinnern, nicht unbedingt daran, wer sie erzählt hat. Er wird sich vielleicht aber ins Gedächtnis rufen, daß er sich um zehn Uhr gefragt hatte, ob die Party je enden würde, und wie erleichtert er gewesen war, als fünfzehn Gäste sich um Viertel nach elf endlich von ihren Stühlen erhoben und verabschiedeten. Der Vergleich dieser Erfahrungen legt den Schluß nahe, daß wir auf verschiedenen Partys gewesen sind, und genau das war in mancher Hinsicht tatsächlich der Fall. In Ermangelung jeglicher aktiven Rekonstruktion oder Verzerrung ist das Gedächtnis egozentrisch und organisiert sich völlig um die Erfahrungen der Person, die das Gedächtnis aufbaut.

Egozentrisch ist das Gedächtnis allerdings auch noch in anderer, bedeutsamerer Hinsicht. Unsere Erinnerungen an Situationen sind nicht allein von egozentrischen Empfindungen und Wahrnehmungen geprägt, sondern darüber hinaus aktiv auf unsere Interessen und Belange bezogen. Jeder von uns hat Fähigkeiten, die er als charakteristisch für sich betrachtet. Der eine mag sich zum Beispiel für musikalisch, geistreich und hoffnungslos unsportlich halten. Ein anderer hält sich vielleicht für gutmütig, übergewichtig und intelligent. Psychologen nennen diese dauerhaften Überzeugungen, die Menschen von sich hegen, Selbst-Schemata.[24] Diese Selbst-Schemata sind insofern wichtig, als sie die Auswahl und Interpretation von Informationen in sozialen Situationen leiten. Der Mann, der sich für musikalisch hält, wird sich fast mit Sicherheit an das Klarinettenkonzert von Mozart erinnern, das während der Dinner-Party im Hintergrund lief; jemand, der sich als unmusikalisch einschätzt, wird dagegen möglicherweise nicht einmal bewußt zur Kenntnis genommen haben, daß Musik gespielt wurde. Derjenige, der sich für geistreich hält, wird seine verletzende Bemerkung gegenüber einem anderen Gast wahrscheinlich als witzig interpretieren, während derjenige, für den Freundlichkeit eine wichtige Rolle spielt, ebendieses Verhalten wohl als rüde und unhöflich deuten wird. Die Frau, die übergewichtig zu sein glaubt, wird sich fast mit Sicherheit an das komplette Menü erinnern, daran, was sie gegessen hat und was nicht, und an den ungefähren Kalorienwert jeder einzelnen Speise.

Selbst-Schemata unterwerfen also Informationen, die man aus Situationen bezieht und an die man sich später im Zusammenhang mit den Situationen erinnert, einer zusätzlichen Selektion. Indem sie Informationen in Erinnerung rufen, die in die Selbst-Schemata passen, werden ebendiese Selbst-Schemata unwillkürlich immer wieder bestärkt. So liefert beispielsweise jede Situation, die eine geistreiche Person als Zeichen ihres sprühenden Witzes interpretiert, ebendieser Person einen weiteren Beweis dafür, daß sie witzig ist. Wenn diese Person drei oder vier ihrer Bemerkungen als Beispiele ihres Witzes auslegt, dann wird ihre Selbstwahrnehmung als geistreiche Person durch jede davon gestärkt. Andere Partygäste mögen sich dagegen nur an eine oder zwei davon erinnern und keine einzige besonders amüsant finden. Selbst-Schemata geben uns also die Möglichkeit, Informationen aufzunehmen, die in unsere bereits bestehenden Konzepte von uns und unseren Interessen passen und die zugleich dazu beitragen, diese Selbstbilder zu zementieren.

Psychologen deuten die Auswirkungen von Selbst-Schemata auf das Gedächtnis im allgemeinen als Zeichen für die effiziente, auf wenige Grundkategorien beschränkte Organisation des Gedächtnisses. Da niemand sämtliche in einer Situation verfügbaren Informationen aufnehmen könne, liefere das Selbst-Schema Leitlinien dafür, welche Informationen zur Kenntnis genommen, bedacht und im Gedächtnis gepeichert werden sollten. Daß die Organisationsprinzipien auf das Selbst bezogen sind, wird gewissermaßen als Nebenerscheinung der Tatsache betrachtet, daß das Selbst die Informationen aufnimmt. Sieht man es jedoch für einen Moment aus funktionaler Perspektive, so wird deutlich, daß die egozentrische Organisation von Informationen sehr nützlich sein kann. Jeder Mensch klassifiziert Informationen grob als «relevant für mich» oder «nicht relevant für mich». Als nächstes bestimmt er genau, in welcher Weise eine Information relevant ist. Wenn diese Information später egozentrisch im Gedächtnis gespeichert wird, kann sie äußerst nutzbringend angewendet werden. Eine Frau, die Wert auf Freundlichkeit legt, wird zum Beispiel nicht nur ihre Mitmenschen in freundliche und unfreundliche einteilen, sondern darüber hinaus die so gewonnenen Informationen zur Grundlage für ihre künftigen sozialen Interaktionen machen. Hat sie den geistreichen Mann als unfreundlich eingestuft, wird sie ihn sehr wahrscheinlich in künftigen Situationen meiden, was von ihrem Standpunkt aus ein hochadaptives Manöver ist. Zweifellos ist die egozentrische Organisation des Gedächtnisses schon aus ökonomischer Sicht nützlich, da sie Information auf ein faßliches Pensum reduziert.[25] Sie kann aber darüber hinaus bei der Planung künftiger Aktivitäten von adaptiven Nutzen sein.[26]

Die meisten von uns denken in den meisten Punkten gut von sich, und so sind Selbst-Schemata eher positiv als negativ. Diese Erkenntnis führt zu der Einsicht, daß gespeichertes Wissen über zurückliegende Ereignisse eher in positiver Weise erinnert wird, in einer, die ein gutes Licht auf das Selbst wirft. Aus dieser logischen Schlußfolgerung ergibt sich, daß das Gedächtnis noch in einer dritten Hinsicht beeinflußt wird, nämlich in Richtung einer positiven Auslegung eigener Merkmale und der eigenen Rolle bei Ereignissen in der Vergangenheit.[27] Die Fähigkeit des Gedächtnisses, Ereignisse fast unmittelbar, nachdem sie stattgefunden haben, in positivem Licht wiederzugeben, ist wahrhaft erstaunlich. Werden Testpersonen, die gerade bei einer Aufgabe, etwa einem mathematischen Problem, schlecht abgeschnitten haben, kaum zwanzig Minuten danach gebeten, ihre Leistung zu rekapitulieren, so erinnern sie sich sogar nach solch kurzer Zeitspanne falsch und stufen ihre Leistung besser ein, als sie tatsächlich war. Nach einigen Tagen oder Wochen wird das Ereignis unter Umständen völlig vergessen sein. Wenn ich im Büro einen Studenten in wenigen Minuten abgefertigt habe, wohl wissend, daß er keine Chance gehabt hat, seine Studienarbeit mit mir zu besprechen, fühle ich mich kurz danach vielleicht schuldig, werde die Angelegenheit aber wahrscheinlich binnen weniger Tage komplett aus dem Bewußtsein gestrichen haben. Wenn ich erfahre, daß er anderen Studenten erzählt, ich sei zu beschäftigt, um nützliche Ratschläge zu geben, bin ich möglicherweise verletzt und bestürzt über dieses illoyale Verhalten, wobei ich völlig vergesse, daß ich es einmal für berechtigt gehalten habe.

Wenn Menschen aufgefordert werden, ihre persönlichen Qualitäten wiederzugeben, warten sie in der Regel mit mehr positiven als negativen Informationen auf. Positive Informationen über die eigene Person werden leicht erinnert und effizient verarbeitet; negative Informationen über die eigene Person werden dagegen schlecht verarbeitet und nur unter Schwierigkeiten erinnert.[28] Diese Regel gilt natürlich nicht uneingeschränkt. Die meisten von uns wissen, daß wir selbstgefällig wirken würden, wenn wir uns bei der Vorstellung unserer Qualitäten einer anderen Person gegenüber in endlosen Lobeshymnen über unsere Begabungen ergingen, ohne unsere Schwächen auch nur zu erwähnen. Um bei anderen den gewünschten positiven Eindruck hervorzurufen, bekennen wir uns unter Umständen zu gewissen Fehlern. Aber selbst die Fehler und Schwächen können mit Bedacht gewählt sein, weniger um ein ausgewogenes Bild der eigenen Positiva und Negativa zu zeichnen, als vielmehr um ein warmherziges, menschliches Selbstporträt abzurunden.[29] So wird eine Frau anderen gegenüber eher zugeben, daß sie in Mathematik ein hoffnungsloser Fall ist, als eingestehen, daß sie gelegentlich ihren Ehemann hinters Licht führt. Unsere Selbstcharakterisierungen gegenüber anderen mögen also eine gewisse, sozial erwünschte Bescheidenheit einschließen, aber die Selbstporträts, an die wir wirklich glauben, sind, wenn wir sie frei äußern dürfen, erheblich positiver, als es die Realität bestätigen kann. «Sehnsucht», so hat der Schriftsteller Carlos Fuentes scharfsinnig bemerkt, «versetzt dich zurück in die Erinnerung… denn Erinnerung ist erfüllte Sehnsucht.»[30]

Greenwalds Charakterisierung dieser Gedächtnisprozesse als totalitär ist zutreffend. Im Gegensatz zum akademischen Historiker, von dem erwartet wird, daß er sich eng an die Fakten hält und persönliche Wertungen nur im Rahmen der Interpretation einfügt, gestattet sich der persönliche Chronist einen ungezügelten Umgang mit den Fakten, er dreht und wendet sie und läßt Teile der Geschichte ganz weg in dem Bemühen, ein positives Bild des Selbst zu schaffen und aufrechtzuerhalten. Wir kontrollieren die Gegenwart, indem wir unsere Interessen und Attribute als Mittel zur Auswahl und Organisation verfügbarer Informationen einsetzen, und dann speichern wir die Informationen im Gedächtnis auf eine Weise, die in hohem Grade positiv ist und im Einklang steht mit unseren bestehenden Selbstbildern. Wir benutzen die Gegenwart, um ein vorteilhaftes Bild der Vergangenheit mit uns selbst als Hauptdarstellern zu konstruieren. Und indem wir das tun, zeichnen wir den Weg vor für eine ähnlich beschaffene Zukunft.

Das Selbst als Urheber

Informationen aufzunehmen und zu erinnern ist nur eine der kognitiven Aufgaben, die Menschen leisten müssen. Aktive Interpretation der Gegenwart ist ebenso erforderlich. Wahrnehmungen der Ursachen von Ereignissen gehören zu den wichtigsten Überzeugungen der Menschen über soziale Situationen. Auch hierbei ist das Selbst eigennützig. Ein durchgängiges und überall zu findendes Forschungsergebnis ist, daß Menschen sich günstige Geschehnisse zum Verdienst anrechnen und die Verantwortung für ungünstige Geschehnisse leugnen.[31] Diese eigennützige Voreingenommenheit *(self-serving bias)*, wie sie genannt worden ist, tritt in einer Vielzahl von Situationen auf. Wenn man zum Beispiel auf dem Tennisplatz einen Gegner klar geschlagen hat, bekommt man selten ein wohltuendes «Mensch, du bist viel besser als ich!» zu hören. In der Regel wird man hören, daß der Gegner einen schlechten Tag oder die Sonne in den Augen hatte, daß er noch an seiner Rückhand arbeitet oder daß sein Aufschlag «weg» war. Wenn man andererseits selbst eine Niederlage einstecken mußte, tun der überhebliche Blick und das herablassende «Pech gehabt!» des Gegners besonders weh, weil man weiß, daß er keinen Augenblick lang an Pech glaubt; er denkt ganz einfach, daß er besser ist. Positive Ergebnisse und Aktionen werden tendenziell eigenen Vorzügen zugeschrieben, negative werden dagegen als Folge von Pech oder als Auswirkung unkontrollierbarer Faktoren angesehen.

Die folgenden Beispiele von Erklärungen, die Unfallfahrer der Polizei gaben, stammen aus dem *San Francisco Chronicle*, und sie enthüllen, wie widerwillig Menschen Verantwortung für negative Ereignisse übernehmen:

«Als ich mich der Kreuzung näherte, tauchte an einer Stelle plötzlich ein Stoppschild auf, an der sich nie ein Schild befunden hatte. Ich konnte nicht rechtzeitig anhalten, um einen Unfall zu vermeiden.»

«Der Telegraphenmast kam immer näher. Ich versuchte noch, ihm auszuweichen, als er mich am Kühler erwischte.» [32]

In seinem Kommentar zur Bewertung von Abschlußexamen durch Studenten sagt Greenwald:

«Ich habe wiederholt eine starke Korrelation festgestellt zwischen der erzielten Note und der Überzeugung, daß das Examen ein korrekter Maßstab gewesen sei. Studenten, die gut abschneiden, sind geneigt, sich Erfolg als Verdienst anzurechnen; diejenigen, die schlecht abschneiden, sind jedoch nicht bereit, Verantwortung für den Mißerfolg zu übernehmen, und meinen statt dessen, das Examen (oder der Dozent) sei ihren Fähigkeiten nicht gerecht geworden.»[33]

Wie bewahren sich Menschen die Auffassung, daß sie Urheber guter Geschehnisse seien, für schlechte Ereignisse aber weniger Verantwortung trügen? Ist das einfach nur ein Trick des Bewußtseins, vergleichbar dem Taschenspielertrick eines Zauberers? Oder ist es als adaptiver kognitiver Prozeß zu verstehen? Vielleicht bringen Menschen bei dem Versuch zu begreifen, warum ein Ereignis passiert ist, ihre Absichten und ihre Aktionen durcheinander.[34] In der Regel beabsichtigen wir, Gutes zu bewirken und nicht Schlechtes. Wenn das Gute tatsächlich eintritt, mag die Neigung, uns als dessen Urheber zu betrachten, einigermaßen zu rechtfertigen sein, vorausgesetzt, daß wir dieses Ergebnis wirklich herbeiführen wollten. Wenn unsere Handlungen negative Folgen haben, werden wir jedoch nach äußeren Ursachen suchen, eben weil kein negatives Resultat beabsichtigt war. Der Mann, der beim Zurücksetzen aus seiner Garagenausfahrt ein kleines Kind anfährt, wird vielleicht die Autohersteller für Rückspiegel verantwortlich machen, die niedrige Objekte nicht erfassen. Oder er wird den Eltern vorwerfen, daß sie dem Kind nicht beigebracht haben, von der Straße wegzubleiben. Da er nie beabsichtigte, das Kind anzufahren, wird er die Schuld wahrscheinlich nicht bei sich selbst suchen. Ob der Neigung, gute Ergebnisse in stärkerem Maße sich selbst zuzuschreiben als negative, eine Vermengung von Intention und Kausalität zugrunde liegt, ist ungeklärt. Das interpretatorische Vorurteil selbst ist jedoch unbestritten und repräsentiert eine weitere Methode des Bewußtseins, ein positives Selbstbild aktiv zu fördern.

Den Eigeninteressen dienende Vorurteile bei der Wahrnehmung der Ursachen von Ereignissen werden dadurch verstärkt, daß Menschen ihren Anteil an Arbeiten jeder Art, vor allem an solchen mit gutem Ergebnis, in der Regel übertreiben.[35] Wenn zwei Menschen, um ein simples Beispiel zu nehmen, zusammen ein Buch geschrieben haben und aufgefordert werden, ihren jeweiligen Anteil daran zu schätzen, übersteigt die Summe der Schätzwerte bezeichnenderweise hundert Prozent. Das gleiche läßt sich bei einfacheren Aufgaben nachweisen. Nach ihrem Eigenanteil an der Hausarbeit befragt, geben Ehemänner und Ehefrauen Prozentsätze an, deren Addition weit über hundert Prozent ergibt.[36] Selbst aus dem Kreis der Nobelpreisträger sind viele solcher Einschätzungen überliefert:

«Im Jahr 1923 erhielten die Kanadier Banting und Macleod für die Entdeckung des Insulins den Nobelpreis. Nach der Preisverleihung behauptete Banting, Macleod, der Leiter des Laboratoriums, sei eher ein Hindernis als eine Hilfe gewesen. Andererseits gelang es Macleod, in Reden über die Forschungen, die zur Entdeckung des Insulins führten, den Namen Bantings kein einziges Mal zu erwähnen.»[37]

Was bringt Menschen dazu, ihre Rolle bei gemeinsamen Unternehmungen zu überschätzen? Einmal mehr scheint das egozentrische Gedächtnis der Schuldige zu sein. Wir nehmen unseren Beitrag zu einer Gemeinschaftsarbeit wahr, weil wir bei der Erbringung unseres Beitrags physisch und geistig präsent sind. Wenn der Partner sein Pensum leistet, sind wir möglicherweise physisch abwesend oder aber zu abgelenkt, um seine Bemühungen zu bemerken. Vor die Frage gestellt, wer was zur gemeinsamen Arbeit beigetragen hat, fällt es mithin in der Regel leichter, den von vornherein stärker beachteten eigenen Anteil in Erinnerung zu rufen als den der anderen Person.[38]

Wahrscheinlich werden auch interpretatorische Vorurteile darüber auftreten, worin ein Beitrag besteht.[39] So konzentrierte sich vor kurzem ein Streit zwischen den beiden Koautoren eines Buches auf die Tatsache, daß der eine seine Kapitel schnell fertigstellte, während der andere viel mehr

Zeit für die Vorbereitung seiner Kapitel verwendete. Da der erste Verfasser mehr Routine hatte, bedurften seine Kapitel weniger Korrekturen; die Kapitel des zweiten mußten dagegen mehrfach überarbeitet werden, und sie wurden vom Koautor kritisch kommentiert. Der erste Autor war der Auffassung, daß er den Löwenanteil der Arbeit geleistet hatte. Im Gegensatz dazu meinte sein Mitarbeiter, das meiste getan zu haben, weil seine Arbeit dreimal so viel Zeit gebraucht hatte wie die des Kollegen. Wer hat recht? Das hängt zweifellos von der jeweiligen Perspektive ab, und man kann die eine wie die andere Position vertreten.

Die Neigung, den Eigenanteil am Ergebnis eines gemeinschaftlichen Unternehmens höher zu bewerten, könnte als Voreingenommenheit aufgrund mangelnder Anpassungsfähigkeit erscheinen, insofern, als sie viele Anlässe zu Mißverständnissen schafft. Die Voreingenommenheit kann jedoch ebensogut einen Gewinn wie eine Beeinträchtigung mit sich bringen. Dadurch, daß Menschen ihren Anteil an einem Gemeinschaftsprojekt höher einschätzen, als er ist, fühlen sie sich möglicherweise in stärkerem Maße für das Ergebnis verantwortlich und setzen sich um so mehr dafür ein, daß es ein positives Resultat wird. Die Mitarbeit an dem Vorhaben kann darüber hinaus allmählich ein tiefes Engagement für das Projekt und die anderen Beteiligten hervorrufen, wodurch das Gefühl, das eigene Pensum über Soll zu erfüllen, zumindest zeitweilig an den Rand gedrängt werden kann. Die Voreingenommenheit könnte außerdem mehr ein Produkt der Erinnerung sein als das Ergebnis aktiver Konstruktion während der Zeit, in der die Arbeit durchgeführt wurde. Wenn zwei Menschen gemeinsam Bedeutung erlangt haben, tritt Uneinigkeit darüber, wer am meisten zum Endergebnis beigetragen hat, oft erst nach Abschluß der Arbeit auf und nicht, während die Arbeit noch läuft. Engagement und ein Gefühl der Verantwortung mögen dem Gemeinschaftswerk zur Vollendung verhelfen, aber das egozentrische Gedächtnis kann spätere Rekonstruktionen dessen, was tatsächlich geschah, verzerren.[40]

An dieser Stelle scheint es sinnvoll, eine Bestandsaufnahme vorzunehmen und noch einmal festzuhalten, ob die normale menschliche Selbstwahrnehmung durch Realismus gekennzeichnet ist oder nicht. Die Erkenntnisse aus zahlreichen Forschungsarbeiten mit Kindern wie mit Erwachsenen weisen eindeutig darauf hin, daß persönliche Einschätzungen eigener Fähigkeiten eher selbsterhöhend als realistisch sind. Die Tatsache, daß diese Voreingenommenheit so prävalent ist, überrascht. Psychologen haben krasse Selbsterhöhung in der Regel als letzte Zuflucht schwacher und unsicherer Menschen gedeutet, die ihre anfällige Selbsteinschätzung zu polstern versuchen. Schwache Egos, so heißt es, brauchen den Narzißmus zum Überleben.[41] Wahlweise wird ein Abwehrverhalten des Ich als bequemer Ausweg für uns alle in Momenten der Schwäche oder der Bedrohung betrachtet.[42] Aus dieser Sicht bedürfen wir zwar einer gelegentlichen eigennützigen Interpretation, um uns von einem Schlag gegen unsere Selbsteinschätzung zu erholen, ansonsten aber nicht. Das Bild, das sich aus den Fakten ergibt, sieht jedoch ganz anders aus und legt nahe, daß Perzeption zum größten Teil und die meiste Zeit über von Selbsterhöhung geprägt ist. Diese Tatsache, für sich genommen, macht Selbsterhöhung nicht zu einem adaptiven Vorgang, aber zu einem normalen. Dieses Bild steht damit im Widerspruch zu dem vom normalen Funktionieren, das in vielen Theorien von psychischer Gesundheit gezeichnet wird.

DAS BEDÜRFNIS NACH KONTROLLE

Im Jahr 1971 veröffentlichte der Verhaltenspsychologe B. F. Skinner das Buch «*Jenseits von Freiheit und Würde*», das eine hitzige Debatte auslöste. Skinner behauptete unter anderem, Freiheit und individueller Wille seien Illusionen, da Verhalten durch positive und negative Verstärkungen von seiten der Umwelt gesteuert werde. Der Aufruhr, den diese These hervorrief, ist ein Beleg für die Bindung der Menschen an ihre Wahrnehmungen von Freiheit, persönlicher Wahl und Kontrolle. Skinner mag tatsächlich zu weit gegangen sein. Die These, Freiheit, Kontrolle und persönlicher Wille seien weniger Ereignissen selbst inhärente Faktoren als vielmehr den Ereignissen auferlegte Konstruktionen, entbehrt sicherlich nicht der Grundlage; wie Menschen ihr Verhalten auslegen, ist dennoch von großer Bedeutung. Interpretationen versetzen Menschen in die Lage, ihre Erfahrungen sinnvoll zu ordnen, und sie können zudem wichtige persönliche Konsequenzen haben. Der Psychologe Herbert Lefcourt bemerkt dazu:

«Zu glauben, individuelle Freiheit sei ein Mythos und man solle sich weiseren oder besseren Kontrollen unterziehen, schließt die Annahme ein, daß Überzeugungen oder Illusionen keine unmittelbaren Konsequenzen haben. ... Diese Annahme ist trügerisch. Illusionen haben Konsequenzen, und ... der Verlust der Illusion der Freiheit kann ungünstige Folgen für die Lebensformen von Menschen nach sich ziehen.» [43]

Seit Aristoteles und Plato haben Philosophen immer wieder argumentiert, daß ein Gefühl persönlicher Kontrolle entscheidend sei für das Funktionieren von Menschen. Psychologen mit unterschiedlichen theoretischen Ansätzen, darunter der Sozialpsychologe Fritz Heider, der Entwicklungspsychologe Robert White, der Lerntheoretiker Albert Bandura sowie die Psychoanalytiker Alfred Adler und Sandor Fenichel, haben immer wieder unterstrichen, daß das Selbstkonzept ohne ein Gefühl persönlicher Kontrolle nicht reifen könne.

Das Bedürfnis des Kindes nach Kontrolle

Das Bedürfnis, die Umwelt zu kontrollieren und zu manipulieren, ist von einem bemerkenswert frühen Alter an evident. Schon in den ersten Wochen nach der Geburt beginnt ein Säugling, die Umwelt aktiv zu erforschen, und reagiert auf einen neuen Reiz, zum Beispiel auf eine bunte Rassel, mit verzückter Aufmerksamkeit und eifrigem Babbeln. Ist die Rassel erst einmal gründlich untersucht, zeigt der Säugling bei erneutem Schwenken der Rassel vor seinen Augen jedoch bald kaum noch eine Regung, reagiert aber unter Umständen mit gleicher Erregung auf eine Maltafel, die es zuvor noch nicht gesehen hat. Das Kleinkind ist auf die Bewältigung neuer Erfahrungen gut vorbereitet.[44] Psychologen, die dieses Verhalten beobachteten, versuchten zunächst herauszufinden, welche Verstärkungen es für das Kind mit sich bringen mochte. Waren die Eltern eher geneigt, das Kind zu füttern oder zu ermutigen, wenn es die Umwelt explorierte und manipulierte? Welche Belohnungen zog Neugier nach sich, die dieses Verhalten unterstützen? Bald wurde klar, daß das Kind seine explorativen Aktivitäten um ihrer selbst willen verfolgt. Exploration und die Fähigkeit, Veränderungen in der Umwelt herbeizuführen, tragen ihre Belohnungen in sich selbst.[45]

Aufgrund dieser Beobachtungen nehmen Psychologen an, daß selbst Neugeborene ein inneres Bedürfnis haben, die Umwelt zu begreifen und zu beherrschen.[46] Sogar die jüngsten Kinder scheinen ihr Verhalten auf ein möglichst effektives Lernen auszurichten. Sie machen Aufgaben und Reizquellen ausfindig, die zur Entwicklung neuer Fertigkeiten führen. Dieses auf Beherrschung ausgerichtete Verhalten scheint Kindern Spaß zu machen. Wenn ein Kind eine Aufgabe gelöst, Beherrschung also erreicht hat, scheint es Freude und Befriedigung zu verspüren. Sowohl das Vergnügen an der Aktivität selbst als auch die Freude über das Gefühl der Beherrschung fördern ähnliche Aktivitäten in der Zukunft.

Der Trieb zur Beherrschung ist so evident, daß Psychologen hinter dem Bedürfnis nach Beherrschung der Umwelt ein Motivationssystem vermuten, das über die Anregung, Aufrechterhaltung und Verstärkung von Aktivitäten zur Entwicklung neuer Fertigkeiten führt. White bezeichnet dies als Kompetenzmotivation und legt dar, daß der Prozeß des Lernens und des Meisterns der Umwelt tatsächlich zum Wesen der kindlichen Entwicklung gehört und ganz von selbst abläuft, solange er nicht durch eine biologische Funktionsstörung oder eine verarmte Umwelt unterbrochen wird.[47] Daniel Berlyne spricht von einer Neugiermotivation, die das Kind ständig danach streben läßt, mehr und abwechslungsreiche Objekte zu erkunden und zu manipulieren.[48]

Einige der exploratorischen Aktivitäten des Kindes schließen ein, daß bereits offenkundige Fertigkeiten ausgedehnt werden, um etwas Neues auszuprobieren. So wird zum Beispiel ein Kleinkind, das nach einem statischen Spielzeug greifen und es fassen kann, möglicherweise stärker durch ein neues, sich bewegendes Spielzeug angeregt als durch ein weiteres unbewegliches. Das Spielzeug, das sich bewegt, zwingt das Kind, ihm mit den Augen zu folgen und es zu ergreifen, sobald es in Reichweite kommt. Kinder suchen und schaffen neuartige Aktivität und Reizvariabilität. Eine maßvoll veränderte Umwelt, die dem Kind bislang unbekannte Objekte einbezieht, ist weit interessanter und anregender als eine radikal neue oder eine, die voller vertrauter Gegenstände ist.

Die kindlichen Bedürfnisse, die Umwelt zu meistern, entwickeln sich also progressiv in bestimmten geordneten Bahnen, wobei diese Progression sowohl den Erfordernissen der

Aufgabenstellungen als auch den Grenzen erlangter Fertigkeiten Rechnung trägt.[49] Auf diese Tatsache wird jeder Erwachsene stoßen, der den unrealistischen Versuch macht, eine Geburtstagsparty für sein einjähriges Kind zu veranstalten. Beim Auswickeln der Geschenke reagiert das Kind auf die Verpakkung und nicht auf den Inhalt, knüllt das Geschenkpapier zusammen, weil das so schön raschelt, und schwingt die bunten Geschenkbänder über seinem Kopf. Die leere Schachtel gibt einen perfekten Hut her und wird als Spielzeug weit stärker gewürdigt als die Eisenbahn, die sich darin befand und die unter Umständen erst sechs oder acht Monate später bewundert und zum Spielen benutzt wird. Kinder lernen und bewerkstelligen neue Aufgaben, die eben außerhalb ihres Kompetenzbereichs liegen. Ein kleines Kind versucht nicht, ein Auto zu fahren. Es drückt nur wiederholt das Gaspedal durch. Ein Jugendlicher, der bereit ist für solch eine Herausforderung, schiebt das Auto nachts aus der Garage und macht Fahrübungen, während seine Eltern schlafen. Die ersten Kochbemühungen eines ganz jungen Mädchens gehen so weit, Kekse zu backen, indem es im Teig herumrührt und zu viel Schokolade ißt. Eine Jugendliche kann eine vollständige Mahlzeit kochen, vorausgesetzt, daß sie dazu gebracht werden kann. Fertigkeiten zur Meisterung der Umwelt werden danach unterschieden, ob sie einen oder zwei Schritte über bereits vorhandene Fähigkeiten des Kindes hinausführen.

Wenn Kinder ihre Umwelt zu beherrschen lernen, bewirken sie beträchtliche Veränderungen im Verhalten der Eltern. Eltern begreifen schnell, daß der beste Weg, von ihrem Säugling mit Lauten der Begeisterung belohnt zu werden, darin besteht, ihn schrittweise mit immer neuen Erfahrungen bekannt zu machen. Selbst Kleinkinder sind in der Lage, das soziale Umfeld in den Dienst ihrer eigenen Bedürfnisse nach Beherrschung zu stellen.[50]

Der Drang, die Umwelt zu beherrschen, scheint dennoch

ein Grundtrieb zu sein, vielleicht sogar ein Grundbedürfnis des menschlichen Organismus. Indem kleine Jungen und Mädchen lernen, daß sie ihre Umgebung beeinflussen können, erwerben sie zugleich die für das Funktionieren als Erwachsene entscheidende Fähigkeit, aktiv in den Lauf der Welt einzugreifen, um ein gewünschtes Ergebnis herbeizuführen. Eine funktionale Deutung des Beherrschungsbedürfnisses impliziert die Annahme, daß solche frühen Erfahrungen das Kind mit einem realistischen Gefühl der Selbst-Wirksamkeit versehen, das heißt, mit einem klaren Blick für diejenigen Aspekte der Umwelt, die zur Verwirklichung persönlicher Ziele verändert und kontrolliert werden können. Tatsächlich jedoch scheint das Gefühl der Kontrolle, das kleine Kinder entwickeln, eher übertrieben als durch Realismus gemäßigt zu sein.

Während junge Kinder lernen, *wie* sie ihre Umwelt kontrollieren können, lernen sie zugleich, *daß* sie sie kontrollieren können. Schon früh in ihrer Entwicklung gewinnen Kinder das Gefühl, daß sie Dinge geschehen lassen können.[51] Auch dies ist möglicherweise in der kindlichen Natur begründet, denn es ist in extremer und auffälliger Form schon bei Kleinkindern leicht festzustellen. Der renommierte Entwicklungspsychologe Jean Piaget entdeckte bei seinen Gesprächen mit Kindern, daß diese nicht nur Vorgänge in ihrer unmittelbaren Umgebung, sondern auch den Lauf von Sonne, Mond und Sternen kontrollieren zu können glauben.[52] Dieses kindliche Gefühl der Omnipotenz ist so ausgeprägt, daß kleine Kinder bei Familienkrisen wie Krankheit von Bruder oder Schwester oder Scheidung der Eltern sehr starke Reaktionen zeigen können, zum Teil weil sie glauben, sie hätten die traurigen Ereignisse ausgelöst.[53]

Das kindliche Allmachtsgefühl erstreckt sich auch auf Schul- und andere Lernaufgaben. Werden kleine Kinder aufgefordert zu raten, wie gut sie mit Testaufgaben zurechtkommen werden, überschätzen sie ihre Leistungen in der Regel erheblich, weil sie glauben, die Aufgaben mühelos bewältigen zu können. Die Psychologin Carol Dweck und ihre Mitarbeiter weisen nach, daß sich die Orientierung an der Beherrschung von Aufgaben schon sehr früh entwickelt.[54] Kompetenzorientierte Kinder gehen neue Aufgaben mit der Frage an: «Wie ist das am besten zu schaffen, und was sollte ich tun, um es richtig zu lösen?» Wenn sie bei einer kniffligen Aufgabe in Schwierigkeiten geraten, reden kompetenzorientierte Kinder mit sich selbst, versuchen herauszufinden, was falsch ist an ihren Leistungen, und entwickeln Strategien, um dies zu ändern und effektiver vorzugehen. Oft ermuntern sie sich selbst, indem sie sich sagen, daß sie die Aufgabe korrekt lösen können.

Der Kompetenzdrang, den man bei Säuglingen und Kleinkindern beobachtet, ist bemerkenswert einfach strukturiert, in seinen Auswirkungen aber außergewöhnlich. Er erfordert weder Plan noch Vorsatz. Dennoch versetzt er das Kind in die Lage, seine Umwelt immer komplexer zu gestalten, mehrere mächtige Erwachsene samt deren Talenten zur Mitwirkung an diesem Prozeß heranzuziehen, den Ergebnissen großes Vergnügen und Befriedigung abzugewinnen und gleichzeitig wesentliche intellektuelle Fertigkeiten auszubilden.

Mit der Zeit schwindet das kindliche Gefühl der Kontrolle ein wenig, als Reaktion auf realistische Grenzen von Begabungen und auf Beschränkungen, die durch schwierige Aufgaben begründet sind.[55] Trotz dieser Tendenz zum Realismus bewahren sich Erwachsene nicht nur das Bedürfnis und den Wunsch, die Umwelt zu kontrollieren, sondern auch ein unangemessenes Vertrauen in ihre Fähigkeit, das auch zu schaffen.

Das Bedürfnis des Erwachsenen nach Kontrolle

Die meisten Erwachsenen sind überzeugt, daß die Welt prinzipiell kontrollierbar ist. Sie vertrauen darauf, daß die meisten Probleme sich durch eine Kombination von persönlichem Einsatz und fortgeschrittener Technologie lösen lassen. Soweit es uns nicht gelungen ist, Naturgewalten oder selbstgeschaffene ökonomische, soziale und politische Krisen unter Kontrolle zu bringen, sehen wir den Grund dafür, daß die Probleme ungelöst geblieben sind, nicht in unzureichenden Fähigkeiten, sondern in ungenügenden Anstrengungen. Wir glauben, daß Menschen Erfolge aus eigener Kraft erreichen, und das bringt uns dazu, Leistungsstreben den besonders Erfolgreichen und Faulheit den Erfolglosen zuzuschreiben.[56] Auch wenn alles um uns herum dafür spricht, daß Ereignisse weniger geordnet ablaufen, als wir denken, machen wir uns dieses Faktum nur selten richtig klar. Die Unfähigkeit, die Rolle zufälliger Faktoren in vielen Bereichen des Lebens zu erkennen, mag teilweise von unserem Bedürfnis herrühren, die Welt als geordnetes und planvolles Universum zu sehen. In seinem Buch «*Die Verleugnung des Todes*» schrieb Ernest Bekker, daß wir, indem wir der Welt Logik und Ordnung auferlegen, uns die ständige Schreckensvorstellung eines Zufallstodes ersparen.

Eine Quelle des Vertrauens in persönliche Kontrolle liegt darin, daß die Umgebung mithilft, es zu bewahren. Die Auswirkungen ihrer Handlungen auf die Umwelt sind Menschen weit stärker bewußt als die Einwirkung der Umwelt auf ihr Handeln. Wir unterschätzen, in welchem Ausmaß unser Verhalten von sozialen und natürlichen Kräften bestimmt wird, die nicht nur unkontrollierbar sind, sondern sich der Bewußtheit oft gänzlich entziehen.[57] Einer meiner Kollegen meint – und zwar nur halb im Scherz –, daß er, wenn es ihm darauf ankommt, auf jedem Parkplatz eine Parklücke zu finden vermag. Der Grund für diese Überzeugung ist, daß offenbar die meisten von ihm frequentierten Parkhäuser noch einen oder zwei freie Stellplätze haben. Bis vor kurzem war ihm entgangen, daß bei neuen Bauprojekten eine angemessene Zahl von Parkplätzen geschaffen werden muß. In Anbetracht dieses kleinen Wunders der Stadtplanung ist es somit sehr wahrscheinlich, daß man einen der letzten freien Plätze ergattert, wobei der Kollege zweifellos auch überschätzt, wie oft er den letzten freien Platz bekommt.

Eine weitere Quelle des Glaubens an persönliche Kontrolle ist, daß Menschen verwechseln, was sie bewirken wollen und was sie tatsächlich herbeiführen können; wenn das gewünschte Ereignis eintritt, schließen sie daraus, daß sie es kontrolliert haben.[58] Dies konnte ich bei einem Jungen beobachten, der wegen Diabetes ins Krankenhaus eingewiesen worden war. Obwohl nicht bettlägerig, blieb er in der Klinik, weil sein Blutzuckerspiegel stark schwankte und überwacht werden mußte. Die Krankenhausumgebung war für diesen Jungen aber so langweilig, daß er mit dem Fahrstuhl auf- und abzufahren begann, um sich eine Art Anregung zu verschaffen. Er beschloß, den Fahrstuhlführer zu spielen, stellte sich vor die Schalttafel und machte es anderen Personen unmöglich, andere Knöpfe zu bedienen als die für die einzelnen Stockwerke. Auf jeder Etage drückte der Junge den Knopf «Tür öffnen»; wenn der jeweilige Fahrgast ausgestiegen war, drückte er den Knopf «Tür schließen». Die Tür öffnete und schloß sich, wie von ihm gewünscht. Die übrigen Liftbenutzer duldeten dieses ungewöhnliche Verhalten, weil sie merkten, daß der Junge die Überzeugung brauchte, etwas – und sei es noch so unbedeutend – unter seiner Kontrolle zu haben. Niemand brachte es über sich, ihm zu sagen – und er selbst fand es nie heraus –, daß der Fahrstuhl völlig automatisch gesteuert wurde und daß seine Knopfdrücke nicht den geringsten Einfluß auf dessen Funktionen hatten. Weil die Tür sich immer wieder öffnete und schloß, wenn er es wollte, nahm er fälschlich an, daß sein Verhalten dies tatsächlich bewirkte.

Der Prozeß des Beurteilens, ob ein Ereignis kontrollierbar ist oder nicht, ist ein Beispiel für eine weitergehende Täuschung beim schlußfolgernden Denken, nämlich der Suche nach Mustern, die bereits bestehende Überzeugungen bestätigen.[59] Um sich vor Augen zu führen, wie dieser logische Trugschluß funktioniert, nehme man nur die weitverbreitete Überzeugung, daß Menschen sich durch positives Denken von schwerer Krankheit selbst heilen können. Viele Menschen glauben, daß Krankheit in erster Linie die Folge kritischer Lebensereignisse sei und daß diejenigen, die zu einer positiven Einstellung fähig sind, Kontrolle über die Prozesse in ihrem Körper ausüben und Krankheit verscheuchen können. Was sind das für Fakten, die Menschen zu dieser Überzeugung bringen? Beispiele für die geistige Kontrolle von Krankheit sind rasch zur Hand. Norman Cousins Buch *«Der Arzt in uns selbst»* beschreibt in bewegenden und humorvollen Einzelheiten die Methoden, die der Autor angewendet hat, um sich bei einer Krankheit, die normalerweise zum Tode führt, selbst zu behandeln. Magazine erzählen Geschichten von Menschen, die sich offenbar durch positives Denken selbst von bösartigen Tumoren im fortgeschrittenen Stadium geheilt haben. Die Mythologie ist voller Beispiele von Schamanen, die ihre kranken Mitmenschen mittels einer ganzen Palette von nutzlosen, aber dramatischen Zeremonien geheilt haben. Diese positiven Beispiele geben eine bezwingende Lektüre her, aber genau in diesem Punkt liegt der logische Irrtum: Sie sind allesamt positive Beispiele.

Angenommen, man wollte wissenschaftlich bestimmen, ob Menschen fähig sind, ihre Krankheiten durch positive Einstellungen zu heilen: Welche Informationen wären dazu nötig? Die Mehrheit wird sofort die Notwendigkeit erkennen, Beispiele von Menschen zu finden, die versucht haben, ihre

Krankheiten durch positives Denken zu kurieren, und denen dies gelungen ist. Auf Drängen könnte man vielleicht noch mit der Feststellung aufwarten, daß es sinnvoll wäre herauszufinden, wie viele Menschen versucht haben, ihre Krankheiten durch positives Denken zu heilen, und die dabei gescheitert sind. Was die Mehrheit übersieht, ist, daß ein genaues Urteil darüber, ob Menschen ihre Krankheiten heilen können, von mindestens zwei weiteren Informationen abhängt: von der Zahl der Menschen, die nicht versucht haben, ihre unheilbare Krankheit zu kurieren, und die dennoch überlebt haben, sowie von der Zahl derjenigen, die keine Anstrengungen gemacht haben, ihre Krankheiten zu heilen, und die gestorben sind. Mit anderen Worten: Man benötigt alle vier Informationen, um mit Sicherheit festzustellen, daß Menschen eine schwere Krankheit überleben können, wenn sie sich effektiv bemüht haben, sie zu kontrollieren.

Die Welt der Krankheit ist unglücklicherweise voll von Menschen, die tapfer versucht haben, sich von ihren Krankheiten selbst zu heilen, und denen dies letztlich nicht gelungen ist. Wer oft mit chronisch Kranken gearbeitet hat, weiß überdies, daß viele Menschen Jahre länger überleben als erwartet, ohne die geringste Anstrengung in dieser Richtung unternommen zu haben. Diese Patienten sind oft genauso überrascht wie ihre Ärzte, Angehörigen und Freunde, daß sie fünf oder zehn Jahre nach der Anfangsdiagnose, als jeder schon damit rechnete, daß sie binnen Monaten sterben würden, immer noch am Leben sind.

Kurz gesagt, ist es logisch nicht korrekt, allein daraus, daß Beispiele leicht zu finden sind, zu folgern, daß Menschen ihre Krankheiten kontrollieren können. Wenn man gezwungen wird, alle Fakten zu überblicken und nicht nur die positiven Fälle, die so eingängig sind, dann sind Urteile über die Kontrolle erheblich gedämpfter, und die Begeisterung für die anfängliche Überzeugung wird etwas abgeschwächt.

Dies soll nicht heißen, daß Menschen nicht in der Lage sind, ihre Gesundheit zu verbessern, indem sie eine positive Einstellung pflegen. Das Urteil in dieser Sache steht noch aus. Der Punkt ist vielmehr, daß Menschen ihre Überzeugungen durch unvollständiges Beweismaterial bestätigt «sehen», das sie vorschnell zu gewünschten Schlüssen bringt. Sie übersehen, daß auch Beweise, die sie außer acht gelassen haben, relevant sind. Entscheidungstheoretiker verzweifeln darüber, ob sie Menschen je dazu bekommen, diesen Fehler zu vermeiden. Der Durchschnittsmensch befindet sich in bezug auf diese Voreingenommenheit zudem in guter Gesellschaft. Der Fehler ist faktisch unwiderstehlich, nicht nur für die breite Bevölkerung, sondern auch für hochrangige Entscheidungsträger in Regierung und Industrie. Die Analyse zahlreicher politischer Entscheidungen, wie zum Beispiel der zur Invasion in der Schweinebucht im Jahr 1961, hat Zusammenhänge aufgedeckt zwischen dem Mißerfolg und der Tendenz, in erster Linie positive Informationen aufzunehmen und negative zu ignorieren.[60]

Die Illusion der Kontrolle

Wie aus der bisherigen Untersuchung hervorgeht, glauben Menschen nicht nur, daß die Welt in sich kontrollierbar ist, sondern sie glauben, daß ihre Fähigkeit, Ereignisse in ihrer Umgebung persönlich zu kontrollieren, außergewöhnlich ist. Die Psychologin Ellen Langer legt dar, daß die meisten Menschen einer Illusion der Kontrolle erliegen, die sie glauben läßt, Ereignisse stärker beeinflussen zu können, als es tatsächlich der Fall ist. Um dies zu demonstrieren, wählte Langer das Glücksspiel.[61]

Das Glücksspiel ist ein deutliches Beispiel dafür, daß die relative Bedeutung der persönlichen Kontrolle und der Zufall häufig verwechselt werden. Der Soziologe Erving Goffman, der eine Zeitlang als Croupier in Las Vegas arbeitete, bemerkte, daß angestellte Kartenspieler, die Pechsträhnen hatten und dem Haus hohe Verluste eintrugen, Gefahr liefen, ihre Jobs zu verlieren, obwohl die Pechsträhnen offenkundig auf Zufall beruhten.[62] Erfahrene Würfelspieler legten eine Vielzahl von Verhaltensweisen an den Tag, die auf die Überzeugung schließen ließen, daß sie kontrollieren könnten, welche Augenzahlen zum Vorschein kommen. Sie warfen die Würfel sanft, wenn sie niedrige Zahlen erzielen wollten, und heftig, wenn sie versuchten, hohe Zahlen zu erreichen. Außerdem glaubten sie, daß Anstrengung und Konzentration wichtig seien, und warfen oft nicht, bevor Ruhe herrschte und sie einige Sekunden Zeit hatten, sich auf die Zahl zu konzentrieren, die sie haben wollten.[63] Diese Verhaltensweisen sind durchaus sinnvoll, wenn es bei einem Spiel auf Geschick ankommt. Sie machen wenig Sinn, wenn das Ergebnis vom Zufall abhängt.

Die meisten von uns sind keine gewohnheitsmäßigen Spieler. In einer Reihe faszinierender Untersuchungen konnte Langer jedoch demonstrieren, daß fast alle Menschen denselben Illusionen der Kontrolle unterliegen wie Spielerveteranen. Ausgehend von der Erkenntnis, daß Menschen häufig nicht zwischen kontrollierbaren und unkontrollierbaren Ereignissen unterscheiden können, legte sie dar, daß die Hinweis-Reize, die Menschen dazu dienen, Glücks- von Geschicklichkeitssituationen zu differenzieren, oft durcheinandergebracht werden. In Geschicklichkeitssituationen besteht eine kausale Verbindung zwischen dem eigenen Verhalten und wahrscheinlichen Ergebnissen. Indem Menschen die einem Problem angemessenen Materialien wählen, über ihre Reaktionen entscheiden, sich mit diesen Materialien und Reaktionen vertraut machen, sich Zeit zum Durchdenken der Aufgabe nehmen, mögliche Strategien entwickeln und sich Mühe geben, erhöhen sie die Wahrscheinlichkeit, bei einer Geschicklichkeitsaufgabe erfolgreich zu sein.[64] Bei Aufgaben, die vom

Zufall bestimmt sind, haben solche Verhaltensweisen überhaupt keinen Einfluß.

Langer zeigte auf, daß Menschen durch Einführung geschicklichkeitsbezogener Hinweis-Reize in eine Zufallssituation dazu gebracht werden, sich so zu verhalten, als seien die Situationen unter ihrer persönlichen Kontrolle und nicht im mindesten eine Folge von Glück. Sie machte unter anderem folgende Beobachtungen. Wenn jemand gegen einen sicher auftretenden, zuversichtlichen Gegner wetten mußte, setzte er weniger Geld als gegen einen zurückhaltend und unfähig wirkenden Kontrahenten. Wenn Menschen ihre Lotterielose selbst auswählen konnten, statt daß diese für sie ausgewählt wurden, waren sie weniger geneigt, das Los gegen ein neues mit besseren Gewinnchancen einzutauschen, einfach weil sie das Gefühl hatten, dieses sei nun *ihr* Los, und weil sie es behalten wollten. Je länger jemand an seinem Los festhielt und vermutlich Zeit hatte, über die Wahrscheinlichkeit eines Gewinns und darüber nachzudenken, was er mit all dem Geld machen würde, desto weniger war er geneigt, das Los gegen eines für eine Ziehung mit besseren Chancen einzutauschen. Langer konnte nachweisen, daß völlig normale Menschen in Zufallssituationen eine breite Palette von abergläubischen und unsinnigen Verhaltensweisen an den Tag legen, wenn unmerklich auf Geschicklichkeit bezogene Hinweis-Reize eingeführt werden.[65]

Die Bedeutung von Langers Forschung geht weit über die seltsamen, aber eher geringfügigen Implikationen hinsichtlich des Glücksspiels hinaus. Jede Situation, in der eine Person sich Optionen gegenübersieht, Strategien entwickelt und sich Gedanken über ein Problem macht, ist offen für eine Illusion der Kontrolle. Mehrere Monate lang bedrückte mich ein Problem, das bis vor kurzem nicht in den Griff zu bekommen war, nämlich die Tatsache, daß meine Hunde die Stiefmütterchen im Garten hinter dem Haus fraßen. Eine Reihe disziplinarischer Maßnahmen, um sie von diesen Mahlzeiten abzuhalten, erwies sich als ebenso erfolglos wie das Ausbringen übelriechender, aber harmloser Chemikalien auf den Blumenbeeten. Jetzt habe ich jedoch die Situation gemeistert, indem ich Stiefmütterchen nur noch auf den Beeten bei der Vordertür anzupflanzen gedenke. Im Garten hinterm Haus werde ich Ringelblumen pflanzen, die auf Hunde nicht annähernd so anregend wirken. Die erfolgreiche Lösung dieses Problems stärkt meine Zuversicht, daß ich fähig bin, mit kritischen Ereignissen fertig zu werden. Mit Recht kann man natürlich fragen, wer denn eigentlich die Kontrolle in dieser Situation hat – ich oder die Hunde. Wenn ich in schwächeren Momenten auch zugebe, daß wahrscheinlich mehr für die Hunde spricht, so dämpft dies doch meistens nicht meine Selbstbeglückwünschung dazu, das Problem durch die Wahl einer wirksamen Lösung erfolgreich gemeistert zu haben. Die Tatsache, daß diese «Wahl» völlig von der Situation erzwungen wurde und mir keine Option übrigblieb außer der, die Hunde abzuschaffen, wird geflissentlich übergangen.

Die Illusion der Kontrolle hat großen Einfluß auf die menschliche Psyche. Psychologen haben nachgewiesen, daß Menschen extreme Belastungen erdulden können, wenn sie sich für fähig halten, die Ursache dieser Belastungen zu kontrollieren.[66] Die im folgenden geschilderte, mit College-Studenten durchgeführte Untersuchung befaßt sich mit diesem Punkt. Die Studenten wurden für eine Studie über Reaktionen auf Elektroschocks ins Labor geführt. Einer Hälfte von ihnen wurde mitgeteilt, sie könnten den Schock durch Drükken eines Knopfes beenden; die andere Hälfte bekam keine Möglichkeit, den Schock per Knopfdruck zu beenden. Alle Studenten wurden dann einer Serie von harmlosen, aber unangenehmen elektrischen Schlägen ausgesetzt. Die Stromstöße waren so abgestimmt, daß beide Gruppen gleich viele und gleich starke Schocks erhielten. Dessen ungeachtet verspürten diejenigen, die den Vorgang durch Knopfdruck beenden konnten, weniger seelisches und körperliches Unbehagen und weniger physiologische Erregungssymptome.[67] Studien dieser Art wurden viele Male und mit unterschiedlichen Streßereignissen durchgeführt; in jedem bekannten Fall verspüren diejenigen, die Kontrolle über das Streßereignis ausüben können, weniger Unbehagen und Erregung als diejenigen, die es nicht kontrollieren können. Tatsächlich zeigen die, die das Ereignis kontrollieren können, oft nicht mehr psychisches Unbehagen oder physiologische Erregung als Menschen, die gar keinen aversiven Reiz empfangen.[68] Eindeutig ist es nicht das widrige Ereignis selbst, das Menschen dazu bringt, sich physisch erregt und psychisch gestreßt zu fühlen, sondern vielmehr die Wahrnehmung, daß es nicht kontrolliert werden kann.

Warum nehmen wir Dinge als kontrollierbar wahr, die entweder nicht kontrollierbar sind oder aber in viel geringerem Maße, als wir denken? Auf Kontrolle verstehen wir uns. Wir wissen, was es bedeutet, ein Ziel zu suchen, Methoden zu entwickeln, um es zu erreichen, und diese Methoden dann anzuwenden, bis das Ziel erreicht ist. Kontrolle bedeutet Ordnung, Logik und Entwicklung. Der Zufall hat weder Ordnung noch Logik. Vielleicht haben wir auch das Bedürfnis, Ereignisse als kontrollierbar zu sehen, und das ist es, warum unser Bewußtsein prädisponiert ist, sich selektiv auf Begebenheiten einzustellen, die unsere vorgefaßten Ansichten stützen. Vielleicht ist es der falsche Glaube an Kontrolle, der Menschen hartnäckig an der Verfolgung ihrer Ziele festhalten läßt. Wird sich eine Romanautorin, die sich an ihr erstes Werk macht, eher andere Schriftsteller, die mit ihren Debüts zu plötzlichem Ruhm gekommen sind, vor Augen führen, oder wird sie sich statt dessen auf die weit größere Gruppe von Schriftstellern konzentrieren, deren erste Werke nie die Aufmerksamkeit auch nur eines Verlegers auf sich zogen? Zweifellos wird sie ersteres tun. Unser Bedürfnis, Dinge als in sich kontrollierbar zu sehen, kann sehr wohl adaptiv sein, und unsere Tendenz, positive Beispiele der Beziehungen, die wir erwarten und die wir so dringend herbeiwünschen, ins Auge zu fassen, mag ihren Wert haben, auch wenn sie Wahrnehmungen verzerrt.

UNREALISTISCHER
ZUKUNFTSOPTIMISMUS

Die meisten Menschen sind zukunftsorientiert. Auf die Frage, was ihre Gedanken beschäftigt, geben Menschen in der Regel Themen von unmittelbarem oder künftigem Belang an.[69] Darüber hinaus durchdringt Optimismus das Denken über die Zukunft. Wir scheinen von Natur aus optimistisch zu sein, manche von uns mehr als andere, die meisten aber stärker als durch die Realität gerechtfertigt.[70] Jedes Jahr befragen Meinungsforscher die amerikanische Bevölkerung zu den aktuellen Lebensumständen und dazu, wie das Leben nach Meinung der Menschen in fünf Jahren sein wird. Die meisten Erhebungen ergeben, daß die Gegenwart in den Augen der Menschen besser ist als die Vergangenheit und daß die Zukunft noch besser sein wird. Mehr als 95 Prozent der in diesen Erhebungen Befragten glauben, daß die ökonomische Situation für jedermann gut und daß ihre persönliche wirtschaftliche Zukunft noch besser als die anderer sein wird. Die Menschen sind ausgesprochen hoffnungsvoll und zuversichtlich, daß die Dinge sich verbessern werden.[71]

Obwohl dieses freundliche und generöse Wunschbild alle Menschen einbezieht, tritt es in den Visionen der eigenen Zukunft am deutlichsten hervor. Auf die Frage nach ihren Vorstellungen von ihrem künftigen Leben gaben Studenten an, die Wahrscheinlichkeit, bei Studienabschluß unter den Besten zu sein, einen guten Job mit hohem Anfangsgehalt zu bekommen, mit der ersten Stellung zufrieden zu sein, für die Arbeit ausgezeichnet und in der Zeitung erwähnt zu werden und ein begabtes Kind zu haben, sei bei ihnen selbst größer als bei ihren Kommilitonen. Zudem hielten sie Probleme mit Alkohol, Arbeitsplatzverlust, Scheidung nach wenigen Ehejahren, Depressionen, Herzattacken oder Krebs bei sich selbst für weit weniger wahrscheinlich als bei ihren Mitstudenten.[72]

Unrealistischer Optimismus ist keineswegs auf die idealistische Jugend beschränkt. Auch ältere Erwachsene unterschätzen die Wahrscheinlichkeit, daß sie von negativen, aber unerfreulich häufigen Ereignissen betroffen sein könnten, zum Beispiel von einem Autounfall oder einem Verbrechen, von beruflichen Problemen, schweren Erkrankungen oder Depressionen. Unrealistischer Optimismus scheint unbeeinflußt zu sein von Alter, Bildungsstand, Geschlecht und beruflichem Prestige. Alte wie Junge, Akademiker wie Ungebildete, Männer wie Frauen und Menschen in allen Lebensbereichen zeigen unrealistischen Optimismus in ihren Einschätzungen der Zukunft.[73]

Aufgefordert, die Zukunft vorauszusagen, prophezeien die meisten Menschen eher, was sie gern möchten, daß es geschehe, als das, was objektiv wahrscheinlich ist. Ob beim Volleyball, bei einer Führerscheinprüfung oder einem Bericht für den Vorgesetzten – die meisten Menschen glauben, daß sie in der Zukunft gut abschneiden werden. Sie hoffen, ihre Leistung ständig zu verbessern, wobei dieser Optimismus mit der Wichtigkeit der Aufgabe noch zunimmt.[74] So sind Menschen hinsichtlich ihrer beruflichen Zukunftsaussichten optimistischer als zum Beispiel im Hinblick auf ihre Gärten. Auf unrealistische Weise optimistisch sind Menschen selbst im Hinblick auf völlig vom Zufall bestimmte Ereignisse wie den Gewinnchancen beim Lotto oder die Aussicht auf gutes Picknickwetter. Sie scheinen sich tatsächlich zu sagen: «Die Zukunft wird großartig sein, besonders für mich.»

Eines der liebenswertesten optimistischen Vorurteile ist die Überzeugung, in einer vorgegebenen Zeitspanne mehr vollbringen zu können, als menschenmöglich ist. Dieser Irrglaube hält sich unzähligen Gegenbeispielen zum Trotz. Das beste Beispiel für diesen unrealistischen Optimismus ist die tägliche Liste der zu erledigenden Dinge. Der gutorganisierte Mensch erstellt jeden Tag eine Liste zu verrichtender Arbeiten und macht sich dann daran, sie abzuhaken. Dann stellen sich die Zwänge des Alltags ein: Anrufe, ein harmloser Notfall, kleinere organisatorische Rückschläge oder eine Fehleinschätzung des Zeitaufwands für eine bestimmte Aufgabe. Die zu Beginn des Tages saubere Liste ist bald ein Flickwerk mit Zusätzen, Korrekturen und Streichungen, und – vor allem – die Hälfte der Dinge bleibt unerledigt. Dennoch macht sich der Listenführer abends unverdrossen an eine weitere, zu optimistische Aufstellung für den nächsten Tag, oder er ersetzt, wenn vieles unerledigt geblieben ist, einfach das Datum auf der Liste durch das des folgenden Tages. Dieses allzu vertraute Verhaltensmuster ist nicht allein deshalb bemerkenswert, weil die Liste der zu erledigenden Dinge typischerweise weit mehr enthält, als irgend jemand bei vernünftiger Betrachtung in einem vorgegebenen Zeitraum überhaupt zu erledigen erwarten könnte; ebenso erstaunlich ist, daß sich dieses Verhaltensmuster Tag für Tag fortsetzt und völlig unempfänglich ist für die wiederholte Rückmeldung, daß es unrealistisch ist.[75]

Wie die übertrieben positive Sicht des Selbst und die Illusion der Kontrolle entwickelt sich unrealistischer Optimismus sehr früh im Leben. Wenn Kinder gefragt werden, wie gut sie bei einer zukünftigen Aufgabe abschneiden werden, sind ihre Erwartungen in der Regel unrealistisch hoch. Unrealistisch optimistische Einschätzungen zukünftiger Leistung sind überdies nicht sehr empfänglich für Feedback, etwa die tatsächliche Leistung, Einstufungen in der Klasse, Kommentare der Lehrer oder Reaktionen der Eltern. Mit sieben bis acht Jahren werden sich Kinder der Bedeutung negativen Feedbacks bewußt. Sie werden empfänglicher für das, was Lehrer und Eltern ihnen erzählen. Sie wissen auch, was objektive Tests sind, so daß sie zur Einschätzung ihres Abschneidens sowohl objektive Informationen als auch Rückmeldungen von anderen nutzen können.[76] In gewisser Beziehung ist dieses Eindringen des Realismus ein trauriger Aspekt des Älterwerdens. Stipek bemerkt dazu:

«Es ist vielleicht bedauerlich, daß der naive Optimismus von Kindern so bald nach ihrer Einschulung verlorengeht. Die Entwicklung realistischerer Erwartungen ist bis zu einem gewissen Grad unvermeidlich und sogar wünschenswert... Wenn man Kindern jedoch nur Aufgaben stellen würde, bei denen sie mit einiger Anstrengung zum Erfolg kämen, würden anhaltend hohe Erfolgserwartungen und die damit verbundenen adaptiven Verhaltensweisen unter Umständen die ganze Schulzeit hindurch beibehalten werden. Statt über die unrealistischen Urteile von Kindern über ihre Fähigkeiten zu klagen, sollten wir vielleicht mehr Mühe auf die Gestaltung erzieherischer Umfelder verwenden, die den kindlichen Optimismus und Eifer bewahren.»[77]

Ist unrealistischer Optimismus aber wirklich adaptiv? So wie selbsterhöhende Vorurteile als Abwehrreaktionen gegen Bedrohungen der Selbsteinschätzung betrachtet werden, so wird auch unrealistischer Optimismus für eine Abwehrreaktion gehalten, für eine Verzerrung der Realität, die dazu dient, Angst zu mildern.[78] Man beachte die folgenden Ansichten:

«Optimismus ist die Manie, daran festzuhalten, daß alles gut gehe, wenn die Dinge schlecht stehen.» (Voltaire)

«Der Optimismus, nicht die Religion ist das Opium des Volkes.» (Lionel Tiger)

«Der Ort, an dem Optimismus am besten gedeiht, ist das Irrenhaus.» (Havelock Ellis)

Gegen unrealistischen Optimismus werden zwei Argumente ins Feld geführt. Das erste besagt, Zukunftsoptimismus sei eine irrationale Abwehrreaktion gegen die Realität, die es Menschen ermögliche, sich gegen die Angst vor bedrohlichen Ereignissen zu schützen, ohne sich erfolgreich mit ihr auseinanderzusetzen. Das zweite Argument knüpft an das erste an mit der Behauptung, unrealistischer Optimismus halte Menschen davon ab, die objektiven Gefahren äußerer Bedrohungen wahrzunehmen und sich auf diese vorzubereiten.[79] Mehrere Punkte sprechen gegen die Stichhaltigkeit dieser Einwände. Wäre unrealistischer Optimismus lediglich ein Abwehrmechanismus gegen Angst, dann wäre zu erwarten, daß schwerwiegendere und bedrohlichere Ereignisse stärkeren unrealistischen Optimismus auslösen als geringfügigere Gefährdungen. Dies wird durch die Fakten nicht bestätigt. Der Grad der Bedrohung durch ein äußeres Ereignis steht in keiner Beziehung zum Grad des unrealistischen Optimismus, den Menschen hinsichtlich ihrer Unanfälligkeit für die Gefährdung hegen.[80]

Unrealistischer Zukunftsoptimismus reagiert darüber hinaus sensibel und angemessen auf objektive Qualitäten von Ereignissen, unter anderem auf deren Häufigkeit und darauf, ob eine Person in der Vergangenheit Erfahrungen mit einem bestimmten Ereignis gemacht hat oder nicht. Menschen sind in bezug auf die Wahrscheinlichkeit, von verbreiteten Ereignissen wie Scheidung oder chronischer Krankheit betroffen zu sein, nicht so unrealistisch optimistisch wie im Hinblick auf weniger häufige Ereignisse, etwa darauf, Opfer von Überschwemmung oder Feuer zu werden. In der Vergangenheit gemachte Erfahrungen mit einem bedrohlichen Ereignis können unrealistischen Optimismus gänzlich tilgen. Kinder geschiedener Eltern schätzen die Wahrscheinlichkeit, selbst geschieden zu werden, zum Beispiel höher ein als Kinder nicht geschiedener Eltern. Auch ist der unrealistische Optimismus im Hinblick auf künftige Ereignisse, über die Menschen eine gewisse Kontrolle haben, stärker als bei solchen, die unkontrollierbar sind. Obwohl Menschen zum Beispiel ihre Gewinnchancen bei einer Lotterie höher einschätzen, als diese es objektiv sind, erkennen sie durchaus, daß ein hoher Geldgewinn bei einer Lotterie weit weniger wahrscheinlich ist als ein befriedigender Job, ein Ereignis, über das sie mutmaßlich eine direktere Kontrolle haben. Und schließlich spricht unrealistischer Optimismus auf Informationen an. Wenn Menschen objektive Beweise für die Wahrscheinlichkeit von Risiken erhalten, ändern sie ihre Einschätzungen entsprechend.[81] Diese Eigenschaften unterscheiden die Illusion sehr deutlich vom Wahn. Wahnvorstellungen sind falsche Überzeugungen, die ungeachtet der Tatsachen fortbestehen. Illusionen stellen sich auf sie ein, wenn vielleicht auch widerwillig.

Unrealistischer Optimismus ist also keine Schönfärberei, die alle positiven Ereignisse als gleichermaßen wahrscheinlich und alle negativen Ereignisse als gleichermaßen unwahrscheinlich darstellt. Vielmehr zeigt unrealistischer Optimismus ein Grundmuster, das der objektiven Wahrscheinlichkeit von Ereignissen, relevanten persönlichen Erfahrungen mit Ereignissen und dem Grad, zu dem man aktiv zum Eintreten von Ereignissen beitragen kann, ziemlich genau entspricht. Das Eintreten von positiven Ereignissen wird schlicht als etwas wahrscheinlicher, das von negativen Ereignissen als etwas weniger wahrscheinlich betrachtet, als es tatsächlich der Fall ist.

Wie erklärt sich unrealistischer Optimismus? Optimismus scheint mit anderen Illusionen, insbesondere mit dem Glauben an persönliche Kontrolle, eng verknüpft zu sein.[82] Die meisten Menschen denken, sie könnten künftige Ereignisse besser kontrollieren, als es tatsächlich der Fall ist, und folglich unterschätzen sie nicht selten ihre Verletzlichkeit gegenüber Zufallsereignissen. Eine Autofahrerin mag beispielsweise die Wahrscheinlichkeit eines Autounfalls für gering halten, weil sie überzeugt ist, eine überdurchschnittliche Fahrerin zu sein und solchen Gefahren ausweichen zu können. Sie wird den Teenager auf Vergnügungstour oder den Betrunkenen am Steuer, potentielle Verursacher von Unfällen, möglicherweise geflissentlich übergehen. Menschen glauben, gesundheitliche Probleme durch ausreichenden Schlaf und gutes Essen vermeiden zu können, und übersehen, daß Erbfaktoren, Zufallsbegegnungen mit Viren oder bedrohliche Umwelteinflüsse, von denen sie vielleicht gar nicht wissen, das beste Gesundheitsprogramm umstürzen können. Ein aktiver Homosexueller mag in den siebziger Jahren gelegentlich an die Möglichkeit gedacht haben, sich eine Gonorrhöe zuzuziehen, aber hätte er den Horror von Aids voraussahnen können? Hätten die Teilnehmer des Treffens der American Legion in Philadelphia im Jahr 1976 ahnen können, daß die Luft in ihrem Hotel mit einem tödlichen Erreger kontaminiert war, der eine Seuche auslöste, die wir heute Legionärskrankheit nennen? Wenn Menschen an die Zukunft denken, dann denken sie an Ereignisse, deren Eintreten sie wünschen und die sie herbeiführen zu können glauben, weniger an Zufallsereignisse, die Zielvorstellungen und Pläne zunichte machen könnten.

Bei genauer Überlegung ist das Unvermögen, die Rolle des Zufalls zu berücksichtigen, nicht so überraschend, wie es zunächst scheint. Was genau würde eine wirksame Erkenntnis des Zufalls ausmachen? Sollte man sich jeden Tag mit dem Bild eines außer Kontrolle geratenen, das eigene Auto überrollenden Lastwagens vor Augen ans Steuer setzen? Sollte man jede soziale Situation als potentielle Gelegenheit für Viren ansehen, sich zu verbreiten? Sollte jeder Spaziergang duch die Stadt als mögliche Begegnung mit einem Straßenräuber oder Vergewaltiger betrachtet werden? Gewiß ist es nötig, ein bestimmtes Maß an Vorsicht und Abwehrbereitschaft ins tägliche Verhalten zu integrieren; dies zu tun, indem man sich solche potentiell tragischen, aber zufälligen Ereignisse vor Augen hält, ist allerdings kaum angemessen. Gerade weil Glücks- und Zufallsfaktoren zufällig sind, ist ihre Bedeutung für irgendeine gegebene Situation auf vernünftige Weise nicht abzuschätzen. Deshalb steht der Zufall nicht in der vordersten Linie des Bewußtseins, wenn Menschen ihre Risiken abschätzen.

Der Glaube an persönliche Kontrolle erklärt vielleicht auch, warum Menschen die Wahrscheinlichkeit von positiven Ereignissen für sich selbst als höher, die von negativen Ereignissen als geringer ansehen als für andere. Wenn Menschen sich auf eigene Verhaltensweisen konzentrieren, die es ihnen ermöglichen könnten, wünschenswerte Ergebnisse herbeizuführen und schlechte zu vermeiden, so vergessen sie darüber unter Umständen, daß andere Menschen in ihrem Leben über ebenso viele Hilfsmittel verfügen.[83] Menschen verkennen ihr Risiko, von negativen Ereignissen getroffen zu werden, weil sie klar umrissene Stereotypen von den Arten von Menschen haben, die solchen Ereignissen gewöhnlich zum Opfer fallen.[84] Menschen, die so dumm sind, nachts auf dunklen Straßen herumzuspazieren, sind Menschen, die ausgeraubt werden. Passive, gehemmte Menschen, die ihre Gefühle nicht äußern, bekommen Krebs. Mit diesen Stereotypen im Bewußtsein sind wir in der Lage, uns im Glauben zu wiegen, daß widrige Ereignisse uns nicht treffen werden. Die Tatsache, daß sich jeder von uns mit diesem Prozeß – nämlich sich vorzustellen, wie er oder sie negative Ereignisse vermeiden kann – beschäftigt, scheint der Aufmerksamkeit völlig zu entgehen.

Unrealistischem Optimismus liegt möglicherweise mehr zugrunde als nur simple Stereotypen von den Arten von Menschen, denen Schlimmes widerfährt. Der Psychologe Ziva Kunda meint, daß Menschen aktiv Theorien darüber konstruieren, warum positive und negative Ereignisse eintreten; dabei ziehen sie ihre eigenen Attribute heran, um sich gegen die Möglichkeit, daß ihnen negative Ereignisse zustoßen, zu schützen und um die angenommene Wahrscheinlichkeit, daß ihnen positive Ereignisse geschehen, zu erhöhen. Wenn sie zum Beispiel erfahren, daß die Scheidungsrate bei Erstehen 50 Prozent beträgt, sagen die meisten Menschen voraus, daß sie nicht zu diesen 50 Prozent gehören, vielmehr ihr Leben lang mit ihrem Ehepartner verheiratet bleiben werden. Wie Kunda nachgewiesen hat, überzeugen sie sich selbst davon, indem sie persönliche Attribute, die mit einer stabilen Ehe assoziiert werden können, herausstreichen und die Bedeutung von Informationen, die eine Anfälligkeit für Scheidung nahelegen könnten, herunterspielen oder diese Informationen aktiv bestreiten. So könnte jemand zum Beispiel die fünfzigjährige Ehe der Eltern, das enge Familienleben während der frühen Kindheit und die Tatsache, daß eine High-School-Partnerschaft volle vier Jahre gedauert hat, als Beweise anführen, um eine stabile Ehe vorherzusagen. Daß der Ehemann schon einmal geschieden ist – ein Faktor, der eine zweite Scheidung vorausbestimmt –, könnte nicht nur als irrelevant für den eigenen Fall, sondern darüber hinaus als Schutzfaktor ausgelegt werden («Er will nicht, daß diese Ehe so endet wie die letzte, und deshalb gibt er sich besondere Mühe, damit unsere Beziehung stark bleibt»). Die Fähigkeit, scheinbar rationale Verbindungen zwischen unseren eigenen Vorzügen und guten Ereignissen zu ziehen und Assoziationen zwischen unseren eigenen Attributen und negativen Ereignissen wegzudiskutieren, hilft uns, unrealistischen Optimismus zu bewahren.[85]

Die Fähigkeit, eine unrealistisch optimistische Sicht der Zukunft aufrechtzuerhalten, dürfte zum Teil auch in der Fähigkeit begründet sein, Ereignisse als Fortschritte zu mißdeuten. Es gibt eine wissenschaftlich erhärtete Tendenz, die darauf hindeutet, daß Menschen selbst dann meinen, sich verbessert zu haben, wenn kein realer Fortschritt erzielt worden ist.[86] Wir alle wissen, daß man die Gesellschaft von Menschen sucht, von denen man sich positives Feedback verspricht. Es leuchtet durchaus ein, daß wir Menschen zu Freunden haben möchten, die uns mögen und schätzen. Es gibt eine entsprechende, weniger offenkundige Tendenz, andere zu mögen, deren Einschätzungen von uns sich mit der Zeit verbessern. Die anfangs schwer zu gewinnende Freundin (oder der Freund) kann zum Beispiel höher geschätzt werden als ein treuer alter Partner, der stets entgegenkommend war. Wenn die Eindrücke anderer, statt auf einem positiven Niveau zu verharren, sich mit der Zeit verbessern, so stärkt dies mehrere andere positive Überzeugungen. Es fördert ein Gefühl persönlicher Einflußnahme, die Vorstellung, anderer Leute Urteile positiv beeinflussen zu können. Zugleich werden Gefühle sozialer Kontrolle gestärkt, die Überzeugung, Menschen zu den Einschätzungen und Urteilen bringen zu können, die man gern hätte. Und es entsteht eine Zukunftsvision, die so optimistisch ist wie die mental konstruierte, denn in dem Augenblick, da man sich ausmalt, daß ein Fortschritt eintreten wird, scheint ein Fortschritt gemacht zu werden.[87]

Die Tendenz, eine Zukunft zu konstruieren, die die Vergangenheit übertrifft, ist nicht auf soziale Interaktionen beschränkt. Im Rahmen einer fesselnden Untersuchung luden die Psychologen Michael Conway und Michael Ross College-Studenten mit Schwierigkeiten beim Studium zur Teilnahme an einem Programm ein, das darauf abzielte, ihnen Wege zur Verbesserung ihrer Studienleistungen und ihrer Noten aufzuzeigen.[88] Die Hälfte der Bewerber wurde gleich zugelassen, die andere Hälfte auf eine Warteliste gesetzt. Die erste Gruppe durchlief dann ein dreiwöchiges Förderungsprogramm. Die meisten dieser Programme sind bekanntlich wenig geeignet, neue Fähigkeiten zu vermitteln und Noten zu verbessern[89] – und dies war auch bei dem von Conway und Ross initiierten Programm der Fall. Die Programmteilnehmer unterschieden sich in den Studienleistungen und den Abschlußnoten nicht von Nichtteilnehmern.

Nichtsdestoweniger waren Teilnehmer an dem Programm der Ansicht, daß sie sich entscheidend verbessert hatten. Sie gaben an, ihre Leistungen seien besser geworden, und sie erwarteten bessere Noten bei der Abschlußprüfung. Rückschauend verdrehten sie zudem, wie schlecht ihre Studienleistungen gewesen waren, bevor sie an dem Programm teilnahmen. Darüber hinaus überschätzten sie ihre Semesterbeurteilungen selbst dann noch, als die Abschlußnoten bereits errechnet worden waren. Indem sie revidierten, was sie ursprünglich gehabt hatten, waren die Studenten daher in der Lage, zumindest im Geiste zu erreichen, was sie wollten, nämlich eine Verbesserung ihrer Leistungen und Noten. Mißerfolg («Ich habe den Test nicht bestanden») kann zu Fortschritt umgedeutet werden («Aber ich habe Übung bekommen, die mir beim nächsten Test dieser Art helfen wird»). Durch solche Verzerrungen dürften mehrere positive Vorurteile verstärkt werden. Man sieht sich selbst in einem positiven Licht und hält sich für wirkungsvoll, und gleichzeitig konstruiert man Vergangenheit und Zukunft neu, so daß eine Illusion von Fortschritt erzielt wird.

Die Einflüsse von Geschehnissen auf den Optimismus

Menschen sind in bezug auf die Zukunft meistens optimistisch, dies allerdings um so mehr, wenn ihnen etwas Gutes geschieht.[90] Erfolg im Beruf bringt jemanden zum Beispiel zu der Überzeugung, daß seine Kinder ihre Schulnoten verbessern werden und daß er selbst das Tennisturnier am Wochenende gewinnen wird. Ein gutes Ereignis wirkt wie ein generalisiertes Opportunitätssignal, indem es den Glauben an die Wahrscheinlichkeit aller Arten von positiven Ereignissen erhöht. Erfreuliche Ereignisse werden als gute Omen dafür gesehen, daß noch mehr Erfreuliches geschehen wird. In ähnlicher Weise verstärkt das Eintreten eines schlimmen Ereignisses die Auffassung, daß noch weitere unerfreuliche Ereignisse kommen dürften.[91] Eine Erkrankung, ein Wohnungseinbruch, ein nicht bestandener Test – all das regt zum Pessimismus tendierende Überzeugungen an. Selbst eine vorübergehende Stimmung kann die gleichen Wirkungen haben.[92] An einem Tag, an dem man sich ohne besonderen Grund gut fühlt, ist der Optimismus größer. Umgekehrt kann sich an einem Tag, an dem man sich ohne besonderen Grund nicht gut fühlt, Pessimismus einstellen. Das negative Ereignis (oder die negative Stimmung) scheint wie ein Gefahrensignal zu wirken. Dieses Gefahrensignal scheint außerdem ein generelles zu sein, insoweit, als es zuweilen die Wahrnehmung verstärkt, daß jedes beliebige schlimme Ereignis folgen könnte, sogar solche, die mit dem bereits geschehenen negativen Ereignis wenig oder gar nichts zu tun haben. Wenn eine Person bei der Fahrprüfung durchfällt, könnte sie logischerweise befürchten, daß ihr das noch einmal passiert, aber warum sollte sich ihre Furcht vergrößern, Krebs zu bekommen? Warum sollte ein Einbruch ein Gefühl der Anfälligkeit für Diabetes verstärken? Warum sollte umgekehrt eine Gehaltserhöhung zu der Überzeugung führen, daß man seine Ehe verbessern kann?

Wenn einem Menschen etwas Gutes geschieht, verstärkt dies vielleicht seine Überzeugung, eine effektive, kompetente Person zu sein, die Ereignisse herbeiführen kann. Da Menschen ihre Fähigkeit, Ereignisse zu kontrollieren – sogar solche, die vom Zufall bestimmt sind –, überschätzen, kann jedes beliebige positive Ereignis sie glauben machen, daß sie weitere positive Ereignisse bewirken können. In ähnlicher Weise kann ein negatives Ereignis, etwa eine Erkrankung, das Gefühl der Kontrolle und Kompetenz insofern untergraben, als es darauf hinweist, daß man unversehens zu Schaden kommen kann. Während der oder die Betroffene versucht, sich das negative Ereignis zu erklären, wird er oder sie sich unter Umständen einer generellen Verletzlichkeit bewußt, die das Gefühl verstärkt, weiteren negativen Ereignissen zum Opfer fallen zu können. Der Soziologe Kai Erikson beschreibt dieses Gefühl unter dem Aspekt von Naturkatastrophen:

«Eine der stillschweigenden Übereinkünfte, die Menschen miteinander schließen, um ihre geistige Gesundheit zu bewahren, besteht darin, die Illusion zu teilen, daß sie sicher sind, selbst wenn die natürlichen Gegebenheiten in ihrer Umgebung diesen Schluß nicht stützen. Die Überlebenden einer Katastrophe neigen hingegen dazu, die Gefahren ihrer Situation zu überschätzen, und sei es nur, um die Tatsache zu kompensieren, daß sie jene Gefahren zuvor unterschätzt haben; schlimmer, weit schlimmer ist aber, daß sie manchmal in einem Zustand fast konstanter Besorgnis leben, *weil sie die menschliche Fähigkeit verloren haben, die Zeichen der Gefahr aus ihrem Wahrnehmungsbereich herauszufiltern.*» [93]

Das generalisierte Gefahrensignal, das durch negative Ereignisse ausgelöst wird, besteht nur so lange, wie das negative Ereignis oder die schlechte Stimmung andauert. Sobald diese unerfreulichen Erfahrungen vorüber sind, kehrt der unrealistische Optimismus zurück. Eine naheliegende und deshalb verlockende Interpretation ist, daß dieses generalisierte Gefahrensignal einen gewissen Wert für das Überleben hat. Wenn sich der Organismus physisch oder psychisch in geschwächtem Zustand befindet, kann die generalisierte Wahrnehmung von Gefahr ihn in angemessener Weise zu Vorsicht, Zurückhaltung und relativer Inaktivität anhalten, damit er seine verminderten Ressourcen nicht überstrapaziert. Sobald das Problem vorüber und die physischen und psychischen Ressourcen wieder vervollständigt sind, ist der Organismus von neuem in der Lage, sich in der Welt zu behaupten. An diesem Punkt stellt sich unter Umständen unrealistischer Optimismus wieder ein, um das Gefühl des Bedrohtseins zu verringern. In ähnlicher Weise bringt das generalisierte Opportunitätssignal, das durch Optimismus entsteht, Menschen möglicherweise dazu, Chancen auszuloten, die sie sonst nicht wahrnehmen würden, und Informationen wenig Beachtung zu schenken, die größere Vorsicht nahelegen. Optimismus kann also ein bedeutender Faktor für persönlichen Fortschritt sein.[94]

Illusionen des Bewußtseins

Unser Bild vom normalen menschlichen Bewußtsein paßt nicht so recht zur herrschenden Auffassung von psychischer Gesundheit. Statt einer Bewußtheit und Akzeptanz ihrer positiven und ihrer negativen Persönlichkeitselemente zeigen die meisten Menschen einen geschärften Sinn für ihre positiven Qualitäten und Attribute, eine extrem hohe Meinung von ihrer Fähigkeit zur Meisterung der Umwelt und eine positive Einschätzung der Zukunft. Diese Einschätzungen sind nicht nur positiv, sie scheinen obendrein unrealistischerweise so zu sein. Es ist nicht einfach so, daß Menschen sich für gut halten, sondern sie halten sich für besser, als die Realität bestätigen kann. Beurteilungen des Beherrschungsvermögens gehen weit über die tatsächliche Fähigkeit hinaus, Ereignisse zu kontrollieren. Zukunftsvorstellungen sind immer wunderschön rosig.

Sollten wir einfach sagen, die meisten Menschen seien ihrem Wesen nach Optimisten? Spiegeln diese sogenannten Illusionen des täglichen Lebens lediglich eine optimistische Grundhaltung wider, eine Tendenz, den Blick auf die guten Seiten der Dinge zu richten? Auch wenn selbstbestärkende Überzeugungen über das Selbst, die Welt und die Zukunft zweifellos einen optimistischen Kern haben, unterscheiden sie sich doch in wichtigen Aspekten vom Optimismus. Ein Unterschied besteht darin, daß Illusionen sich kritisch mit dem Selbst beschäftigen. Zwar sind die meisten Menschen optimistisch, aber die Illusionen, die sie in ihren Denkmustern üblicherweise offenbaren, betreffen ihre eigenen Attribute, ihren Glauben an persönliche Kontrolle und Sorgen über die eigene Zukunft, weniger eine positive Sicht der Welt im allgemeinen. Ein weiterer Unterschied besteht darin, daß Optimismus als allgemeiner Begriff lediglich die Erwartung, die Dinge mögen ein gutes Ende nehmen, bezeichnet, wobei völlig unberücsichtigt bleibt, wie diese günstigen Ergebnisse erzielt werden. Die Illusion der Kontrolle, eine wesentliche Komponente der Überzeugungen von Menschen über ihre eigenen Attribute, ist eine persönliche Aussage darüber, wie positive Ergebnisse erreicht werden, nämlich dadurch, daß man sie aufgrund eigener Befähigungen herbeiführt, und nicht bloß dadurch, daß man sie herbeiwünscht und erhofft. Schließlich ist es, wie das nächste Kapitel zeigen wird, der spezifische Gehalt von Illusionen – Überzeugungen über das Selbst, die persönliche Kontrolle und die Zukunft –, der psychische Anpassung fördert, und nicht einfach nur der zugrundeliegende Optimismus, der sich in den Illusionen widerspiegelt.

Ich habe diese Überzeugungen wiederholt als Illusionen bezeichnet, und es muß ein Wort zur Wahl dieses Begriffs gesagt werden. In gewisser Hinsicht ist der Terminus eine unglückliche Wahl, denn er weckt Vorstellungen von einem Zauberkünstler, der mit der Grenze zwischen Realität und Phantasie liebäugelt. Auf das menschliche Denken angewandt, suggeriert er zudem einen naiven blinden Fleck oder eine Schwäche. Dennoch ist er passend. Die Termini «Irrtum» und «Vorurteil», die man statt dessen gebrauchen könnte, lassen an kurzfristige sporadische Mißverständnisse beziehungsweise Verzerrungen denken, die durch eine Achtlosigkeit oder eine andere vorübergehende Nachlässigkeit verursacht sein könnten. Der Terminus «Illusion» verweist dagegen auf ein umfassenderes und dauerhafteres Muster von Überzeugungen.

«Illusion ist eine Wahrnehmung, die das Wahrgenommene anders wiedergibt, als es in Wirklichkeit ist. Eine Illusion ist eine falsche geistige Vorstellung oder Konzeption, die in einer Fehlinterpretation einer realen Erscheinung oder in etwas Imaginiertem bestehen kann. Sie kann angenehm, harmlos oder sogar nützlich sein.» [95]

Diese Definition der Illusion erfaßt die Essenz der hier erörterten Phänomene. Menschen haben milde und wohltuend positive Illusionen über sich, die Welt und die Zukunft. Diese sind darüber hinaus in thematisch konsistenter und sich gegenseitig verstärkender Weise miteinander verknüpft. Zwar ist nicht das Denken jedes einzelnen in allen Belangen des Selbst, der Welt und der Zukunft von Illusion gekennzeichnet, aber diese Illusionen sind alltäglich, weit verbreitet und leicht zu dokumentieren.

Die Tatsache, daß positive Illusionen in der frühen Kindheit so auffällig sind und mit der Zeit abnehmen, ist besonders faszinierend. Sie läßt darauf schließen, daß Illusionen natürlich und im kognitiven System selbst begründet sind und durch das Feedback, das das Leben mit sich bringt, vermindert und gezügelt werden. Was wir bei Erwachsenen beobachten, ist keine sorgsam gehegte und geschürte Glut, die von jahrelanger Erfahrung mit den adaptiven Qualitäten einer positiven Anschauung der Dinge gespeist wird. Vielmehr sehen wir statt dessen den aufgeblähten Rest einer Sicht des Selbst und der Zukunft, die in extremer und fast zauberhafter Form bei ganz jungen Kindern vorhanden ist.

Die Illusionen von Erwachsenen über ihre Attribute, ihre Fähigkeit zur Kontrolle und die wohltätige Zukunft sind tatsächlich ziemlich gemäßigt und kommen nirgends auch nur in die Nähe der wahnhaften Verzerrungen, die bei geisteskranken Patienten häufig zu beobachten sind. Infolgedessen ist man leicht versucht, Illusionen als letztlich bedeutungslose, amüsante kleine Sünden abzutun, die eingehenden Informationen einen liebenswürdigen Drall geben, ohne große Konsequenzen zu haben. Eines der Argumente für den adaptiven Wert positiver Illusionen lautet denn auch, daß diese Vorurteile vornehmlich dann evident werden, wenn Informationen belanglos sind, und nicht, wenn mehr auf dem Spiel steht. Dieser Ansicht zufolge können Menschen in unwesentlichen Angelegenheiten fälschlich positive Urteile über sich selbst hegen, die ihnen in ernsteren und gewichtigeren Situationen, wenn sie zu mehr Realismus gezwungen sind, als Puffer dienen. Die Evidenz legt allerdings den gegenteiligen Schluß nahe: Die positiven Verzerrungen der Menschen nehmen mit der Wichtigkeit und Schwere von Dingen oft zu und nicht ab.[96] Je förderlicher eine Situation für das Ego ist, desto wahrscheinlicher wird sie positive, den eigenen Interessen dienende Interpretationen hervorrufen. Wenn Ergebnisse von Belang sind, dann sind selbsterhöhende Kausalattribuierungen wahrscheinlicher. Positive Illusionen sind also durchgängig und nicht auf die nebensächlichen Dinge des Lebens beschränkt.

Die Tatsache, daß im normalen Denken positive Illusionen existieren, führt zu der weitergehenden Frage, warum sie existieren und ob sie irgendeinem nützlichen Zweck dienen. Sind sie einfach nur ein überraschender und eher liebenswerter Aspekt des menschlichen Denkens, oder sind sie wirklich adaptiv. Der Versuch, ihre Prävalenz zu begreifen, führt zu voreiligen Vermutungen darüber, warum sie funktional sein könnten, wobei die Annahme impliziert ist, daß der Geist sich – wie die Organe des Körpers auch – nicht auf eine Weise entwickelt, die in sich schädlich für sein eigenes Funktionieren ist. Bisher sind unsere Vermutungen über adaptive Qualitäten jedoch rein spekulativ, und die nächste Aufgabe ist, zu bestimmen, ob dies wirklich der Fall ist.

KAPITEL 2

ILLUSIONEN UND PSYCHISCHE GESUNDHEIT

Das Leben zu ertragen bleibt ja doch
die erste Pflicht aller Lebenden.
Die Illusion wird wertlos, wenn sie uns darin stört.
Sigmund Freud

Wie wir gesehen haben, sind Menschen in ihren Einschätzungen ihrer selbst und ihrer Fähigkeit zur Kontrolle der Umwelt wie auch in ihren Ansichten über die Zukunft positiv voreingenommen. Die weite Verbreitung dieser Vorurteile und die Leichtigkeit, mit der sie zu dokumentieren sind, legen den Schluß nahe, daß sie normal sind. Diese Feststellungen stehen im Widerspruch zur traditionellen Auffassung von psychischer Gesundheit, nach der Menschen Kontakt zur Realität haben müssen, um sich ihr erfolgreich anzupassen. Aber psychische Gesundheit ist möglicherweise ein Zustand, den wenige Menschen tatsächlich erreichen, so daß die Überzeugungen der Mehrheit seelische Gesundheit vielleicht nicht allgemeingültig charakterisieren. Andererseits tragen Illusionen über das eigene Gewicht in der Welt und über die Zukunftsaussichten vielleicht nichts zur psychischen Gesundheit bei, sondern sind unter Umständen einfach Nebenaspekte der Art und Weise, in der das Bewußtsein organisiert ist. Eine stärkere Herausforderung für traditionelle Auffassungen von psychischer Gesundheit würde sich durch Erkenntnisse stellen, die darauf hindeuten, daß Illusionen nicht nur normal, sondern tatsächlich adaptiv sind und seelische Gesundheit eher fördern als beeinträchtigen.

Die Beziehung zwischen Illusionen und psychischer Gesundheit liegt keineswegs offen zutage. Tatsächlich könnte der systematische Charakter von Illusionen ein Grund zur Besorgnis sein. Wenn Menschen einfach Fehler begingen, manche in positiver und manche in negativer Richtung, dann könnten diese Fehler einander unter Umständen aufheben oder zumindest eine gewisse korrigierende Wirkung auf sonst unausgewogene Inferenzen ausüben. Die Tatsache, daß Fehler beständig in nur eine, nämlich in die positive Richtung tendieren, wirft die Frage nach einer möglichen Anfälligkeit für Fehlwahrnehmungen und Urteilsverzerrungen auf.

Um zu bestimmen, ob Illusionen über Kontrolle, Selbstwert und Zukunft der psychischen Gesundheit nützen oder schaden, müssen wir zunächst Kriterien seelischer Gesundheit aufstellen, um dann zu fragen, ob positive Illusionen in bezug auf diese Kriterien eine fördernde, eine zerstörerische oder gar keine Wirkung haben. Glücklicherweise besteht in der einschlägigen Fachliteratur ein weitgehender Konsens über die Attribute einer psychisch gesunden Person. So sind sich die meisten Experten einig, daß die Fähigkeit, glücklich oder zumindest relativ zufrieden zu sein, eines der Hauptkennzeichen psychischer Gesundheit und seelischen Wohlbefindens ist.[1]

In ihrer hervorragenden Arbeit hat Jahoda mehrere zusätzliche Kriterien identifiziert. Die Fähigkeit, positive Einstellungen zu sich selbst zu hegen statt über die eigene Unvollkommenheit oder Unzulänglichkeit bekümmert oder besorgt zu sein, wird als Zeichen gereiften und gesunden Funktionierens betrachtet. Auch die Fähigkeit, an seinen Aufgaben zu wachsen und eigene Absichten zielstrebig zu verfolgen, wird gemeinhin als ein Merkmal seelischer Gesundheit anerkannt, insoweit, als psychische Gesundheit keine statische Errungenschaft ist, sondern eher eine dynamische, sich entwickelnde Daseinsform. Ein drittes Kriterium ist die Fähigkeit zur Entwicklung einer autonomen Selbstachtung, die zu ihrer Bedeutung und zu ihrem Erhalt nicht der Bestätigung durch andere Menschen bedarf. Das soll nicht heißen, daß eine psychisch gesunde Person für sich allein stehen kann und die Unterstützung anderer weder braucht noch wünscht, sondern vielmehr, daß das Selbst und seine Funktionstüchtigkeit in Existenz und Bedeutung nicht von anderen abhängig sind. Das vierte von Jahoda herausgearbeitete Kriterium ist die Meisterung der Umwelt bei der Arbeit und in sozialen Beziehungen. Damit meinte sie die Fähigkeit, sich mit produktiver und sinnvoller Arbeit zu beschäftigen, sowie die Fähigkeit zu freundlichen und befriedigenden Beziehungen mit anderen. Schließlich sind, Jahoda zufolge, die Integration und Harmonie der Persönlichkeitskräfte essentiell für die Entwicklung der psychischen Gesundheit.

Eine jüngere Neubetrachtung der psychisch gesunden Persönlichkeit durch Sidney Jourard und Ted Landsman kam zu einer ähnlichen Ansicht:

«[Die gesunde Persönlichkeit] wird von Intelligenz und Achtung vor dem Leben geleitet, auf eine Weise, daß persönliche Bedürfnisse befriedigt werden und daß sich die Person in Bewußtheit und Kompetenz sowie in der Fähigkeit, das Selbst, die natürliche Umwelt und andere Menschen zu lieben, weiterentwickeln wird.» [2]

Die Zusammenfassung dieser Gesichtspunkte ergibt eine allgemeine Reihe von Merkmalen der psychisch gesunden Person: eine positive Sicht des Selbst; die Fähigkeit, glücklich oder zufrieden zu sein; die Fähigkeit zur Sorge für und um andere; die Fähigkeit zu produktiver und kreativer Arbeit; und die Fähigkeit, sich im Kontext einer herausfordernden und bisweilen bedrohlichen Umwelt zu entwickeln und seine Ziele zu erreichen. Nun kann man untersuchen, ob die von den meisten Menschen gehegten positiven Illusionen diese anderen Qualitäten, die traditionell mit psychischer Gesundheit assoziiert werden, fördern oder beeinträchtigen.

ILLUSIONEN, GLÜCK UND ZUFRIEDENHEIT?

Seit den Ursprüngen der Philosophie und der Psychologie gilt Glück als eine der höchsten Formen menschlichen Daseins. Was Glück ist, war und ist jedoch umstritten. Jean-Jacques Rousseau betrachtete Glück als Ergebnis «eines vollen Bankkontos, eines guten Kochs und einer guten Verdauung». Aristoteles und Henry David Thoreau meinten, planvolles Handeln sei unentbehrlich für das Glück des Menschen. In einem Punkt herrscht Einigkeit. Um mit Mark Aurel zu sprechen: «Niemand ist glücklich, der sich nicht dafür hält.» Glück besteht zumindest zum Teil in der Bewußtheit, glücklich zu sein. Im Gegensatz zu anderen Merkmalen psychischer Gesundheit ist Glück außerdem eine subjektive Erfahrung. Menschen wissen, wann sie glücklich sind und wann nicht.[3]

Die meisten Menschen behaupten, den größten Teil ihres Lebens glücklich zu sein. Bei Erhebungen zur Stimmungslage in der Bevölkerung geben 70 bis 80 Prozent der Befragten an, «ziemlich glücklich» oder «sehr glücklich» zu sein. Darüber hinaus scheinen positive Illusionen über die eigenen Qualitäten, den Grad der Kontrolle und die Zukunftsaussichten Glück zu fördern. Menschen mit hoher Selbsteinschätzung und großem Vertrauen in ihre Fähigkeiten behaupten, glücklich zu sein, glücklicher als andere. Menschen, die glauben, daß sie ein hohes Maß an Kontrolle über ihr Leben haben und daß die Zukunft ihnen noch mehr Glück bringen wird, sind nach eigenen Angaben glücklicher als jene, die diese Wahrnehmungen nicht haben.[4]

Psychologen haben die Perzeptionen glücklicher Menschen von sich selbst und von ihrer Umwelt mit denen leicht depressiver Menschen verglichen. Glückliche Menschen haben eine höhere Meinung von sich; sie tendieren stärker zu Kausalattribuierungen zu ihren Gunsten; sie neigen stärker zu einer Illusion der Kontrolle; und sie zeigen stärkeren unrealistischen Optimismus. Es erscheint fast nicht erforderlich, den Beweis zu erbringen, daß Menschen, die gut von sich denken, die glauben, die Geschehnisse um sie herum kontrollieren zu können, und die optimistisch in die Zukunft blicken, glücklicher sind als Menschen, denen diese Wahrnehmungen fehlen. Dennoch gibt es eine Fülle von Beweisen dafür, daß diese Zusammenhänge bestehen.[5]

Glück und die gute Stimmung, die damit einhergeht, sind nicht nur an sich von Bedeutung, sondern auch wegen der tiefreichenden Wirkungen, die sie auf andere Aspekte des Lebens ausüben.[6] Eine gute Stimmung, wie sie zum Beispiel durch ein bezauberndes Musikstück, ein Gebirgspanorama oder ein angenehmes Treffen mit Freunden hervorgerufen wird, kann rasch von dem speziellen Ereignis, das sie aufkommen ließ, losgelöst und mit vielen anderen Aspekten des Lebens verbunden werden, oft unterschwellig und unbewußt. Wenn der Blick auf die Berge erhebend ist, können die Konversation der Begleiter geistreicher und der Wein lieblicher erscheinen. Die Schriftstellerin Katherine Mansfield hat dieses Gefühl in ihrer Erzählung «Glück» eingefangen, in der Bertha, die Protagonistin, über ihr Leben nachsinnt:

«Doch – doch – sie hatte alles! Sie war jung. Harry und sie waren ineinander so verliebt wie nur je, und sie kamen herrlich miteinander aus und waren wirklich gute Kameraden. Sie hatte ein hinreißendes Baby. Sie hatten keinerlei Geldsorgen. Sie besaßen ein in jeder Hinsicht zufriedenstellendes Haus und den Garten. Und sie hatten Freunde, moderne, anregende Freunde, Schriftsteller und Maler und Dichter oder Leute, die sich brennend für soziale Fragen interessierten – genau die Art Freunde, die sie haben wollten. Und außerdem Musik und Bücher, und sie hatte eine fabelhafte kleine Schneiderin entdeckt, und im Sommer reisten sie ins Ausland, und ihre neue Köchin machte die köstlichsten Omeletten…»[7]

Obwohl Menschen sich der spezifischen Fälle, in denen eine gute Stimmung sich auf ihre anderen Gedanken und auf ihr Verhalten auswirkt, in der Regel nicht bewußt sind, wissen sie um das Phänomen. Rodgers und Hammerstein haben in ihren Musicals einige der verbreiteten Methoden beschrieben, die Menschen anwenden, um ihre Stimmung zu heben, etwa «ein fröhliches Lied zu pfeifen» oder an «Lieblingsdinge» zu denken. Eine negative Stimmung kann unglücklicherweise gegensätzliche und nicht minder tiefgreifende Wirkungen haben.[8] Ein verregneter Tag erinnert jemanden unter Umständen daran, daß sein Bankkonto nicht zum besten steht, daß er am Nachmittag bei einem langweiligen Treffen anwesend sein muß und daß in den Kinderzimmern trotz aller Bemühungen, die Kinder zum Aufräumen zu bewegen, nach wie vor ein wildes Durcheinander herrscht. Er ist übelgelaunt und pessimistisch, und sein Verhalten ist dazu angetan, bei anderen Feindseligkeit oder zumindest Frostigkeit zu erregen.

Psychologen haben einige kunstvolle Methoden zur Untersuchung der Auswirkungen einer guten Stimmungslage auf die Überzeugungen und das Verhalten von Menschen entwikkelt. Wie Peter Pan den Darling-Kindern das Fliegen beibringt, so bringen sie Menschen dazu, beglückende Gedanken zu denken, indem sie sie mit einem unerwarteten Geschenk überraschen, indem sie sie dazu anhalten, sich auf beglückende Erfahrungen zu konzentrieren («Denken Sie an Weihnachten, denken Sie an Schnee»), oder indem sie sie auffordern, sich eine vergangene Zeit ins Gedächtnis zurückzurufen, in der sie sehr glücklich waren. Fliegen können Menschen, die solchen Techniken ausgesetzt wurden, danach zwar nicht, aber schon nach kurzer Zeit geben sie an, daß sie besserer Laune oder sogar euphorisch gestimmt sind.[9]

Das Repertoire des Psychologen umfaßt neben Methoden zur Erzeugung guter Stimmungen auch solche, die Menschen in schlechte Stimmungen versetzen, indem sie mit einer unerwarteten und unverdienten Kränkung konfrontiert oder dazu gebracht werden, sich auf eine unglückliche oder frustrierende Phase der Vergangenheit zu konzentrieren, oder indem all die Dinge, die in ihrem Leben schlecht laufen, in den Mittelpunkt gestellt werden. Eine der erfolgreichsten Methoden schließt ein, daß man eine Person eine Folge von Aussagen lesen läßt, die eine immer glücklichere oder unglücklichere Geistesverfassung suggerieren.[10] Wenn man zum Beispiel versuchen wollte, eine schlechte Stimmung herbeizuführen, könnte man die Person die folgende Serie von Aussagen lesen lassen:

Ich scheine heute nicht ganz ich selbst zu sein.
Tatsächlich fühle ich mich etwas gedämpft.
Bei der Arbeit läuft es nicht so gut, wie es könnte.
Ich fühle mich deswegen ein bißchen entmutigt.
Man könnte sogar sagen, daß ich heute ein bißchen niedergeschlagen bin.
Ich sehe nicht recht, wie sich die Dinge zum Besseren wenden könnten.
Wenn sie sich überhaupt verändern, werden sie wahrscheinlich eher schlechter werden.
Ich bin heute wirklich deprimiert.
Ich fühle mich so mutlos.
Es scheint nicht viel Hoffnung zu geben.

Nach der Lektüre von zwanzig oder dreißig dieser immer bedrückenderen Aussagen wird selbst die heiterste Person weit weniger gut gestimmt sein. Menschen, die in eine fröhliche

Stimmung gebracht werden sollen, bekommen dagegen Sätze zu lesen wie die folgenden, die eine immer positivere Stimmung widerspiegeln:

Mir geht's heute ganz gut.
Zur Zeit läuft's ziemlich gut bei mir.
Ich glaube, heute wird ein guter Tag für mich.
In letzter Zeit habe ich viel erreicht.
Ich bin ziemlich zufrieden mit mir.
Bei der Arbeit läuft es wirklich gut.
Ich denke, wenn ich wirklich will, kann ich alles schaffen.
Tatsächlich fühle ich mich im Augenblick wirklich großartig.

Nach der Lektüre von zwanzig oder dreißig Aussagen ist man in der Regel etwas positiver gestimmt. Die Wirkung dieser sogenannten stimmungsinduzierenden Verfahren ist ziemlich verblüffend. Im Rahmen einer Untersuchung erhielten Besucher eines Einkaufszentrums ein Geschenk und wurden später für eine Erhebung unter Verbrauchern befragt, wie ihre Autos, ihre Fernseher, ihre Waschmaschinen und ihre Wäschetrockner funktionierten. Diejenigen, die das Geschenk erhalten hatten, bekundeten größere Zufriedenheit mit ihren Autos und ihren anderen Geräten als die Befragten, die das Geschenk nicht erhalten hatten.[11]

Wenn Menschen in gute Stimmung versetzt worden sind, wird ihr unrealistischer Zukunftsoptimismus noch stärker als gewöhnlich. Aufgefordert, ihre Leistung bei einer künftigen Aufgabe vorauszusagen, zeigen sie höhere Erfolgserwartungen. Wenn sie eine Aufgabe ihrer Meinung nach gut erfüllt haben, belohnen sie sich großzügiger und geben an, sich selbst mehr zu mögen.[12] Die meisten dieser Stimmungseffekte scheinen darüber hinaus einzutreten, ohne im mindesten bewußt zu werden.[13]

Es stellt sich die Frage, ob positive Illusionen über das Selbst, persönliche Kontrolle und die Zukunft Glück und gute Stimmung hervorrufen oder ob eine Kausalität in umgekehrter Richtung plausibler ist. Es ist leicht vorstellbar, daß Empfindungen von Glück oder Zufriedenheit Menschen zu einem besseren Eindruck von sich selbst, von ihrer Fähigkeit zu kontrollieren, was um sie herum vorgeht, und von der Zukunft führen könnten. In der Tat deuten die wissenschaftlichen Fakten darauf hin, daß Kausalverbindungen in beiden Richtungen wahrscheinlich sind. Studien, in deren Verlauf positive Stimmungen manipuliert worden sind, haben entsprechend eine positive Wirkung auf andere Wahrnehmungen ergeben, zum Beispiel auf die Sicht des Selbst. Und Untersuchungen, bei denen Menschen veranlaßt werden, besser von sich zu denken, machen entsprechende positive Wirkungen auf die Stimmung deutlich. Demnach kann positive Stimmung zu positiven Illusionen beitragen, aber es gibt auch Beweise für das Gegenteil, nämlich daß Illusionen Glück und gute Stimmung fördern.[14]

Positive Illusionen über sich selbst, die eigene Kontrolle und die Zukunft sind also bedeutsam, weil sie ein wichtiges Attribut psychischer Gesundheit stärken, nämlich die Fähigkeit, glücklich oder zufrieden zu sein. Mindestens ebenso bedeutsam könnte jedoch die Tatsache sein, daß Illusionen ganz allgemein gute Stimmung begünstigen, was wiederum andere Aspekte psychischer Gesundheit fördert, zum Beispiel die Fähigkeit, sich für andere zu interessieren und sich um sie zu kümmern, und die Fähigkeit, sich mit kreativer und produktiver Arbeit zu beschäftigen.

ILLUSIONEN UND FÜRSORGE FÜR ANDERE MENSCHEN

Ob positive Illusionen die Fähigkeit zur Sorge um und für andere Menschen fördern, ist nicht so evident. Man kann mindestens zwei Denkrichtungen überzeugend vertreten. Zunächst einmal ist es vorstellbar, daß von sich, ihren Fähigkeiten und ihrer Zukunft besonders überzeugte Menschen zu egozentrisch sind, um anderen Zuneigung und Achtung entgegenbringen zu können. Vielleicht beeinträchtigt das Vorhandensein positiver Illusionen tatsächlich die Entwicklung und Pflege sozialer Bindungen. Zu viel Aufmerksamkeit für das Selbst hindert Menschen unter Umständen daran, die Bedürfnisse anderer zu erkennen. Zu starke Konzentration auf die eigenen Ziele und Pläne bringt Menschen möglicherweise dazu, andere als Vehikel zum Erreichen ihrer eigenen Leistungsziele zu betrachten und nicht als Mitmenschen, die Nachdenken, Fürsorge und Liebe verdienen. Ein Grund, warum diese These so leicht zu vertreten ist, liegt darin, daß das Bild des rücksichtslos aggressiven Individuums, das nach oben drängt und jeden manipuliert, der im Wege steht, ein kulturelles Stereotyp ist. Ob es die Beziehung zwischen positiven Illusionen und der Fähigkeit zur Sorge für und um andere zutreffend beschreibt, bleibt dahingestellt.

Es gibt einen zweiten, freundlicheren Ansatz, der genau den entgegengesetzten Zusammenhang suggeriert. Nach dieser These ist Sorge für und um andere ohne positive Selbstachtung schwierig, wenn nicht unmöglich. Jemand, der unter psychischer Anspannung steht und an seinem oder ihrem Selbstwert zweifelt, ist unfähig, Gefühle für und Sorge um andere Menschen zu zeigen, weil der Kontakt mit anderen Menschen noch mehr Anspannung und Unzulänglichkeitsgefühle mit sich bringt. Wer mit sich im unreinen ist, an seinen Talenten zweifelt und seinen Grundwert in Frage stellt, ist möglicherweise zu sehr mit seinen eigenen Problemen beschäftigt, um den Bedürfnissen anderer gerecht zu werden, und aufgrund dessen unfähig, Zuneigung und Liebe zu zeigen. Auch diese Auffassung reflektiert ein kulturelles Stereotyp, eines, das in der populären Literatur der «Ich-Generation» in den siebziger Jahren weithin gepriesen worden ist. In Büchern, die das Bedürfnis, den eigenen Vorteil im Auge zu behalten und sich zuerst um sich selbst zu kümmern, herausstellten, wurde – bisweilen recht überzeugend – die These vertreten, daß man befähigter sein würde, die Bedürfnisse anderer zu berücksichtigen, wenn man sich zunächst um die eigenen kümmerte.[15] Der bekannteste Verfechter dieses Standpunkts ist Carl Rogers, der argumentierte, daß Menschen mit Selbstwertgefühl auch andere zu würdigen wüßten, während Menschen mit negativen Einstellungen zu sich selbst andere herabsetzen müßten in dem Versuch, ihre eigenen chronischen Gefühle der Unzulänglichkeit zu lindern.[16] Aus dieser Sicht bringt positives Wesen also schlicht weitere positive Qualitäten hervor, ohne die abschätzigen Vergleiche, die hohe Selbstachtung sonst implizieren könnte.

Zum Glück sind wir nicht auf die relative Aussagekraft von Stereotypen angewiesen, um dieses Problem zu lösen, denn die wissenschaftliche Forschung hat Daten und Fakten geliefert. Generell spricht die Evidenz für die zweite Deutung. Menschen mit positiver Selbstachtung scheinen bessere soziale Beziehungen herzustellen. Sie haben ganz allgemein höhere Achtung vor anderen. Menschen mit hoher Selbsteinschätzung sind zum Beispiel im allgemeinen bei anderen beliebter als Menschen mit niedriger Selbsteinschätzung. Sogar bei Kindern ist die Wahrscheinlichkeit, bei Gleichaltrigen beliebt zu sein, bei denjenigen größer, die gut von sich denken.[17] Natürlich könnte man einwenden, daß nicht so sehr hohe Selbsteinschätzung zu Popularität als vielmehr Beliebtheit zum Entstehen einer hohen Selbsteinschätzung führe. In der

Tat kann man für beide Richtungen der Kausalität plausible Argumente vorbringen. Forschungen, die sich eine feinkörnigere Analyse der Wirkung von Selbsteinschätzungen auf soziale Interaktionen zu eigen machten, deuten jedoch darauf hin, daß Menschen, die deprimiert sind oder eine niedrige Selbsteinschätzung haben, möglicherweise Verhaltensweisen an den Tag legen, die andere vertreiben; selbst wenn Popularität die Selbsteinschätzung tatsächlich erhöht, scheint die Selbsteinschätzung ihrerseits also auch eine direkte Wirkung auf die Popularität ausüben zu können.[18]

Wenn Menschen in Situationen kommen, in denen ihnen enge soziale Bande fehlen, scheinen diejenigen mit positiven Einstellungen zu sich selbst und der Zukunft effektivere Maßnahmen zur Lösung dieses Problems zu ergreifen. Die Psychologin Carolyn Cutrona hat eine Untersuchung über einsame Studienanfänger kurz nach deren Eintritt in eine große Universität durchgeführt.[19] Einsamkeit ist ein unter diesen Studenten verbreitetes Problem, weil viele von ihnen aus ihren Gemeinschaften herausgerissen worden sind und in ein ausgedehntes und etwas unpersönliches Umfeld gestoßen werden, wo die Notwendigkeit, Freundschaften zu schließen, auf der Hand liegt und die Fähigkeit, das zu tun, völlig vom eigenen Handeln abhängt. Cutrona stellte fest, daß Studenten mit hoher Selbsteinschätzung und optimistischerer Sicht der Zukunft besser imstande waren, ihre Einsamkeit an der Universität zu bewältigen, als Studenten, die diese Überzeugungen nicht hatten. Diejenigen mit hoher Selbsteinschätzung und einer optimistischen Sicht der Zukunft waren besser imstande, ihre augenblickliche Einsamkeit ziemlich angemessen als einen kurzfristigen Zustand zu beurteilen, der vorübergehen würde, sobald sie die Gelegenheit hatten, mehr Menschen zu begegnen und einige Freunde zu finden. Dementsprechend wurden sie durch ihre zeitweilige Einsamkeit nicht gelähmt und geschwächt.

Einige der Fakten, die darauf hinweisen, daß Menschen mit positiven Illusionen befähigter sind zur Sorge um und für andere, stammen aus der Forschung über die Einflüsse von Stimmungen auf das Sozialverhalten. Menschen, bei denen eine positive Stimmung induziert worden ist, zeigen in der Regel positivere soziale Verhaltensweisen als Menschen, die in eine negative Stimmung versetzt worden sind. Glückliche Menschen tendieren eher dazu, anderen zu helfen, Gespräche mit anderen zu beginnen, Sympathie für sie zu bekunden und positive Urteile über Menschen im allgemeinen zu äußern. Menschen in guter Stimmung neigen eher dazu, sich einem Fremden zu nähern, jemandem in Not zu helfen und an das Gute im Menschen zu glauben. Wenn Menschen, die in guter Stimmung sind, in potentielle Wettbewerbssituationen gebracht werden, tendieren sie weniger zu konkurrierenden Strategien und kooperieren statt dessen, um den gemeinsamen Nutzen zu erhöhen. Die Psychologin Alice Isen, die einen Großteil dieser Forschungen durchgeführt hat, schrieb dazu: «Der positive Affekt ist assoziiert mit erhöhter Soziabilität und Nächstenliebe.» [20]

So wie eine gute Stimmung Umgänglichkeit fördert, so trägt eine negative Stimmung dazu bei, sie zu untergraben. Menschen, die mittels eines stimmungsinduzierenden Verfahrens in eine negative Stimmung versetzt worden sind, haben negativere Meinungen von anderen, bekunden weniger Sympathie für andere und legen mehrdeutiges Feedback über sich selbst stärker zu ihren Ungunsten aus. [21] Allerdings hat negative Stimmung nicht immer nachteilige Wirkungen auf Denken und Verhalten. Was positive und negative Stimmungen unterscheidet, ist, daß positiv gestimmte Menschen gewöhnlich versuchen, diese Stimmung durch ihr Denken und Handeln zu bewahren, während negativ gestimmte Menschen oft versuchen, ihrer Stimmung zu entfliehen. [22] Zum Beispiel wird eine negativ gestimmte Person zuweilen jemandem in

Not helfen, augenscheinlich zu dem Zweck, sich durch den Akt der Barmherzigkeit ein besseres Gefühl zu verschaffen. Während positive Stimmungen Menschen motivieren, sich und anderen Gefallen zu tun, haben negative Stimmungen keineswegs den gegenteiligen Effekt. Niedergeschlagene Menschen haben keine überdurchschnittlich starke Neigung, anderen ein Bein zu stellen oder Banken auszurauben. Eine schlechte Stimmung scheint einfach das Aktivitätsniveau insgesamt zu senken. Schlecht gestimmte Menschen denken möglicherweise an all die negativen Konsequenzen, die sich aus jeder beliebigen Handlung, ob gut oder schlecht, ergeben könnten, und zügeln folglich generell ihr Verhalten. Negative Stimmung hat also unterschiedliche Auswirkungen auf Denken und Verhalten: Negative Stimmungen können ein Potential zur Selbstkorrektur sein, vorausgesetzt, daß die betreffende Person über Strategien zur Verbesserung der Stimmung verfügt; eine schlechte Stimmung, insbesondere eine chronisch schlechte, kann jedoch die Erinnerung an diese Strategien erschweren und dadurch die Person im Sumpf der Inaktivität versinken lassen.

Auch Optimismus scheint soziale Beziehungen zu fördern. Die meisten Menschen würden ihre Zeit lieber mit jemandem verbringen, der optimistisch ist und nicht pessimistisch. Untersuchungen an Ehepartnern und Freunden von Menschen, die unter leichten oder schweren Depressionen leiden, haben ergeben, daß der nicht nachlassende Pessimismus der depressiven Person sozialen Beistand häufig vertreibt.[23] Optimistische Menschen scheinen dagegen imstande zu sein, sozialen Beistand auf sich zu ziehen und ihn effektiv zu nutzen, wenn sie ihn benötigen.

Was wissen wir also von dem Einfluß selbsterhöhender Illusionen auf soziale Beziehungen? Gut von sich denkende und optimistische Menschen sind eindeutig beliebter als Menschen, die diese positiven Wahrnehmungen nicht haben. Das ist in sich jedoch kein Beweis für persönliche Anteilnahme. Die Untersuchungen über Stimmungen kommen der Sache etwas näher, indem sie aufzeigen, daß Menschen, wenn sie mit sich im reinen sind, anderen günstiger gesonnen sind und stärker dazu neigen, Menschen in Not zu helfen. Aber auch diese Verhaltensweisen haben eher einen gewissen flüchtigen Charakter und nicht die Qualität einer dauerhaften Verpflichtung gegenüber anderen, die wir bei der psychisch gesunden Person gern sehen würden. Tragen Illusionen auch zu dieser dauerhafteren Form der Anteilnahme bei?

In seinem Buch «*Optimism: The Biology of Hope*» machte der Anthropologe Lionel Tiger auf das Paradox der Elternschaft aufmerksam und stellte die Frage, wie ein intelligentes und ansonsten eigennütziges Wesen überhaupt ein Elter sein kann:

«Unter dem Strich schließt Elternschaft eine Reihe von radikal selbstlosen und oft über die Maßen lästigen Aktivitäten ein. Zwei Erwachsene, die ihre Zeit und ihre Kräfte andernfalls zu angenehmen Aktivitäten unterschiedlicher Art nutzen könnten, entscheiden sich, eine Unterkunft zu suchen und Nahrung und andere Vergünstigungen zu verschaffen für völlig abhängige Organismen, deren Lebensrhythmus überdies in keinem größeren Gegensatz zu dem von Erwachsenen stehen könnte und die ihre Eltern buchstäblich jahrzehntelang in einen Kompromiß zwischen den Anforderungen ihrer Nachkommen und dem eigenen Arbeits- und Freizeitprogramm verstricken werden. Bemerkenswert ist nicht so sehr, daß Eltern vielleicht *ein* Kind haben, sei es ungeplant oder aufgrund einer konfusen Glückserwartung. Wirklich erstaunlich ist, daß die meisten Eltern mehr als ein Kind haben.»[24]

Zur Aufhebung dieses Widerspruchs führt Tiger an, daß positive Illusionen, insbesondere Optimismus, es Menschen unter Umständen ermöglichen, zugunsten anderer bestimmte Opfer zu bringen, zu denen sie weniger bereit sein könnten, wenn sie weniger positiv über ihre eigenen Attribute dächten und weniger optimistisch in bezug auf die Zukunft wären. Wenn man glaubt, daß die Zukunft eine Fülle guter Dinge bereithält, dann können gegenwärtige Entbehrungen und Opfer als erträgliche, wenn nicht unerläßliche Schritte auf dem Weg in eine hoffnungsvollere Zukunft erscheinen. Tatsächlich kann eine Vielzahl von Illusionen zum Verzicht beitragen. Vermutlich fördern die Überzeugungen, daß die eigenen Kinder begabt, anziehend und im ganzen gewinnend sind, die Bereitschaft der Menschen, Opfer zu ertragen, damit diese bemerkenswerten Nachkommen ihr Potential verwirklichen können. Die Überzeugung, gute und effektive Eltern zu sein, kann zu dieser Opferbereitschaft beitragen, und die Fähigkeit, sich – wie verschwommen auch immer – eine bessere Zukunft vorzustellen für die Zeit, wenn die Sprößlinge erst einmal in die Welt entlassen worden sind, kann Menschen helfen, in den schwierigeren Zeiten psychisch zu überleben.

ILLUSIONEN UND KREATIV-PRODUKTIVE ARBEIT

Die Fähigkeit, kreativ und produktiv zu sein, wird als Kriterium in die meisten Definitionen psychischer Gesundheit einbezogen. Im Kern bedeutet dies, daß die psychisch gesunde Person imstande ist, durch Beschäftigung, familiäre Rollen oder sonstige Aktivitäten eine Reihe von Lebensaufgaben zu finden, die es ihr ermöglichen, die Einbildungskraft effektiv zu nutzen sowie beharrlich und produktiv zu sein. Die dazugehörigen Fertigkeiten sind mannigfaltig; die Fähigkeit, kreative und produktive Arbeit zu leisten, ist folglich ein umfassendes

Kriterium, das mittels seiner Komponenten analysiert werden muß. Erfolgreiche Arbeit beruht zum größten Teil auf mindestens drei Arten von Fertigkeiten oder Attributen: der Fähigkeit oder Kreativität im Bereich der gewählten Aufgabe, der Motivation, dieser Aufgabe nachzugehen, und den organisatorischen Fertigkeiten, die die Leistung erleichtern. Die positiven Illusionen, die normale Menschen über sich, die persönliche Kontrolle und die Zukunft haben, scheinen alle drei Aspekte der Fähigkeit, kreative und produktive Arbeit zu verrichten, zumindest in gewisser Hinsicht zu fördern.

Illusion und Motivation

Einige der auffälligsten Wirkungen selbsterhöhender Wahrnehmungen, des Glaubens an persönliche Kontrolle und des Optimismus betreffen Motivation und Persistenz. Die Zuversicht, eine Aufgabe erfolgreich vollenden zu können, die Überzeugung, über die erforderlichen Mittel zu verfügen, und die optimistische Erwartung, daß sich der Erfolg letztlich einstellen wird, bringen Menschen dazu, sich an Aufgaben zu versuchen, die sie sonst scheuen würden. Da diese häufig unrealistischen Einschätzungen der Erfolgsaussichten Menschen veranlassen können, an Aufgaben festzuhalten, bis tatsächlich ein Erfolg eintritt, können Illusionen darüber hinaus eine sich selbst erfüllende Prophezeiung hervorrufen. Vor einigen Jahren arbeitete ich für kurze Zeit als Gast im Labor eines bekannten Psychologen. Ich war überrascht, wie überzeugt er und seine Studenten davon zu sein schienen, daß das Zentrum der Psychologie in ihren Forschungen liege. Assistenten meldeten fast stündlich empirische Entwicklungsdaten. Die Studenten und Post-Doktoranden waren genau unterrichtet, wer an welchen Problemen arbeitete und welche Abhandlungen im Entstehen waren. Die energiegeladene und enthusiastische Atmosphäre war ansteckend und trug zweifellos dazu bei, daß jeder viele Stunden täglich in die Arbeit steckte. Ich begann fast selbst zu glauben, daß sich das Zentrum der Psychologie tatsächlich in diesem Labor befand.

Die Beweise für die Wirkung selbsterhöhender Überzeugungen auf Motivation, Persistenz und Leistung entstammen mehreren Quellen. Eine positive Sicht des Selbst bringt eine Person typischerweise dazu, länger und härter an Aufgaben zu arbeiten. Ausdauer steigert wiederum die Effektivität und erhöht die Wahrscheinlichkeit, daß die angestrebten Ziele erreicht werden. Zudem beurteilen Menschen mit hoher Selbsteinschätzung ihre Leistung positiver als Menschen mit niedriger Selbsteinschätzung, selbst wenn tatsächlich kein Leistungsunterschied besteht. Diese Tatsache deutet darauf hin, daß Menschen, die gut von sich denken, nicht nur größere Erfolgschancen haben, sondern daß sie auch stärker dazu neigen, ihre Leistung als erfolgreich einzustufen, gleich ob sie es wirklich ist oder nicht. Die positiven Leistungsbewertungen, die für Menschen mit hoher Selbsteinschätzung typisch sind, können sich wiederum in erhöhter Motivation niederschlagen. Menschen mit hoher Selbsteinschätzung stufen die Erfolgschancen bei künftigen Aufgaben und ihre Fähigkeit, diese Aufgaben zu erfüllen, hoch ein, selbst wenn ihre bisherige Leistungsbilanz nahelegt, daß dieser Optimismus unrealistisch ist.[25] Die Vertreterin mit hoher Selbsteinschätzung arbeitet länger und härter als eine mit vergleichbaren Talenten, aber niedrigerer Selbsteinschätzung. Aufgrund dessen mag sie ihre Leistung für erfolgreicher halten, als diese es aus der Sicht anderer ist, aber sie wird ebenso wahrscheinlich in der Zukunft bessere Leistungen erbringen als ihre Kollegin mit niedriger Selbsteinschätzung.

Die Bedeutung schierer Persistenz für das Erreichen von Zielen ist in zahlreichen eindrucksvollen Einzelfällen evident. Lee Iacocca übernahm einen Konzern, der nach Meinung vieler zusammenbrechen würde – vielleicht auch sollte –, und er führte ihn mittels einer Kombination von Entschlossenheit und gewieften unternehmerischen Manövern vom Bankrott wieder in den Rang eines der größten Autokonzerne der Vereinigten Staaten. Seine Antwort auf die Frage nach einer Erklärung für seinen verblüffenden Erfolg bei Chrysler wird wie folgt zitiert: «Entscheide dich, was du erreichen willst, und arbeite dann unermüdlich daran, es zu erreichen.»[26] Irving Wallace schrieb zwanzig Jahre lang Tag für Tag und häufte Hunderte von Ablehnungsschreiben (bis zu zwölf an einem Tag) an, bevor ihm der große Durchbruch als Schriftsteller gelang.[27] Mit hundert Dollar auf der Bank und einer schwangeren Frau wies Sylvester Stallone ein 25 000-Dollar-Angebot für sein Drehbuch zu «Rocky» zurück und wartete, bis er einen Produzenten fand, der bereit war, ihm die Titelrolle zu geben.[28]

Greenwald erinnert uns an folgendes:

«Thomas A. Edisons Erfolgsrezept war ‹Ein Prozent Inspiration und neunundneunzig Prozent Transpiration›, und Edison war selbst das beste Beispiel dafür, wie effektiv die Eigenschaft der Beharrlichkeit sein kann. Er erfand die Glühbirne, indem er zwei Jahre lang elektrische Ströme durch jede Substanz leitete, die sich als Drahtverbindung zwischen zwei Elektroden verwenden ließ. Zu guter Letzt fand er heraus, daß Kohledraht zum Glühen kam, ohne sofort zu verbrennen. Diese Art effektiver Beharrlichkeit kann nur von einem Menschen aufgebracht werden, der – vielleicht wider alle Vernunft – von der Wahrscheinlichkeit des Enderfolgs überzeugt ist.»[29]

Die Erklärungen, die Menschen für ihre Erfolge und Mißerfolge geben, tragen ebenfalls zur Motivation, Leistung und Persistenz bei. Der Psychologe Martin Seligman und seine Mitarbeiter haben den Begriff des Erklärungsstils entwickelt, indem sie darlegten, daß Menschen, die zur Erklärung der guten Dinge, die ihnen geschehen, auf eigene dauerhafte und weitreichende Qualitäten verweisen, eine stärkere Motivation und Persistenz haben als diejenigen, die das nicht tun. Bei einer Untersuchung an einem College stellten Seligman und Kamen fest, daß Studenten, die ihre guten Noten auf Faktoren wie ihre eigenen Fähigkeiten zurückführten, höhere Notendurchschnitte hatten als diejenigen, die zur Erklärung guter Noten äußere, unbeständige oder spezifische Faktoren wie Glück, leichte Tests oder niedrige Benotungsstandards anführten. Dies galt zudem selbst dann, wenn die Einflüsse früherer Noten und Testergebnisse eliminiert wurden. Das heißt mit anderen Worten: Von zwei Studenten mit exakt gleichen akademischen Fähigkeiten wird derjenige, der Erfolg mit seinen persönlichen und beständigen Qualitäten erklärt, wahrscheinlich erfolgreicher sein als derjenige, der Erfolg als unerwartetes, günstiges Ergebnis zufälliger Umweltfaktoren deutet.[30]

Unterschiede im Erklärungsstil erwiesen sich auch als Indizien für die Leistungsfähigkeit von Versicherungsvertretern und für die Wahrscheinlichkeit, mit der sie ihren Job kündigen. Das Verkaufen von Lebensversicherungen ist eine Situation, die sich für die Untersuchung dieser Faktoren besonders gut eignet, da die Vertreter bei potentiellen Kunden ständig auf Ablehnung, Gleichgültigkeit und Verwirrung stoßen. Die Fluktuationsrate von Lebensversicherungsvertretern ist sehr hoch: Eine Studie ergab, daß 78 Prozent von ihnen innerhalb von drei Jahren kündigen.[31] Einer Untersuchung der Erklärungen von Vertretern für die häufig entmutigenden Arbeitsbedingungen zufolge war die Wahrscheinlichkeit von Kündigungen und schlechten Verkaufsbilanzen bei denjenigen, die zeitweilige Rückschläge auf unzureichende eigene Qualitäten zurückführten, höher als bei denjenigen, die Rückschläge bei der Arbeit äußeren und temporären Faktoren zuschrieben.[32]

Der vielleicht eindrucksvollste Beleg für den adaptiven Wert eines den Eigeninteressen dienenden Erklärungsstils entstammt einer Analyse der Reden, die demokratische und republikanische Präsidentschaftskandidaten in den Jahren 1948 bis 1984 anläßlich ihrer Nominierungen gehalten haben. Bei Kandidaten, die sich auf negative Faktoren in der Zukunft konzentrierten, war die Wahrscheinlichkeit, die Wahl zu verlieren, größer als bei denjenigen, die positive Faktoren in den Mittelpunkt stellten. Dies galt darüber hinaus selbst dann, wenn die Ergebnisse der Kandidaten in den Meinungsumfragen berücksichtigt wurden.[33] Nehmen wir zum Beispiel die folgenden Äußerungen, die Adlai Stevenson während seiner erfolglosen Präsidentschaftskandidatur im Jahr 1952 machte: «Die Heimsuchungen des 20. Jahrhunderts, der blutigsten und turbulentesten Ära des christlichen Zeitalters, sind noch lange nicht vorüber. Verzicht, Geduld und unerbittliche Entschlossenheit sind wohl auf Jahre hinaus unser Los.» Man halte dies gegen die Nominierungsansprache Dwight Eisenhowers von 1952, in der er für den Fall seiner Wahl versprach: «Ich werde nach Korea gehen!» – eine Aussage, die die Absicht widerspiegelte, Probleme durch direkte Aktionen zu lösen. Alles in allem verloren die Präsidentschaftskandidaten, die in ihren Nominierungsreden pessimistisch waren, neun von zehn untersuchten Präsidentschaftswahlen. Stevenson, George McGovern, Jimmy Carter und Walter Mondale, allesamt pessimistische Grübler, erlitten erdrutschartige Niederlagen; von den vier optimistischsten Kandidaten – Harry Truman, John F. Kennedy, Barry Goldwater und Ronald Reagan – errangen alle außer Goldwater überwältigende Wahlsiege. Wie jemand positive und negative Ereignisse erklärt, kann also weitreichende Auswirkungen haben.[34]

Glaube an persönliche Kontrolle ist ebenfalls in Beziehung gesetzt worden zu Motivation und Persistenz. Der Glaube an die eigene Effektanz und Fähigkeit, Aufgaben zu bewältigen, führt zu höherer Motivation bei der Verfolgung von Aufgaben und zu verstärkten Bemühungen, zum Erfolg zu kommen. Menschen mit starkem Wunsch nach Kontrolle reagieren tatkräftiger auf herausfordernde Aufgaben, und sie zeigen größere Ausdauer. Sie haben auch höhere Erwartungen in bezug auf ihre Leistungen als Individuen mit schwach ausgeprägtem Wunsch nach Kontrolle.[35] Nehmen wir als Beispiel den Unternehmer, der vor einer schwierigen Aufgabe steht, einer, die häufig wie ein unerfüllbarer Traum erscheint. Die Aufgabe ist, eine neue Technologie, ein neues Produkt oder eine neue Dienstleistung aus dem Boden zu stampfen. In der Anfangsphase, wenn objektive Ergebnisse fehlen, müssen sich der Unternehmer und sein Stab oft allein von ihrer Energie, von Optimismus und blindem Vertrauen in den Erfolg des Projekts tragen lassen. Alan Carsrud und seine Mitarbeiter haben in ihrer Untersuchung über erfolgreiche Unternehmer festgestellt, daß bestimmte Illusionen, die charakteristisch sind für das normale Denken, in dieser Gruppe in übertriebener wie auch in adaptiver Form auftreten. Insbesondere war das Bedürfnis, Situationen zu meistern, bei erfolgreichen Unternehmern ausgeprägter als bei erfolglosen.[36]

Auch Optimismus, unrealistischer Optimismus eingeschlossen, führt zu einem hohen Motivationsniveau. Wenn Menschen erwarten, bei einer Aufgabe Erfolg zu haben, arbeiten sie länger und härter, als wenn sie ihre Fähigkeit, zum Erfolg zu gelangen, bezweifeln. Menschen, die sich eher an der Zukunft orientieren als an Gegenwart und Vergangenheit, geben eine bessere Motivation zur Arbeit, stärkeren Einsatz zum Erreichen ihrer Ziele, zielstrebigeres Handeln, gründlichere Tagesplanung und eine optimistischere Sicht der Zukunft zu Protokoll.[37] Optimismus kann auch in hohem Maße dienlich sein, wenn jemand bei seinem Bemühen, ein Ziel zu erreichen, Rückschläge erleidet. Vor allem bei schwierigen Zielsetzungen wird es unweigerlich Phasen geben, in denen entscheidende Elemente der Zielvorstellung unerreichbar oder bestenfalls schwer zu erreichen scheinen. Wenn ein Optimist mit einem Rückschlag oder einem Hindernis konfrontiert ist, tendiert er eher zu der Überzeugung, daß das

Hindernis überwindbar sei oder daß er sich einfach mehr Mühe geben müsse, um den Rückschlag zu bewältigen.[38]

So wie positive Einschätzungen der Zukunft zu höherer Motivation und Leistung führen, so hemmen ungünstige Beurteilungen Motivation, Persistenz und Leistung. Pessimismus ist eines der zentralen Attribute von Depression, und eines ihrer Hauptsymptome ist Inaktivität. Negative Stimmung, wie sie während einer Depression erfahren wird, scheint zielgerichtete Aktivität zu unterdrücken, vielleicht weil Pessimismus die potentiellen negativen Folgen jeder Handlung herausstreicht.[39] Dieser schwächt also möglicherweise die Motivation und die konsequente, zielgerichtete Aktivität. Ein Erfolgsrezept Donald Trumps lautete: «Ich denke nie an das Negative. Jedes Hindernis ist zu überwinden.»[40]

Auch die positive Stimmung und die Euphorie, die oft mit übertrieben positiven Illusionen einhergehen, tragen zur Förderung von Motivation und Persistenz bei. Eine gute Stimmung hilft einer Person, die Aufmerksamkeit auf eine Aufgabe zu konzentrieren. Menschen in guter Stimmung neigen eher dazu, ihre Leistung als erfolgreich zu bewerten und sich selbst entsprechend zu belohnen. Gibt man ihnen einen Anreiz zur Leistungsverbesserung, strengen sich Menschen in positiver Stimmung mehr an als Menschen in negativer Stimmung. In Laborversuchen, in denen eine negative Stimmung induziert wird, haben diejenigen, deren Stimmung gedämpfter ist, gedämpftere Erfolgserwartungen für die Zukunft, und sie tendieren stärker dazu, ihre Erfolge unbeständigen Faktoren wie Zufall oder einfacher Aufgabenstellung zuzuschreiben. Sie belohnen sich auch weniger, wenn sie Erfolg gehabt haben, vielleicht weil sie Erfolg nicht als Ausfluß ihrer eigenen Talente und Bemühungen auffassen.[41] Motivation und Stimmung scheinen sich wechselseitig zu beeinflussen. Aktiv zu sein, hebt die Stimmung, und eine gehobene Stimmung erhöht die Aktivität.[42]

Insgesamt deuten die Forschungsergebnisse darauf hin, daß Selbsterhöhung, übertriebene Überzeugungen von Kontrolle und unrealistischer Optimismus in der Regel zu höherer Motivation, größerer Ausdauer, effektiverer Leistung und letztlich zu größerem Erfolg führen. Ein wesentlicher Nutzen dieser Illusionen könnte sein, daß sie zum Entstehen sich selbst erfüllender Prophezeiungen beitragen. Sie bringen Menschen möglicherweise dazu, sich in objektiv schwierigen Situationen mehr Mühe zu geben. Obwohl Mißerfolg bis zu einem gewissen Grad sicherlich unvermeidlich ist, werden die Illusionen letztlich doch häufiger zum Erfolg führen als ein Mangel an Beharrlichkeit.

Die Kraft von Illusionen, Motivation und Persistenz zu erhöhen, ist vielleicht eines der adaptiven Hauptmerkmale. Die Evolution bis zur gegenwärtigen Stufe des technischen und wissenschaftlichen Fortschritts verlangte von den Menschen enorme Motivation und Persistenz, vor allem dann, wenn die Wahrscheinlichkeit des Fortschritts ziemlich gering war. Zudem zahlen sich unrealistischer Optimismus, übertriebenes Vertrauen in die eigenen Fähigkeiten und der Glaube an persönliche Kontrolle – vom Standpunkt des Individuums aus gesehen – oft nicht aus. Die Geschichte ist voll von anonymen Wissenschaftlern, Erfindern und anderen Visionären, die auf Träume setzten, die keine Beachtung fanden oder sich als falsch erwiesen. Und dennoch behielten einige dieser unrealistischen Optimisten mit hoher Selbstachtung recht oder zumindest in hinreichendem Maße, um anerkannt zu werden und die Technologien, Wissenschaften und Entwicklungen der Zukunft zu definieren. Die Verbindungen zwischen positiven Illusionen und kulturellem Fortschritt sind möglicherweise also von ausschlaggebender Bedeutung.

Illusionen, Intelligenz und Kreativität

Daß Illusionen Motivation und Persistenz zu fördern vermögen, mag noch intuitiv einleuchten. Schwerer zu verstehen ist vielleicht, wie übertriebene Wahrnehmungen des Selbst, der persönlichen Kontrolle und der Zukunft unmittelbar zum intellektuellen Funktionieren beitragen können, das heißt, zur Fähigkeit, bei der Arbeit kreativer oder einfach pfiffiger zu sein. Aber es häufen sich die Anzeichen dafür, daß dies der Fall sein könnte.

Ein Großteil des Denkens in diese Richtung stellt die Egozentrik des Gedächtnisses und anderer kognitiver Prozesse in den Mittelpunkt. Greenwald bringt eine faszinierende, wenn auch etwas spekulative Evolutionsthese zum intellektuellen Anpassungsvermögen egozentrischer kognitiver Prozesse vor.[43] In der Konsequenz besagt seine These, daß das ideale kognitive System zur Organisation des Gedächtnisses ein komplexes und fein gegliedertes sein müsse, das eine Höchstzahl von Kategorien und von Assoziationen unter den Elementen innerhalb von Kategorien und diese übergreifend zur Verfügung stelle. Das Selbst, so legt er dar, biete genau solch ein System.

Im Verlauf seiner Argumentation vergleicht Greenwald das egozentrisch organisierte Bewußtsein mit einem totalitären Regierungssystem, in dem «das wahre Ziel... nicht Überzeugung, sondern Organisation ist... Die Organisation des gesamten Lebensgefüges gemäß einer Ideologie kann nur unter einem totalitären Regime vollständig durchgeführt werden.»[44] Die Tatsache, daß das totalitäre Ich Information in ihrem Bezug zum Selbst assimiliert, erfülle im wesentlichen diesen Zweck. Information werde in erster Linie um das Selbst-System herum organisiert, und diese Organisation erstrecke sich auf jeden Aspekt des Lebens. Egozentrische Vorurteile bei der Erinnerung und Interpretation von Informationen dienten im wesentlichen dazu, die Organisation aufrecht-zuerhalten und die Integrität des Wissens zu wahren. Da wir über uns selbst mehr wissen als jedes andere Element, sei das Selbst komplex, und es sorge dafür, daß die Verbindungen egozentrisch organisierter Materialien untereinander vielfältig und eng sind.[45]

Greenwald vergleicht das egozentrische Bewußtsein in seinem Funktionieren mit einer Bibliothek. Im Prinzip erhalte das egozentrische Bewußtsein die Organisation in gleicher Weise aufrecht, wie eine Bibliothek Kategorien für Bücher aufstelle und Zusätze zu diesen Kategorien mache. Neuerwerbungen der Bibliothek führen nicht zu einer Reihe neuer Kategorien, sondern sie werden den vorhandenen Kategorien zugeordnet, und das gleiche gelte für das menschliche Bewußtsein. So, wie eine Bibliothek weitere Themenbereiche einrichte und die Zahl der Bände zu einem bestimmten Thema erhöhe, so nehme auch das menschliche Bewußtsein im Rahmen von Kategorien an Breite und Tiefe zu. Egozentrik sorge für einen «‹Schutzgürtel›, der die ‹hartgesottene› Überzeugung bewahrt, daß das Gedächtnis insgesamt die in sich verwobene Erfahrung einer einzigen Identität sei – derjenigen, die man ‹ich› nennt».[46]

So spekulativ Greenwalds Position auch ist, er befindet sich in guter Gesellschaft. Viele prominente Psychologen haben die Bedeutung des integrierten und einheitlichen Selbst für intellektuelles Funktionieren hervorgehoben. Gilbert Brim sagt zum Beispiel:

«Was Menschen im Lauf des Lebens lernen, sind Axiome, Konzepte und Hypothesen über sich in Relation zu ihrer Umwelt. Wir können das Selbstkonzept als personale Epistemologie verstehen, die in ihren Komponenten und ihrer Wirkungsweise Theorien in der Wissenschaft ähnelt, sich aber mit einer spezifischen Person befaßt.»[47]

Ähnlich argumentiert Seymour Epstein:

«Das Selbstkonzept ist eine Selbsttheorie. Es ist eine Theorie, die das Individuum unwissentlich über sich als erlebendes, funktionierendes Wesen konstruiert hat und die Teil einer umfassenden Theorie ist, die es hinsichtlich der gesamten Bandbreite seiner bedeutsamen Erfahrungen hat.»[48]

Greenwald suggeriert, das Vorhandensein egozentrisch organisierter Erkenntnis rühre zum Teil von deren Erfolg als intrapsychisches Organisationssystem her. Es steche gewissermaßen seine Rivalen aus. In der frühen Kindheit entwickele sich das Nervensystem des Individuums zu einem hochstrukturierten organisatorischen System, das dazu benutzt werde, Informationen zu sammeln, zu interpretieren und zu speichern. Egozentrik stelle einen von mehreren Mitbewerbern um dieses organisatorische System dar. Greenwald argumentiert, Egozentrik mache das Rennen, weil sie, verglichen mit anderen kognitiven Systemen, ein effizienteres und effektiveres kognitives System sei, das die Organisation des Wissens in Relation zu einem hochgeschätzten und bereits komplexen System, nämlich dem Selbst, aufrechterhalte. Intrapsychische Evolution, sagt Greenwald, sei möglicherweise bedingt durch genetische Evolution. Ein kognitives System, das sich fürs Erkennen, Interpretieren und Speichern von wichtigen Informationen als relativ ineffektiv herausstelle, sterbe möglicherweise im Lauf von Generationen buchstäblich aus, während ein kognitives System, das sich bei den gleichen Aufgaben als wirksamer erweise, immer von neuem zum Erfolg führen und auf Generationen hinaus charakteristisch für die Spezies bleiben werde. Die biologisch-evolutionären Vorteile eines rund um das Selbst organisierten kognitiven Systems mag ein einfaches, aber pointiertes Beispiel veranschaulichen. Nehmen wir einen primitiven Menschen der Vorzeit, der bei der Suche nach Nahrung in der Savanne einen Löwen sieht. Wenn sein erster Gedanke ist: «Die Löwen sind wieder da; es muß Frühling sein», dann wird er mit geringerer Wahrscheinlichkeit überleben, als wenn er die Information auf egozentrische Weise interpretiert: «Die Löwen sind wieder da. Ich muß weglaufen, oder ich werde getötet.» Informationen nach ihren Implikationen für die Anpassung des Selbst zu organisieren, erhöht die Wahrscheinlichkeit, daß ein Organismus höchst effektiven Gebrauch von jener Information machen wird, zumindest unter dem Aspekt des individuellen Überlebens.[49]

Greenwalds Position ist also, daß ein egozentrisch organisiertes kognitives System kognitive Vorteile habe. Das Selbst als wohlvertrautes, hochkomplexes und dicht vernetztes System erlaubt die rasche Rückführung von Information und extensive Verbindungen zwischen den gespeicherten Informationen. Es umfaßt eine Reihe von Kategorien, die äußerst nützlich und flexibel im Hinblick auf die Gewinnung von Information aus der Umwelt sein könnten.

Positive Illusionen wirken sich unter Umständen nicht nur über egozentrische kognitive Prozesse förderlich auf das intellektuell-kreative Funktionieren aus. Positive Illusionen tragen dazu bei, eine glückliche Stimmungslage hervorzurufen und zu bewahren, und diese positive Stimmung kann ebenfalls intellektuelles und kreatives Funktionieren fördern. Das Bewußtsein organisiert Informationen auf vielfältige Weise. Manche Informationen existieren in Form von speziellen Ereignissen, etwa in Form eines Ruderbootausflugs mit der Mutter, bei dem ein Fisch geangelt wurde. Dasselbe Ereignis kann auch simultan auf mehrere Arten kodiert werden. Die Angelgeschichte könnte zum Beispiel mit besonderer Bedeutung aufgeladen werden: Meine Mutter nahm sich immer Zeit, Dinge mit mir zu unternehmen, die mir Spaß machten. Sie könnte auch emotional enkodiert werden, so daß die betreffende Person ein starkes Glücksgefühl überkommt, wenn sie sich das Ereignis in Erinnerung ruft. Tatsächlich gehen Gedächtnisforscher heute davon aus, daß Emotionen ein wichtiges System zur Organisation von Informationen im Bewußtsein darstellen. Emotionen ersetzen andere organisatorische Systeme nicht, vielmehr bilden sie ein weiteres Netz von Assoziationen, mit dessen Hilfe Ereignisse erfaßt und – wichtiger noch – miteinander verknüpft werden. So kann zum Beispiel der Gedanke an die Kindheit eine Reihe glücklicher Erinnerungen wie den Ruderbootausflug hervorrufen, die allesamt in rascher Folge ins Bewußtsein strömen.[50]

Die Theorie, daß Emotionen zur Organisation von Informationen im Bewußtsein beitragen, hat mehrere wichtige Implikationen. Eine davon ist, daß Menschen, wenn sie in einer bestimmten, beispielsweise in einer glücklichen Stimmung sind, zu Erinnerungen und Gedanken an solche Informationen neigen werden, die primär im Einklang stehen mit jener Stimmung, also an andere glückliche Gedanken und Ereignisse. Neue Informationen, die der Stimmung entsprechen, müßten demnach auch schneller und gründlicher zu lernen sein. Eine glückliche Person würde beispielsweise eher dazu neigen, erfreuliche statt traurige Informationen zu lernen, und wäre besser imstande, jene erfreulichen Informationen in Erinnerung zu rufen, wenn sie erneut in einer glücklichen Stimmung ist. Mit anderen Worten: Menschen lernen erfreulichen Stoff besser, wenn sie glücklich sind, und sie sind eher imstande, sich an ihn zu erinnern, wenn sie glücklich sind.[51]

Die These, daß Menschen stimmungskongruente Informationen leichter lernen als solche, die der Stimmung nicht entsprechen, und daß sie eher imstande sind, Informationen zu erinnern, wenn sie in der gleichen Stimmung sind wie zu der Zeit, als sie sie ursprünglich aufgenommen haben, hat einige seltsame Implikationen. Sie suggeriert beispielsweise, daß es bei jemandem, der erfolgreich von chronischer Depression geheilt worden ist, leicht zu einer Amnesie kommen könnte. Nichtsdestoweniger gibt es übereinstimmende Belege dafür, daß Menschen Informationen müheloser und schneller in

Erinnerung rufen, wenn sie in guter Stimmung sind, als wenn sie in schlechter Stimmung sind. Dies ist dann besonders wahrscheinlich, wenn die Informationen selbst positive Konnotationen haben oder ursprünglich eingeprägt worden sind, als die betreffende Person sich in positiver Geistesverfassung befand.[52]

Bedeutet das nun, daß jemand, der in schlechter Stimmung ist, sich vor allem an negative Gedanken und Ereignisse erinnern wird? Obwohl dies als eine offenkundige Implikation der affektiven Theorie des Gedächtnisses erscheinen mag, gibt es tatsächlich kaum Parallelen zwischen negativen und positiven Stimmungen. Befindet sich eine Person in schlechter Stimmung, ist sie motiviert, sich davon zu befreien, und ein Mittel zur Vertreibung einer schlechten Stimmung ist, selbstbewußt zu versuchen, an erfreuliche Dinge zu denken. Folglich legen Menschen in schlechter Stimmung oft nicht das negative Denken an den Tag, das man erwarten könnte, eben weil sie aktiv daran arbeiten, die schlechte Stimmung zu verjagen. Aus diesem Grund ist die Wirkung einer traurigen Stimmung auf das Lernen ziemlich negativ. Eine gedrückte Stimmung hemmt das Lernen und Erinnern positiven Materials, ohne das Lernen oder die Rückführung negativer Inhalte zu fördern.[53]

Zusätzlich zu ihren förderlichen Auswirkungen auf das Gedächtnis scheint eine gute Stimmung die geistige Verarbeitung zu beschleunigen. Ideen kommen schneller und leichter, wenn man glücklich ist. Eine gute Stimmung erhöht die Wahrscheinlichkeit, daß eine Person effiziente und rasche Lösungsstrategien anwenden wird.[54] Man könnte einwenden, es sei weniger wichtig, ein Problem auf effiziente Weise lösen zu können, als dies sorgfältig und auf effektive Weise tun zu können. Das ist sicherlich richtig, aber es gibt kaum Anzeichen dafür, daß eine positive Stimmung die Anwendung unangemessener Strategien begünstigt. Vielmehr scheint ein entsprechender Prozeß stattzufinden, der Menschen in guter Stimmung irgendwie stärker als Menschen in negativer Stimmung befähigt, schneller die wirksamste Strategie zur Lösung eines Problems herauszupicken.[55]

Eine positive Geistesverfassung bewirkt auch kreativere Problemlösungen. Da Menschen schneller auf neue Ideen kommen, wenn sie sich in guter Stimmung befinden, sind sie eher imstande, Einzelinformationen miteinander zu verknüpfen und so ein kognitiv komplexeres geistiges Umfeld für die Urteilsbildung und Entscheidungsfindung zu schaffen. Außerdem führt positive Stimmung zu ungewöhnlicheren und andersartigen Wahrnehmungen von Gedankenbeziehungen. Die Fähigkeit, ungewöhnliche Assoziationen herzustellen, wird häufig als wichtige Voraussetzung für kreatives Denken betrachtet.[56]

Illusionen und Leistungsfähigkeit

Erfolg bei jedweder Aufgabe setzt mehr voraus als simple Motivation und Begabung. Er erfordert auch ein Sortiment von Fertigkeiten, die einen von einem gegenwärtigen Zustand zum gewünschten Ziel befördern können. Wissenschaftler haben längst erkannt, daß das, was wir im allgemeinen als Intelligenz bezeichnen – was durch Intelligenz-Tests und, auf etwas indirektere Weise, durch Benotungen in der Schule gemessen wird –, nichts darüber aussagt, wer erfolgreich sein wird und warum. Objektive Meßwerte der Intelligenz stehen in der Tat nur in schwacher Beziehung zum letztendlichen Erfolg auf einem bestimmten Gebiet, ob dieser nun an der gesellschaftlichen Stellung oder am Einkommen abgelesen wird. Das bedeutet, daß zwischen Intelligenz und Erfolg eine Reihe von Fertigkeiten zum Tragen kommt, die manche Menschen sehr erfolgreich macht und andere weniger.

Der Psychologe Seymour Epstein hat diese Prozesse, die er

als konstruktives Denken bezeichnet, untersucht.[57] Man könnte sie als effektive Intelligenz auffassen. Epstein mißt konstruktives Denken mittels einer Liste von Items, auf die die Testpersonen mit Alternativentscheidungen reagieren müssen, je nachdem, ob das jeweilige Item auf sie zutrifft oder nicht. Die Items messen Fertigkeiten, darunter die Fähigkeit, Emotionen wie Angst und Sorge zu kontrollieren; die Fähigkeit, sich Anforderungen zu stellen und diese planvoll zu erfüllen; das Fehlen des Denkens in Kategorien (unter anderem der Einteilung von Menschen in solche, die «für mich», und solche, die «gegen mich» sind); das Fehlen abergläubischen Denkens; und das Fehlen negativen Denkens (zum Beispiel der Tendenz zu glauben, daß jegliche Unternehmung letztlich scheitern werde). Epsteins Forschungsziel war, die Merkmale von Menschen zu identifizieren, die mit größter Wahrscheinlichkeit das konstruktive Denken an den Tag legen, das zum Erreichen von Zielen beiträgt.

Als erstes stellte er – ein wenig zu seiner eigenen Überraschung – fest, daß Menschen, die sich und andere mit positiver Voreingenommenheit betrachteten, konstruktivere Denker waren. Mit anderen Worten: Selbsterhöhende Illusionen fördern konstruktives Denken. Die Beziehung zwischen Optimismus und konstruktivem Denken ist jedoch komplizierter. Epstein fand Anhaltspunkte für zwei sehr unterschiedliche Arten von Optimismus. Die eine, die man als effektiven Optimismus bezeichnen könnte, ist eng verbunden mit dem Glauben an persönliche Kontrolle und schließt die Erwartung ein, zielbezogene Aufgaben meistern zu können. Der andere Optimismus, von Epstein der naive genannt, spiegelt die Überzeugung wider, daß die Dinge sich ohne Zutun des Selbst zum Guten entwickeln werden. Der effektive Optimismus, so stellte Epstein fest, stand in enger Beziehung zu konstruktivem Denken. Offenbar trägt die Überzeugung, die Fertigkeiten zum Erreichen von Zielen zu besitzen, in Verbindung mit dem Optimismus, daß der Gebrauch dieser Fertigkeiten zum Erfolg führen werde, zur Entwicklung effektiver Denkfähigkeiten bei. Naiver Optimismus stand dagegen in keiner Beziehung zu konstruktivem Denken. Der schlichte Glaube, daß sich alles zum Besten wenden werde, scheint keinen adaptiven Vorteil mit sich zu bringen.

Das Bild ist unter Umständen jedoch in Wirklichkeit etwas vielschichtiger. Nehmen wir zum Beispiel die Anfangsphase eines ehrgeizigen Langzeitprojekts, das möglicherweise monate- oder sogar jahrelang keine Früchte zeitigt. Zu Beginn des Projekts könnte ein naiver Optimismus, daß das Ziel erreicht werden wird, von großem Wert sein. Die Fähigkeit, das Endziel im Auge zu behalten, kann gerade dann Motivation und Ausdauer stärken, wenn man versucht ist, sich von dem Projekt abzuwenden, weil das Ziel so weit weg ist. Wenn die Arbeit auf das Ziel hin fortschreitet und das Ziel in Sicht kommt, kann effektiver Optimismus jedoch zweckdienlicher sein. Im Endstadium eines Projekts, wenn das Ziel Gestalt annimmt, wird die Fähigkeit wichtig, genau zu erfassen, welche Aufgaben noch zu erfüllen sind, und sich auf deren Erledigung zu konzentrieren, statt weiter an einer übertrieben optimistischen Einschätzung der Zukunft festzuhalten.

Auch kann sich im Lauf der Zeit, mit einsetzendem Realismus, die Zielvorstellung selbst verändern. Das anfängliche Bestreben eines Romanautors mag beispielsweise sein, einen Bestseller zu landen, und diese Sicht mag zu Beginn seine Persistenz stärken. Wenn der Roman zu zwei Dritteln fertig ist, kommt der Autor möglicherweise jedoch zu einer realistischeren Einschätzung des voraussichtlichen Verkaufserfolgs, und er erkennt, daß das Werk sich wahrscheinlich nicht so gut verkaufen wird, wie die frühere Vision suggeriert hat. Zu dieser Zeit wird die etwas gemäßigtere Einschätzung des voraussichtlichen Bucherfolgs die Motivation vielleicht nicht beeinträchtigen, da das Projekt der Vollendung so nahe ist. In der

Tat kann sie den Autor vor Enttäuschung bewahren, wenn das Buch dann wirklich fertig ist. Im Endstadium könnte naiver Optimismus hinsichtlich eines großen Erfolgs tatsächlich also dysfunktional wirken, da die Diskrepanz zwischen dem, was der Betreffende erreichen möchte, und dem, was wirklich erreicht worden ist, offen zutage tritt.

Wahrnehmungen von Kompetenz oder Selbstwirksamkeit können ebenfalls in Beziehung stehen zu den Fertigkeiten, die nötig sind, damit Motivation und Kreativität Früchte tragen. Menschen, die über die Mittel zum Erreichen ihrer Ziele zu verfügen glauben, sind eher imstande, sich adäquate Aufgaben zu suchen, abzuschätzen, wieviel Mühe sie dafür aufwenden müssen, und zu bestimmen, wieviel Zeit sie mit einer Aufgabe zubringen sollten.[58] Wie schon das Sprichwort «Wer nicht wagt, der nicht gewinnt» sagt, ist Risikobereitschaft eine weitere Fertigkeit, die Einfluß darauf hat, ob Motivation und Kreativität zum Erfolg führen werden. Eine gute Stimmung erhöht die Bereitschaft, Risiken einzugehen, vielleicht indem sie die Bewußtheit dessen, was fehlschlagen kann, reduziert.[59]

Eine andere der Fertigkeiten, die im Lauf des Lebens erlernt werden müssen, um Ziele zu erreichen, ist die Bereitschaft, Belohnungen hintanzusetzen. Die meisten Langzeitziele, die anzustreben sich lohnt, schließen Opfer an Zeit, Energie und Geld ein. Stets lauern verlockende Ablenkungen am Wege, die einen vom Ziel abzubringen versuchen. Der Wunsch, für ein neues Auto zu sparen, kann beispielsweise durch einen attraktiven CD-Player, einen verschwenderischen Urlaub oder andere Genüsse untergraben werden.

Man könnte fragen, ob die selbsterhöhenden Überzeugungen, die Menschen von sich haben, die Fähigkeit, Belohnungen aufzuschieben, fördern oder beeinträchtigen. Sie scheinen sie in der Tat zu verstärken. Wie alle Eltern wissen, gibt es kaum etwas Schwierigeres, als einem Kind beizubringen, ein positives Ereignis zu verschieben, sei es der Verzehr von Süßigkeiten oder der Besuch einer Party oder eines Freundes. Nach heutiger Erkenntnis scheint eine positive Stimmung Kindern den Aufschub solcher Gratifikationen zu erleichtern. Bei glücklichen Kindern ist die Neigung, auf unmittelbarer Belohnung zu bestehen, geringer als bei Kindern in schlechter Stimmung, und sie scheinen eher dazu fähig zu sein, auf Belohnung zu warten. In der Tat nutzen Kinder in schlechter Stimmung verlockende Belohnungen unter Umständen dazu, ihre Stimmung zu verbessern, anstatt die Bereitschaft zu zeigen, solche Verlockungen zugunsten eines langfristigen Ziels hintanzustellen. Auch Erwachsenen scheint positive Stimmung zu helfen, Frustration besser zu ertragen. Es kann die Vorstellung eines günstigeren Langzeitergebnisses oder die gute Stimmung selbst sein, die Menschen befähigt, sich Belohnungen zu versagen.[60] Wenn sie mißgestimmt sind, stellen die meisten Menschen kurzfristige Aufgaben in den Mittelpunkt, und sie tun zuweilen Dinge, die ihren Langzeitzielen konkret schaden. So wird zum Beispiel jemand, der Geld zur Abzahlung seines Eigenheims zurückzulegen versucht, an einem schlechten Tag eventuell einen Teil jenes Geldes für ein Luxus-Dinner und neue Kleidung ausgeben, um seine seelische Verfassung zu heben. Diese verständliche, möglicherweise aber unkluge Nachgiebigkeit gegen sich selbst erschöpft jedoch nicht nur die Ersparnisse, die für das Langzeitziel bestimmt sind, sondern sie untergräbt auch die Selbstverpflichtung zu dem Sparprogramm, die der oder die Betreffende bis dahin vielleicht einzuhalten vermochte.

Die eigene Leistung einschätzen und sich selbst belohnen zu können, sind zwei weitere Fertigkeiten, die Motivation und Kreativität beim Erreichen von Zielen verbinden. Sie zu erwerben, ist für Kinder besonders wichtig. Kinder müssen lernen, sich über ihre Leistung klarzuwerden, zu bestimmen, ob diese erfolgreich ist, und sie dann verbal einzustufen durch Selbstverurteilung oder Selbstbeglückwünschung, was wiederum eine emotionale Reaktion auslöst. Wie an anderer Stelle bereits angemerkt, scheinen erfolgsorientierte Kinder angemessene verbale Selbstbeurteilung früher zu lernen als Kinder, die am Mißerfolg orientiert sind. Sie lernen nicht nur, sich selbst zu sagen, daß sie eine gute Leistung erbracht haben, sondern auch, was sie sich sagen müssen, wenn sie nicht gut waren. Sie sagen sich, daß sie sich mehr Mühe geben oder eine andere Strategie versuchen müssen; sie sprechen mit sich über die Bedeutung gelungener und mißlungener Ergebnisse und darüber, was im Fall des Mißlingens zur Korrektur des Ergebnisses zu tun ist.[61]

Zusammenfassend kann man sagen, daß Menschen mit positiven Illusionen über sich, die Welt und die Zukunft wohl stärker befähigt sind, die Fertigkeiten und die Organisation zu entwickeln, die nötig sind, um ihre kreativen Ideen und ihr hohes Motivationsniveau für sie selbst wirksam werden zu lassen. Sie scheinen in stärkerem Maße fähig zu sein, sich konstruktivem Denken hinzugeben. Sie können ihre Illusionen konkret mit dem gerade anstehenden Projekt verknüpfen, indem sie einen aufgabenorientierten Optimismus und ein Gefühl der Kontrolle entwickeln, die sie zur Verwirklichung ehrgeizigerer Ziele befähigen. Sie neigen eher dazu, bestimmte Risiken einzugehen, was sie in die Lage versetzt, ihre Unternehmungen zur Vollendung zu bringen. Und sie scheinen eher imstande zu sein, angemessene Aufgaben auszuwählen, den nötigen Aufwand zu taxieren und realistische Schätzungen der erforderlichen Ausdauer vorzunehmen. Indem sie die Fähigkeit entwickeln, Belohnungen aufzuschieben, sind sie außerdem in der Lage, sich einer längerfristigen Aufgabe zu widmen, die unter Umständen Opfer und verzögerte Belohnungen mit sich bringt.

ILLUSIONEN UND PERSÖNLICHE ENTWICKLUNG

Illusionen und Funktionieren unter Streß

Eine glaubwürdige Theorie der psychischen Gesundheit muß nicht nur erklären, wie Menschen unter normalen und optimalen Bedingungen funktionieren, sondern auch, wie sie unter Streß funktionieren. Dieser Punkt hat mehrere Implikationen. Zunächst einmal weist er darauf hin, daß psychische Gesundheit dynamisch ist. Psychische Gesundheit ist kein statisches Ensemble von Attributen, das ein Individuum von Situation zu Situation trägt, vielmehr könnte man sie sich als Ressourcen, Fertigkeiten und persönliche Attribute vorstellen, die bei Bedarf, abhängig von der Situation, zu nützlichen Werkzeugen werden. Die Wirksamkeit persönlicher Ressourcen kann nicht völlig abgeschätzt werden ohne Anhaltspunkte dafür, ob das Individuum imstande ist, jene Fähigkeiten beim Umgang mit Streßereignissen einzusetzen. Jede Theorie der psychischen Gesundheit muß folglich nicht nur auf die Qualitäten eingehen, die den psychisch gesunden Menschen im allgemeinen kennzeichnen, sondern auch auf deren dynamische Rolle beim Umgang mit den Herausforderungen der Umwelt.

Die Bedeutung dieses Kriteriums wird nicht in allen Theorien der psychischen Gesundheit ausreichend berücksichtigt, obwohl in Jahodas Erklärung eingeflossen ist, daß die Fähigkeit, die Umwelt zu tolerieren und zu meistern, eine Komponente psychischer Gesundheit ist. Dieses Kriterium impliziert, daß die Umwelt häufig Belastungen und Herausforderungen mit sich bringt, mit denen sich jedes Individuum auf kreative und adaptive Weise auseinandersetzen muß. Eine Person, die psychisch gesund ist, sollte nach Jahoda hierzu in höherem

Grade fähig sein als eine, die es nicht ist.[62] In der Tat sprechen gewichtige Fakten dafür, daß positive Illusionen über das Selbst, persönliche Kontrolle und die Zukunft nicht nur unter normalen oder optimalen, sondern auch unter Streßbedingungen von adaptivem Nutzen sind.

Streßerfahrung wird von Psychologen seit Jahrzehnten wissenschaftlich untersucht. In der frühen Forschung verwendete man Tiere, um objektive Determinanten belastender Ereignisse wie Schmerz und Unbehagen sowie deren physiologische Auswirkungen zu identifizieren.[63] Als die Forschung dann auf Menschen ausgedehnt wurde, zeigte sich, daß Streßerfahrung stark davon abhängig ist, wie Menschen Ereignisse interpretieren.[64] Ein von einer Person als belastend empfundenes Ereignis erscheint einer anderen Person unter Umständen als nicht so belastend. Der Verlust des Arbeitsplatzes kann zum Beispiel von einem als Tragödie aufgefaßt werden, während ein anderer darin eine Chance zur persönlichen Weiterentwicklung erblickt. Das Verständnis von Streß erfordert das Verständnis, warum Menschen Ereignisse als belastend wahrnehmen.

In der Regel sind es die unerwarteten, negativen und schwer oder gar nicht zu kontrollierenden Ereignisse, die als höchst belastend erlebt werden.[65] Kontrolle ist bei der Streßerfahrung von zentraler Bedeutung. Wenn ein Ereignis – selbst ein schmerzliches oder bestürzendes – als kontrollierbar erlebt wird, erzeugt es nicht so viel Streß wie ein als unkontrollierbar empfundenes. Die Erfahrung unkontrollierbarer belastender Ereignisse ruft bei Menschen negativere Reaktionen hervor. Ihre physiologischen Systeme reagieren in dramatischer Weise, was zu erhöhter Adrenalinausschüttung führt, die wiederum Begleiterscheinungen wie Herzklopfen, Nervosität und Schweißausbrüche hat. Wenn ein streßauslösendes Ereignis nicht beherrscht werden kann, ist die seelische Belastung größer. Unkontrollierbarem Streß ausgesetzte Personen schneiden auch bei anderen Aufgaben schlechter ab. Die Konzentrationsfähigkeit ist eingeschränkt, so daß es ihnen unter Umständen schwerfällt, sich dem zu widmen, was sie tun müßten.[66]

Unkontrollierbare belastende Ereignisse lösen nicht nur während ihres Verlaufs größeren Streß aus, sie beeinflussen auch das Verhalten danach. Wenn man zum Beispiel versucht, seine Einkommensteuererklärung auszufüllen, und aus einem Nachbarfenster dröhnt währenddessen ein Radio, wird das Ausfüllen der Formulare nicht nur solange der Lärm anhält schwerfallen, sondern auch, nachdem er aufgehört hat. Die emotionale und biochemische Nachwirkung der Streßerfahrung macht es schwer, die Aufmerksamkeit auf die vorliegende Aufgabe zu lenken. Wenn es jedoch das eigene Radio ist, das da spielt, oder wenn man weiß, daß man die Lautstärke steuern kann, indem man ins Nebenzimmer geht und jemanden bittet, sie runterzudrehen, dann wird sich der Lärm, solange er anhält, nicht nur schwächer auf die Leistung auswirken, sondern er wird auch – wenn überhaupt – nur wenige Nachwirkungen nach sich ziehen.[67]

Umweltforscher haben sich eingehend mit dem Einfluß der Bevölkerungskonzentration, des gestiegenen Lärmpegels, der erhöhten Umweltverschmutzung und anderer widriger Umweltphänomene auf die Verhaltensmuster und die Lebensweise des Menschen beschäftigt. 1972 haben David Glass und Jerome Singer die Wirkung von Lärm systematisch erforscht. Sie stellten fest, daß der Lärmpegel in amerikanischen Großstädten im Jahrzehnt zuvor drastisch angestiegen war und daß viele Menschen am Arbeitsplatz, am Wohnort und in der Schule hohen Lärmimmissionen ausgesetzt waren. Dennoch hatte bis dahin niemand untersucht, ob Lärm einen negativen Einfluß auf Leistung und Lernen hatte. Zur Klärung dieser wichtigen Fragestellung führten Glass und Singer Versuchspersonen ins Testlabor und baten sie, leichte Rechenaufgaben zu lösen, simple Artikel zu lesen und andere einfache Aufgaben auszuführen. Ein Drittel der Versuchspersonen wurde dabei plötzlichen Lärmschocks ausgesetzt, über die sie keinerlei Kontrolle hatten. Eine zweite Gruppe wurde der gleichen Lärmdosis ausgesetzt, aber sie konnte den Lärm per Knopfdruck beenden. Die dritte Gruppe führte die genannten Aufgaben ohne Lärmbelästigung aus.

Die Untersuchungsleiter bewerteten die Leistungen dann unter anderem danach, ob die Testpersonen imstande waren, die Rechenaufgaben zu lösen und zu verstehen, was sie lasen. Wie zu erwarten war, zeigten die Ergebnisse zunächst einmal, daß selbst bei sehr simplen Aufgaben die Leistung höher ist, wenn sie nicht von Lärm begleitet wird. Beim Vergleich der beiden lärmexponierten Gruppen traten allerdings beträchtliche Unterschiede zutage. Trotz der Tatsache, daß beide Gruppen der gleichen absoluten Lärmdosis ausgesetzt wurden, schnitten die Versuchspersonen, die den Lärm kontrollieren konnten, weit besser ab als diejenigen, die das nicht konnten. Die Erfahrung von Kontrolle ist also von essentieller Bedeutung für die Wirkung potentiell belastender Ereignisse auf Emotionen, physiologische Reaktionen und psychische Beanspruchung.[68]

Werden die Belastungen durch Streßerfahrungen reduziert, wenn man Kontrollmöglichkeiten in belastende Situationen einführt? Dies scheint bejaht werden zu können.[69] Psychologen unterweisen Menschen, die sich belastenden Ereignissen konfrontiert sehen, in einer Reihe von Verfahren, die darauf abzielen, ihnen bei der Streßkontrolle zu helfen. Manche belastenden Ereignisse eignen sich schon von sich aus für direkte Kontrollbemühungen. So haben Ärzte für besonders unerfreuliche medizinische Prozeduren Maßnahmen entwickelt, die den Patienten helfen, diese Streßfaktoren besser zu bewältigen. Eine dieser Prozeduren ist die endoskopische Untersuchung, bei der der Patient einen

Schlauch schluckt, der eine Inspektion der Speiseröhre und des Magens ermöglicht. Das Verfahren ist für die meisten Menschen sehr unangenehm und führt zu starkem Würgen, manchmal zu Erbrechen. Forscher fanden jedoch heraus, daß die Prozedur weniger unangenehm und der Würgereflex schwächer ist, wenn Patienten systematisch über die Empfindungen, die mit der Spiegelung verbunden sind, informiert und dann in Techniken unterwiesen werden, mit deren Hilfe sie das Schlucken des Schlauchs besser bewerkstelligen können.[70]

Man braucht keine speziellen Verhaltensweisen anzunehmen, um ein Gefühl der Kontrolle zu bekommen. So wissen die meisten von uns, daß die physiologische Erregung, die normalerweise mit Streß einhergeht, zumindest teilweise reduziert werden kann, indem wir zur Beruhigung tief durchatmen und den Körper entspannen, wenn ein belastendes Ereignis eintritt. Schwangere Frauen werden häufig in Atemtechniken unterwiesen, die ihnen helfen, sich an die einzelnen Phasen der Geburtswehen anzupassen. Auch der Versuch, ein belastendes Ereignis aus anderer Perspektive zu betrachten, kann die Erfahrung von Streß mildern. Die meisten von uns haben gelernt, in unserem Leben die eine oder andere Form kognitiver Kontrolle auszuüben. Eine Studentin mag sich zum Beispiel dafür entscheiden, die harten Jahre des Medizinstudiums auf sich zu nehmen, weil sie in Momenten der Entmutigung die Vision von sich selbst als künftiger Ärztin aufrechtzuerhalten vermag. In einem unangenehmen Augenblick oder einem Streit mit dem Ehepartner wird man sich unter Umständen der Einzelheiten des Tapetenmusters oder eines besonderen Risses in der Zimmerdecke intensiv bewußt.

Es gibt zwei sehr unterschiedliche geistige Strategien, um das Belastende eines widrigen Ereignisses zu kontrollieren.[71] Die eine besteht darin, sich durch Konzentration auf eine andere Beschäftigung abzulenken. Einige Beispiele für diese auf Ablenkung beruhenden Kontrolltechniken finden sich in Beschreibungen, die Kinder über ihren Umgang mit belastenden oder schmerzhaften Ereignissen gegeben haben.[72] Ein elfjähriger Junge schreibt, wie er die Schmerzen während einer zahnärztlichen Behandlung durch Ablenkung mildert: «Wenn der Zahnarzt sagt: ‹Mund aufmachen›, muß ich, bevor ich überhaupt an das Bohren denke, den Treueeid auf die Fahne dreimal rückwärts aufsagen. Einmal war der Zahnarzt sogar vor mir fertig.» Ein achtjähriger Junge bezeugt ebenfalls den Wert der Ablenkung:

«Ich kann mit fast allem fertigwerden, solange es etwas zu zählen gibt – wie diese kleinen Löcher in der Deckenverkleidung beim Zahnarzt. Und als ich ins Büro des Schuldirektors geschickt wurde, um mir eine Standpauke anzuhören, sah ich nur all seine Sommersprossen. Die ganze Zeit über, als er mir seine Predigt hielt, zählte ich die Sommersprossen in seinem Gesicht, von oben nach unten.»

Die andere mentale Strategie zur Kontrolle belastender Ereignisse besteht darin, sich direkt auf die Ereignisse einzustellen, die Erfahrung aber umzudeuten. Die folgende Beschreibung stammt von einem achtjährigen Jungen, der ein schmerzhaftes Ereignis ganz direkt anging:

«Sobald ich im Behandlungsstuhl sitze, stelle ich mir vor, daß der Zahnarzt der Feind ist und ich ein Geheimagent bin, und er foltert mich, um Geheimnisse aus mir herauszuholen, und wenn ich einen Laut von mir gebe, verrate ich ihm geheime Informationen, und deswegen tue ich das nie. Ich will mal Geheimagent werden, und das ist ein gutes Training.»

Laut Albert Bandura, der diese Geschichten übermittelt, ließ sich dieser Junge bisweilen «von seinem fiktiven Rollenspiel fortreißen. Einmal bat ihn der Zahnarzt, den Mund auszuspülen. Sehr zur eigenen Überraschung knurrte der

Junge: ‹Aus mir kriegen Sie nichts raus› – was den Zahnarzt momentan verblüffte.»

Was an Forschungsarbeiten über diese mentalen Kontrollstrategien vorliegt, deutet darauf hin, daß intuitive Reaktionen zur Streßverminderung der Sache gerecht werden. Sowohl die Ablenkung von einem belastenden Ereignis als auch dessen Umdeutung mindert die seelische Belastung vor Eintritt eines solchen Ereignisses, mildert die Beanspruchung während des Ereignisses und reduziert die oft schwächenden Nachwirkungen von Streß. Ablenkung scheint besonders geeignet zu sein, die Bewältigung vor und während eines Ereignisses zu verbessern. So wird zum Beispiel eine werdende Mutter, die ihre Aufmerksamkeit ganz auf die Vorbereitung des Kinderbetts, der Kinderkleider und anderer wichtiger Dinge für die Ankunft des Babys lenkt, unter Umständen gelassener in die Geburtswehen gehen als eine Frau, die statt dessen immer wieder das Verhalten während der Wehen übt. Auch nach Einsetzen der Wehen mag die Strategie der Ablenkung eine Zeitlang noch erfolgreich sein. Gegen Ende eines belastenden Ereignisses oder danach scheint Ablenkung allerdings nicht mehr sehr erfolgreich zu sein. Die Frau, die es versäumt hat, sich auf die Wehen vorzubereiten, könnte sich unversehens mit extremem Schmerz und höchster seelischer Pein konfrontiert sehen, wenn die schweren Wehen kommen. Diejenigen, die ein belastendes Ereignis bewältigen, indem sie sich direkt darauf einstellen, zeigen dagegen unter Umständen vorher starke Beunruhigung, kommen aber mit dem Ereignis selbst und seinen Nachwirkungen besser zurecht.

Was ist nun vorzuziehen: Ablenkung oder Konfrontation? Es gibt keine eindeutige Antwort. Alles in allem besteht die beste Strategie wahrscheinlich darin, sich auf das zu konzentrieren, was man zur Abschwächung eines belastenden Ereignisses wirklich tun kann, und dieses dann, nachdem man alles zur Vorbereitung getan hat, aus dem Bewußtsein zu streichen.[73] Der Punkt ist, daß beide mentalen Strategien Anstrengungen zur Kontrolle eines aversiven Reizes sind. Was die eine durch direktes Angehen und Umdeuten des Ereignisses schafft, bewirkt die andere durch die Kontrolle der emotionalen Reaktionen auf das Ereignis. Greifen beide ineinander, können sie die Erfahrung des Kontrollverlusts, die häufig die Folge eines belastenden Ereignisses ist, bestmöglich mildern.

Zweifellos ist also die Erfahrung von Kontrolle von zentraler Bedeutung für die Erfahrung von Streß. Wenn aversive Ereignisse als unkontrollierbar angesehen werden, sind sie belastender – und zwar auffällig belastender –, als wenn sie als persönlicher Kontrolle unterliegend betrachtet werden. Darüber hinaus wird die Wirkung eines belastenden Ereignisses gedämpft, zuweilen sogar aufgehoben, wenn der Person, die dem Ereignis ausgesetzt ist, eine Art Scheinkontrolle darüber vermittelt wird. Manchmal besteht diese «Kontrolle» nur in Informationen über das Ereignis, in anderen Fällen kann die Kontrolle minimal oder sogar illusorisch sein.[74] Die Wirksamkeit jeder Art von Kontrolle läßt darauf schließen, daß es nicht der direkte Einfluß auf belastende Ereignisse, sondern das Gefühl der Kontrolle ist, das zu den günstigen Resultaten führt.

Wie steht es mit den anderen Illusionen, nämlich Optimismus und hoher Selbstachtung? Dämpfen auch diese psychischen Ressourcen – denn das scheinen sie zu sein – die Wirkung von Streß? Tatsächlich scheinen Menschen, die eine hohe Selbsteinschätzung haben, mit belastenden Ereignissen erfolgreicher umzugehen als Menschen mit geringer Selbsteinschätzung. Möglicherweise schärft eine hohe Selbsteinschätzung den Blick dafür, was zur direkten Auseinandersetzung mit einem belastenden Ereignis getan werden muß. Vielleicht haben Menschen mit hoher Selbsteinschätzung aber auch eine positivere Einstellung hinsichtlich solcher belastender Ereignisse und bekommen aufgrund dessen ihre emotionalen Reaktionen auf Streß besser in den Griff. Wie die Selbsteinschätzung im einzelnen als Puffer gegen Streß funktioniert, ist noch nicht bekannt, aber ihr Vermögen, in dieser Weise zu wirken, steht außer Frage.[75]

Belege für eine Pufferfunktion des Optimismus bei belastenden Ereignissen häufen sich. Beim Studium der Strategien von Optimisten und Pessimisten zur Bewältigung eines breiten Spektrums belastender Ereignisse stellten die Psychologen Michael Scheier und Charles Carver mehrere Vorteile auf seiten der Optimisten fest. Sie zeigten ein aktiveres Bewältigungsverhalten als Pessimisten. Während Pessimisten viel Zeit damit verbringen, über ein belastendes Ereignis nachzugrübeln und zu versuchen, ihre emotionalen Reaktionen darauf zu steuern, gehen Optimisten das belastende Ereignis direkt an in dem Bemühen, es besser in den Griff zu bekommen oder ganz zu überwinden. Eine pessimistische Collegestudentin, die eine unerwartet schlechte Abschlußnote erhält, könnte zum Beispiel durch die Ängste, die die Überraschung auslöst, leicht verunsichert werden, während eine Optimistin mehr dazu neigen wird, zum Professor zu gehen, um einen neuen Prüfungstermin zu vereinbaren oder die Note durch eine Extraarbeit zu verbessern. Optimisten verwenden darüber hinaus komplexere Bewältigungsstrategien als Pessimisten. Während die Reaktion des Pessimisten auf Rückschläge oft darin besteht, daß er sein Ziel aufgibt und sich mit seinem unerfreulichen Gemütszustand beschäftigt, neigt der Optimist eher dazu, mehrere Methoden zur Überwindung eines Rückschlags auszuprobieren und dabei die Hilfe anderer einzubeziehen.[76] Auch wenn die Erforschung der Rolle des Optimismus als Streßdämpfer noch in den Anfängen steckt und wenige Studien zur Auswertung zur Verfügung stehen, legen die vorliegenden Ergebnisse doch den Schluß nahe, daß Optimisten belastende Ereignisse wirksamer bewältigen als Pessimisten.

Illusionen und die Fähigkeit zur persönlichen Entwicklung

Viele Theorien zur psychischen Gesundheit haben die Fähigkeit zur Wandlung und persönlichen Entwicklung als eine der zentralen Qualitäten der psychisch gesunden Person herausgestellt. Die Forschungen, die Illusionen in Beziehung setzen zur Fähigkeit, Streß wirksam zu bewältigen, behandeln zum Teil auch die Frage der persönlichen Entwicklung. Das Bedürfnis, sich zu entwickeln, zu ändern und dem Leben anzupassen, wird Menschen häufig von unerwarteten und belastenden Ereignissen aufgenötigt. Psychisch gesund ist möglicherweise diejenige Person, die belastende Ereignisse bewältigen kann, nicht nur, indem sie deren direkte, unmittelbare physiologische und psychische Wirkung minimiert, sondern auch, indem sie sie in umfassender Weise in ihr Leben einbezieht, um Nutzen aus ihnen zu ziehen und die von Streß erzwungenen Akkomodationen in das sich entwickelnde Selbstkonzept zu integrieren. Ein Teil der Forschung über belastende Ereignisse macht sich dieses Raster zu eigen und zeigt auf, daß Überzeugungen von persönlicher Kontrolle und Kompetenz nicht nur die Fähigkeit zur Anpassung an belastende Ereignisse verbessern, sondern auch die persönliche Entwicklung zu begünstigen scheinen.

Die Psychologin Suzanne Kobasa hat einen Persönlichkeitsstil identifiziert, den sie Robustheit (hardiness) nennt. Diese Robustheit hat drei Komponenten. Die erste ist ein Gefühl der Verpflichtung, also die Fähigkeit, sich psychisch und physisch in Aktivitäten zu engagieren. Die zweite Komponente ist der Glaube an Kontrolle, das Gefühl, die Ereignisse des eigenen Lebens zu bewirken und sie beeinflussen zu können. Der dritte Faktor ist die Bereitschaft, sich der Herausforderung durch neue Aktivitäten zu stellen, die Chancen zur persönlichen Entwicklung bieten. Kobasa argumentiert, daß es die robusten Menschen sind, die sich im Leben psychisch und physisch am besten anpassen. Robuste Menschen stecken voller Neugier für ihre Umwelt und finden ihre Erfahrungen sinnvoll und interessant. Sie sind überzeugt, Einfluß auf ihre Umwelt zu haben. Sie erwarten Veränderungen in ihrem Leben und sehen in ihnen willkommene Impulse für die persönliche Entwicklung. Robuste Menschen beurteilen die Zukunft optimistisch, und sie nehmen Veränderungen vor, weil sie erwarten, Erfolg zu haben, und weil sie Veränderung als natürliche, bedeutsame Folge des gegenwärtigen Stadiums ihrer Entwicklung und Planung betrachten. Robuste Menschen handeln mit Entschiedenheit, integrieren Veränderungen in ihre laufende Lebensplanung und ziehen aus ihren Erfahrungen wertvolle Lehren für die Zukunft. Ihrem Wesen nach sind robuste Menschen fähig, potentiell belastende Ereignisse in persönliche Herausforderungen und Chancen zur Entwicklung zu transformieren.[77]

Dagegen neigen Menschen mit geringer Robustheit dazu, sich selbst und ihre Umwelt für bedeutungslos, langweilig und bedrohlich zu halten. Sie fühlen sich von den Mächten in ihrem Leben übermannt und glauben, Routine und wenig Veränderung seien das Beste. Sie haben geringe Erwartungen hinsichtlich ihrer künftigen Persönlichkeitsentwicklung, und sie neigen nicht dazu, energische Maßnahmen zur Änderung ihrer Lebensumstände zu ergreifen. Anstatt der Zukunft optimistisch entgegenzusehen und sie aktiv mitzugestalten, tendieren sie dazu, passive und pessimistische Rezipienten der Umwelt zu sein. Da ihre Persönlichkeit ihnen wenige oder keine Mittel zur Verfügung stellt, um potentiell belastende Ereignisse in Chancen zur Entwicklung zu transformieren, haben solche Ereignisse für sie zudem oft eine beeinträchtigende Wirkung. Bei Studien über Rechtsanwälte, Manager und andere Menschen in Streßberufen fanden Kobasa und ihre Mitarbeiter Anzeichen dafür, daß diejenigen mit hohem Maß an Robustheit belastende Ereignisse erfolgreicher zu bewältigen scheinen als diejenigen, die nicht robust sind.[78]

Daß Robustheit ein Puffer gegen Streß ist, leuchtet unmittelbar ein. Robustheit suggeriert eine heitere, optimistische Bejahung des Lebens. Sie beschwört Bilder von Theodore Roosevelt und anderen robusten charismatischen Figuren der Geschichte herauf, die andere mit Erfolg in ihre Sache eingespannt haben. Forscher, die Robustheit eingehend untersucht haben, weisen darauf hin, daß das Gefühl der Kontrolle möglicherweise der wichtigste Aspekt dabei ist. Mehr noch als ein Gefühl der Verpflichtung oder Herausforderung versetzt ein Gefühl der Kontrolle Menschen in die Lage, potentiell nachteilige Wirkungen belastender Ereignisse zu überwinden, indem sie Stressoren, die anderen vielleicht unkontrollierbar erscheinen, in Faktoren umwandeln, die der Kontrolle zugänglich sind. Dadurch werden möglicherweise die physische Erregung und die psychische Beanspruchung reduziert, die oft mit belastenden Ereignissen verbunden sind.

Bedeutsam ist auch die Tatsache, daß robuste Menschen eher dazu neigen, Herausforderungen zu begrüßen und dadurch bestimmte Stressoren in ihrem Leben zuzulassen. Die Wirkungen von Robustheit auf Streß sind daher insofern paradox, als robuste Menschen ihr Streßniveau zumindest zeitweilig *erhöhen*. Dazu bemerkt Salvador Maddi:

«Wenn die Anpassung auch schwierig und anstrengend sein mag, so bringt Veränderung doch Anregung und neue Möglichkeiten ins Leben. Flexible Menschen tendieren dazu, in allem, womit sie sich beschäftigen, irgendeinen Sinn und Reiz zu finden; sie sind aktiv engagiert und selten gelangweilt, apathisch oder indifferent. Begabt mit einem starken Gefühl der Kontrolle, glauben robuste Individuen, durch eigene Initiative und Ressourcen einen positiven Einfluß auf Geschehnisse ausüben zu können. Sie fühlen sich selten als passive Opfer, sind aber zu jenem inneren Frieden fähig, der daraus resultiert, daß sie alles tun, was sie in Anbetracht der unabänderlichen Gegebenheiten des Lebens tun können.»[79]

Jeden Streß zu vermeiden oder zu minimieren ist unklug, weil viele der lohnendsten und herausforderndsten Lebenserfahrungen einschließen, daß man Streß in sein Leben läßt. In vielerlei Hinsicht ist dieser Aspekt von Streß der Schlüssel zur psychischen Entwicklung. Der Psychiater Frederic Flach bemerkt hierzu:

«Kreatives Handeln und Denken involviert die Fähigkeit, auf Veränderung mit einer Phase emotionalen Alarms zu reagieren, in der man sich unter Umständen von bestimmten unzweckmäßigen Einstellungen und überholten Verhaltensweisen trennen muß, gleichzeitig aber daran arbeitet, sie durch nützlichere und produktivere zu ersetzen. Dieser sich wiederholende Prozeß der emotionalen Spaltung und Reintegration ist die eigentliche Basis der psychischen Entwicklung und erweist sich in sich als Bereicherung.»[80]

So wie Streß, Veränderung und Herausforderung bisweilen Möglichkeiten zur Entwicklung eröffnen, so kann sich eine Person Entwicklungschancen auch aktiv erschließen, indem sie eine neue Zukunft ins Auge faßt. Inspiriert durch die faszinierende Vision eines anderen Lebens, kann zum Beispiel eine Hausfrau eine Agentur aufmachen, eine Lehrerin zur Grundstücksmaklerei wechseln oder eine Fünfzigjährige mit sitzender Beschäftigung für einen Marathonlauf trainieren. Persönliche Entwicklung ist also nicht selten ein positiv inspirierter Prozeß, der aus reiner Freude an der durch ihn gestellten Herausforderung unternommen wird.

Die Psychologin Hazel Markus und ihre Kollegen haben über diesen Prozeß in ihrer Analyse des «möglichen Selbst» geschrieben, also der Vorstellungen der Menschen davon, was sie werden könnten, zu werden fürchten und werden möchten.[81] Die meisten Vorstellungen vom möglichen Selbst sind positiver Art und kreisen um das klügere, dünnere, erfolgreichere und begehrenswertere Ich. In mancher Hinsicht bietet die Zukunft ja den größten Spielraum für das Wirken von Illusionen, weil das Festhalten an Illusionen keine Verzerrungen realer Ereignisse erfordert. Dagegen müssen, um ein positives Bild des vergangenen und gegenwärtigen Selbst aufrechtzuerhalten, Fakten und Ereignisse zuweilen neu geordnet oder vergessen werden. Vorstellungen vom künftigen Selbst kann man sich völlig hingeben, weil man nicht an konkrete Realitäten gebunden ist.

Markus und ihre Mitarbeiter legen dar, daß das mögliche Selbst eine inspirierende Funktion erfüllt. Wenn Menschen sich ein klares Bild davon machen, was sie werden möchten, lenkt die Vision sie in diese Richtung und hilft ihnen, Etappenziele zu definieren und Schritte zu unternehmen, um diese zu erreichen. In Zeiten, in denen die Motivation zu schwinden und ein Ziel weit entfernt zu sein scheint, kann die Fähigkeit, sich das zukünftige Selbst vor Augen zu führen, den Wunsch, es zu verwirklichen, neu beleben. Auch wenn das mögliche Selbst, zum Beispiel die Vision von sich selbst als gefeiertem Konzertcellisten oder als Wimbledon-Sieger, letztlich oft nicht zu erreichen sein mag, werden diejenigen, die solche weitreichenden Träume haben, unter Umständen bessere Cellisten oder Tennisspieler. So wie selbsterhöhende Verzerrungen vorhandener Attribute Menschen zu einer guten Einstellung zu sich selbst und anderen befähigen und zu ausdauernder und wirksamer Zielstrebigkeit ermuntern, so versehen Illusionen über das zukünftige Selbst Menschen mit einem Mechanismus, mit dessen Hilfe sie sich entwickeln und verändern, sich von einer gegenwärtigen auf eine weit entfernte und ersehnte künftige Situation zubewegen, indem sie das Selbst, das sie zu werden wünschen, im Auge behalten.[82]

KAPITEL 3

DER GESUNDE KÖRPER

> Ich glaube, daß die eigene Einstellung viel
> damit zu tun hat, ob man ein positiver
> Mensch ist. Ich bin ganz sicher, daß ich nie
> wieder Krebs bekommen werde.
>
> *Krebspatient*

Die Lebensqualität, deren Menschen sich erfreuen, wird stark beeinflußt von der psychischen Gesundheit. Menschen, die glücklich sind, lohnende soziale Kontakte haben und sich mit produktiver, sinnvoller Arbeit beschäftigen, haben zweifellos ein angenehmeres und befriedigenderes Leben als solche, bei denen es nicht so ist. Die positiven Illusionen, die charakteristisch sind für das normale Denken, tragen direkt zu seelischer Gesundheit und psychischem Wohlbefinden bei. Lebensqualität wird jedoch auch stark vom körperlichen Gesundheitszustand beeinflußt, denn ohne Freiheit von Krankheit und Behinderung ist die Freude an anderen Aspekten des Lebens beeinträchtigt.

Tragen die positiven Überzeugungen, die Menschen über sich, die Welt und die Zukunft hegen, zur physischen Gesundheit ebensoviel bei wie zur psychischen Gesundheit? Sind Menschen mit hoher Selbsteinschätzung, dem Gefühl persönlicher Wirksamkeit und optimistischem Glauben an die Zukunft mit größerer Wahrscheinlichkeit physisch ebenso gesund wie psychisch? Dies scheint, seltsam genug, zuzutreffen. Entsprechende Befunde stellen Wissenschaftler vor die Herausforderung, exakt darzulegen, wie diese psychischen Faktoren auf den Körper einwirken. Für den Nichtwissenschaftler kommen solche Befunde jedoch nicht überraschend. Erhebungen zufolge sind die meisten Menschen überzeugt, daß Streß und Streßbewältigung die physische Gesundheit stark beeinflussen. Die Grenze zwischen Wissenschaft und Wunschdenken ist zuweilen unscharf und nirgends unschärfer als auf dem Gebiet der Wirkung des Bewußtseins auf den Körper. Medizinmänner, Scharlatane, unheilbar kranke Selbstheiler und seriöse Wissenschaftler arbeiten nebeneinander auf das gleiche Ziel hin, sprechen den jeweils anderen aber oft das Bemühen ab, es zu erreichen.

DIE ROLLE PSYCHISCHER FAKTOREN BEI KRANKHEIT: EINE WARNUNG

Wissenschaftler haben in unserer Gesellschaft mehrere Aufgaben. Die wichtigste ist die Verpflichtung zur Aufdeckung und Beschreibung der Wahrheit. Eine sekundäre Aufgabe ist, zu beobachten, wie die Öffentlichkeit die Wissenschaften beurteilt und was die Medien uns glauben machen, und darauf zu achten, daß diese Bilder der Wissenschaft hinreichend akkurat sind, weder eine Übertreibung der Wahrheit darstellen noch in Widerspruch zu ihr stehen. Der Aufgabe des Psychologen kommt in dieser Hinsicht besondere Bedeutung zu. Anders als auf den Gebieten der Chemie, Physik und Biologie, auf denen die Öffentlichkeit relativ wenige intuitive und beharrlich beibehaltene Theorien hegt, halten sich die meisten Menschen für Amateurpsychologen, denen zwar die Ausbildung, nicht aber der Einblick fehlt. In vielen Fällen sind ihre psychologischen Intuitionen recht genau und angemessen. Zudem gelangen Nichtwissenschaftler manchmal zu nützlichen Einsichten, die den in ihre Theoriemodelle verstrickten Fachleuten entgangen sind. In anderen Fällen hegt die Öffentlichkeit jedoch psychologische Überzeugungen, die falsch sind oder gefährliche Übertreibungen der Wahrheit darstellen. Werden solche Überzeugungen von den Medien durch einschlägige Veröffentlichungen verstärkt, erlangen sie oft weite Verbreitung und erhalten den Rang von Wahrheiten, selbst wenn sie auf schwacher wissenschaftlicher Basis stehen.

So ist es mit der Wirkung psychischer Faktoren auf die physische Gesundheit. Sowohl die Öffentlichkeit als auch die Medien halten an der Auffassung fest, daß Streß eine der Hauptursachen von Krankheit sei und daß die Methoden des Umgangs damit – die Einstellungen der Menschen, deren Persönlichkeitsstile und deren Fähigkeit, Kampfgeist zu bewahren, eingeschlossen – es Menschen ermöglichen, drohende Krankheiten zu vermeiden oder zu überwinden. Während ich dieses Kapitel schreibe, bringen die neuesten Ausgaben von *Glamour, Business Week* und *New York Times Magazine* Artikel darüber, wie das Bewußtsein den Körper kontrolliert und wie Menschen ihre Gesundheit stärken können, indem sie ihre Reaktionen auf Streß kontrollieren. Der bemerkenswerte Erfolg von Büchern wie «*Anatomy of an Illness*» von Norman Cousins oder «*Love, Medicine and Miracles*» von Bernie Siegel in den Vereinigten Staaten zeugt von der Bereitschaft der Menschen, sich davon überzeugen zu lassen, daß sie ihre körperliche Gesundheit steuern und sich von lebensbedrohenden Krankheiten selbst heilen können.

Das ist eine schöne Vorstellung. Sollte sie sich letztlich als wahr erweisen, wird das sehr aufregend sein. Tatsache ist aber, daß die vorliegenden Daten für eine Beziehung zwischen Persönlichkeitsstilen, Bewältigungstechniken wie Entspannung und katathymes Bilderleben und Einstellungen wie Kampfgeist gegenüber Krankheit einerseits und der Fähigkeit zur Selbstheilung andererseits zwar schwache Hinweise, keineswegs aber definitive Beweise liefern. Erstaunlich ist, daß sich keine einzige Untersuchung eindeutig mit der Frage «*Können Menschen sich durch ihre mentalen Einstellungen und Bewältigungstechniken selbst heilen?*» beschäftigt hat. Der Grund dafür ist, daß diese Frage wissenschaftlicher Erforschung noch nicht zugänglich ist. Wissenschaftler sind in der Lage, enger umgrenzte Fragestellungen zu beantworten, die in der Summe hilfreich sein können für die Beschäftigung mit der umfassenderen Frage, aber diese Frage selbst bleibt unbeantwortet.

Welche Haltung soll nun der Wissenschaftler einnehmen angesichts einer Öffentlichkeit, die sich dieser Vorstellung völlig, aber voreilig verschrieben hat? Ich glaube, man muß einen behutsam korrigierenden Einfluß ausüben. Der Anthropologe und Arzt Melvin Konner hat das Problem in der *New York Times* gut beschrieben. Er führte aus, daß es zwar Anzeichen für Zusammenhänge zwischen bestimmten mentalen Zuständen und gesundheitlichen Resultaten geben mag; in der Öffentlichkeit herrsche aber fast Gewißheit darüber, daß Menschen eine weit stärkere geistige Kontrolle über ihren Gesundheitszustand ausüben können, als es tatsächlich der Fall ist. Der Gesundheitszustand einer Person wird von vielen Faktoren beeinflußt. Eine bestimmte Einstellung oder Bewältigungstechnik ist nur einer davon, und deswegen scheint es unwahrscheinlich, daß gerade dieser der entscheidende Faktor sein soll. Er mag, wie Siegel meint, einem Patienten eine scharfe Klinge in die Hand geben in einem Kampf, der schwierig ist und möglicherweise mit einer Niederlage endet. Aber er kann keinesfalls das gesamte Rüstzeug sein. Konner merkt an, es sei nicht nur unklug, sondern unter Umständen grausam, Menschen zu der Überzeugung zu verleiten, sie könnten sich aus eigener Kraft von fortgeschrittenen und entkräftenden Krankheiten heilen. Manche Patienten machen sich Vorwürfe und fragen sich, was sie falsch gemacht haben, warum andere sich zu heilen vermögen und sie nicht. Statt zu einem würdevollen Abschluß des Lebens kann Sterben so zum allerletzten Versagen werden.[1]

Der folgende Bericht mag die potentiellen Risiken solcher Überzeugungen illustrieren. Eine Kollegin wurde zu dem sehr schwierigen medizinischen Fall eines achtundzwanzigjährigen Studenten mit einem unoperablen Hirntumor als psychologische Beraterin hinzugezogen. Die Ärzte wußten, daß der Patient binnen weniger Wochen sterben würde. Der junge Mann wehrte sich verständlicherweise gegen diese Prognose und wandte sich an ein alternatives Behandlungszentrum, um Hoffnung, Inspiration und Hilfe zur Selbstheilung zu finden. Offenbar in dem Versuch herauszufinden, was in so frühem Alter zu dem Tumor geführt hatte, bat der dortige Berater den Studenten, sein Leben zu schildern. Die meisten Ereignisse im Leben des jungen Mannes waren ziemlich normal verlaufen, abgesehen davon, daß er seine Mutter verloren hatte, als er sechzehn Jahre alt war. Hier hakte der Berater ein, nahm dies als Erklärung für den Tumor und belehrte den Studenten, er habe diesen Verlust nicht erfolgreich verarbeitet und sich ihm nicht richtig angepaßt. Nur wenn er dies jetzt nachhole, könne er sich vom Krebs befreien. Dem jungen Mann wurden einige mentale Übungen aufgegeben; unter anderem sollte er sich vorstellen, daß der Tumor allmählich immer kleiner werde. Er wurde auch dazu gedrängt, den Verlust zu verarbeiten, ohne daß man ihm genau erklärte, wie er das anstellen sollte.

Schon nach wenigen Tagen war der junge Mann ernstlich in Not und beunruhigt über seine scheinbare Unfähigkeit, den Verlust zu bewältigen. Er hatte immer geglaubt, damit gut zurechtgekommen zu sein, der Berater hatte ihn aber vom Gegenteil überzeugt. Er steigerte sich in einen wahnartigen Zustand hinein, so daß seine alarmierten Freunde Hilfe für ihn suchten. Die Psychologin traf sich mit ihm, und er berichtete, was ihm in dem alternativen Behandlungszentrum erzählt worden war. Sie machte ihm klar, daß niemand in der Lage sei, die Ursache eines individuellen Tumors zu bestimmen. Zwar gebe es Faktoren, die Menschen generell für Krebs prädisponieren, aber es sei unmöglich zu erkennen, welche Faktoren im besonderen Fall eine Rolle spielen. Die Psychologin äußerte die Vermutung, der Berater im alternativen Behandlungszentrum habe vielleicht Berichte gelesen, nach denen frühe Verluste, etwa durch den Tod eines Elternteils, Menschen anfällig für Krebs machen können. Daß dieser junge Mann solch einen frühen Verlust erlitten hatte, bedeute aber nicht, daß der Verlust den Tumor ausgelöst habe. Außerdem gebe es keinen Grund zu der Annahme, ein Versagen bei der Bewältigung des Verlusts habe irgend etwas mit dem Anwachsen des Tumors zu tun; die obsessive Beschäftigung mit dem Tod der Mutter werde seine Gesundheit jetzt auch nicht verbessern. Bezüglich der mentalen Übungen, die der Berater verordnet hatte, wies die Psychologin den Patienten darauf hin, daß zwar viele Menschen solche Übungen als wohltuend empfänden, es aber keinen Anlaß für seine Befürchtung gebe, bei der Bekämpfung des Tumors zu versagen, wenn er die Übungen nicht korrekt ausführe.

Diese für manche vielleicht etwas entmutigenden Erklärungen hatten einen bemerkenswert günstigen Einfluß auf den jungen Mann. Von dem Gefühl befreit, an seinem Tumor selbst schuld zu sein, war er zu normalen Funktionen fähig. Es gelang ihm nicht, seinen Tumor zu verkleinern, und er starb wenige Wochen später. Aber er war ruhig und friedvoll, mit Unterstützung seiner Nächsten für den Tod gewappnet, ein Zustand, den er ohne die Hilfe der Psychologin wohl nicht erreicht hätte.

Andere Patienten äußern sich in schärferen Tönen zu ähnlichen Erfahrungen, vor allem zum Überlebensdruck. Ein sechsunddreißigjähriger Mann mit einem malignen Melanom berichtete mir von seinen erfolglosen Bemühungen, sich einer Selbsthilfegruppe für Patienten wie ihn anzuschließen. «Die Leute waren so deprimierend – nicht etwa, weil sie sterben mußten, sondern weil niemand sie sterben lassen wollte. Wenn mir nur einmal jemand gesagt hätte: ‹Es ist okay zu sterben!› Statt dessen wird einem das Gefühl gegeben, als ob man etwas falsch macht, wenn man stirbt, als ob man seine Familie, seine Freunde und selbst die Ärzte im Stich läßt.»[2]

Was ist die Essenz der vorliegenden Fakten? In begrenztem Umfang scheinen bestimmte Aspekte der psychischen Kontrolle und des Optimismus die Gesundheit, das Gesundheitsverhalten, die immunologischen und biochemischen Funktionen in einer Art und Weise zu beeinflussen, die den Körper widerstandsfähiger gegen Krankheit macht und ihn bestehende Krankheiten leichter überwinden läßt. Dies sind freilich nicht die Wunderdinge, die sensationslüsterne Bücher und Artikel im Auge haben. Man kann einen Tumor nicht hinwegwünschen. Es gibt jedoch immer mehr Hinweise darauf, daß die gleichen Illusionen des normalen Denkens, die psychische Gesundheit zu begünstigen scheinen, möglicherweise auch die körperliche Gesundheit fördern, zumindest bis zu einem gewissen Grad.

PSYCHISCHE KONTROLLE UND KÖRPERLICHE GESUNDHEIT

Eine Fülle von Forschungen aus verschiedenen Bereichen der Psychologie und der Medizin belegt die Bedeutung des Glaubens an persönliche Kontrolle für die Gesundheit. Darunter sind Arbeiten, die persönliche Kontrolle im Zusammenhang mit guten Gesundheitsgewohnheiten und als Puffer gegen Streß untersuchen; andere Arbeiten beschäftigen sich mit anfälligen Populationen – unter anderem mit alten Menschen –

oder mit der Rolle des abrupten Kontrollverlusts bei plötzlichen Todesfällen; und einige Studien setzen unkontrollierbare belastende Ereignisse in Beziehung zu Krebs und Störungen des Immunsystems. Alles in allem deutet das vorliegende Material darauf hin, daß Überzeugungen von Kontrolle sich möglicherweise in zweierlei Hinsicht direkt oder indirekt auf die Gesundheit auswirken. Erstens kann die Überzeugung, widrige Ereignisse im Leben kontrollieren zu können, Menschen dazu bringen, gute Gesundheitsgewohnheiten zu pflegen und die Belastungen des Lebens effektiv zu bewältigen, wodurch schädliche Auswirkungen auf die Gesundheit minimiert oder gemildert werden. Zweitens kann die Überzeugung, in einer belastenden Umwelt die Kontrolle völlig oder weitgehend verloren zu haben, die Gesundheit untergraben, wodurch die Wahrscheinlichkeit von Krankheit oder Tod erhöht wird.

Die Medien haben sich in den letzten Jahren aus gutem Grund bevorzugt mit der Beziehung zwischen Lebensweise und Krankheit beschäftigt. Bis zum zwanzigsten Jahrhundert zählten die Behandlung und Ausmerzung der Infektionskrankheiten zu den wichtigsten Gesundheitsproblemen in den Vereinigten Staaten. Um die Jahrhundertwende waren Tuberkulose, Lungenentzündung und Influenza die Haupttodesursachen. Vor allem dank der Fortschritte in der öffentlichen Gesundheitsvorsorge durch Abwasserkontrolle, Trinkwasseraufbereitung und Eingrenzung von Infektionen – in geringerem Maße auch durch Weiterentwicklung von Schutzimpfungen und medizinischen Behandlungsmethoden – bekam man diese Krankheiten in den Griff, so daß sie Anfang der vierziger Jahre als Haupttodesursachen praktisch eliminiert waren. Gegenwärtig sind es koronare Herzkrankheiten, Krebs, Diabetes, Schlaganfälle und Autounfälle, die die meisten Todesfälle und Behinderungen in diesem Land verursachen.[3] Was diese gesundheitlichen Störungen von den Infektionskrankheiten, denen früher die Hauptsorge der Mediziner galt, unterscheidet, ist die Tatsache, daß sie kontrollierbar sind, zumindest bis zu einem gewissen Grad. Sie werden wesentlich beeinflußt von den gesundheitlichen Gewohnheiten, die Menschen früh im Leben annehmen und bis ins Erwachsenenalter praktizieren.

Chronische Krankheiten und Unfälle sind also vermeidbare Störungen. 25 Prozent aller Todesfälle durch Krebs und ein beträchtlicher Teil der Todesfälle durch Herzattacken wären zu vermeiden, wenn nur eine ungesunde Gewohnheit ausgemerzt werden würde: das Rauchen.[4] Eine Gewichtsabnahme von nur zehn Prozent bei Männern im Alter von 35 bis 55 Jahren würde zu einem zwanzigprozentigen Rückgang der koronaren Herzkrankheiten führen. Nebenbei würde sie auch die Häufigkeit von Arthritis, Magen-Darm-Krebs, Diabetes, Schlaganfällen und Herzinfarkten senken.[5] Einer globalen Schätzung zufolge ist die Hälfte aller durch die zehn häufigsten Todesursachen hervorgerufenen Sterbefälle auf veränderbare Faktoren zurückzuführen, die mit der Lebensweise zusammenhängen und persönlicher Kontrolle unterliegen.[6]

Es stellt sich die logische Frage, welche Rolle das Gefühl persönlicher Kontrolle bei der Förderung (oder Beeinträchtigung) gesunder Verhaltensweisen spielt. Vorstellbar sind zumindest zwei mögliche Anschauungen. Vielleicht sind Menschen mit einer übertriebenen Perzeption ihrer Fähigkeit, die Umwelt zu kontrollieren, davon überzeugt, daß sie auch die Wahrscheinlichkeit von Erkrankungen kontrollieren können. Da sie im allgemeinen starke, einflußreiche Menschen sind, meinen sie möglicherweise, Krankheit durch schiere Willenskraft abwehren zu können. Wenn dieses Bild zutrifft, dann würde das bedeuten, daß unrealistisches Vertrauen in persönliche Kontrolle das Gesundheitsverhalten unter Umständen tatsächlich beeinträchtigt. Solche Menschen glauben möglicherweise, weiter rauchen zu können, weil sie eventuell auftretende Frühsymptome von Lungenkrebs oder eines Lungenemphysems vermeintlich zu kontrollieren vermögen. Oder sie tun nichts gegen zunehmendes Übergewicht, in dem Glauben, die überflüssigen Pfunde – sollte Gewichtskontrolle für ihre Gesundheit wichtig werden – schon wieder loswerden zu können.

Die andere Anschauung zeichnet ein gefälligeres Bild vom Einfluß von Kontrolle auf gesundheitliche Gewohnheiten. Menschen, die auf ihre Fähigkeit zur Kontrolle der Umwelt vertrauen, sind unter Umständen eher imstande zu erkennen, welche Aspekte einer Situation kontrollierbar sind, und somit unter anderem auch Kontrolle über ihre gesundheitlichen Gewohnheiten auszuüben. Nach dieser Auffassung könnten solche Menschen tatsächlich also eher dazu neigen, eine gesunde Lebensweise zu praktizieren, weil sie diese Lebensweise als ihrer Gesundheit förderlich betrachten.

Die vorliegenden Forschungsergebnisse sprechen für diese eher adaptive Sichtweise. Schon das allgemeine Vertrauen in persönliche Kontrolle scheint gesunde Lebensgewohnheiten zu begünstigen. Psychologische Untersuchungen über individuelle Unterschiede in bezug auf Kontrolle haben ergeben, daß Menschen, die Ereignisse in ihrer Umgebung kontrollieren zu können glauben, gesunde Lebensgewohnheiten eher befolgen als Menschen, die das nicht glauben.[7] Darüber hinaus erhöht die spezielle Überzeugung, man könne eine bestimmte gesundheitliche Gewohnheit wirksam in die Tat umsetzen, die Wahrscheinlichkeit, daß man diese tatsächlich praktizieren wird.[8] Menschen, die glauben, mit dem Rauchen aufhören, ihre Ernährung umstellen oder regelmäßig Sport treiben zu können, tendieren viel stärker dazu, das wirklich zu tun. Auch das Gegenteil ist der Fall. Wenn jemand an seiner Fähigkeit zweifelt, ein bestimmtes Gesundheitsziel wie Nichtrauchen erreichen zu können, ist es sehr unwahrscheinlich, daß er es schafft, vom Rauchen zu lassen, selbst wenn er weiß, daß er es lassen sollte, die Folgen fürchtet, wenn er es nicht tut. und davon überzeugt ist, daß er sein Gesundheitsrisiko durch Nichtrauchen beträchtlich verringern würde. Der Glaube an die Selbst-Wirksamkeit – das heißt, an die eigene Fähigkeit, eine bestimmte Verhaltensweise zu praktizieren – ist entscheidend für die Befolgung gesunder Verhaltensweisen.[9]

Die Überzeugung von der eigenen Wirksamkeit ist nicht nur für gesundheitliche Gewohnheiten vor dem Auftreten einer Erkrankung von Bedeutung, sondern auch für solche Gewohnheiten, die nach der Entdeckung einer gesundheitlichen Störung angenommen werden. Aus einer von Bandura und seinen Mitarbeitern durchgeführten Studie geht eindeutig hervor, wie wertvoll Perzeptionen der Selbst-Wirksamkeit für die Genesung von Myokardinfarkten (Herzattacken) sein könnten. Eine problematische Erfahrung von Ärzten, Krankenschwestern und anderen, die am Rehabilitationsprozeß von Infarktpatienten beteiligt sind, ist, daß Patienten häufig glauben, ihr Herz sei geschädigt und sie würden aufgrund dessen Invaliden werden. Sie glauben dem Streß des beruflichen und sozialen Lebens nicht gewachsen zu sein; sie meiden körperliche Aktivität; sie fürchten, während des Geschlechtsverkehrs zu kollabieren; und so verharren sie in Untätigkeit. Tatsächlich sind die meisten Infarktpatienten zu weit mehr Aktivität imstande, als sie für möglich halten – Aktivität, die unter Umständen zu ihrer Genesung beiträgt.

Bandura und seine Kollegen kamen zu dem Schluß, daß vermeintliche Unwirksamkeit, nämlich die vermeintliche Unfähigkeit zu wirksamer physischer Aktivität, diese Menschen in vorzeitige und unnötige Invalidität führte. Sie entwickelten ein Interventionsprogramm, das männliche Herzpatienten und deren Ehefrauen davon überzeugen sollte, daß sie in Wirklichkeit mehr Widerstandskraft besaßen, als sie und ihre Partnerinnen vermuteten. Wenige Wochen nach dem Infarkt wurden die Patienten einem Belastungstest unterzogen. Die

Ehefrauen bat man, diesen Untersuchungen beizuwohnen, so daß sie Lebenskraft und Leistung ihrer Männer mit eigenen Augen sehen konnten. Patienten sind erfahrungsgemäß überrascht, wie gut sie mit dem Streß eines Belastungstests fertig werden, und so war es auch bei dieser Untersuchung. Infolge des Belastungstests kamen die Patienten und ihre Frauen zu der Erkenntnis, daß das kardiale Leistungsvermögen der Ehemänner weit größer war, als sie angenommen hatten. In den folgenden Wochen begannen die Patienten dank der Perzeptionen der Selbst-Wirksamkeit, die durch das Feedback des Belastungstests induziert worden war, wieder ein aktiveres Leben zu führen, als sie es vordem getan hatten.[10]

Die Macht der Überzeugung

Kann die Überzeugung von der eigenen Kontrolle Menschen tatsächlich davor bewahren, krank zu werden? Die Ergebnisse der Persönlichkeitsforschung deuten darauf hin, daß dies innerhalb gewisser Grenzen durchaus möglich ist. Im zweiten Kapitel habe ich den Begriff der robusten Persönlichkeit vorgestellt, die gekennzeichnet ist durch das Überzeugtsein von persönlicher Kontrolle, die Bereitschaft, sich Herausforderungen zu stellen, und ein Gefühl des Engagements für Projekte und Aktivitäten. Um die Frage zu beantworten, ob diese Konstellation von Attributen gegen Krankheit schützt, hat Suzanne Kobasa Wirtschaftsmanager daraufhin untersucht, wie sie die Herausforderungen in ihrem Leben beurteilen und bewältigen. Sie unterteilte die Manager in solche, die in den vorangegangenen drei Jahren viel Streß erlebt hatten, und solche, die weniger Streß ausgesetzt gewesen waren. Bei denjenigen, die starkem Streß ausgesetzt gewesen waren, forschte sie nach, welche von ihnen von vielen Krankheiten betroffen waren und welche relativ wenige Krankheiten gehabt hatten. Sie stellte fest, daß sich die hochbelasteten, aber gesunden Manager durch ihre *hardiness* auszeichneten. In Anbetracht der sich häufenden Anzeichen dafür, daß Kontrolle möglicherweise die einflußreichste der drei Komponenten von *hardiness* ist, liefern Kobasas Studien den indirekten Beweis, daß ein Gefühl mentaler Kontrolle Menschen tatsächlich gegen schädliche Auswirkungen von Streß auf die Gesundheit schützen kann.[11]

Kontrolle und Alter

Viele der Hinweise auf die große Bedeutung von Kontrolle für körperliche Gesundheit entstammen der Beobachtung, daß fehlende Kontrolle schwerwiegende und oft dramatische Auswirkungen auf die Gesundheit hat. Manchen Studien zufolge ist das Fehlen der Überzeugung von persönlicher Kontrolle der pathogene Faktor, während andere darauf abstellen, daß die Erfahrung eines plötzlichen Kontrollverlusts die Gesundheit schädigt. Einige der eindrucksvollsten Beweise für diese Thesen stammen aus Untersuchungen über alte Menschen.

Alte und insbesondere gebrechliche alte Menschen haben oft nur wenig Kontrolle. Die meisten von uns haben irgendwann einmal ein Pflegeheim besucht, sei es, um dort als Kinder Weihnachtslieder zu singen, eine Bastelgruppe für ältere Menschen zu unterrichten oder einen älteren Verwandten zu besuchen. Die erste Reaktion ist oft Erschrecken. Da sitzen einst kraftvolle Erwachsene in Schaukelstühlen und haben außer dem Fernseher kaum einen Zeitvertreib. Pflegeheime verfügen häufig nur über begrenzte finanzielle Mittel, die nicht viel Spielraum lassen für Beschäftigungsprogramme oder persönliche Freiheiten. Zwangsläufig wird sich das Pflegepersonal unter Umständen so verhalten, daß die Heimbewohner ihrer Freiheit beraubt werden. Dadurch aber können sie unabsichtlich zur Entstehung von gesundheitlichen Problemen oder zur Verschlimmerung bereits bestehender Erkrankungen beitragen.

Im Jahr 1976 versuchten die Psychologinnen Ellen Langer und Judith Rodin herauszufinden, ob sie durch die Einführung von Kontrollelementen in einem Pflegeheim die seelische Verfassung und die Gesundheit der darin lebenden alten Menschen verbessern konnten.[12] Die Intervention war in vielerlei Hinsicht eine sehr simple. Auf einem Stockwerk des Heims gab man den Patienten kleine Topfpflanzen zur Pflege und ließ sie wählen, wann sie an bestimmten Heimaktivitäten wie Bingo und Filmvorführungen teilzunehmen wünschten. Die Patienten auf einem anderen Stockwerk erhielten ebenfalls Topfpflanzen, aber ihnen wurde gesagt, daß sich das Pflegepersonal um diese kümmern werde. Diese Patienten nahmen an den gleichen Aktivitäten teil, die Zeiten wurden ihnen jedoch vorgeschrieben. Diese Interventionen – Pflege einer Pflanze und Terminwahl bei Aktivitäten – waren die einzigen Handlungen, über die den Patienten eine Kontrolle zugestanden wurde.

Einige Wochen später stuften Krankenschwestern das Aktivitätsniveau und die Stimmungslage der an der Studie beteiligten Personen ein. Auch wurden die Heimbewohner selbst befragt, wie sie sich fühlten, und sie wurden heimlich beobachtet, um zu sehen, wie aktiv sie waren. Diejenigen, denen man eine gewisse Kontrolle eingeräumt hatte, waren aktiver und hatten ein stärkeres Gefühl des Wohlbefindens als die Heimbewohner in der Vergleichsgruppe. Selbst ein Jahr später waren sie noch psychisch und physisch gesünder als diejenigen, die an den Interventionen nicht beteiligt gewesen waren. Auch gab es unter den Teilnehmern weniger Sterbefälle als in der Vergleichsgruppe.[13] Diese eher simple Studie hat weitreichende Implikationen. Sie zeigt, wie wenig Kontrolle erforderlich ist, um günstige Wirkungen zu erzielen. Die Maßnahmen im Rahmen der Interventionsstudie waren einfach, unaufwendig und leicht durchzuführen, aber ihr Effekt war durchschlagend. Darüber hinaus hatten sie erkennbare positive Langzeitwirkungen auf die Gesundheit.

Während sich die Einführung von Kontrolle günstig auf Patienten auswirken kann, kann der Entzug oder Verlust von Kontrolle negative Konsequenzen nach sich ziehen. Manche Pflegeheime versuchen die seelische Verfassung ihrer Bewohner durch Besuchsprogramme aufzufrischen, bei denen Studenten benachbarter High-Schools oder Colleges einen Teil ihrer Freizeit mit einem Heimbewohner verbringen und regelmäßig als Gesellschafter fungieren. In einem dieser Programme erlaubte man einigen der alten Menschen, die Besuchszeiten mit den Studenten abzusprechen. Einer zweiten Gruppe kündigte man Termin und Dauer des Besuchs durch die freiwilligen Helfer vorher an, aber die Mitglieder dieser Gruppe trafen die Verabredungen nicht selbst. Einer dritten Gruppe wurde nicht mitgeteilt, wann und für wie lange die Freiwilligen kommen würden, sie wußte aber, daß von Zeit zu Zeit Besucher kommen würden. Eine vierte Patientengruppe erhielt keine Besuche. Die kurzfristigen Effekte dieser Intervention waren ausgesprochen positiv. Diejenigen, die das Eintreffen ihrer Besucher kontrollieren oder antizipieren konnten, zeigten eine verbesserte seelische und körperliche Verfassung, benötigten weniger Medikamente und waren aktiver im Leben als die Patienten, die keine Besuche erhielten oder denen Besucher nicht vorher angekündigt wurden. Das Programm mußte allerdings am Ende des Schuljahres eingestellt werden. Als dies geschah, verloren die Patienten, die zuvor die Besuche der Studenten kontrollieren oder antizipieren konnten, im Vergleich zu Patienten, die das nicht konnten oder keine Besuche empfangen hatten, physisch und emotional an Vorsprung. Darüber hinaus gab es in den Patientengruppen, die die Besuche kontrollieren oder antizipieren konnten, mehr Sterbefälle.[14] Beim Vergleich dieser beiden Interventionsstudien könnte man sich fragen, warum sie zu so unterschiedlichen Ergebnissen geführt haben. In der Studie von Langer und Rodin wurde den alten Menschen Kontrolle über einzelne Bereiche ihres Lebens übertragen, die sich dann verselbständigte. Die Patienten konnten die Verhaltensweisen selbständig und ohne die Hilfe der Versuchsleiter fortsetzen. Außerdem gab es Anzeichen dafür, daß diese Interventionen auf andere Aspekte des Lebens übergriffen, so daß die Heimbewohner selbstsicherer wurden und versuchten, auch jenseits des Interventionsrahmens liegende Aktivitäten zu kontrollieren. Das Besuchsprogramm konnte dagegen nicht weitergeführt werden, als die Studenten in die Sommerferien gingen, und daher konnte die Kontrolle der Heimbewohner nicht aufrechterhalten werden. Das Pflegeheim fiel auf sein vorheriges Niveau von Inaktivität und Kontrollarmut zurück.

Ungeachtet ihrer offenkundigen Anfälligkeit gegenüber der Erfahrung eines Kontrollverlusts werden alte Menschen solchen Erfahrungen oft unterworfen. Mehr als jede andere Bevölkerungsgruppe werden sie unfreiwilligen Ortswechseln ausgesetzt, werden sie aus der Wohnung ins Pflegeheim und von einem Pflegeheim in ein anderes verlegt, sowie sich ihr Gesundheitszustand und ihre seelischen Bedürfnisse ändern. Ein alter Mensch mag beispielsweise nicht mehr in der Lage sein, sich zu Hause selbst zu versorgen, und die Familie hält es vielleicht für unumgänglich, ihn in ein Pflegeheim zu bringen. Ein armer Patient muß unter Umständen in ein anderes Krankenhaus verlegt werden, weil seine Gesundheit sich verschlechtert. Ältere Gebäude werden möglicherweise als nicht mehr sicher eingestuft, so daß ein Umzug der Bewohner erforderlich ist. Ein Feuer, das einen Teil eines Krankenhauses zerstört, kann zur Verlegung vieler Patienten führen. Es gibt viele Gründe, warum alte Menschen ungewollt aus ihrem eigenen Heim in Pflegeinstitutionen und von einer Institution in die andere verlegt werden.

Angesichts der Überalterung der Bevölkerung in unserem Land machen sich Politiker und Psychologen zunehmend Sorgen darüber, welche Auswirkungen solche unfreiwilligen Verlegungen haben könnten. Das Bild, das sich aus neuerdings durchgeführten Untersuchungen ergibt, ist kein positives. Ein unfreiwilliger Umzug ist ein belastendes Ereignis. Menschen, die in eine neue Umgebung, insbesondere in eine nicht selbst gewählte, versetzt werden, scheinen Schaden an ihrer Gesundheit zu nehmen und in psychische Not zu geraten, und unter Umständen tritt sogar der Tod ein.[15] Diese traurige Situation liefert den indirekten Beweis dafür, daß Kontrollverlust die Gesundheit beeinträchtigen und daß die Wiederherstellung einer scheinbaren Kontrolle helfen kann, diesem Effekt entgegenzuwirken.

Kontrollverlust und plötzlicher Tod

Das *Center for Disease Control (CDC)* in Atlanta untersucht seit Juli 1977 das merkwürdige Phänomen plötzlicher und unerwarteter nächtlicher Todesfälle unter südostasiatischen Flüchtlingen in den Vereinigten Staaten. Bis heute sind mehr als hundert Männer und eine Frau, die meisten von ihnen jung und äußerlich gesund, plötzlich gestorben, viele während der ersten Stunden des Schlafs. Alle Opfer stammten aus Vietnam, Laos oder Kambodscha. In der Regel beginnt der Betroffene zu röcheln und sich im Bett hin und her zu wälzen, kann aber nicht aufgeweckt werden und stirbt wenig später. Autopsien konnten bislang keinen Aufschluß über eine spezifische Todesursache geben.

Familienangehörige und Freunde berichteten gelegentlich, die Verstorbenen hätten Träume gehabt, die ihnen den Tod prophezeiten. Unter diesen Flüchtlingen werden Träume ernst genommen, und obwohl hin und wieder rituelle Handlungen zur Vertreibung des Tods vorgenommen wurden, mögen die von den Träumen hervorgerufenen Ängste bei den Todesfällen eine Rolle gespielt haben. Zur Beschreibung dieses Phänomens wurde daher der Begriff «Alptraum-Tod» *(nightmare death)* geprägt.

Die Alptraum-Tode sind bis heute ein Rätsel geblieben. Ein möglicher Faktor ist eine seltene genetische Herzrhythmusstörung. Diese Theorie hat eine gewisse Glaubwürdigkeit, da die plötzlichen Todesfälle in erster Linie bei Männern bestimmter ethnischer Gruppen auftreten und sich zudem in bestimmten Familien zu häufen scheinen. Die Existenz der Alpträume und die Bedeutung, die diese oft abergläubischen Menschen ihnen beimessen, mögen weitere Faktoren gewesen sein. Nächtliche Schreckensvorstellungen können abrupte und dramatische physiologische Veränderungen bewirken, die in Verbindung mit einer erblich bedingten Funktionsstörung zum Tod führen können.

Auch Streß mag bei diesen Todesfällen eine Rolle spielen. Viele der Opfer waren Neuankömmlinge in den Vereinigten Staaten und hatten sich mit Vollzeitarbeit, dem Besuch anspruchsvoller Abendschulen oder anderen Anstrengungen, ihren Lebensunterhalt zu verdienen und sich der neuen Kultur anzupassen, völlig verausgabt. Einige der Opfer sind möglicherweise von kulturellen und Sprachbarrieren, Problemen bei der Arbeitssuche und der – für diese einst stolzen und fleißigen Menschen erniedrigenden – Abhängigkeit von der Sozialfürsorge überwältigt worden. Auch wenn noch ungeklärt ist, warum es zu diesen Todesfällen kam, könnten zu extremer und unkontrollierbarer Streßbelastung führende kulturelle und psychische Faktoren durchaus eine wichtige Rolle spielen.[16] Plötzlicher Tod *(sudden death)* ist kein neues Phänomen. Seit Jahrzehnten dokumentieren Wissenschaftler fesselnde, aber verwirrende Fälle wie die folgende Krankengeschichte einer Psychiatriepatientin, die in einer Abhandlung über plötzlichen Tod wiedergegeben wird:

«Eine Patientin, die seit fast zehn Jahren in einem Zustand der Stummheit und Unansprechbarkeit verharrte, wurde für die Zeit der Renovierung ihrer Station zusammen mit anderen Patienten ihrer Abteilung in ein anderes Stockwerk verlegt. Der zweite Stock dieser psychiatrischen Klinik, auf dem die Patientin bis dahin gelebt hatte, galt unter den Patienten als Stockwerk der chronischen, hoffnungslosen Fälle. Dagegen war das Erdgeschoß in aller Regel mit Patienten belegt, die Privilegien genossen, unter anderem die Freiheit, sich auf dem Krankenhausgelände und in der Umgebung ungehindert zu bewegen. Kurz, das Erdgeschoß war eine Durchgangsstation, in der die Patienten mit baldiger Entlassung rechnen konnten.

Alle Patienten, die den zweiten Stock vorübergehend räumen mußten, wurden vor der Verlegung medizinisch untersucht, und laut Befund war die betreffende Patientin, obwohl nach wie vor stumm und zurückgezogen, bei ausgezeichneter Gesundheit. Kurz nach dem Umzug ins Erdgeschoß wurde sie zur Überraschung des Pflegepersonals empfänglich für soziale Kontakte, so daß sie nach zwei Wochen aufhörte, stumm zu sein, und regelrecht gesellig wurde. Wie das Schicksal es wollte, war die Renovierung der Station im zweiten Stock bald beendet, und die betroffenen Patienten wurden wieder dorthin zurückverlegt. Binnen einer Woche nach der Rückverlegung auf die Station der ‹hoffnungslosen Fälle› erlitt die Patientin, die wie Schneewittchen im Märchen aus der Erstarrung geweckt worden war, einen Kollaps und starb. Die Autopsie brachte keine bemerkenswerten pathologischen Erkenntnisse, und es wurde kurioserweise der Schluß nahegelegt, sie sei an Verzweiflung gestorben.»[17]

Andere Fälle sind ähnlich ergreifend:

«Ein dramatisches Beispiel ist das des siebenundzwanzigjährigen Army-Captain, der bei der Beisetzung von Präsident Kennedy die militärische Ehrengarde befehligte. Er starb zehn Tage nach dem Präsidenten, laut Pressebericht über den medizinischen Befund an ‹Herzrhythmusstörungen und akuter Kongestion›.

Eine vierundsechzigjährige Frau, die den vierzehn Jahre zurückliegenden Tod ihres Sohnes bei einem Autounfall angeblich nie verwunden hatte, starb vier Tage, nachdem ihr Ehemann bei einem Raubüberfall ermordet worden war.»[18]

Plötzlicher Tod scheint auf zwei Hauptfaktoren zu beruhen. Der erste ist eine präexistente körperliche Schwäche, etwa eine beginnende Herzkrankheit oder eine Infektion. Der zweite ist ein bestürzendes Ereignis, normalerweise ein unerwarteter, unkontrollierbarer und schwerer Schock, zum Beispiel durch den Tod einer nahestehenden Person, den Verlust des Arbeitsplatzes oder das Ende einer Ehe.[19] Der Psychiater George Engel, der das *sudden death*-Syndrom als erster beschrieb, vertrat die Auffassung, daß Schock ein Gefühl des totalen Kontrollverlusts auslöse, das wiederum intensive Gefühle der Hilflosigkeit und Hoffnungslosigkeit hervorrufe. Er nannte dieses Muster das Syndrom des Aufgebens und Aufgegebenseins (*giving up-given up syndrome*), in Anspielung auf die Tatsache, daß der Betroffene jegliches Verlangen nach Weiterleben aufgibt und sich von allen anderen aufgegeben fühlt. Das Zusammenwirken der körperlichen Schwäche und des unkontrollierbaren Ereignisses kann die Gesundheit einer Person dramatisch und rapide ändern.[20]

Plötzliche Todesfälle sind selten. Ihre Häufigkeit ist leicht zu überschätzen, weil die einzelnen Beispiele so faszinierend sind. Trotz ihrer Seltenheit sind sie aber nicht besonders mysteriös, und in vielerlei Hinsicht ähneln sie anderen, in Reaktion auf Streß entstehenden Krankheitsprozessen. Der Prozeß der Krankheitsentwicklung verläuft bei plötzlichem Tod rasch und tragisch. Die genannten Fälle sind dramatische Beispiele der starken Wirkung, die Kontrollverlust für die Gesundheit haben kann.

Kontrolle und Krebs

Psychische Kontrolle – zumindest aber bestimmte Aspekte von Kontrolle – steht möglicherweise auch in Verbindung mit der Entstehung von Krebserkrankungen. Die meisten Menschen halten Krebs für eine Einzelkrankheit, in Wahrheit aber umfaßt dieser Begriff mehr als hundert verschiedene Krankheiten. Sie alle resultieren jedoch aus einer Fehlfunktion der DNA, jener Zellprogrammierung, die Wachstum und Reproduktion steuert. Statt für die regelmäßige, langsame Produktion neuer Zellen zu sorgen, verursacht die DNA im Fall einer Fehlfunktion exzessives, rasches Zellwachstum und Zellwucherungen. Daher vermehren sich Krebszellen weit schneller als normale Zellen. Außerdem sind sie für den Körper ohne Nutzen. Sie zehren nur an seinen Kräften.

Die Ursachen einiger Krebsarten sind zwar bekannt, aber viele der Faktoren, die zu Krebs führen, sind immer noch der Spekulation überlassen oder ungeklärt. Manche Krebsformen, zum Beispiel der Brustkrebs, treten gehäuft in Familien auf und scheinen also eine genetische Komponente zu haben. Andere, etwa Bauchspeicheldrüsen- oder Darmkrebs, scheinen zumindest teilweise auf die Ernährung zurückzuführen zu sein. Krebserkrankungen treten bei unterernährten Menschen häufiger auf, ebenso bei Menschen, deren Ernährung reich an Fetten und Lebensmittelzusätzen ist, und bei Menschen, die viel Alkohol konsumieren. Die Wahrscheinlichkeit von Krebserkrankungen steht auch in Zusammenhang mit bestimmten sozialen Faktoren. Bei Verheirateten ist sie zum Beispiel geringer als bei Ledigen, und zwar bei allen Krebsformen mit Ausnahme von Krebserkrankungen der Fortpflanzungsorgane, für die Verheiratete etwas anfälliger sind.[21]

In jüngerer Zeit stellen Wissenschaftler die Frage, ob ein Zusammenhang zwischen Krebs und Streß besteht. Seit Jahrzehnten existiert ein Stereotyp der krebsanfälligen Persönlichkeit, wonach diese fügsam und ergeben ist und Emotionen, die dem gleichmäßigen sozialen und emotionalen Funktionieren im Weg sein könnten, unterdrückt. Die krebsanfällige Persönlichkeit wird als gehemmt, konformistisch, überangepaßt, zwanghaft und depressiv beschrieben. Es heißt, sie habe Schwierigkeiten, Anspannung, Angst oder Zorn zu äußern, und präsentiere sich statt dessen als umgängliche, ausgeglichene, entgegenkommende und passive Person. Manche behaupten, daß Krebspatienten besondere Abwehrmechanismen anwenden und ihre Emotionen auf abnorme Weise äußern, indem sie Streß durch Verleugnung und Verdrängung bewältigen. Diese Menschen neigen demnach möglicherweise eher dazu, belastenden Ereignissen nachzugeben, als dazu, sich ihnen direkt zu stellen, oder zu dem Versuch, sie zu meistern.[22]

Ein großes Problem bei der Erforschung des Zusammenhangs zwischen Krebs und Persönlichkeitsfaktoren liegt darin, *wie* dieser zu untersuchen ist.[23] Wenn man die Persönlichkeit von Krebspatienten mit der anderer Patienten vergleicht und bei Krebspatienten ein größeres Maß von Gehemmtheit, Verdrängung und Fügsamkeit beobachtet – haben diese Emotionen zur Krebserkrankung geführt oder hat die Krebserkrankung die Emotionen ausgelöst? Bis vor kurzem waren keine Daten verfügbar, die Aufschluß darüber gegeben hätten. Heute sind Wissenschaftler jedoch in der Lage, die Ergebnisse zurückliegender Persönlichkeitstests einzusehen und sie in Beziehung zu setzen mit Krebserkrankungen, die Jahrzehnte später aufgetreten sind. Viele Colleges führen im Rahmen der Aufnahmeprüfungen Persönlichkeitstests durch und archivieren deren Ergebnisse, wodurch Wissenschaftlern die Gelegenheit gegeben wird, auf diese Akten zurückzugreifen, die Persönlichkeitsprofile herauszusuchen und dann zu fragen, ob diese mittlerweile vierzig oder fünfzig Jahre alten Menschen an Krebs erkrankt sind oder nicht. Bei mindestens einer Studie stellte sich heraus, daß eine Neigung zu Depressionen im Alter von achtzehn Jahren die Wahrscheinlichkeit einer Krebserkrankung im späteren Leben vorausbestimmt.[24]

Noch erfolgreicher waren Wissenschaftler bei der Erforschung der Beziehung zwischen Persönlichkeitsfaktoren und dem *Verlauf* von Krebserkrankungen, also dem langsamen oder schnellen Fortschreiten einer bestehenden Krebskrankheit. Ein rapider, zum baldigen Tod führender Krankheitsverlauf ist unter höflichen, unaggressiven Individuen häufiger, während längere Krankheit häufiger bei Patienten, die eine kämpferische und zornige Haltung gegenüber ihrer Krankheit und dem medizinischen Personal einnehmen, vorzukommen scheint. Patienten, die sich aktiv darum bemühen, eine gewisse Kontrolle über ihre Krebserkrankung und deren Behandlung zu behalten, leben möglicherweise etwas länger.[25]

Auch zwischen Streß und Krebs scheint eine Beziehung zu bestehen. Tiere, die Lärm ausgesetzt oder zusammengepfercht worden sind, zeigen höhere Raten von bösartigen Tumoren als Tiere, die diesen Streßfaktoren nicht ausgesetzt waren.[26] Untersuchungen zur Häufigkeit kritischer Lebensereignisse haben ergeben, daß Krebspatienten eine größere Anzahl solcher Ereignisse erlebt haben als Menschen, die nicht an Krebs erkrankten.[27] Natürlich ist es denkbar, daß Menschen, die entdecken, daß sie Krebs haben, eher dazu neigen, sich die vorangegangenen belastenden Ereignisse ins Gedächtnis zu rufen, als Menschen, die nicht so motiviert sind, ihre Vergangenheit unter diesem Gesichtspunkt zu rekonstruieren. Diese Alternative ist jedoch unwahrscheinlich, da mehrere Untersuchungen aufzeigen, daß Menschen, die von belastenden Ereignissen betroffen sind, mit höherer Wahrscheinlichkeit in der Zukunft an Krebs erkranken werden.[28]

Unkontrollierbare Ereignisse erzeugen mehr Streß als kontrollierbare, und die Entstehung von Krebs steht in engerem Zusammenhang mit unkontrollierbaren als mit kontrollierbaren belastenden Ereignissen. Ein Laborversuch mit Ratten hat dies eindeutig gezeigt. Drei Gruppen von Ratten wurde mittels einer Operation ein kanzeröses Tumor-Präparat eingepflanzt. Ein Drittel der Ratten wurde dann Elektroschocks ausgesetzt, die die Tiere nicht vermeiden konnten. Ein weiteres Drittel wurde den gleichen Schocks ausgesetzt, war aber in der Lage, sie durch Druck gegen eine Schranke zu beenden. Die dritte Gruppe erhielt keine Elektroschocks. Bei den unkontrollierbarem Streß ausgesetzten Ratten kam es häufiger zur vollen Ausbildung von Krebs, während Ratten, die unkontrollierbarem Streß nicht ausgesetzt waren, gelegentlich imstande waren, die Tumore gänzlich abzuwehren.[29]

Der Psychiater Arthur Schmale hat ähnliche Muster bei Menschen aufgedeckt. Er beschrieb ein Syndrom der Hilflosigkeit und Hoffnungslosigkeit *(helplessness-hopelessness syndrome)*, das – ähnlich wie das von Engel entdeckte Syndrom des Aufgebens und Aufgegebenseins für Opfer plötzlichen Tods – möglicherweise charakteristisch ist für Krebspatienten. Die Erfahrung der Hilflosigkeit führt nach Schmale zu einem Gefühl der Hoffnungslosigkeit, das wiederum zur Entstehung von Krebs beitragen kann. Menschen, die hoffnungslos sind, in ihrem Leben wenige Aktivitäten entwickkeln, sich einer Sache kaum hingeben, sich für ihre Leistungen kaum verantwortlich fühlen und eine hohe Suszeptibilität für Versagen und Mißerfolg haben, scheinen Schmales Arbeit zufolge eher an Krebs zu erkranken. Hoffnungslosigkeit äußert sich häufig in dem Gefühl, verloren und am Ende zu sein, unter Umständen als Reaktion auf stark belastende Ereignisse wie den Tod eines Ehepartners oder den Verlust einer Arbeitsstelle.[30] Auch unkontrollierbarer sozialer Streß könnte von Bedeutung für die Entwicklung von Krebs sein. Menschen, denen in der Kindheit enge familiäre Bindungen fehlten, sind als Erwachsene möglicherweise anfällig für Krebs. Bei Erwachsenen mit geringem sozialen Rückhalt scheint die Krebsinzidenz höher zu sein, und wenn sich die Krankheit erst einmal entwickelt, scheint ihr Verlauf rascher zu sein.[31]

Trotz der sich häufenden Hinweise auf einen Zusammenhang von Kontrollmangel und Krebs ist bei Schlußfolgerungen Vorsicht angebracht. Unkontrollierbarem Streß ausgesetzte Menschen könnten grundlos befürchten, an Krebs zu erkranken. Ebenso könnten Krebspatienten in ihrer Vergangenheit unnütz nach *dem* unkontrollierbaren belastenden Ereignis forschen, das möglicherweise ihren Tumor hervorgerufen hat. So mag eine Frau mit Brustkrebs zum Beispiel ihrem Ex-Mann die Schuld an dem Tumor geben und argumentieren, sein rüdes, unsensibles Verhalten habe sie anfällig dafür gemacht.[32] Es ist jedoch zweifelhaft, ob derart simple Zusammenhänge existieren. Wissenschaftler betrachten Krebs nach wie vor als Ergebnis eines multifaktoriellen Prozesses. Auch wenn unkontrollierbarer Streß möglicherweise einer dieser Faktoren ist, bleibt fraglich, ob er eine notwendige Voraussetzung für die Entwicklung von Krebs darstellt oder allein ausreicht, um in Abwesenheit anderer Faktoren Krebs zu verursachen.

Dessen ungeachtet, scheint tatsächlich eine Verbindung zwischen unkontrollierbaren belastenden Ereignissen und Krebs zu bestehen, und es ist sinnvoll, nach dem Zustandekommen dieser Verbindung zu fragen. Zum gegenwärtigen Zeitpunkt ist das Immunsystem der Hauptverdächtige.[33] Das Immunsystem fungiert als genereller Wachdienst im Körper und verhindert normalerweise die Bildung kanzeröser oder präkanzeröser Zellen. Schwerer oder anhaltender Streß reduziert möglicherweise zu einem kritischen Zeitpunkt die immunologische Kompetenz und erlaubt es mutierenden Zellen, sich weiterzuentwickeln.

Kontrolle und das Immunsystem

Der menschliche Körper ist fortwährend dem Angriff durch Bakterien, Viren, Pilze und Parasiten aller Art ausgesetzt. Was uns vor ständiger Krankheit und Infektion bewahrt, ist das Immunsystem, bestehend aus rund einer Billion hochspezialisierter Zellen, reguliert von Dutzenden chemischer Substanzen, die Blut und Körpergewebe überwachen und nach Anzeichen von Eindringlingen und beginnender Krankheit absuchen. Die Evolution hat ein erstaunlich effektives, effizientes und raffiniertes System hervorgebracht. Die Abwehrzellen des Immunsystems müssen rasch unterscheiden, ob ein Fremdkörper ein gefährlicher Feind ist oder ein Freund, und wenn er ein Feind ist, müssen sie ihn absorbieren und zerstören. Das Erstaunliche an diesem System ist, daß es Invasoren, die nie zuvor im Körper gewesen sind, identifizieren und erkennen kann, ob sie dorthin gehören oder nicht.

Angesichts des raschen Fortschritts in diesem Bereich sind verallgemeinernde Aussagen über das Immunsystem riskant, denn solche Feststellungen werden unweigerlich von der Entwicklung überholt.[34] Dennoch schälen sich bestimmte Befunde über den Einfluß von Kontrollverlust auf Immunfunktionen heraus. Streß hat im allgemeinen paradoxe Auswirkungen auf das Immunsystem. In manchen Fällen können belastende Ereignisse die Immunfunktion tatsächlich stärken, während sie in anderen Fällen das Immunsystem so beanspruchen und schwächen können, daß dessen Funktionieren gefährdet wird. Unter Wissenschaftlern herrscht bis heute keine Klarheit darüber, welche Faktoren von Streß zu diesen gegensätzlichen Effekten führen. Eines aber scheint sicher: Die Belastung durch unkontrollierbaren Streß scheint durchweg negative Effekte auf das Immunsystem zu haben. Bei Tieren, zum Beispiel, reduzieren unkontrollierbare Ereignisse wie Belastungen durch Elektroschocks, Lärm und Trennung von der Mutter oder von Gleichaltrigen die Immunfunktionen, insbesondere die Produktion eines besonderen Typs von Zellen, der Lymphozyten.[35]

Auch bei Menschen scheint Streß die Wahrscheinlichkeit von Infektionen zu erhöhen. Bei Kindern ist zum Beispiel ein Anstieg aller Arten von Infektionskrankheiten zu beobachten, wenn ihre Familien unter Streß stehen. Unter Streß stehende Erwachsene weisen eine höhere Empfindlichkeit für einfache Erkältungen, Herpeserkrankungen, Pfeiffersches Drüsenfieber und Plaut-Vincent-Angina auf. Studenten werden vielleicht mit grimmiger Befriedigung Untersuchungen registrieren, nach denen Examen zur Unterdrückung des Immunsystems und erhöhter Infektionsanfälligkeit führen können.[36]

Leser von Tom Wolfes Buch «Die Helden der Nation» werden sich an die Frustration der Apollo-Astronauten über ihre beschränkte Rolle bei bemannten Raumflügen erinnern. Zu Helden auserkoren, fühlten sie sich als lächerliche Figuren, weil sie nicht in der Lage waren, auch nur eine jener Handlungen auszuführen, die für «richtige» Piloten selbstverständlich sind. Obwohl allesamt hervorragende Piloten, behandelte das Weltraumprogramm sie wie menschliche Gegenstücke zu den Schimpansen, die vor ihnen gestartet waren, und ließ ihnen, zumindest in der Anfangsphase, keine Kontrolle über ihre Raumkapseln. Statt dessen mußten sie passiv in ihren Sitzen verharren, während das Raumfahrzeug startete, in die Erdumlaufbahn eintrat, schließlich in den Ozean stürzte, wo es dann so lange dümpelte, bis es von einem der Rettungsschiffe aufgefischt wurde. Eine perfektere Situation zur Gefährdung der Immunität ist kaum vorstellbar: ein belastendes, sogar lebensbedrohendes Ereignis, über das das Opfer keinerlei Kontrolle hat. Blutanalysen, die nach der Wasserlandung vorgenommen wurden, spiegelten denn auch genau diese Situation wider: Bei den Astronauten kam es – offenbar aufgrund von unkontrollierbarem Streß – zu einer Schwächung der Immunreaktion.[37]

Das belastende Ereignis, daß am häufigsten mit einer Schwächung des Immunsystems in Verbindung gebracht wird, ist der Tod eines Ehepartners, der gemeinhin als das kritischste Lebensereignis angesehen wird. Der Hinterbliebene wird nicht nur eines langjährigen Lebensgefährten beraubt; da zur Führung von Haushalt und Familie in der Regel eine Koordination zwischen den Ehepartnern erforderlich ist, bürdet das Hinscheiden der einen Hälfte des Teams dem anderen Partner die ganze Last der gemeinsamen Aufgaben auf, dies ausgerechnet zu einer Zeit, in der der Überlebende unter Umständen am wenigsten in der Lage ist, die zusätzlichen Verpflichtungen zu übernehmen. Der Verlust des Ehepartners ist zudem wohl eines der am wenigsten kontrollierbaren belastenden Ereignisse. Sowohl das Ereignis selbst, das oft plötzlich und unerwartet eintritt, als auch seine Nachwirkungen können die Kräfte eines Menschen übersteigen und ein Gefühl des Kontrollverlusts nach sich ziehen, das das durch andere belastende Ereignisse ausgelöste bei weitem übertrifft. Nach dem Tod des Ehepartners ist die Wahrscheinlichkeit, in der Phase unmittelbar nach dem schmerzlichen Verlust krank zu werden und zu sterben, für den überlebenden Partner größer. Hinterbliebene sind schlicht weniger imstande, Fremdkörper abzuwehren, als Menschen, die einem solchen Schock nicht ausgesetzt gewesen sind.[38]

Kontrolle und Gesundheit: Eine Zusammenfassung

Die Überzeugung, persönliche Kontrolle ausüben zu können, scheint demnach einen direkten und positiven Einfluß auf die Gesundheit zu haben, wie umgekehrt die Erfahrung von Kontrollmangel oder -verlust eine negative Wirkung auf die Gesundheit hat. Was aus all diesen Studien eindeutig hervorgeht, ist die Bedeutung von *Überzeugungen* im Zusammenhang mit Kontrolle und nicht, ob Kontrolle in solchen belastenden Situationen tatsächlich gegeben ist oder nicht. Untersuchungen, bei denen Menschen zu der Überzeugung gebracht worden sind, daß sie Kontrolle über belastende Ereignisse haben (auch wenn sie sie in Wahrheit nicht haben), zeigen, daß der Glaube an Kontrolle auffällige Auswirkungen auf die Neurosekretion hat. Im Gegensatz zu Menschen, die über die gleichen Ereignisse keine Kontrolle zu haben glauben, unterscheiden sich diejenigen, die belastende Ereignisse als kontrollierbar wahrnehmen, in den neuroendokrinen Funktionen kaum von Menschen, die angeben, sie stünden überhaupt nicht unter Streß. Bei Menschen, die belastende Ereignisse als unkontrollierbar erleben und wahrnehmen, kommt es jedoch zu dramatischen Veränderungen in der Neurosekretion, die einen direkten Einfluß auf die Immunreaktion haben können.[39] Es ist also kein Wunder, daß kontrollierbare und unkontrollierbare belastende Ereignisse so unterschiedliche Auswirkungen auf die Gesundheit haben. Darüber hinaus ist es nicht einfach das tatsächliche Vorhandensein von Kontrolle, sondern die Überzeugung oder Illusion von Kontrolle, die bei diesen Zusammenhängen eine Rolle spielt.

OPTIMISMUS UND GESUNDHEIT

Fördert Optimismus die Gesundheit? Vorstellbar sind zwei mögliche Verbindungen zwischen Optimismus und einer gesunden Lebensweise. Zunächst könnte es sein, daß Optimismus Menschen dazu bringt, sich selbst für unanfällig gegenüber Gesundheitsrisiken zu halten – oder zumindest für weniger anfällig, als durch objektive Fakten gerechtfertigt. Wenn dies so ist, sehen sie sich möglicherweise kaum veranlaßt, gesunde Gewohnheiten zu praktizieren, weil sie die Folgen ungesunder Gewohnheiten für so unwahrscheinlich halten. Eine unrealistisch-optimistische Person, die Lungenkrebs als etwas betrachtet, von dem andere Raucher befallen werden, wird vielleicht weiterrauchen, im naiven Vertrauen darauf, daß sie von dieser Krankheit verschont bleiben werde. Die Alternative ist eine eher instrumentale Sicht von Optimismus. Aus dieser Sicht blicken Optimisten in die Zukunft, identifizieren potentielle Risiken und ergreifen Maßnahmen, um diese zu verringern. Wenn Optimismus auf diese funktionale Weise wirkt, dann wäre zu erwarten, daß optimistische Menschen gesündere Lebensweisen praktizieren als pessimistische. Pessimisten hätten, so die logische Konsequenz, ein düstereres Bild der Zukunft vor Augen, das ihnen jede Maßnahme, die sie zur Ausbalancierung der Zukunft ergreifen könnten, sinnlos erscheinen ließe.

Die vorliegenden Studien zum Optimismus deuten darauf hin, daß beide Ansätze eine gewisse Gültigkeit haben könnten. Menschen stehen Gesundheitsrisiken mit unrealistischem Optimismus gegenüber.[40] Sie halten die Wahrscheinlichkeit, selbst von Krebs, Diabetes, Herzkrankheiten oder Schlaganfällen betroffen zu werden, für geringer als beim Durchschnittsmenschen. Wenn Menschen direkt mit ihren gesundheitsschädlichen Gewohnheiten konfrontiert und gefragt werden, ob sie sich der Risiken bewußt sind, werden sie in der Regel mit einer unrealistisch-optimistischen Einschätzung der Wahrscheinlichkeit reagieren, daß die Gewohnheiten zu Schädigungen, Krankheit oder Tod führen werden.[41] Raucher wissen, daß Rauchen Lungenkrebs und Herzkrankheiten verursacht, aber nach ihrem persönlichen Risiko, daran zu erkranken, befragt, spielen sie dieses herunter. In diesem Fall hat Optimismus eine defensive Funktion, zur Rechtfertigung des Verhaltens, das so schwer aufzugeben ist. Aber war unrealistischer Optimismus der Ursprung des schlechten Gesundheitsverhaltens? War es das Unvermögen, die eigenen Gesundheitsrisiken richtig einzuschätzen, das die betreffende Person zum Rauchen brachte oder sie weiterrauchen ließ? Oder hat die Unfähigkeit, das Rauchen aufzugeben, zu einer verzerrten Wahrnehmung des Gesundheitsrisikos geführt? Die Beobachtung, daß zwei Faktoren wie Rauchen und Optimismus gleichzeitig auftreten, erklärt ja noch nicht, welcher der beiden Faktoren den anderen verursacht. Optimismus kann der Abwehr wie auch der Anpassung dienen und unter Umständen eine Reaktion auf Situationen sein, die als bedrohlich oder schwer zu ändern wahrgenommen werden. Optimismus wird im Grunde genommen zur Rechtfertigung des Unvermögens, eine gesunde Lebensweise anzunehmen, ist aber nicht zwangsläufig die Ursache des Unvermögens.

So wichtig diese Erkenntnis auch ist, die übergreifende Frage nach dem Einfluß von Optimismus auf die Wahrscheinlichkeit, daß jemand einen gesunden Lebensstil entwickelt, ist damit noch nicht beantwortet. Wirkt sich Optimismus typischerweise positiv auf die Gesundheit aus, indem er Menschen zu Aktivitäten ermuntert, mit denen sie sich eine nutzbringende Zukunft sichern können? Oder hat er schlechte Auswirkungen auf die Gesundheit, indem er Menschen blind macht gegenüber objektiven Risiken, auf die sie sich aktiv vorbereiten sollten? Wie gerade erwähnt, hegen Menschen in der Tat unrealistisch-optimistische Einschätzungen ihrer Anfälligkeit für verbreitete wie für seltene Gesundheitsrisiken, aber dieser Optimismus ist nicht von vornherein unempfänglich für objektive Risikoschätzungen. Einschätzungen der Anfälligkeit zeigen ein Muster, das objektiven Gesundheitsrisiken sehr nahe kommt.[42] So erkennen Menschen durchaus, daß ihre Anfälligkeit für verbreitete Krankheiten wie Krebs oder Herzkrankheit größer ist als für seltenere Krankheiten wie Multiple Sklerose oder Parkinson-

Syndrom. Sie beziehen auch systematische persönliche Anfälligkeiten in ihre Einschätzung der eigenen Gesundheitsrisiken ein. So wird ein Mann, dessen Vater und Großvater an einer Herzkrankheit starben, sein eigenes Risiko, an einer solchen Krankheit zu sterben, viel höher einstufen als jemand, in dessen Familie es keine Herzkrankheiten gab.

Unrealistischer Optimismus hinsichtlich gesundheitlicher Risiken ist also keine Reaktion auf die Angst vor einer Krankheit. Wäre es so, dann wäre zu erwarten, daß bedrohliche und verbreitete Gesundheitsrisiken ein Höchstmaß an unrealistischem Optimismus hervorrufen, doch das Gegenteil ist der Fall. Einschätzungen der persönlichen Krankheitsanfälligkeit korrespondieren denn auch eher mit dem tatsächlichen Erkrankungsrisiko als mit dem Grad der Bedrohung, die von einer Gesundheitsstörung ausgeht. Obwohl zum Beispiel die Wahrscheinlichkeit einer Krebserkrankung erheblich höher und beängstigender ist als die, eine operable Gefäßmißbildung zu entwickeln, sind sich die meisten Menschen durchaus darüber im klaren, daß sie ein höheres Risiko haben, an Krebs zu erkranken als an einem Aneurysma. Die Menschen stehen darüber hinaus Risiken, die ihrer persönlichen Kontrolle zugänglich sind, optimistischer gegenüber als zufälligen Bedrohungen. Wenn sie der Auffassung sind, das Risiko eines bestimmten Gesundheitsproblems durch eine Veränderung ihrer Gewohnheiten – etwa durch Aufgabe des Rauchens, um Herzkrankheit oder Krebs zu vermeiden – verhindern zu können, dann sehen sie dieses Risiko optimistischer als eines, über das sie, wie im Fall des Parkinson-Syndroms, weniger Kontrolle ausüben können. Kurz: Unrealistischer Optimismus wird in signifikanter Weise von Realismus überlagert.

Die Erforschung der Beziehung zwischen Optimismus und körperlicher Gesundheit steckt in den Kinderschuhen, und relativ wenige Forschungsarbeiten haben sich diesem

Thema gewidmet. Die vorliegenden Ergebnisse legen allerdings den Schluß nahe, daß optimistische Menschen möglicherweise etwas gesünder sind. Optimistischere Menschen geben weniger physische Beschwerden zu Protokoll als weniger optimistische.[43] Optimistische Menschen erholen sich zudem schneller von Operationen als nichtoptimistische Patienten.[44] Alkoholiker mit einer optimistischen Einstellung zur Effektivität einer Therapie wie auch zum Leben im allgemeinen haben größere Chancen, nach der Therapie abstinent zu bleiben, als Alkoholiker mit einer pessimistischen Grundeinstellung zum Leben.[45] Auch hier kann man die Frage stellen, ob Optimismus die Ursache der Genesung ist oder ob schnellere Genesung zu größerem Optimismus führt. Im Fall der soeben erörterten Untersuchungen ist die Richtung der Kausalität einigermaßen klar, insofern, als zu einem früheren Zeitpunkt festgestellter Optimismus die spätere Genesung der operierten Patienten und der Alkoholiker vorherbestimmte.

Im zweiten Kapitel habe ich beschrieben, wie ein pessimistischer Erklärungsstil die Noten von College-Studenten, die Verkaufsbilanzen von Versicherungsvertretern und den Ausgang von Präsidentschaftswahlen vorherbestimmt. Der pessimistische Erklärungsstil ist nun auch mit schlechter Gesundheit in Verbindung gebracht worden. Interviews, die mit Harvard-Absolventen der Jahrgänge 1942 bis 1944 im Alter von 25 Jahren durchgeführt worden waren, wurden daraufhin analysiert, wie die Befragten negative Ereignisse in ihrem Leben zu erklären pflegten. Die Männer wurden insbesondere nach kritischen Situationen im Zweiten Weltkrieg – Nahkämpfe, Verhältnis zu Vorgesetzten, Schlachten, an denen sie teilgenommen hatten – befragt sowie danach, ob sie sich ihrer Meinung nach in jenen Kriegssituationen bewährt hatten oder nicht. Einige der Männer sprachen auch über ihre Schwierigkeiten beim Aufbau ihrer beruflichen

Karriere und ihrer sozialen Beziehungen. Die Aussagen der Männer wurden danach kodiert, ob sie einen optimistischen oder einen pessimistischen Erklärungsstil widerspiegelten. Ein Beispiel für die Erklärung eines negativen Ereignisses in pessimistischem Stil lieferte ein Mann, der noch vor seinem 55. Lebensjahr sterben sollte: «Ich scheine mich nicht auf eine Karriere festlegen zu können... Das mag an der fehlenden Bereitschaft liegen, mich der Realität zu stellen.» Ein anderer Mann, der ebenfalls vor dem 55. Lebensjahr sterben sollte, gab an, er habe eine Abneigung gegen Arbeit, weil er befürchte, «in einen Alltagstrott zu geraten und Tag für Tag, Jahr für Jahr immer dasselbe zu machen». Einer der gesunden Männer äußerte sich dagegen wie folgt über seine militärische Laufbahn: «Meine Karriere in der Army war wechselvoll, aber im ganzen typisch für die Army.» Ein anderer sprach über seine Bemühungen, mit einer schwierigen Situation fertig zu werden: «Ich versuchte mit Bluffs über die Runden zu kommen... Ich kannte die Fakten nicht, eine Situation, in der sich alle grünen Jungoffiziere befanden, wenn ihnen erstmals ein Truppenkommando übertragen wurde.»

Der Unterschied zwischen den beiden Antwortmustern besteht darin, daß die ersten beiden Männer negative Ereignisse auf eigene unveränderliche Qualitäten zurückführten, offenbar ohne Hoffnung auf eine Verbesserung ihrer Situation. Die beiden gesunden Männer dagegen beschrieben zwar ebenfalls negative Erfahrungen, aber unter Verweis auf äußere Faktoren («So ist die Army») oder darauf, daß auch jeder andere «grüne junge Offizier» eine alles andere als sachgerechte Reaktion gezeigt hätte.[46] Diejenigen Männer, die negative Ereignisse mit Bezug auf ihre eigenen unveränderlichen, negativen Qualitäten erklärten, hatten im Alter zwischen fünfundvierzig und sechzig Jahren, also zwanzig Jahre nach dem Survey, eine signifikant schlechtere Gesundheit. Dies galt selbst dann, wenn die physische und psychische Gesundheit dieser Männer zu der Zeit, als sie fünfundzwanzig Jahre alt waren, in Rechnung gestellt wurde. Pessimismus im frühen Erwachsenenalter scheint also ein Risikofaktor für schlechte Gesundheit im mittleren und späten Erwachsenenalter zu sein.

Unrealistischer Optimismus ist kein blinder Fleck in der Risikowahrnehmung der Menschen, vielmehr eine maßvoll überoptimistische Einschätzung, die im übrigen objektiv risikoerhöhenden Faktoren Rechnung trägt. Optimismus hat unter Umständen auch positive gesundheitliche Auswirkungen wie die Fähigkeit zu rascherer Genesung von Krankheiten, und die Neigung zum Pessimismus kann mit schlechter Gesundheit in Zusammenhang gebracht werden. Außerdem gibt es inzwischen Belege dafür, daß chronischer Pessimismus, wie er etwa im psychischen Zustand der Depression zum Ausdruck kommt, nachteilige gesundheitliche Folgen haben kann.

Depression und Gesundheit

Seit Jahrhunderten herrscht der Glaube, daß zwischen Persönlichkeitstyp und Krankheit eine Verbindung bestehe. Im antiken Griechenland stellte Hippokrates die These auf, es gebe vier Körpersäfte – Blut, schwarze Galle, gelbe Galle, Phlegma –, deren Gleichgewicht oder Ungleichgewicht die Persönlichkeit wie auch deren Disposition für bestimmte Krankheiten bestimme. Ein Überschuß an schwarzer Galle hatte demnach einen depressiven Persönlichkeitstyp zur Folge. Melancholiker, so glaubte man, würden schließlich dahinsiechen, innerlich an ihrer Krankheit verrotten und dem Ungleichgewicht ihrer Körpersäfte erliegen. Vielleicht enthielten Hippokrates' Beobachtungen ein Körnchen Wahrheit. Wenn positive Illusionen physische Gesundheit wirklich fördern und bei depressiven Individuen so gut wie nicht vorhanden sind, könnte man bei depressiven Menschen eine höhere Inzidenz von körperlichen Krankheiten erwarten. Für diese Vermutung lagen jedoch bis vor kurzem kaum stichhaltige Beweise vor.

Die Psychologen Howard Friedman und Stephanie Booth-Kewley haben die Ergebnisse von mehr als hundert Untersuchungen zur Beziehung zwischen emotionalen Faktoren und körperlichen Krankheiten analysiert. Dabei befaßten sie sich besonders mit koronarer Herzkrankheit, Asthma, Arthritis, Magengeschwüren und Kopfschmerzen. Ein wenig zu ihrer eigenen Überraschung stellten sie eine enge Korrelation zwischen Depression und diesen fünf Krankheiten fest. Diese Ergebnisse kamen um so überraschender, als keine der fünf Krankheiten zuvor ernsthaft mit Depression in Verbindung gebracht worden war. Depression war nicht der einzige emotionale Zustand, der an der Entstehung von Krankheiten beteiligt war. Auch Angst, Zorn und Feindseligkeit spielten, wie sich herausstellte, bedeutsame Rollen, auch wenn die Verbindungen zwischen diesen emotionalen Zuständen und den fünf Krankheiten außer bei Angstzuständen schwächer waren.[47]

Manchmal erregen Forschungsarbeiten größeres Interesse durch das, was nicht herausgefunden wurde, als durch das, was tatsächlich festgestellt wurde. Zwar war die Signifikanz von Depression für die Entwicklung von Krankheit ein Hauptergebnis der Arbeit von Friedman und Booth-Kewley, überraschender aber war die Tatsache, daß an der Entstehung aller fünf Krankheiten so ziemlich die gleichen Faktoren mitwirkten. Dies kam insbesondere in bezug auf die koronare Herzkrankheit ziemlich unerwartet. Forschungen zum Einfluß von Persönlichkeit und Verhalten auf die Entstehung von Herzkrankheit hatten sich bislang fast ausschließlich auf das Typ-A-Verhaltensmuster konzentriert, wie es vom ruhelos-umtriebigen, wetteifernden und ungeduldigen Workaholic verkörpert wird. Vielleicht müssen wir dieses Persönlichkeitsprofil überdenken. Das infarktgefährdete Individuum scheint in Wahrheit eine Person zu sein, die von negativen Emotionen überwältigt wird: deprimiert, aggressiv-konkurrenzbereit, leicht frustriert, ängstlich und zornig. Friedman und Booth-Kewley formulierten vorsichtig, daß diese Häufung negativer Eigenschaften möglicherweise insofern kennzeichnend für eine krankheitsanfällige Persönlichkeit sei, als Angst, Depression, Zorn und Feindseligkeit häufig zusammen auftreten.

Depression scheint eine negative Wirkung auf die Gesundheit auszuüben, zum Teil durch die Schwächung der Immunreaktion. Depressive Menschen scheinen empfänglicher zu sein für eine Vielzahl von Infektionskrankheiten.[48] Insbesondere haben depressive Menschen signifikant niedrigere Werte an Suppressorzellen (T_8-Lymphozyten), die helfen, latente Infektionen zu bekämpfen.[49] Es scheint also so zu sein, daß positive emotionale Zustände und Wahrnehmungen zum Erhalt guter Gesundheit beitragen oder Menschen vor Krankheit bewahren können, daß andererseits aber die Absenz einer solchen emotionalen Verfassung Krankheit hervorrufen kann.

Das Wissen, daß emotionale Zustände zu Krankheit beitragen, vermittelt keine genaue Vorstellung davon, wie es zu diesem Prozeß kommt. Depression, Angst und sonstige Verwirrung könnten Menschen zu ungesunden Verhaltensweisen veranlassen und sie so anfällig für Krankheit machen. Deprimierte Menschen essen unter Umständen nicht genug, trinken zuviel und finden wenig Schlaf. Andererseits können emotionale Störungen wie Angstzustände und Depression biochemische Veränderungen im Körper bewirken, die ihrerseits zur Entwicklung von Krankheit beitragen. Depression und Angst korrelieren mit einem Ungleichgewicht der Katecholamine, zu denen auch Adrenalin und Noradrenalin gehören. Depression wie auch eine Krankheitsneigung werden möglicherweise von einem anderen Faktor verursacht, etwa von einer genetischen Disposition zu Melancholie und Kränklichkeit. Oder aber depressive und ängstliche Menschen erkennen einfach schneller, daß sie krank sind, und begeben sich eher in ärztliche Behandlung. Welcher dieser Faktoren – wenn überhaupt – ausschlaggebend ist für die Beziehung zwischen Depression und Krankheit, läßt sich ohne weitere Forschungen nur schwer bestimmen.

Zudem ist die Beziehung zwischen Emotionen und Krankheit keineswegs absolut. Wenn ein Mensch Depressionen bekommt, bedeutet das noch nicht, daß er auch krank werden muß. Emotionale Zustände sind nur einige Faktoren unter anderen, die zur Entstehung von Krankheit beitragen. Andere sind zum Beispiel Anfälligkeit, äußere Bedingungen und gesundheitliche Verhaltensweisen. Das Vorhandensein einer begrenzten, aber durchgängigen Beziehung zwischen Depression und Krankheit fügt jedoch dem Mosaik, das sich allmählich aus den Korrelationen zwischen Überzeugungen, Emotionen und Krankheit ergibt, ein weiteres interessantes Steinchen hinzu.

Die Macht des Placebos

Der wohl deutlichste Beweis für die günstige Wirkung von unrealistischem Optimismus auf die Gesundheit ist der weithin dokumentierte Placebo-Effekt. In der Frühzeit der Medizin waren nur wenige Arzneien und Behandlungsmethoden von wirklichem Nutzen für den Körper. Infolgedessen wurden die Patienten einer Vielzahl von bizarren und weitgehend ineffektiven Therapien unterzogen. Im alten Ägypten behandelte man Patienten zum Beispiel mit «Eidechsenblut, Krokodilsmist, Schweinezähnen, Eselshufen, verfaultem Fleisch und Fliegendreck» – ein Sud, der nicht nur unwirksam, sondern sogar gefährlich war. Patienten, die nicht schon der Krankheit erlagen, hatten eine gute Chance, an deren Behandlung zu sterben. Die medizinischen Behandlungsmethoden des Mittelalters waren weniger tödlich, aber kaum effektiver. Europäische Patienten des Mittelalters wurden mit zerstoßenem «Horn vom Einhorn» (in Wirklichkeit zermahlenes Elfenbein), Bezoar (angeblich «kristallisierte Tränen aus dem Auge eines Hirsches, der von einer Schlange gebissen wurde», tatsächlich aber tierische Gallensteine oder andere Teile tierischer Eingeweide), Theriak (hergestellt aus zermahlenen Schlangen und siebenunddreißig bis fünfundsechzig ähnlich exotischen Ingredienzen) und – zur Wundheilung – mit dem Staub ägyptischer Mumien traktiert. Bis ins 17. und 18. Jahrhundert hinein wurden Patienten Aderlässen, künstlichen Erfrierungen und wiederholt erzwungenem Erbrechen unterzogen, um Heilerfolge zu erreichen.[50]

Angesichts solcher Berichte über frühe medizinische Praktiken erscheint es fast wie ein Wunder, daß irgend jemand überlebte, aber viele Menschen überlebten nicht nur, sie schienen darüber hinaus in vielen Fällen durch diese sonderbaren und weitgehend unwirksamen Heilmittel Linderung zu erhalten. Ärzten wird seit Jahrhunderten mit großer Ehrfurcht und Hochachtung begegnet, und das galt zu jenen Zeiten nicht minder, als nur wenige ihrer Behandlungsmethoden wirklich effektiv waren. Der leidliche Erfolg dieser unwirksamen Behandlungsmethoden und das weitverbreitete Vertrauen in die Fähigkeiten von Ärzten sind mit größter Wahrscheinlichkeit Beispiele für die ungeheure Macht des Placebos.

Die meisten Menschen halten Placebos für wirkungslose Heilverfahren, die man Patienten in der Zeit vor der Entdeckung effektiver medizinischer Behandlungsmethoden angedeihen ließ. In Wahrheit haben Placebo-Effekte auch heute noch starken Einfluß, obwohl sich die Medizin mittlerweile einer stolzen Zahl wirksamer Behandlungsmethoden rühmt. Ein Placebo ist «jedes medizinische Verfahren, dessen Wirkung auf einen Patienten nicht in der Natur des Verfahrens, sondern in seiner therapeutischen Absicht begründet ist».[51] Die verbreitete Vorstellung eines Placebos ist wohl die einer harmlosen Pille, die ein Patient guten Glaubens, obgleich unnütz, einnimmt, um ein weitgehend eingebildetes Leiden zu lindern. In Wirklichkeit kann jedes medizinische Verfahren, von der medikamentösen Behandlung über den chirurgischen Eingriff bis zur Psychotherapie, einen Placebo-Effekt hervorrufen, und die Wirkungen dieser Placebos sind von wesentlicher Bedeutung für die Linderung von Schmerzen und Unwohlsein. Viele, die nutzlose Substanzen schlucken oder sich nutzlosen Prozeduren unterziehen, stellen fest, daß im Ergebnis ihre Symptome verschwinden und ihre Gesundheit sich bessert.

Placebo-Effekte gehen weit über die positiven Wirkungen völlig wirkungsloser Substanzen hinaus. Viele aktive Behandlungsmethoden, die von sich aus reale Besserung bewirken, haben zugleich eine Placebo-Komponente. Das heißt, ihre Wirksamkeit ist real, wird aber durch das Vertrauen verstärkt, das der Patient und der Arzt in die Fähigkeit der angewandten Methode setzen, eine Besserung herbeizuführen. Eine Studie über die Anwendung von Morphium zur Schmerzlinderung macht dies deutlich.[52] Über Schmerzen klagenden Patienten wurde entweder Morphium injiziert oder aber ein Placebo, eine Substanz, die eigentlich keine Wirkung auf den Schmerz haben sollte. Morphium war in bezug auf die Schmerzlinderung wesentlich wirksamer als das Placebo. Doch auch 35 Prozent der Patienten, die nur das Placebo erhalten hatten, gaben an, daß ihre Schmerzen nachließen. Ärzte schließen aus solchen Resultaten nicht nur, daß Placebos wirksame Mittel zur Schmerzlinderung sein können, sondern auch, daß sich die positive Wirkung des Morphiums zu einem gewissen Teil selbst dann eingestellt hätte, wenn Morphium kein wirksames Schmerzmittel wäre. Der Medizinhistoriker Arthur Shapiro faßt den Placebo-Effekt zusammen:

«Placebos können stärker sein als potente aktive Medikamente und deren Wirkung aufheben... Die Inzidenz von Placebo-Reaktionen erreicht in einigen Untersuchungen fast hundert Prozent. Placebos können tiefgreifende Auswirkungen auf organische Krankheiten haben, unheilbare Krebserkrankungen eingeschlossen... Placebos können den Effekt simulieren, der normalerweise ausschließlich aktiv wirksamen Medikamenten zugeschrieben wird.»[53]

Siegel liefert mit seiner Beschreibung eines Krebspatienten namens Wright ein eindrucksvolles Beispiel für die Macht des Placebo-Effekts. Der Patient glaubte, Injektionen eines umstrittenen Krebsmittels, *Krebiozen*, zu erhalten, auf das sein Arzt scheinbar große Stücke hielt. Wohl wissend, daß *Krebiozen* kein wirksames Medikament war, injizierte der Arzt ihm in Wahrheit täglich nichts als frisches Wasser. Die Auswirkungen waren erstaunlich:

«Die Tumormassen schmolzen. Der Pleuraerguß verschwand. Er brauchte nur noch ambulant behandelt zu werden und steuerte sogar wieder sein Flugzeug. Zu dieser Zeit bot er fraglos ein Bild der Gesundheit. Die Wasser-Injektionen wurden fortgesetzt, da sie solche Wunder wirkten. Er blieb mehr als zwei Monate lang symptomfrei. Dann erschien die abschließende Stellungnahme der AMA in der Presse: ‹Tests im ganzen Land belegen: Krebiozen als Mittel zur Krebsbehandlung wertlos.›

Wenige Tage nach Erscheinen dieses Berichts wurde Mr. Wright in moribundem Zustand wieder ins Krankenhaus eingewiesen. Sein Glaube war nun dahin, seine letzte Hoffnung zerronnen, und er starb binnen zwei Tagen.»[54]

Wie kommt der Placebo-Effekt zustande? Nach allgemeiner fester Überzeugung handelt es sich um einen fast magischen Vorgang, der dazu führt, daß eine Person nach Einnahme eines Placebos glaubt, es werde ihr bald bessergehen, und dies dann entweder tatsächlich oder in ihrer Einbildung eintritt. In Wahrheit ist der Placebo-Effekt kein rein psychisches Phänomen. Der Zustand von Menschen bessert sich nicht einfach dadurch, daß sie glauben, es werde ihnen bessergehen. Vielmehr setzt der Glaube an eine bevorstehende Besserung chemische Substanzen im Körper frei, die unter Umständen tatsächlich die Heilung fördern. Placebos vermindern in der Regel die mit vielen Krankheiten verbundene Angst und können folglich auch die Ausschüttung chemischer Substanzen bremsen, die – wie etwa Adrenalin – mit Angst assoziiert sind. Durch die Reduzierung der Angst erhält der Körper die Chance, seine chemischen Depots wieder aufzufüllen; auf diese Weise üben Placebos unter Umständen einen direkten, wiederaufbauenden Einfluß auf den neurobiochemischen Haushalt des Körpers aus.[55] Manche Placebos stimulieren möglicherweise die Freisetzung von Endorphinen durch das Gehirn; Endorphine sind natürliche, körpereigene chemische Substanzen, die in der Regel zumindest vorübergehend die Stimmung aufhellen und Schmerzen lindern. Sollten Placebos auch die Ausschüttung dieser Substanzen fördern – und die Forschungsergebnisse sprechen zumindest bei einigen Placebos dafür –, dann lösen sie möglicherweise auch ein Gefühl größeren körperlichen und emotionalen Wohlbefindens aus.[56]

Placebo-Effekte sind so wirksam, daß kein Medikament mehr zur allgemeinen Anwendung in der medizinischen Praxis zugelassen werden kann, bevor seine Wirksamkeit nicht im Vergleich mit der eines Placebos kritisch bewertet worden ist. Die Wirksamkeit jedes Medikaments muß, ähnlich wie in der oben beschriebenen Studie über die Effektivität von Morphium, mit den Wirkungen eines Placebos verglichen werden. In diesem Sinne hat unrealistischer Optimismus also Eingang in die Gesetzgebung gefunden. Die gesetzlichen Zulassungsbedingungen für neue Medikamente tragen der Tatsache Rechnung, daß Menschen ihre Heilungschancen nach der Einnahme von Medikamenten unrealistisch-optimistisch beurteilen und folglich vor ihrem eigenen Mangel an Realismus geschützt werden müssen.[57]

Der Placebo-Effekt tritt am ehesten ein, wenn er im Rahmen einer sorgfältigen Inszenierung eingeführt wird, die darauf abzielt, unrealistischen Optimismus zu verstärken. Zunächst einmal sollte die Person, die das Placebo verabreicht, Wärme und Vertrauen in die Behandlung ausstrahlen. Wenn der Arzt Zuversicht verbreitet, ist der Placebo-Effekt stärker. Anzeichen von Zweifel oder Skeptizismus können sich auf subtile, sogar nonverbale Weise mitteilen, und wenn dies geschieht, wird der Placebo-Effekt abgeschwächt. Damit der Placebo-Effekt zum Tragen kommt, muß das ganze Drumherum medizinischer Behandlung stimmen. So wird die Effektivität eines Placebos zum Beispiel durch Form, Farbe, Größe, Menge und Geschmack beeinflußt. Übel schmekkende Tabletten, die nach präzisen Dosierungsanweisungen («Nehmen Sie zwei» statt «Nehmen Sie zwei oder drei») und in vorgeschriebenen Intervallen eingenommen werden, haben stärkere Placebo-Effekte als bonbonartige Pillen, deren Dosierung und Einnahmeintervalle nur grob umrissen werden («Nehmen Sie eine, wenn Sie sich schlecht fühlen»). Ärztliche Verfahren, die «medizinisch» wirken und genaue Anweisungen für die Patienten enthalten, zeigen stärkere Placebo-Effekte als Maßnahmen, die keinen sehr «medizinischen» Eindruck machen. Ein Placebo hat seine stärkste Wirkung im Rahmen einer Art theatralischer Verschwörung, bei der diejenigen, die es verabreichen und erhalten, einer Heilung erwartungsvoll entgegensehen.[58]

Wie verbreitet sind Placebo-Effekte? Ihre größten Erfolge haben Placebos zweifellos, wenn keine realen körperlichen Störungen existieren. Nach ärztlichen Schätzungen haben etwa 65 Prozent der Behandlung suchenden Patienten in Wirklichkeit Probleme, die in erster Linie emotionalen Ur sprungs sind.[59] Emotional belastete Menschen leiden an einem breiten Spektrum von Symptomen. Depressionen können zu Energieverlust, nervöser Erschöpfung und erhöhter Schmerzempfindlichkeit führen. Angst kann Durchfall, extreme Nervosität, Schlaflosigkeit und Magenbeschwerden hervorrufen. Die Aktivität und die Fürsorge eines Arztes können einen direkten Einfluß auf den emotionalen Zustand eines Patienten haben, und jedes Placebo, das einem solchen Patienten verabreicht wird, kann daher zu einer sofortigen Beseitigung der emotional bedingten Symptome führen.

Placebo-Effekte treten jedoch keineswegs nur bei inerten Medikamenten und Pillen auf. Bei vielen Chirurgie-Patienten stellt sich nach einer unnötigen Operation, die tatsächlich keinen direkten Einfluß auf die zuvor angegebenen Symptome hat, eine Besserung ein. Auch in der Psychiatrie und klinischen Psychologie treten Placebo-Effekte auf. Manchen Patienten geht es schon besser, wenn sie wissen, daß ein Psychiater oder Psychologe eine Ursache ihrer Probleme gefunden hat, selbst wenn es nicht die eigentliche Ursache ist. Das Wissen, daß jemand das Problem analysiert und mit Erklärungen aufwartet, ist unter Umständen genauso hilfreich wie das therapeutische Verfahren selbst.[60]

Die Wirksamkeit von Placebos sollte weder als medizinischer Trick noch als rein psychische Reaktion seitens des Patienten abgetan werden. Placebo-Effekte verdienen Beachtung. Das Placebo führt zum Erfolg, wo es keine wirklich effektive Therapie gibt. Es erhöht die Wirksamkeit von Therapien, die selbst nur schwache Wirkung haben. Es lindert starken Schmerz und heftige Beschwerden. Es war eine wesentliche Grundlage für die Effektivität der frühen Medizin, und es ist auch heute noch ausschlaggebend für viele Heilerfolge der Medizin. Als solches ist es ein starker Beweis für die adaptive Wirkung von unrealistischem Optimismus auf die Gesundheit.

KAPITEL 4

KREATIVER
SELBSTBETRUG

Der wahre Glaube ist der Glaube an
eine Fiktion, die man als solche durchschaut.
Wallace Stevens

Wer das positive Bild bewahren will, das er im Laufe seines Lebens von sich selbst, seinen Fähigkeiten und seinen Zukunftsaussichten geschaffen hat, ist vermutlich gut beraten, sich gegen jene Informationen zu schützen, die diese rosige Lebensperspektive in Frage stellen. Da wir in unserem Leben unvermeidlicherweise mit negativen Informationen konfrontiert werden, besteht die eigentliche Frage dabei jedoch darin, wie uns immer wieder das Kunststück gelingt, negative Umweltinformationen adaptiv zu nutzen, ohne gleichzeitig unsere Selbstidealisierung zu gefährden.

Von manchen Kritikern wird das Argument vorgebracht, die in unserem alltäglichen Denken so leicht nachweisbaren Illusionen seien in Wirklichkeit nichts anderes als abgeschwächte Formen der klassischen Abwehrmechanismen Verdrängung und Verleugnung. Sie schreiben diesen Illusionen einen allenfalls vorübergehenden Nutzen zu und sehen sie als letztlich fehlangepaßte Versuche zur Vermittlung zwischen unseren Wünschen und der Wirklichkeit. Sie halten Illusionen mit anderen Worten für einen schlechten Kompromiß zwischen dem, was wir gerne wahr hätten, und dem, was tatsächlich wahr ist. Diesem Standpunkt zufolge geben sich Illusionen zwar den Anschein erfolgreicher Verzerrungen der Realität, stehen aber der Bewältigung negativer Informationen letztlich im Wege, da sie eine sinnvolle Nutzbarmachung dieser Informationen und damit einen angemessenen Lern- und Wachstumsprozeß der betroffenen Person behindern. Als Hauptvertreter dieser Anschauungsweise schrieb Sigmund Freud: «Energischer und gründlicher geht ein anderes Verfahren vor, das den einzigen Feind in der Realität erblickt, die die Quelle alles Leids ist, mit der sich nicht leben läßt, mit der man darum alle Beziehungen abbrechen muß, wenn man in irgendeinem Sinn glücklich sein will. Der Eremit kehrt dieser Welt den Rücken, er will nichts mit ihr zu schaffen haben. Aber man kann mehr tun, man kann sie umschaffen wollen, anstatt ihrer eine andere aufbauen, in der die unerträglichsten Züge ausgetilgt und durch andere im Sinne der eigenen Wünsche ersetzt sind. Wer in verzweifelter Empörung diesen Weg zum Glück einschlägt, wird in der Regel nichts erreichen; die Wirklichkeit ist zu stark für ihn. Er wird ein Wahnsinniger, der in der Durchsetzung seines Wahns meist keine Helfer findet.»[1]

Dieser Gesichtspunkt nimmt allerdings auch bei der sogenannten Ich-Psychologie eine zentrale Stellung ein, die im Gefolge der Psychoanalyse von Neo-Freudianern wie Hartmann entwickelt wurde.[2] Den Vorstellungen der Ich-Psychologie zufolge endet die Person, die mit ihren persönlichen Grenzen und letztlich mit ihrer Sterblichkeit nicht zu Rande kommt, unweigerlich in der Neurose. Den Ich-Psychologen gilt daher eine realistische Selbsterkenntnis als wesentliche Vorausbedingung psychischer Gesundheit. Mit den Worten Abraham Maslows: «Unsere gesunden Individuen können sich und das eigene Naturell ohne Klagen oder Beschwerden und im übrigen sogar ohne über diese Frage sonderlich viel nachzudenken akzeptieren... Sie können ihre eigene menschliche Natur mit all ihren Abweichungen vom Idealbild des Menschen ohne wirkliche Betroffenheit annehmen. Es würde einen falschen Eindruck erwecken, wenn man sie daher als selbstzufrieden bezeichnen wollte. Wir müssen vielmehr sagen, daß sie die schwachen und sündhaften, gebrechlichen und bösen Seiten der menschlichen Natur mit derselben fraglosen Gelassenheit hinnehmen, mit der man gemeinhin auch die Eigenschaften der biologischen Natur akzeptiert.»[3]

Die Fehlangepaßtheit der Illusionen beruht dieser Theorie zufolge auf zwei Ursachen. Die erste versteht sich fast von selbst: Wir sind darauf angewiesen, negative Informationen adaptiv nutzen zu können. Sind wir dazu aus irgendeinem Grund unfähig, fallen wir leicht einer Unzahl vor irrationalen Entscheidungen und Anschauungen zum Opfer. Das zweite Problem liegt darin, daß wir unsere positiven Selbst-Fiktionen nur aufrechterhalten können, wenn wir die Diskrepanz zwischen Wunsch und Wirklichkeit von unserem Bewußtsein fernhalten; ein Vorgang, der die Freistellung kognitiver Energien für diese Aufgabe zur Voraussetzung hat. Die Aufrechterhaltung positiver Fiktionen von Selbst, Welt und Zukunft ist also nach dieser Theorie ein aktiver Prozeß, durch den die Realität kontinuierlich in Schach gehalten wird, was wiederum beträchtliche emotionale und kognitive Ressourcen beansprucht. Wer dieser Theorie die These von der adaptiven Nützlichkeit positiver Illusionen entgegenhalten will, muß also zwei Beweise erbringen. Er muß erstens beweisen, daß Illusionen nicht einfach verkleidete Formen der Verdrängung und Verleugnung sind und außerdem im Gegensatz zu diesen Verhaltensweisen meist positive Folgen haben. Er muß zweitens und hauptsächlich aufzeigen, auf welche Weise das oben erwähnte Kunststück gelingen soll, negative Umweltinformationen auf angemessene Weise nutzbar zu machen, ohne die Selbstidealisierung in Gefahr zu bringen.

ILLUSIONEN IM GEGENSATZ ZU VERDRÄNGUNG UND VERLEUGNUNG

Die Vorstellungen, das normale menschliche Denken sei von gelegentlichen Lücken und Verzerrungen und bisweilen regelrechten Verleugnungen der Realität geprägt, ist nicht neu. Freud zufolge erklärt sich das vor allem durch den Einfluß des primitiven Teils unserer Psyche, dem «Es», dessen unannehmbare Impulse immer wieder unterdrückt werden müssen. Zur gleichen Zeit müssen wir allerdings auch jene Herausforderungen abwehren, die von negativen Umweltinformationen wie zum Beispiel sanften Ermahnungen über die Begrenztheit unserer Person, aber auch von potentiell tragischen Viktimisierungserfahrungen ausgehen können.

Verleugnung

Verleugnung ist der wohl primitivste menschliche Abwehrmechanismus. Negative Erfahrungen können mit seiner Hilfe so stark verzerrt werden, daß die Erinnerung unerfreulicher Ereignisse vollständig ausgelöscht wird. Die meisten von uns haben bereits mehr oder weniger unmittelbaren Kontakt mit der Verleugnung gehabt. So kann Verleugnung ins Spiel kommen, wenn ein Ereignis ausbleibt, mit dem wir fest gerechnet hatten; dies geschieht zum Beispiel, wenn wir entgegen unseren optimistischen Erwartungen bei der Aufnahmeprüfung für eine Universität durchfallen oder wenn wir von unserem Liebespartner verlassen werden. Die Unfähigkeit, negative Informationen dieser Art zuzulassen, beruht dabei wahrscheinlich zum Teil darauf, daß Menschen sich auf ihre dadurch in Frage gestellten Zukunftspläne und Zukunftsvorstellungen innerlich zu stark verlassen haben. Wenn solche Visionen durch ein negatives Ereignis drastisch widerlegt werden, müssen wir unsere kognitiven und emotionalen Zukunftsinvestitionen sozusagen zurückziehen und uns erst einmal schrittweise eine neue Zukunft aufbauen. Dieser Vorgang aber erfordert bekanntlich nicht nur viel Zeit, es ist zugleich in vielen Fällen schwierig oder sogar unmöglich, sich überhaupt einzugestehen, daß das enttäuschende Ereignis tatsächlich stattgefunden hat.

Die Verleugnung tritt üblicherweise gleich nach dem Eintritt eines belastenden Ereignisses in Aktion. Man nimmt daher allgemein an, daß dieser Abwehrmechanismus sozusagen das erste Stadium unserer Reaktion auf extrem schlechte Neuigkeiten wie etwa die Diagnose einer chronischen Erkrankung oder die Nachricht vom Tod eines nahen Freundes darstellt.[4] Unser erster Gedanke in solchen Situationen ist vielfach, daß es sich bei dieser Meldung um einen grausamen Irrtum handeln müsse. Wer zum Beispiel die Diagnose einer tödlichen Erkrankung erhält, klammert sich nicht selten zunächst an den Glauben, seine Untersuchungsergebnisse oder Röntgenbilder seien mit denen eines anderen Patienten vertauscht worden und man werde die Diagnose entsprechend bald wieder ändern. Wenn eine Mutter erfährt, ihr Kind sei vom Auto überfahren und getötet worden, wird sie unter Umständen erst einmal zu der Vermutung greifen, man habe die Körper der Unfallopfer verwechselt, da in Wahrheit nur ein mit unserem Kind befreundetes Kind umgekommen sei. Gerade weil solche dramatisch und plötzlich eintreffenden Hiobsbotschaften unsere Existenz oft auf so verschiedenartige und fundamentale Weise verändern, nimmt die anfängliche Verleugnung schlechter Nachrichten eine Schutzfunktion wahr: Sie verschafft uns erst einmal eine Ruhepause, während welcher sich die Geschehnisse entfalten und langsam Gestalt annehmen können. In der Frühphase der Anpassung an ein schockierendes oder lebensbedrohliches Ereignis kann die Verleugnung desselben also einen ebenso normalen wie nützlichen Vorgang darstellen. Bei den meisten Menschen dauert die Verleugnung der betreffenden Geschehnisse denn auch nur eine kurze Zeit, in der Regel nicht mehr als ein paar Tage.

Bisweilen aber hält die Verleugnungsphase länger an, in welchem Fall eine therapeutische Intervention notwendig werden kann. Entsetzte Menschen, die sich dem Schock eines Streßereignisses nicht zu stellen vermögen, flüchten sich dabei gelegentlich in die Vorstellung, «das alles» sei «nicht wirklich» ihnen, sondern «eigentlich einer anderen Person passiert». Die Verleugnung gibt sich ja gerne den Anschein, uns vor der Wirklichkeit psychologisch in Schutz zu nehmen, vielfach aber verdeckt sie unsere Angst nur, ohne sie zum Verschwinden zu bringen. Wer die schiere Existenz eines bedrohlichen Ereignisses verleugnet, wirkt auf seine Mitmenschen oftmals starr und übermäßig selbstbeherrscht, so daß man den Eindruck gewinnt, ein Riß in dieser Selbstverteidigung könnte die ganze Fassade zum Einsturz bringen. Außerdem bricht natürlich auch bei solchen Personen bisweilen die Erkenntnis durch, was sich tatsächlich abgespielt haben mag, worauf die Betroffenen dann unter Umständen für Stunden oder Tage verletzlich, verängstigt oder hysterisch bleiben. Eine langfristige aufrechterhaltene Verleugnung ist demnach ein Abwehrmechanismus, von dem man die Betreffenden in ihrem eigenen Interesse durch eine sanfte therapeutische Intervention abbringen sollte.[5]

Die meisten Psychologen haben die Verleugnung in ihren Untersuchungen als fehlangepaßten Teil jener Abwehrmechanismen aufgefaßt, die Menschen in psychischen Notlagen zur Anwendung bringen. In einem kürzlich erschienenen Buch des Psychologen Daniel Goleman mit dem provokativen Titel «*Vital Lies, Simple Truths*» (Lebensnotwendige Lügen, schlichte Wahrheiten) wird dagegen behauptet, Verleugnungen seien in unserem alltäglichen Denken weit häufiger, als man bisher angenommen hatte.[6] Goleman zufolge gibt es von körperlichen bis zu psychischen Schmerzen eine

Vielzahl von Lebenserfahrungen, die wir typischerweise durch Verleugnung zum Schweigen bringen. Seine Beweisführung wird dabei auf zwingende Weise durch den Nachweis einer biochemischen Grundlage für diesen Vorgang gestützt. Die Erfahrung physischer oder psychischer Schmerzen bewirkt in unserem Gehirn nämlich eine Freisetzung der sogenannten Endorphine; diese Endorphine sind nichts anderes als natürlich vorkommende Opiate, die uns das Ertragen qualvoller Situationen erleichtern sollen. Goleman vermutet, daß wir manchmal in Versuchung geraten, uns solche Situationen mit Hilfe der Endorphine sozusagen «zu sehr» zu erleichtern. Durch diese Vogel-Strauß-Politik berauben wir uns seiner Ansicht nach in vielen Fällen wertvoller Lebenserfahrungen, weil wir die Bedeutung und Konsequenzen nicht angemessen zu würdigen verstehen, die die von uns verleugneten Ereignisse für unser Selbst und unser Leben haben könnten.

Verdrängung

Wir haben Verleugnung als die Unfähigkeit definiert, die Existenz und Bedeutung von bedrohlichen äußeren Geschehnissen anzuerkennen. Verdrängung läßt sich entsprechend als die Unfähigkeit auffassen, bedrohliche innere Ereignisse, das heißt unannehmbare psychische oder sexuelle Impulse unseres Innenlebens, angemessen zu verarbeiten. Die Ansprüche der Gesellschaft und die inneren Impulse der Menschen geraten bekanntlich häufig in Konflikt miteinander. Innere Impulse, die im Widerspruch mit den Erwartungen der Gesellschaft stehen, müssen daher im Rahmen der Anpassung unseres Verhaltens an gesellschaftliche Konventionen oftmals verdrängt werden. Indem sie die verbotenen Wünsche in den Bereich des Unterbewußtseins abdrängt, bewahrt uns die Verdrängung davor, der vollen emotionalen Gewalt dieser Impulse ausgesetzt zu werden. Die Verdrängung dient also, so läßt sich zusammenfassend sagen, im wesentlichen zur Aufhebung des Widerspruchs zwischen dem, was wir empfinden sollten, und dem, was wir tatsächlich empfinden.[7]

Freud zufolge entwickeln wir im Verlauf des Älterwerdens feste Vorstellungen davon, wie wir später einmal dastehen möchten: als idealer Vater, ideale Mutter, im Beruf erfolgreich und bei unseren Freunden als liebenswert und gütig anerkannt. Es versteht sich fast von selbst, daß dabei jede Erfahrung, die einen Widerspruch zwischen diesem Ideal-Selbst und unserem Verhalten erzeugt, negative Gefühle hervorrufen wird. Verdrängung ist eine der möglichen Strategien zur Bewältigung solchen Unbehagens. Als ein Abwehrmechanismus, der unannehmbare psychische Impulse in das Unbewußte abschiebt, «bewältigt» die Verdrängung negative Affekte allerdings im wesentlichen, indem sie sie einfach nicht anerkennt. Dabei wird weniger die Erinnerung des negativen Ereignisses ausgelöscht, als vielmehr der damit verbundene Affekt verdrängt, der uns die bedrohlichen Implikationen der in diesem Ereignis enthaltenen negativen Informationen zu vollem Bewußtsein bringen könnte.[8]

Sind Illusionen Abwehrmechanismen?

Der in diesem Buch verwendeten Definition entsprechend lassen sich Illusionen jedoch nicht einfach als Abart der Verdrängung oder Verleugnung auffassen. Die Unterscheidung dieser Kategorien ruht fest auf konzeptuellen, theoretischen und empirischen Grundlagen. Verdrängung und Verleugnung *verändern* die Realität, Illusionen versuchen sie dagegen bloß im besten Licht zu *interpretieren*. Abwehrmechanismen führen zu einer Verzerrung der Fakten und damit notwendigerweise zu Fehlwahrnehmungen der inneren und äußeren Realität. Illusionen dienen andererseits dazu, aus einer gegebenen schwierigen Situation das Beste zu machen, indem man ihr gegenüber eine möglichst positive Einstellung einnimmt. Es sind die in den meisten Situationen enthaltenen mehrdeutigen Wirklichkeitselemente, die uns eine individuelle Interpretation der Umweltereignisse und damit zugleich ermöglichen, diese im Zweifelsfall zu unseren Gunsten auszulegen. Eine solcherart subjektiv «gestaltete» Wirklichkeit bestärkt unsere Hoffnungen und unsere positive Selbsteinschätzung. Der Psychologe Daniel Weinberger behauptet daher zum Beispiel, Illusionen seien eine Art produktiver Verzerrung der statistischen Realität. Zwar lassen sich Illusionen einerseits als übertrieben optimistische Vorstellungen auffassen, die vor der Wirklichkeit nicht ganz gerechtfertigt werden können. Andersits bedeutet es Weinberger zufolge keinerlei Fehlauslegung der Fakten, wenn wir stets auf das Beste hoffen, gut von uns denken und schließlich daran glauben, daß sich das Blatt auch in scheinbar ausweglosen Situationen letztlich zu unseren Gunsten wenden wird.[10] Abwehrmechanismen dagegen stellen insofern eine Fehlanpassung dar, als sie zu einem inneren Spaltungsprozeß führen, bei dem sich sozusagen ein Teil des Gehirns das zu berücksichtigen weigert, was der andere Teil unseres Gehirns sehr wohl «weiß».

In einer theoretischen Attacke auf die psychoanalytische Sichtweise der Abwehrmechanismen hat der Psychologe Harold Sackeim nachzuweisen versucht, daß selbstbestärkende Verzerrungen der Realität nicht notwendigerweise als «*defensive*» psychische Strategien interpretiert werden können. Sackeim sieht in dieser Deutung sowohl einen psychologischen Irrtum als auch einen logischen Selbstwiderspruch der psychoanalytischen Theorie.[11] Sackeim möchte die in unserem alltäglichen Denken verbreiteten milden Formen des Selbstbetrugs vielmehr als «*offensive*» Mechanismen verstanden wissen, die uns zu einem besseren Ausdruck unserer

Antriebe befähigen und gleichzeitig zu einem verbesserten Wohlbefinden beitragen. Es gibt allerdings innerhalb der Psychoanalyse keinen Raum zur theoretischen Integration lustorientierter Wirklichkeitsverzerrungen. Die freudianische Interpretation der Abwehrmechanismen basiert vielmehr auf der fast dogmatischen Überzeugung, Verzerrungen der Realität könnten einzig als fehlgeleitete Versuche zur Schmerzvermeidung aufgefaßt werden. Dazu Sackeim: «Dieses psychoanalytische Argument erscheint mir insofern wissenschaftlich anrüchig, als es hinter *jeder* wunschbedingten Wirklichkeitsverzerrung eine unbewußte und vielleicht sogar unauffindbare Angst vermutet. Wer dann aber versucht, empirische oder klinische Beweise dafür zu erbringen, daß solche Verzerrungen mit Lustgewinn und Anpassungsvorteilen einhergehen können, wird von Psychoanalytikern durch die Behauptung widerlegt, seine analytischen Untersuchungen der Wirklichkeitsverzerrung seien so lange unvollständig, solange sie das ‹eigentliche› verborgene Motiv hinter der ‹vorgeschützten› Gewinnabsicht nicht entlarvt hätten.» [12]

Der logische Selbstwiderspruch der psychoanalytischen Theorie kommt nun nach Sackeim mit der These ins Spiel, der Selbstbetrug könne einzig als Abwehr einer Bedrohung und nicht zugleich als Methode zur Selbstentwicklung aufgefaßt werden. Wenn die psychoanalytische Theorie jedoch, immer Sackeim folgend, die Herrschaft des Lustprinzips über die menschlichen Motivationen und – in Form der klassischen Abwehrmechanismen – die Existenz ausgefeilter Strategien des Selbstbetrugs postuliert, dann ist die Behauptung logisch inkonsequent, daß sich die Menschen dieser Strategien nur zur Abwehr von Gefahren und nicht auch im Interesse des eigenen Fortkommens bedienen sollen.

Nach einer Diskussion der vorliegenden Forschungsergebnisse über die Bedeutung des gutartigen Selbstbetrugs und der logisch unhaltbaren Position, die diese Beobachtungen aus Sicht der psychoanalytischen Theorie einnehmen, kommt Sackeim schließlich zu der Schlußfolgerung: «Wenn ich mein Selbstbild durch die Verzerrung der Realität aufpoliere, dann nicht nur, weil ich mir tief im Herzen meines Wertes ungewiß bin, sondern auch deshalb, weil es unabhängig davon, wie sehr ich von mir überzeugt bin, schlichtweg angenehm ist, an die eigene Überlegenheit zu glauben. Ein Selbstbetrug dieser Art kann sich bei der Konstruktion oder Konsolidierung einer stabilen oder vielleicht sogar ‹gesunden› Identität als wirksame Hilfe erweisen. Dementsprechend werde ich zum Beispiel bestimmte Situationen so verzerren, daß es scheint, als ob sie mir eine Gelegenheit zu sexuellen Eroberungen und intellektuellen oder anderen Fortschritten darbieten. Dieser Verzerrung liegt dann weder eine Angst vor der etwaigen Gefährlichkeit dieser verlockenden Gelegenheiten noch etwa der Versuch zugrunde, meine Triebe zu unterdrücken; vielmehr erlauben mir gerade diese Verzerrungen, meine Interessen und Triebe auf eine für mich angenehme Weise zum Ausdruck zu bringen.»[13]

Ich halte Sackeims Argumente für überzeugend. Es ist logisch unsinnig, selbstbestärkende Interpretationen der Wirklichkeit ausschließlich als Abwehrmechanismen zu interpretieren. Noch überzeugender sind zudem die jüngst vorgelegten Belege dafür, daß sich die Illusionen des alltäglichen Denkens von der Verdrängung auf empirischer Basis unterscheiden lassen. Weinberger konnte dies in einem Vergleich des normalen illusionsbereiten Denkens mit dem defensivverdrängenden Denkstil besonders klar aufzeigen. Gemessen an den typischen Attributen psychischer Gesundheit wirkte sich dabei der Gebrauch eines defensiv-verdrängenden Denkstils für die Versuchspersonen negativ aus; die Verwendung des normalen, mit Illusionen durchsetzten Denkstils erbrachte entsprechend das umgekehrte Ergebnis.[14]

Es ist allerdings zunächst gar nicht so leicht, die Personengruppe, die ihrer Lebensprobleme durch Verdrängung Herr
zu werden versucht, von jener Personengruppe zu unterscheiden, die sich mit Hilfe von positiven Illusionen durch-
zuschlagen bemüht. Die beiden Gruppen sind sich, oberflächlich betrachtet, in vieler Hinsicht sehr ähnlich. Die zur
Verdrängung neigenden Individuen behaupten meist, daß
sie von negativen Emotionen nur selten betroffen und dementsprechend im Vergleich zu anderen Menschen weniger
oft verärgert, verletzt, erregt oder verwirrt seien. In Persönlichkeitstests, die nicht nach verdrängenden oder illu-
sionsorientierten Problemlösungsmethoden differenzieren
können, erweisen sich die «Verdränger» als scheinbar weitgehend gesunde und letztlich ganz «normale» Menschen.
Weinberger schätzt, daß gut ein Drittel jener Menschen, die
bei solchen Befragungen angeben, in ihrem Leben emotionalen Belastungen kaum ausgesetzt zu werden, in Wirklichkeit die negativen Folgen ihrer emotionalen Erfahrungen
eher verdrängt als bewältigt haben. Sie sind also nicht, wie
sie behaupten, von Angstgefühlen, Depressionen und
Selbstwertzweifeln befreit, sie haben die Erfahrung dieser
Gefühle bloß unterdrückt. Auf die Frage nach ihrem persönlichen Glück beschreiben sich Verdränger als gelassene Menschen, die sich durch unerfreuliche Ereignisse nicht leicht aus
der Ruhe bringen lassen. Sie behaupten allerdings auffälli-
gerweise weder, daß sie das Leben besonders genießen,
noch, daß sie den Herausforderungen des Lebens bevorzugt
offen begegnen. Die Verdränger sehen sich als rational, kontrolliert und ausgeglichen, während sich wirklich angstfreie
Menschen eher mit solchen Begriffen beschreiben, die eine
flexible und jubelnde Lebensfreude zu spiegeln scheinen.

Die Tatsache, daß sich die Verdränger der Begegnung mit
negativen Emotionen aktiv entziehen, kann sie allerdings
auch bei der Erfahrung *positiver* Affekte behindern. Verdrän-

ger berichten denn auch sowohl über weniger negative als auch über weniger positive Kindheitserinnerungen als andere Menschen. Die mit unserem normalen Denken einhergehenden positiven Illusionen scheinen dagegen den flüssigen Abruf positiver Erinnerungen zu erleichtern; spezifische Untersuchungen über die Erinnerung von Kindheitserfahrungen stehen allerdings bislang aus. Die zwei zentralen Kriterien psychischer Gesundheit, persönliches Glück und positives Selbstwertgefühl, werden also bei den von positiven Illusionen Gebrauch machenden Menschen offenbar erfüllt. Diese Personengruppe scheint mit anderen Worten wahrhaftig mit Glück und Selbstachtung gesegnet zu sein. Im Gegensatz dazu berichtet die Personengruppe, die ihre Lebensprobleme vor allem durch Verdrängung zu lösen versucht, zwar über die Abwesenheit negativer, nicht aber über die Anwesenheit entsprechender positiver Erfahrungen wie Glück oder Selbstachtung. Die Fernhaltung negativer Emotionen kann darüber hinaus anscheinend nur durch ein beständiges aktives «Gefühlsmanagement» aufrechterhalten werden, das sich seinerseits belastend auf unsere Kraftreserven auswirken kann.

Neueren Forschungsergebnissen zufolge behindert die Verdrängung darüber hinaus bestimmte Aspekte unserer sozialen Kompetenz. In einer Untersuchung wurden einige Studenten zum Beispiel gebeten, ihren Kommilitonen (im Sinn einer sozusagen experimentellen Selbstoffenbarung) Mitteilungen über ihr persönliches Leben zu eröffnen; die Studenten mit dem ausgeprägtesten Verdrängungsstil zeigten dabei wenig Einsicht in ihr eigenes Verhalten und machten auf ihre Gesprächspartner einen entsprechend schlechten Eindruck.[15] Es versteht sich fast von selbst, daß sich die lückenhafte Selbsterkenntnis und Ausdrucksfähigkeit der Verdränger in ihrem begrenzten Verständnis für die Erfahrungen anderer Menschen widerspiegelt. Wenn man zum Beispiel Versuchspersonen bittet, in die Rolle eines Beraters zu schlüpfen, der einem in Schwierigkeiten steckenden Menschen zuhören und helfen soll, schneiden die Verdränger im Vergleich zu Probanden, die sich normalerweise keiner Verdrängung bedienen, erwartungsgemäß bedeutend schlechter ab.[16] Verdränger scheinen zudem ein weniger komplexes Bild von ihrer sozialen Umwelt zu haben und bemerken im allgemeinen auch weniger von dem, was sich in ihrer sozialen Umwelt abspielt.[17] Die soziale Kompetenz scheint dagegen durch positive Illusionen eher gefördert zu werden. Der Einfluß positiver Illusionen auf die zwei Versuchssituationen der Selbstoffenbarung und des Rollenspiels ist allerdings noch nicht direkt untersucht worden.

Ein weiterer durch den verdrängenden Persönlichkeitsstil offensichtlich beeinträchtigter Aspekt unserer psychischen Gesundheit ist die Fähigkeit zu engagierter, kreativer und produktiver Arbeit. Die Verdränger verbrauchen einen so großen Anteil ihrer kognitiven Energien zur Überwachung negativer Affekte, daß sie an kognitiver Flexibilität und insbesondere an der Fähigkeit verlieren, «den spontanen und spielerischen Anteil des konzeptuellen Denkens» anzuwenden.[18] Durch die Bindung der Energien an die Verdrängungsarbeit verringert sich ihre Kapazität für eine ausdauernde, motivierte und aktive Verfolgung ihrer Ziele. Die Illusionen des normalen Denkens scheinen dagegen Ausdauer, Motivation und Aktivitätspegel zu erhöhen. Bei der Bewältigung problematischer kognitiver und perzeptiver Aufgaben, deren Lösung durch den Einfluß von Angstgefühlen erschwert werden könnte, zeigen Verdränger eine eingeschränkte Leistungsfähigkeit. Die intellektuelle Leistungsfähigkeit gegenüber normalen und herausfordernden Aufgaben scheint dagegen durch die mit dem normalen Denken einhergehenden Illusionen eher befördert zu werden. Die von den Verdrängern bekundete Abwehrhaltung geht nach alledem offenbar mit verschiedenen Defekten der intellektuellen Leistungsfähigkeit einher, während bei den mit positiven Illusionen arbeitenden Personen eher gegenteilige Effekte zu beobachten sind.[19]

Einige der überraschendsten und eindeutigsten Beweise für die Unterschiedlichkeit des verdrängenden und illusionsbetonten Persönlichkeitsstils wurden an den unterschiedlichen Auswirkungen demonstriert, die beide Persönlichkeitsformen auf unsere physische Gesundheit hervorrufen. Positive Illusionen scheinen dabei einen generell günstigen Effekt auf die Gesundheit zu haben. Dagegen häufen sich inzwischen die Hinweise, daß das Erkrankungsrisiko der Verdränger gegenüber einer Vielzahl von gesundheitlichen Störungen erhöht ist. Darunter wären insbesondere Bluthochdruck, Asthma, Krebs und eine allgemeine Anfälligkeit für die Entwicklung körperlicher Symptome einschließlich undefinierter Schmerzzustände zu nennen.[20] In einer Untersuchung ließ sich der verdrängende Persönlichkeitsstil mit Gefühlen der Hilf- und Hoffnungslosigkeit und in diesem Zusammenhang sogar mit der Progressionsrate von Krebserkrankungen korrelieren.[21] Dieser Persönlichkeitsstil kann im weiteren auch ein sinnvolles Gesundheitsverhalten untergraben oder behindern. Selbst objektiv benötigte medizinische Hilfe wird von Verdrängern seltener beansprucht, dementsprechend werden insbesondere schwerwiegende Diagnosen in dieser Personengruppe oftmals zu spät gestellt. Verdränger berichten mit anderen Worten besonders ungern von potentiell folgenreichen Symptomen. Infolgedessen können sich bestimmte Erkrankungen über einen längeren Zeitraum unentdeckt entwickeln, was wiederum eine spätere erfolgreiche medizinische Behandlung erschwert.[22] Auch diese Verhaltensmuster stellen einen direkten Gegensatz zu den Gewohnheiten jener Personen dar, die den hier vielfach zitierten normalen Illusionen unterliegen.

Das wichtigste Unterscheidungsmerkmal zwischen den von Verdrängung oder Verleugnung und den von positiven Illusionen Gebrauch machenden Personen besteht vermutlich in ihrer unterschiedlichen Reaktion auf bedrohlich wirkende Informationen und die von diesen Informationen hervorgerufene Angst. Die Intensität einer defensiven Reaktionsweise steigt in Reaktion auf eine äußere oder innere Bedrohung, normale Illusionen scheinen dagegen eher eine realistische Reaktion auf Bedrohungen zu begünstigen.[23] Psychisch gesunde Menschen können die Zunahme einer Bedrohung offensichtlich selbst dann mit einem realistisch gesteigerten Risikobewußtsein beantworten, wenn sie ihr Ausgangsrisiko gegenüber dieser Bedrohung nicht zutreffend einzuschätzen vermochten. Bei einer Untersuchung über die Einstellung von südkalifornischen Studenten zu einem potentiellen Erdbeben stellte sich dementsprechend heraus, daß die meisten Studenten die Wahrscheinlichkeit eines Erdbebens grob unterschätzten. In der Einschätzung ihrer relativen individuellen Gefährdung beweisen dieselben Studenten dann allerdings einen angemessenen Realismus: Die Bewohner von nicht erdbebensicheren Gebäuden waren sich ihres im Vergleich zu den Bewohnern erdbebensicherer Bauten erhöhten Schadensrisikos durchaus bewußt.[24] Verdrängung und Verleugnung dagegen verstärken sich im genauen Verhältnis zu der Bedrohlichkeit der erhaltenen Information. Je größer die Bedrohung, um so rigider verteidigt man die eigenen Überzeugungen. Diese fehlangepaßte Eigenschaft der Verdrängung hat man einmal mit dem Vergleich zu beschreiben versucht: «Die Verdrängungsstrategie erinnert an ein Auto, das deshalb langsam fährt, weil der Fahrer mit voller Kraft gleichzeitig auf das Gaspedal und die Bremse tritt.»[25]

Die Phänomene der Verdrängung und Verleugnung sind also aus mehreren Gründen nicht mit den selbstbestärkenden

Illusionen des normalen Denkens gleichbedeutend. Die psychoanalytische Auffassung von den Abwehrmechanismen behauptet zunächst, die Menschen hielten normalerweise einen realistischen Kontakt zur Realität aufrecht; Verdrängung und Verleugnung würden erst dann eingesetzt, wenn die Wirklichkeit unter angsterzeugenden oder bedrohlichen Bedingungen als solche unerträglich geworden ist. Positive Illusionen scheinen im Gegensatz hierzu zu praktisch allen Zeiten gegenwärtig zu sein. Zur Bewältigung von Angstvorstellungen oder Bedrohungen werden sie darüber hinaus offenbar nicht herangezogen. Zweitens herrscht heute die Auffassung, die psychologischen Auswirkungen der Verdrängung und Verleugnung seien gemischter Natur: Einerseits scheinen sie insofern eine hilfreiche Funktion auszuüben, als sie vor den Härten der Realität zeitweilig in Schutz nehmen; andererseits behindern sie uns *langfristig* daran, die in den meisten negativen Erfahrungen enthaltenen brauchbaren Informationen in vollem Ausmaß zu nutzen. Positive Illusionen sind von diesen Mängeln nicht betroffen. Die Illusion, ein Ereignis unter Kontrolle bringen zu können, kann uns zum Beispiel dazu bringen, eine voraussehbare Herausforderung direkt anzunehmen und anzugehen. Auf diese Weise fördern positive Illusionen eher eine konfrontative als eine defensive Reaktion auf Streß. Eine Person mit intakten positiven Illusionen verhält sich also in mancher Hinsicht genau umgekehrt wie eine Person, die sich gewohnheitsmäßig der Abwehrmechanismen von Verdrängung und Verleugnung bedient. Dies gilt insbesondere für Reaktionen auf herausfordernde oder bedrohliche Ereignisse.

Ein dritter Unterschied zwischen den beiden genannten Denk- und Gefühlsweisen beruht auf der gelegentlich gemachten Beobachtung, daß man unter dem Einfluß von Verdrängung und Verleugnung zwar Situationen nach ihrer potentiellen Bedrohlichkeit, nicht aber negative Informationen nach ihrer potentiellen Nützlichkeit differenzieren kann. Die Illusionen des normalen Denkens sind im Gegensatz hierzu für die Nützlichkeit und die eventuellen zukünftigen Konsequenzen negativer Informationen sehr empfänglich. Die unter der Anleitung positiver Illusionen bezeugte subtile Staffelung der Reaktionen auf negative Informationen wird dementsprechend unter der Einwirkung der Abwehrmechanismen von Verdrängung und Verleugnung nicht beobachtet. Ein vierter Unterschied wurde schließlich anhand der folgenden Kriterien psychischer Gesundheit gemacht: Glück, Zufriedenheit, Produktivität, soziale Kompetenz, intellektuelle Leistungsfähigkeit und effektive Streßbewältigung. In diesem Zusammenhang erwiesen sich die von den Abwehrmechanismen Verdrängung und Verleugnung geprägten Personen als bei weitem nicht so gesund wie jene, deren Denkprozeß von positiven Illusionen gekennzeichnet war.

Illusionen sind also keinesfalls ein Synonym für Verdrängung und Verleugnung, die bedrohliche Informationen dadurch «bewältigen», daß sie sie aus dem Bewußtsein verbannen. Dennoch stellt uns die adaptive Wirksamkeit der Illusionen vor eine bereits am Anfang dieses Kapitels erwähnte paradoxe Situation. Ein Mensch, der das positive Bild seiner selbst, seiner Kontroll- und seiner Zukunftsmöglichkeiten bewahren will, wird vermutlich gut beraten sein, sich gegen Informationen zu schützen, die diese positive Lebensperspektive in Frage zu stellen drohen. Wie aber gelingt uns das Kunststück, negative Umweltinformationen adaptiv zu nutzen, ohne gleichzeitig die Aufrechterhaltung unseres idealistischen Selbstbildes zu gefährden? Eine erste Antwort besteht darin, daß unsere soziale Umwelt es in der Regel nicht zuläßt, daß wir negativen Informationen in all ihrer Härte ausgesetzt werden. Die Auswirkungen negativer Informationen werden durch den Beistand unserer Mitmenschen vielmehr meist gedämpft und gemildert.

ILLUSIONEN UND
UNSERE SOZIALE UMWELT

Der größte und potentiell zerstörerischste Feind unserer grandiosen Selbstkonzepte ist die soziale Umwelt. Die uns täglich begegnenden Menschen, Familienmitglieder, Freunde und Berufskollegen haben eine beträchtliche Macht über uns, weil sie – wenn sie so wollen – unsere sorgfältig konstruierten positiven Selbstkonzepte zum Einsturz bringen können. Obwohl es unbestreitbar ist, daß Familienmitglieder und Freunde unsere Bestrebungen und Selbsteinschätzungen gelegentlich in Frage stellen, werden diese in der Regel von unseren Mitmenschen doch eher unterstützt als untergraben.

Unsere soziale Umwelt scheint sich verschworen zu haben, uns mit Bestätigungen oder, um einen psychologisch-technischen Begriff zu verwenden, positiven Rückkopplungen *(feedback)* zu versorgen. Die normale soziale Interaktion wird dementsprechend weitgehend von jenen ungeschriebenen Regeln bestimmt, die den Umgang der Menschen untereinander regulieren.[26] Die Menschen bedenken sich in alltäglichen Situationen typischerweise mit Freundlichkeiten wie: «Sie sehen aber heute gut aus», «Sie haben eine sehr schöne Wohnung», «Ihre Kinder sind wirklich gut erzogen». Die zum Abendessen eingeladenen Gäste sagen uns nicht, daß die Bohnensuppe verkocht, der Puddingnachtisch in seiner Konsistenz mißlungen und unser Kleid auf dem Rücken mit einem Fettfleck verziert ist. Wenn man eine Party ausgerichtet hat, ist es daher bisweilen fast unmöglich herauszufinden, ob die Einladung gelungen ist. Man muß sich dann an indirekten Maßstäben wie etwa dem Auftreten von peinlichen Gesprächspausen, an unserer eigenen gastgeberischen Zufriedenheit oder an der Geschwindigkeit orientieren, mit der die Gäste nach dem Essen unser Haus verlassen. Das normale

Sozialverhalten läßt bemerkenswert wenig Spielraum für Offenheit.

Wenn wir uns allerdings gegenseitig offen die Meinung sagen würden, wäre die Grundstruktur unseres sozialen Lebens fundamental gefährdet. In der Forschung gibt es eine *peer review* genannte Usance zur Beurteilung wissenschaftlicher Artikel. Dabei sendet der Autor sein wissenschaftliches Manuskript an ein Fachjournal, das dieses an zwei bis fünf Gutachter aus dem betreffenden Gebiet weitersendet, deren Urteil einige Zeit später anonym abgegeben wird. Da die meisten Gutachter dem eigenen Forschungsgebiet angehören, kennt man sie allerdings in der Regel persönlich. Man erhält daher auch im Bereich der Peer-reviews nur selten die Gelegenheit, zu einer wirklich anonymen Beurteilung der eigenen Forschung und damit zu einer aufrichtigen Beurteilung derselben zu gelangen. Eine der Aufgaben der wissenschaftlichen Tutoren an amerikanischen Universitäten ist die Vorbereitung graduierter Studenten auf ihre ersten Peer-reviews. Diese unter der Bedingung strikter Anonymität stattfindenden und bisweilen mit einem Schuß wissenschaftlicher Rivalität verbundenen Begutachtungen gehen dabei nicht selten mit Beurteilungen einher, die unter anderen Umständen mit Sicherheit als bösartig und grausam empfunden würden. Unsere graduierten Studenten sind von diesen unzensierten Werturteilen daher immer wieder am Boden zerstört; nicht wenige verlassen als Antwort auf diesen qualvollen Initiationsritus sogar ihr Forschungsgebiet. Selbst erfahrene Wissenschaftler und Forscher müssen gelegentlich entdecken, daß sie kritische Bewertungen nur dann einigermaßen schmerzfrei ertragen können, wenn sie deren Inhalt über einige Tage verteilt Stück für Stück aufnehmen.

Ich will hier jedoch nicht den Beweis erbringen, daß sich Menschen unter der Bedingung strikter Anonymität grausam und gemein verhalten können. Viele anonyme wissenschaftliche Gutachten sind hilfreich und gelegentlich auch wohlwollend. Mit diesen Beobachtungen wollte ich vielmehr auf die Tatsache hinweisen, daß die Aufhebung sozialer Normen und die Garantie einer der ehrlichen Beurteilung dienen sollenden Anonymität deshalb zu einer in ihren Konsequenzen vernichtenden Offenheit führen können, weil die unter diesen Kunstbedingungen abgegebenen Einschätzungen auf so drastische Weise von den Urteils- und Umgangsformen abweichen, die wir aus normalen sozialen Situationen gewöhnt sind.

Die Konstruktion unserer sozialen Umwelt

Die meisten von uns konstruieren ihre soziale Umwelt in einer Weise, die dafür sorgt, daß sie in erster Linie positive Beurteilungen erhalten und zugleich negative Beurteilungen vermeiden.[27] Diese sorgfältige Konstruktion unserer Umwelt ist allerdings keineswegs immer als solche erkennbar. Wenn wir zum Beispiel daran denken, wie wir Freunde und Lebenspartner finden, scheint dabei von einer «geplanten Konstruktion unserer sozialen Umwelt» nicht viel die Rede zu sein, vielmehr laufen solche Vorgänge offenbar weitgehend zufällig und *wahllos* ab. Unsere Freunde finden wir etwa unter unseren Arbeitskollegen oder den Nachbarn. Unsere Lebenspartner dagegen lernten wir unter Umständen im Geschichtskurs an der High-School oder bei der Gelegenheit kennen, als uns jemand in einem Supermarkt freundlicherweise dabei half, einen von uns umgestoßenen Stapel von Ketchup-Flaschen wiederaufzubauen. Beim Nachdenken über ihre Beziehungen sind Menschen oftmals überrascht, unter wie zufälligen oder glücklichen Umständen sie ihre Partner kennengelernt haben. Wenn wir die Wohnung auf der anderen Straßenseite nicht gemietet oder uns nicht im letzten Moment für eine spontane Skireise entschieden hätten – dann, so lautet vielfach die rückblickende Einschätzung der Situation, wären wir uns wahrscheinlich nie begegnet. Diese zufälligen Faktoren spielen bei Beziehungen denn auch sicher eine gewichtige Rolle. Wenn man die Sache aber einmal aus einem anderen Blickwinkel betrachtet, stellt sich heraus, daß fast alle menschlichen Beziehungen von den Beteiligten aktiv gestaltet und konstruiert werden. Schließlich begegnen wir in unserem Leben Tausenden von Menschen, unter denen nur einige wenige zu Freunden und Liebespartnern werden. Aus dieser Perspektive steht daher eher die Erkenntnis im Vordergrund, wie *selektiv* der Entstehungsprozeß von Freundschaften und Liebesbeziehungen ist.

Die meisten von uns wählen sich solche Menschen zu Freunden und Liebespartnern, die uns so sehen, wie wir uns selbst zu sehen wünschen. Wir haben in der Regel kein Interesse daran, Eigenschaften zugeschrieben zu bekommen, die wir unserer Meinung nach nicht besitzen. Wenn ein Freund unser Verhalten in einem mürrischen oder achtlosen Augenblick als unsensibel empfindet, strengen wir uns unter Umständen heftig an, diesen falschen Eindruck in Zukunft zu korrigieren und nicht wieder aufkommen zu lassen. Der Wunsch, nicht in den falschen Topf geworfen zu werden, erstreckt sich dabei merkwürdigerweise auf positive wie negative Eigenschaften.[28] Ein Mann, der sich nicht für besonders intelligent hält, ist meist nicht daran interessiert, seine Zeit mit jemandem zu verbringen, der ihn für intelligent hält. Er würde es vielmehr aller Wahrscheinlichkeit nach vorziehen, mit jemandem zusammenzusein, der ihn ebenfalls für nicht besonders klug hält, aber gleichwohl liebt. Wenn unsere Mitmenschen einen falschen Eindruck von uns haben, sehen wir uns – unabhängig davon, ob es sich dabei um einen positiven oder um einen negativen Eindruck handelt – vielfach gezwungen, ein Verhalten beizubehalten, das wir weder als natürlich noch als angenehm empfinden und das unserer

Beziehung zu ihnen insofern eine prekäre Note verleiht, als die drohende Aufdeckung des schrecklichen Geheimnisses unserer wahren Natur jederzeit zu einem Abbruch dieser Verbindung führen kann. Man könnte mit anderen Worten sagen, daß wir vor allem mit Menschen leben wollen, die eine gute Meinung von uns haben. Im Idealfall sollte ein guter Freund oder Liebespartner allerdings sowohl unsere guten Eigenschaften schätzen als auch unsere Mängel kennen – und uns gleichwohl so lieben, wie wir sind.

Der Prozeß der aktiven Konstruktion unserer sozialen Umwelt hat allerdings einen Haken. Wir suchen bevorzugt solche Partner, die wir als uns ähnlich wahrnehmen, stoßen aber dabei unter diesen Umständen auf Menschen, die nicht nur unsere Begabungen teilen, sondern auch als Rivalen angesehen werden könnten.[29] Wie gelingt es den Menschen, ihre Beziehungen so zu gestalten, daß sie von den anderen in ihren bevorzugten Qualitäten erkannt und anerkannt werden, ohne sich zur gleichen Zeit mit potentiellen Konkurrenten zu umgeben? Der Psychologe Abraham Tesser hat sich diesem reizvollen Problem gewidmet und dabei eine interessante Schlußfolgerung gezogen. Wir suchen nach Tesser vor allem solche Freunde, die uns in den für unsere Selbstkonzepte *zentralen* Eigenschaften leicht *unterlegen*, dafür aber in anderen, von uns für etwas *weniger wichtig* erachteten Dingen entsprechend *überlegen* sind.[30] Auf diese Weise können Menschen zu Freunden werden und sich zugleich in friedlicher Weise über die gegenseitige Ausgeglichenheit ihrer Freundschaft verständigen.

Joan zum Beispiel ist eine tüchtige Vertreterin, die gut kochen und Tennis spielen kann, ihre Freundin Donna dagegen eine kompetente Grundstücksmaklerin, die exzellent Ski fährt und etwas von Feinschmeckerei versteht; in diesem Fall können sich die Begabungen der beiden Beteiligten ergänzen, ohne einen Wettbewerb heraufzubeschwören. Joan mag ihre Arbeit und Hobbies für wichtiger halten als Donnas und außerdem glauben, daß sie ihre Aktivitäten etwas besser im Griff hat als ihre Freundin. Das hindert sie aber nicht daran, Donnas Fähigkeiten, das heißt ihre Skikünste, ihr kulinarisches Wissen und ihr Verkaufsgeschick auf dem Grundstücksmarkt hochzuschätzen. Sie weiß, daß diese Dinge sehr wichtig sind, wenn sie auch vielleicht nicht ganz denselben Stellenwert haben wir ihre eigenen Beschäftigungen. In anderen Fällen, wenn sich zwei befreundete Menschen in ihren bevorzugten Fähigkeiten und Beschäftigungen sehr ähnlich sind, kann man dagegen so etwas wie Waffenstillstandsverhandlungen beobachten, in deren Verlauf sich die beiden Beteiligten darüber handelseinig werden, wer sich am ehesten «erlauben» darf, dem anderen auf einem bestimmten Gebiet überlegen zu sein.

Die Kontrolle unserer sozialen Umwelt

Die Auswahl unserer sozialen Partner ist eine der möglichen Methoden, unsere soziale Umwelt so zu gestalten, daß sie uns die Aufrechterhaltung eines schmeichelhaften Selbstporträts gestattet. Eine andere Methode besteht darin, die *Situationen* auszuwählen, in denen wir uns zu bewähren haben. Die sorgfältige Auswahl von Situationen, die uns eine optimale Gelegenheit verschaffen, unsere Fähigkeiten unter Beweis zu stellen, sorgt dementsprechend dafür, daß unsere positiven Selbstkonzepte immer wieder durch die Umwelt bestätigt werden.[31] Dabei nimmt man gemeinhin an, wir würden unsere Berufe nach unseren Begabungen und Interessen auswählen. Soziale Situationen werden darüber hinaus nach Maßgabe dessen ausgesucht, ob sie uns eher freudige als langweilige oder beunruhigende Erfahrungen vermitteln. Wir bemühen uns in beiden Fällen, die Bedingungen dafür zu schaffen, daß wir unser Wissen und Können zum Einsatz bringen. Die Fähigkeit, dieses Problem unter Kontrolle zu halten, ist übrigens vielleicht eine der machtvollsten und folgenreichsten Formen von Kontrolle überhaupt.

Nehmen wir zum Beispiel das erste Kennenlernen von Liebespartnern. Der Partner, der den *Ort* bestimmt, an dem sich das Paar treffen soll, kann die Wahrnehmungen des eingeladenen Partners in beträchtlichem Ausmaß beeinflussen. Denn dieser Ort offenbart dem Gastgeber eine unter Umständen einmalige Gelegenheit, sein Wissen und seine Begabungen unter Beweis zu stellen: So geht man eher chinesisch essen als französisch, weil man über die französische Küche weniger Bescheid weiß, oder man besucht ein Museum, in dem gerade die Bilder aus jener Kunstepoche hängen, in der man sich von allen am besten auskennt, oder man geht eher segeln als Ski fahren, weil man im Segeln viel Routine und sich am Skifahren dagegen noch nie versucht hat. Durch die Auswahl der Situation, in der man die speziellen eigenen Talente zur Schau stellen kann, versetzt man sich zugleich in die Lage, den Eindruck zu modulieren und zu manipulieren, den sich der Partner am Ende von uns bildet. Wie viele junge Frauen ließen sich nicht durch jenen Typus Mann hinreißen, der anfänglich so vielseitig und vielfältig begabt zu sein schien, nur um sich später im Verlauf der Beziehung als ein Schauspieler zu erweisen, der seine im Grunde kärglichen Talente schon in wenigen wohlorganisierten Begegnungen erschöpfend zur Schau gestellt hatte.

Dieser Bericht unterstellt allerdings, solche Situationen würden von den betroffenen Männern zugunsten einer optimalen Darbietung ihrer Vorzüge bewußt manipuliert. Der hier beschriebene Vorgang des «Anmachens» kann sich jedoch unter der stillschweigenden Anleitung durch unsere persönlichen Vorlieben und Interessen auch vollkommen unbewußt abspielen. Man kann ja eigentlich nicht erwarten, daß die das Zusammentreffen mit einem potentiellen Partner arrangierende Person gerade solche Situationen auswählt, die sie weder durchschauen noch genießen kann. Es erscheint vielmehr nur natürlich, wenn sie sich hierbei Umstände aussucht, unter denen sie sich am besten amüsieren und darstellen kann. Da man also typischerweise solche Situationen auswählt, die einem vertraut und lieb geworden sind, kommt es bei der Wahl eines Liebestreffpunktes vielfach *unabsichtlich* dazu, daß man sich mit diesem Arrangement zugleich eine Arena für die Darbietung der eigenen Vorzüge geschaffen hat. Die Fähigkeit, jene sozialen Situationen zu selektieren, in denen man am besten dasteht, beeindruckt und überrascht ja letztlich nicht nur die anderen, sondern auch uns selbst.

Wir kontrollieren also auf die hier beschriebene Weise nicht nur die Mitspieler in unserer sozialen Umwelt, sondern auch die Bühne, auf der sich unser Leben abspielt. Gibt es eine bessere Methode, um sicherzustellen, daß sich die Dinge genauso abspielen, wie wir es wünschen? Mit einer Bemerkung von Russell Baker: «Die meisten von uns sind auf einer wenn auch vielleicht unbewußten Suche nach jenem Kommunikationsmedium, das unsere speziellen Bedürfnisse zur Herstellung von produktiven und positiven Mißverständnissen über unsere Person am besten erfüllt. Und wir benötigen diese Mißverständnisse, um das Chaos unseres Lebens sinnvoll und damit erträglich aussehen zu lassen. Am glücklichsten weggekommen sind dabei Männer wie Homer oder Shakespeare, die wir nahezu ausschließlich über ihre Dichtungen kennen, was mit anderen Worten bedeutet, daß wir sie ziemlich genau so verstehen, wie sie verstanden werden wollten, und nicht besser – was allerdings anderseits wieder heißt, daß wir sie in Wirklichkeit gründlich mißverstehen. Die meisten von uns begreifen nicht, daß wir bei dem Versuch, die Aufmerksamkeit unserer Umwelt oder, wenn Sie so wollen, eine öffentlichkeitsfähige Form der Selbstexpression zu finden, in Wahrheit nach einem Mittel fahnden, das unsere private oder öffentliche Umwelt daran hindert, uns mit ihrer schrecklichen Verständnisinnigkeit herabzusetzen und zu entwürdigen.»[32]

Die Fähigkeit, die mit uns interagierenden sozialen Mitspieler und die unser Verhalten einfassenden sozialen Rahmenbedingungen unter Kontrolle zu bringen, nimmt mit dem Alter zu. Man fragt sich dabei manchmal, ob wir das mit dem Erwachsenwerden üblicherweise einhergehende Selbstbewußtsein wirklich unserer Reifung oder nicht vielmehr der Tatsache verdanken, daß wir als Erwachsene gelernt haben, bei der Auswahl unserer Freunde und bei der Konstruktion unserer sozialen Umwelt eine Grundsituation herzustellen, die gleichermaßen der Zurschaustellung unserer Begabungen wie der Verdeckung unserer Fehler dienlich ist. Der von Selbstzweifeln und mangelnder Selbstachtung geplagte Adoleszent dagegen wird mit einer verwirrenden Vielfalt von Situationen und Altersgenossen konfrontiert, der er sich beim besten Willen nicht entziehen kann. Teenager werden beinahe täglich in allen denkbaren Lebensbereichen – Musik, Kunst, Mathematik, Sport, Schreiben – auf die Probe gestellt. Damit aber bleibt ihnen die Möglichkeit der Erwachsenen versagt, jene Situationen zu meiden, die unsere Selbstzweifel verstärken und die Entwicklung eines positiven Selbstkonzeptes behindern. Besteht unsere vielgerühmte Reife also letztlich nur darin, daß wir lernen, unsere persönliche soziale Umwelt auf eine für uns möglichst vorteilhafte Weise auszugestalten?

Sozialer Rückhalt

Die Rolle sozialer Beziehungen besteht jedoch wahrscheinlich nicht allein darin, die gutartigen Trugbilder unseres Denkens ungehindert durchzulassen. In den letzten Jahren ist Psychologen und Ärzten zunehmend bewußt geworden, daß eine intakte Familie und ein enger Freundeskreis ihren Patienten mehr bedeuten als einfaches soziales Wohlbefinden. Der unter dem Begriff soziale Unterstützung oder sozialer Rückhalt *(social support)* bekannt gewordene psychologische Faktor ist vielmehr für unsere psychische und physische Gesundheit von größter Bedeutung.[33] Dieser soziale Rückhalt kann sich in den verschiedensten Formen äußern: in der Liebe und Unterstützung, die man von seiner unmittelbaren Familie erfährt, in der Solidarität und den Aktivitäten guter Freunde, in der aus der Mitarbeit bei einer Wohltätigkeitsorganisation gewonnenen Begeisterung und Sinnerfüllung und schließlich selbst in der Zuneigung und Treue eines Haustiers. Es liegt bereits eine Vielzahl von Forschungsergebnissen vor, die unter Beweis stellen, daß Menschen mit intaktem sozialen Rückhalt nicht nur seltener von schweren wie leichten Krankheiten befallen werden, sondern sich auch darüber hinaus von einmal aufgetretenen Erkrankungen schneller erholen.[34] Menschen mit einem solidarischen sozialen Umfeld verfügen zudem über eine bessere psychische Gesundheit und sind sowohl für Depressionen als auch für andere, insbesondere streßerzeugte emotionale Störungen weniger anfällig.

Die Bedeutung des sozialen Rückhalts wurde bei den Interviews auf dramatische Weise deutlich, die ich vor einigen Jahren mit meinem Team bei Brustkrebspatientinnen durchgeführt habe.[35] Einige dieser Frauen hatten besonders intakte und starke Familien, sie wurden dementsprechend von der fürsorglichen Liebe ihrer Ehemänner, Kinder und nahen Freunde schützend umgeben. Eine andere Gruppe von Frauen dagegen, von denen viele geschieden oder verwitwet waren, lebte alleine, von ihren Kindern durch große Entfernungen getrennt und in ihren sozialen Kontakten sehr eingeschränkt. Der Einfluß dieser Unterschiede wurde besonders an einer Untergruppe von Frauen offensichtlich, die sich mit Ausnahme der von ihnen erfahrenen sozialen Unterstützung in ihren übrigen Eigenschaften von den anderen Gruppen bemerkenswert wenig unterschied. Die Patientin Emily war mit einem Bauunternehmer verheiratet und hatte drei in der näheren Umgebung wohnende Kinder. Die Interviews mit ihr gestalteten sich durch die vielen Unterbrechungen etwas schwierig, die durch das bei ihr herrschende rege Familienleben entstanden. Ununterbrochen klingelte das Telefon. Ständig stürmten Kinder herein und heraus, die ihre Sachen irgendwohin schmissen und das Haus nach einem flüchtigen Kuß ihrer Großmutter rasch wieder verließen, um ihren mannigfachen Beschäftigungen nachzugehen. Das Haus beherbergte überdies zwei große Hunde, die offensichtlich gewohnt waren, jeden Besucher enthusiastisch begrüßen zu dürfen. Selbst der vielbeschäftigte Ehemann rief während der zwei Stunden unseres Besuchs aus seinem Büro an, um ein kurzes Pläuschchen mit seiner Frau zu halten.

Auf sich allein gestellt, wäre Emily wahrscheinlich keine besonders starke Problemlöserin *(coper)* gewesen. Sie nahm ihre Medikamente nicht nach dem vorgeschriebenen Zeitplan ein und versäumte bisweilen sogar die Krankenhaustermine für ihre Chemotherapie. Obwohl sie mehrere persönliche Lebensziele wie zum Beispiel das Schreiben eines Kochbuches erwähnte, hatte sie die meisten davon nicht verwirklicht. Ungeachtet dessen hatte sie drei Kinder erfolgreich großgezogen und war in ihrer Gemeinde wegen ihres karitativen Engagements allgemein sehr geschätzt.

Man trifft Krebspatienten oft in einer kämpferischen Stimmung und voll wilder Entschlossenheit zur endgültigen Überwindung ihrer Krankheit an. Emily war hiervon nichts anzumerken. Sie schien durch ihre Krebskrankheit eher verwirrt zu werden, konnte sich nicht recht erklären, wie sie überhaupt dazu gekommen war, und wußte sich keinen Rat, was sie im Augenblick zur Verbesserung ihrer Heilungs-chancen unternehmen sollte. Ihre Familie schien im Gegen-satz hierzu von Zweifeln über das, was der Patientin am besten täte, nicht übermäßig geplagt zu sein. In einem später durchgeführten Interview gab der Ehemann zu, daß er sich mit seinen Kindern dazu verschworen hatte, das Leben der Mutter so erfüllt und fröhlich wie möglich zu gestalten. Allem Anschein nach war dieser Plan erfolgreich in Erfüllung gegangen. Trotz der Schwierigkeiten mit ihrer Krebserkran-kung wirkte Emily heiter und gelassen und schien sich in der Wärme ihrer Familie zu sonnen.

Einige Wochen später interviewten wir die Patientin Linda, die auch in Los Angeles, und zwar ganz nahe bei Emily, wohnte. Linda war zwei Jahre jünger als Emily; ihr Mann war Rohstoffhändler gewesen und mit Anfang vierzig eines plötz-lichen Todes gestorben. Lindas Kinder waren über den gan-zen Erdball verstreut. Ein Sohn reiste gerade mit seiner Freun-din durch Europa und beabsichtigte, sich nach seiner Rück-kehr in Oregon anzusiedeln. Eine Tochter lebte in Atlanta, die andere in Boston. Den Angaben Lindas zufolge war die Fa-milie früher sehr eng zusammengeschlossen gewesen, nach dem frühen Tod des Vaters aber sei der Familienverband aus-einandergebrochen, jetzt bestehe der Kontakt mit ihren Kin-dern im wesentlichen aus kurzen Telefonanrufen, die in mehr-wöchentlichen Abständen erfolgten. Zum Zeitpunkt unseres Interviews lebte Linda bereits seit fünf Jahren allein. Sie hatte in dieser Zeit einige jener schrulligen Angewohnheiten ent-wickelt, wie sie für Menschen nicht untypisch sind, die zu lange in Isolation gelebt haben. Da sie niemand hatte, der ihre Gedanken täglich mit ihr teilte, entledigte sie sich derselben auf mitunter unpassende Weise im Gespräch mit Fremden, darunter auch unser Interviewer. Sie meinte, alle ihre Pro-bleme ließen sich lösen, wenn sie nur einen männlichen Part-ner finden könnte. Wie viele geschiedene oder verwitwete

Frauen in den Fünfzigern stand sie da allerdings vor keiner leichten Aufgabe. Linda lernte zwar viele Männer kennen, aber einige waren verheiratet und die anderen oft nur an einer flüchtigen Beziehung interessiert.

Aus medizinischer Sicht waren sich die Fälle von Emily und Linda bemerkenswert ähnlich. Beide hatten in den äußeren Anteilen der linken Brust relativ große Tumoren entwickelt. Obwohl beide Frauen den Tumor in ihrer Brust früh bemerkt hatten, zögerten sie den fälligen Arztbesuch mehrere Monate lang hinaus, so daß ihre Tumoren zum Zeitpunkt der Diagnosestellung ziemlich weit fortgeschritten waren. Bei der Wahl des chirurgischen Verfahrens entschied sich Emily für eine Lumpektomie (Entfernung nur des Tumors), Linda für eine Mastektomie (Entfernung der ganzen Brust). Nach der Operation wurde bei beiden Frauen mit einer sechsmonatigen Chemotherapie begonnen. Zum Zeitpunkt des Interviews schienen beide Frauen weitgehend symptomfrei zu sein. Ihre Einstellung zur Zukunft war von einem vorsichtigen Optimismus gekennzeichnet.

Als wir die beiden Patientinnen drei Jahre später zur Informationsvertiefung anriefen, erfuhren wir, daß Linda bereits zwei Jahre zuvor verstorben war. Emily dagegen ging es ausgezeichnet. Ihre Familie brachte ihr nach wie vor die von ihr benötigte Unterstützung und Wärme entgegen, außerdem hatte sie in letzter Zeit mit ihrem Mann einige besonders anregende Urlaubsreisen unternommen. Sie schien noch zufriedener und glücklicher zu sein als bei unserem ersten Gespräch.

Die Fälle von Linda und Emily waren, wie bereits gesagt, mit Ausnahme der von beiden Frauen genossenen sozialen Unterstützung in vieler Beziehung bemerkenswert ähnlich. Sie waren fast gleich alt, hatten ein aus medizinischer Sicht recht ähnliches Krankheitsbild, befanden sich in einer ungefähr vergleichbaren ökonomischen Situation und hatten schließlich beide drei Kinder. Mit dem geübten Auge eines Psychologen ließen sich in den Bewältigungsstrategien *(coping abilities)* beider Frauen bestimmte Schwächen und Lükken erkennen, vor allem aber war die eine in einem warmen und hilfsbereiten sozialen Netzwerk geborgen, während die andere sich vergeblich um die Herstellung eines solchen bemühte.

Es ist so gut wie unmöglich, mit Bestimmtheit zu behaupten, der unterschiedliche Verlauf beider Erkrankungsfälle sei durch das unterschiedliche Ausmaß des für beide Frauen verfügbaren sozialen Rückhalts *verursacht* worden. Vielleicht gab es Unterschiede in ihren medizinischen Heilungschancen, die den Ärzten und uns verborgen geblieben waren. Vielleicht hatte Linda den Wegzug ihrer Kinder durch ihre Persönlichkeitsmerkmale oder Verhaltensweisen selbst heraufbeschworen. Wenn dem allerdings so war, dann fiel es unserem Interviewer recht schwer herauszufinden, worin diese Merkmale und Verhaltensweisen bestehen sollten. Man bleibt also angesichts all dessen immer noch versucht, ernstlich mit dem Gedanken zu spielen, der von beiden Frauen erfahrene unterschiedliche soziale Rückhalt sei für den Verlauf ihrer Erkrankung zumindest mitbestimmend gewesen.

Wie kommt es, daß sozialer Rückhalt zu einem so wirksamen Schutz gegenüber Streßereignissen werden kann? Auf welche Weise führt soziale Geborgenheit zu einer relativen Freiheit von emotionalen Problemen und verbesserten Heilungsaussichten bei körperlichen Krankheiten? Eine Antwort liegt natürlich darin, daß Familie und Freunde konkrete Hilfe leisten können. Wenn Emily Medikamente aus der Apotheke brauchte, dann gab es in ihrem Leben mindestens vier Menschen, die ihr Aufgaben dieser Art jederzeit abnehmen konnten, falls sie sich selbst zu schwach dazu fühlte oder ihr auch nur einfach nicht danach war, einkaufen zu gehen. Lindas Erledigungen blieben dagegen entweder unerledigt, oder sie machte sich, ihrer eigenen Müdigkeit oder Unwilligkeit zum Trotz, selbst auf den Weg. Ein weiterer Aspekt sind die nützlichen Informationen, die Familie und Freunde, und oft nur dieser enge Personenkreis, für das eigene Leben beisteuern können. Zuhörer zu haben ist ein weiterer unschätzbarer Vorteil. Wenn Emily einen schlechten Tag hatte oder einfach nur jemanden zum Klönen brauchte, stand ihr jederzeit eine hauseigene Zuhörerschaft zur Verfügung. Das Mitteilungsbedürfnis von Linda ließ sich dagegen nur selten stillen. Wenn sie zu reden versuchte, begannen sich die Gedanken in ihrem Kopf im Kreise zu drehen. Es gab nur wenige Menschen, an die sie sich wenden konnte, wenn sie Rat und Hilfe brauchte.

Die emotionale Unterstützung durch Freunde und Familie ist letztlich der wohl wichtigste Faktor in unserer Rechnung. Auf die Frage, welche Formen der Unterstützung durch andere Menschen ihnen am meisten bedeuten, setzen die meisten Befragten Liebe oder Zuneigung an die erste Stelle. Emotionaler Beistand erzeugt ein Gefühl der Wärme und Zufriedenheit, das die eigene emotionale Leistungsfähigkeit deutlich verbessern kann.[36] Auf welche Weise er zugleich die körperliche Erholung von Krankheiten beeinflußt, ist dagegen noch nicht ganz geklärt. Eine zufriedene und glückliche Stimmung könnte zum Beispiel ein verändertes biochemisches Milieu in unserem Körper hervorrufen, das Heilungsvorgänge begünstigt; auch direkte Einflüsse auf die immunologischen Funktionen scheinen denkbar. Die genauen Mechanismen sind jedenfalls noch ungeklärt. Der heilsame Einfluß emotionalen Beistands auf unsere körperliche und seelische Gesundheit steht allerdings als Tatsache wenig in Zweifel.

Es gibt natürlich auch Situationen, in denen Familie und Freunde die Dinge nur noch schlimmer machen können.[37] So kann zum Beispiel ein Abiturient, der sich nicht schlüssig ist, welches Fach er studieren soll, an einer Familie wenig Halt finden, in der seine Eltern, Geschwister, Onkel und Tanten allesamt mit einer eigenen Meinung zu dem aufwarten, was ihrer Meinung nach «das beste für ihn» sei. Manchmal wendet man sich an seinen Partner um emotionalen Beistand, erhält aber statt dessen nur kluge Ratschläge, wie man sich hätte verhalten müssen, um gar nicht erst in eine Notlage zu kommen. Unter solchen Bedingungen kann sozialer «Beistand» eine ohnehin streßvolle Situation noch weiter verschlimmern. Im ganzen scheinen solche Situationen allerdings eher die Ausnahme als die Regel zu sein. Es besteht kein Zweifel an der Tatsache, daß Freunde und Verwandte mit ihren gutgemeinten Hilfsangeboten bisweilen aufdringlich und taktlos wirken können, ihre Gegenwart, Wärme und Hilfsbereitschaft führen aber in den meisten Fällen dennoch eher zum Erfolg als zum Scheitern.

Die Verfügbarkeit sozialen Beistands kann insbesondere in streßvollen Lebensabschnitten, in denen unser Selbstbild, unser Weltbild und unsere Zukunftsvorstellungen auf die Probe gestellt werden, dazu beitragen, Krisenerfahrungen zu mildern und aufzufangen. Nahe Freunde und Familienmitglieder können den negativen Folgen der streßerzeugenden Geschehnisse entgegenwirken, indem sie das Selbstbewußtsein der Betroffenen aktiv zu stärken versuchen und ihnen das Gefühl geben, bei der Bewältigung ihrer Krisenzeit ständig von der Hochschätzung und Liebe ihrer Mitmenschen getragen zu sein. Auch das Gefühl, den Einfluß auf die Ereignisse nicht verloren zu haben, kann durch andere verstärkt werden, indem der Betroffene durch hilfreiche Ratschläge, konkrete Maßnahmen, ermutigenden und hoffnungsvollen Zuspruch und vor allem durch das ihm von den anderen entgegengebrachte Vertrauen in die Lage versetzt wird, sich selbst und die eigene Lage wieder optimistischer zu sehen.

DIE KOGNITIVE KONTROLLE
NEGATIVER INFORMATION

Die selbstbestätigende Konstruktion unserer sozialen Umwelt ist eines der wichtigsten Hilfsmittel zur Aufrechterhaltung unserer übertrieben positiven Konzepte von Selbst, Welt und Zukunft. Damit ist aber die entscheidende Frage noch nicht beantwortet, wie wir aus negativen Informationen zu lernen vermögen.

Nicht alle negativen Informationen sind nützlich. Manche sind gegenstandslos oder allenfalls für eine einzelne Episode in unserem Leben von Bedeutung. Die gelegentlichen bissigen Bemerkungen unserer Freunde oder ein kleiner Streit mit unserer chemischen Reinigung über die letzte Rechnung, all das gehört zu jener Art von isolierten negativen Ereignissen, denen wir regelmäßig begegnen und die für unser zukünftiges Verhalten an sich von geringer oder gar keiner Wichtigkeit sind. Die zur Bewältigung dieser kleinen und letztlich bedeutungslosen Kränkungen und Ärgernisse des Lebens bevorzugt angewandte kognitive Strategie besteht meines Erachtens im Ignorieren oder Vergessen der betreffenden Ereignisse. Mit anderen Worten: Wir versuchen, uns die betreffenden Geschehnisse so schnell und so gründlich wie möglich aus dem Kopf zu schlagen.

Andere negative Informationen können jedoch durchaus von Nutzen sein, weil sie etwas Wichtiges über uns selbst sagen; ich nenne dies «diagnostische Information». Die meisten Menschen sind zumindest in einigen Lebensbereichen – sei es die Führung geschäftlicher Dinge, Tennisspielen oder die neueste Tanzmode – unbegabt. Manche dieser Fehler und Mängel sind von relativ geringer Konsequenz, andere dagegen stellen uns vor größere Probleme, weil sie, etwa durch die Folgen extremer Schüchternheit oder grotesker Fettsucht, wesentliche Teile unseres Verhaltensrepertoires in Mitleidenschaft ziehen können. Die sozialen und mentalen Strategien zur Bewältigung negativer Informationen unterscheiden sich dabei vor allem in bezug auf die zwei Merkmale der Diagnostizität *(diagnosticity)* und der Umfassendheit *(pervasiveness)*. Unter dem Begriff *Diagnostizität* verstehe ich das Ausmaß, in dem eine negative Information für eine bestimmte dauerhafte Eigenschaft des Selbst bezeichnend ist. Der Terminus *Umfassendheit* bezieht sich dagegen auf die Frage, ob die in Rede stehende Schwäche oder Defizienz des Selbst auf einen umschriebenen Lebensbereich wie etwa das Volleyballspielen begrenzt bleibt, oder ob sie wie zum Beispiel die Schüchternheit dazu tendiert, in verschiedenste Lebensbereiche vorzudringen. Ich glaube, daß die diagnostischen und umfassenden Implikationen von negativer Information in unserem Bewußtsein getreulich, aber in möglichst gutartiger Form abgebildet werden.[38] Wie schon George Orwell in seinem Roman «*1984*» so treffend bemerkte, «besteht das Geheimnis des Regierens darin, den Glauben an die eigene Unfehlbarkeit mit der Fähigkeit zu verbinden, aus den früheren Fehlern zu lernen»[39]. Dies ist denn auch eine der Aufgaben, die das gesunde Denken erfüllen muß und auch tatsächlich mit großer Geschicklichkeit zu erfüllen versteht.

Selektive Aufmerksamkeit

Es ist unmöglich, in dieser Welt zu leben, ohne negativen, schmerzlichen und unerfreulichen Informationen oder Ereignissen zu begegnen. In manchen Fällen werden wir von schweren Schicksalsschlägen wie etwa dem Tod eines geliebten Menschen oder der Diagnose einer ernsthaften Erkrankung getroffen. Andere, weniger dramatische Geschehnisse dagegen erleben wir als jene unvermeidlichen Rückschläge des Alltags, die uns täglich oder wöchentlich über den Weg laufen. Wir können uns diese Rückschläge als die kleinen Kränkungen des Lebens vorstellen, unerfreuliche Ereignisse ohne große Bedeutung oder bleibende Konsequenzen, die uns allenfalls gelegentlich ein zeitweiliges Unbehagen bescheren. Wir alle haben solche Erfahrungen häufig gemacht, hätten aber auf Befragen einige Schwierigkeiten, mit einer Vielzahl spezifischer Beispiele aufzuwarten. Zwar wissen wir genau, um welche Art von Ereignissen es sich handelt – ein unfreundlicher Taxifahrer, ein irritierter Verkäufer in einem Lebensmittelgeschäft, ein von unserem rücksichtslosen Hund verärgerter Nachbar –, es fällt uns aber dennoch auffallend schwer, mehr als nur ein paar spezifische Geschehnisse aus unserem Leben zu erinnern. Das aber ist exakt der springende Punkt: Wir neigen dazu, Ereignisse dieser Art gerade deshalb zu ignorieren, weil sie keine bleibenden Auswirkungen auf unser Selbstvertrauen und unsere Selbstachtung haben. Sie bleiben eben tatsächlich folgenlos.

Auf welche Weise erkennen wir, daß diese kleinen Kränkungen nach ihrem Auftreten keine bleibenden Folgeschäden hinterlassen haben? Eine Methode besteht in der selektiven Beachtung positiver und der selektiven Mißachtung negativer Information. Dazu ein Beispiel: Eine attraktive Frau Mitte fünfzig fährt auf dem linken Fahrstreifen eines Highways, sie fährt langsamer, als erlaubt wäre. Hinter ihr sitzen ein paar ungeduldige junge Männer in einem Pick-up und gestikulieren mit lautem Hupen, sie solle nach rechts ausweichen. Als die Rüpel endlich überholen können, rufen sie abfällige Bemerkungen über den Fahrstil der Frau aus dem Fenster und brausen schließlich davon. Die Frau aber verhält sich während des ganzen Geschehens wie abwesend. Sie dreht sich kein einziges Mal nach den jungen Männern um und überprüft nicht einmal im Rückspiegel, woher all das Hupen kommen mochte. Hat sie denn gar nicht bemerkt, was vor sich geht? Sie muß es eigentlich bemerkt haben. Merkt sie nicht, daß das aggressive und beleidigende Verhalten der jungen Männer gegen sie gerichtet ist? Auch hier ist so gut wie sicher, daß sie es merkt. Wird sie sich im späteren Verlauf des Tages an das Ereignis erinnern? Wahrscheinlich nicht, jedenfalls bei weitem nicht so deutlich wie jemand, der sich mit den jungen Männern auf ein Wortgefecht eingelassen hätte.

Die selektive Aufmerksamkeit ist ein wundervoller Filter zur Aussortierung negativer Information. Sie arbeitet im Interesse unseres Selbstschutzes, indem sie die Umwelt nach potentiellen Irritationen oder Beleidigungen absucht und dann unsere volle Aufmerksamkeit von ihnen ablenkt. Selektive Aufmerksamkeit wird von allen Menschen auf je verschiedene Weise als Schutzmechanismus gegen belastende oder anderweitig negative Ereignisse benützt. Manche Leute schauen im Kino bei angsterregenden oder gruseligen Szenen einfach weg. Andere suchen die Überschriften in der Morgenzeitung nach jenen Artikeln durch, die sie nicht lesen wollen. Wir vermeiden den Umgang mit einem sehr erfolgreichen Freund, in dessen Gegenwart wir uns und unsere Errungenschaften plötzlich in einem schlechten Licht zu sehen beginnen. Wir versuchen mit anderen Worten, den Folgen schlechter Neuigkeiten auf vielen Neben- und Schleichwegen zu entkommen.

In der psychologischen Fachsprache hat man diese kognitive Strategie mit den Begriffen «selektive Aufmerksamkeit» und «selektive Enkodierung» beschrieben. Man konnte mittlerweile in vielen psychologischen Forschungsuntersuchungen nachweisen, daß Menschen ihre Aufmerksamkeit nicht nur auf hochgradig selektive Weise verteilen, sondern zugleich dazu tendieren, bei der Informationsaufnahme hochgradig selektiv vorgehen.[40] Dabei sorgen diese Strategien insbesondere dafür, daß das *Selbst* betreffende Informationen im positiven Fall zugelassen, begrüßt oder sogar aktiv gesucht, im negativen Fall dagegen abgewiesen werden.

Gesunde Vergeßlichkeit

Eine weitere kreative Methode, unangenehmen Urteilen über uns auszuweichen, besteht darin, diese so schnell wie möglich zu vergessen.[41] Die meisten von uns haben sich schon einmal hier und da eine unfreundliche Beurteilung eingehandelt. Eine alte Freundschaft geht zum Beispiel bisweilen mit der gegenseitigen Anklage mangelnden Feingefühls oder grober Rücksichtslosigkeit zu Ende. Oder wir senden einen Artikel bei einer Zeitschrift ein und werden mit einer einzeiligen Ablehnung abgespeist. Obschon sich Informationen dieser Art in der Regel mit einiger Mühe aus unserem Gedächtnis hervorzerren lassen, geschieht es doch äußerst selten, daß sie spontan in Erinnerung gerufen werden. Wir versuchen, sie zu ignorieren, zu vergessen und schließlich in einem entlegenen Teil unseres Gedächtnisses zu verstauen, aus dem sie so leicht nicht an die Oberfläche kommen können. D. R. Wixon und James Laird haben dieses Phänomen treffend kommentiert: «Als Geschichtsschreiber unseres eigenen Lebens scheinen wir einerseits ziemlich nachlässig zu arbeiten, während wir bei anderen Gelegenheiten als eine Art Revisor auftreten, der das Buch der Vergangenheit mit dem Ziel umzuschreiben versucht, die Gegenwart zu rechtfertigen.»[42]

Dieser Vorgang ist im übrigen weit weniger kompliziert, als es scheinen mag. Erinnerung wird durch Assoziationen organisiert. Ähnliche Ereignisse oder Vorstellungen werden in Gruppen zusammengefaßt und mit anderen verwandten Gruppen von Ereignissen oder Vorstellungen verbunden.[43] Wenn wir nun auf ein sehr negatives, aber ungewöhnliches Ereignis – wie etwa den Vorwurf, rücksichtslos gehandelt zu haben – treffen, finden sich für dessen Speicherung in unserem Gedächtnis kaum brauchbare Anknüpfungspunkte. Die meisten Menschen halten sich bekanntlich für alles andere als rücksichtslos; sie sind vielmehr jederzeit bereit, uns mit ungezählten und scheinbar mühelos aus dem Gedächtnis hervorgezauberten Belegen ihres feinfühligen und taktvollen Verhaltens zu versehen. Die erwähnte vereinzelte Anklage wegen Rücksichtslosigkeit streunt nun auf der Suche nach verwandten Geschehnissen, mit denen sie eventuell gemeinsam untergebracht werden könnte, etwas ratlos durch unser Gedächtnis. Mangels passender Unterkunftsmöglichkeiten wird sie sich vielleicht unter der Rubrik «unverschämte Bemerkungen, die Menschen machen, wenn sie böse auf uns sind» oder etwa der Kategorie «unerfreuliche Nebenwirkungen einer zerbrechenden Freundschaft» einordnen. Es erscheint jedoch unwahrscheinlich, daß ein einzelner Vorwurf der Rücksichtslosigkeit das von uns gehegte Selbstbild einer feinfühligen, liebevollen, fürsorglichen, zuvorkommenden und großzügigen Persönlichkeit in nennenswerter Weise beeinflussen wird. Dieses gutgeschützte Selbstbild ist vielmehr in unserem Gedächtnis mit viel zu vielen Informationen und Assoziationen verknüpft, als daß es sich durch eine solche Einzelbeobachtung einfach zunichte machen ließe. Dabei wird der Vorwurf nicht eigentlich vollkommen vergessen, sondern eher auf eine Art und Weise gespeichert, die eine spätere spontane Erinnerung unwahrscheinlich macht und seine kritischen Konsequenzen für unser Selbstbild generell minimalisiert.[44]

Unsere Vergeßlichkeit gegenüber Enttäuschungen ist bisweilen recht erstaunlich. Ich wurde zum Beispiel vor kurzer Zeit bei der Vorbereitung meiner Einkommensteuererklärung auf schmerzliche Weise mit der Wirklichkeit konfrontiert. Bei der Vorabschätzung des Einkommens meiner Familie in dem betreffenden Steuerjahr hatte ich die Verkaufserlöse meines kürzlich erschienenen Buchs mit einer bestimmten Summe angesetzt, die dann in der Realität nur ungefähr ein Viertel dessen betrug, was ich offensichtlich erwartet hatte. Dabei war ich von meinen erschreckend geringen Bucheinkünften eigentlich weniger überrascht als davon, daß ich an-

scheinend tatsächlich damit gerechnet hatte, eine so viel größere Summe einzunehmen. Als das Geld endlich eintraf, hatte
ich meine Erwartungen dann allerdings wieder so weit im
Griff, daß ich es eher als eine willkommene Aufbesserung der
Haushaltskasse entgegennahm denn als jene große Enttäuschung, die es eigentlich hätte werden müssen.

Wie aber hatte ich es in der Zeit davor geschafft, die Enttäuschung über die geringen Bucheinkünfte zu vergessen? Wahrscheinlich hatte alles schon damit begonnen, daß ich meine
Bucheinnahmen schon deshalb massiv überschätzte, weil ich
mich zum Weiterschreiben bringen wollte. Wer würde sich
denn noch die Mühe machen, ein Buch zu schreiben, wenn er
von vorneherein wüßte, daß sein effektiver Arbeitslohn am
Ende siebenunddreißig Cent pro Stunde beträgt? Außerdem
hatte die Vision lukrativer Einnahmen meine Motivation auch
während der bei einer solchen Arbeit unvermeidlich eintreten-
den schöpferischen Pausen am Leben erhalten und brachte
mich dazu, auch an heißen Sommertagen immer wieder an
den Schreibtisch zurückzukehren. Wann aber hatte ich meine
finanzielle Phantasie tatsächlich aufgegeben? Wann war sie
mir bequemerweise aus dem Gedächtnis entfallen, so daß ich –
als sie sich dann nicht verwirklichen ließ – vor Enttäuschung
bewahrt blieb? Der ganze Vorgang muß sich schrittweise abgespielt haben. Das Manuskript wurde an den Verlag abge-
schickt, ich begann an einem neuen Buch zu arbeiten, an dem
sich bald meine Hoffnungen entzünden sollten, während
meine Erwartungen bezüglich des abgeschlossenen Manuskripts langsam der Vergessenheit anheimfielen. Von dem
neuen Buch dagegen versprach ich mir weit mehr, war es doch
viel besser und zugleich in einer für die allgemeine Öffentlichkeit viel interessanteren Weise geschrieben. Erst jetzt erkannte
ich, wie bescheiden sich mein voriges Buch im Rückblick aus-
nahm – jedenfalls jetzt, da ich mich doch auf dem Weg in eine
vielversprechende Zukunft befand. Das alte Buch verwandelte

sich in eine geistige Fingerübung, ein bloßes Zukunftsexperiment, eine wertvolle Lernerfahrung, die mir bei meinen unmittelbar bevorstehenden literarischen Leistungen zugute kommen würde. Es verwandelte sich mit anderen Worten von einem eigenständigen Ziel in ein bloßes Mittel zum Zweck. Meine Illusionen waren aus ihrer letzten Heimat ausgezogen, um sich einer neuen Unternehmung anzuschließen.

Dieser Prozeß des gutartigen Vergessens kommt vielen Menschen zugute. Wenn sich eine etwas über vierzigjährige Mutter, deren Kinder gerade das Elternhaus verlassen haben, dazu entschließt, eine Kleiderboutique zu eröffnen, wird sie naturgemäß dazu neigen, sich diese als eines der bestbesuchten und erfolgreichsten Geschäfte in der ganzen Stadt vorzustellen, das sie ganz nebenbei noch zur wohlhabenden Frau macht. Wer setzte sich schon den Fehlschlägen und bitteren Sorgen aus, die mit der Eröffnung eines kleinen Ladengeschäfts normalerweise verbunden sind, wenn zu erwarten wäre, daß der Laden nur mittelmäßig besucht und das ganze Geschäft in ungefähr drei Jahren zusammenbrechen würde – ein Phänomen, von dem unglücklicherweise die überwiegende Mehrheit der amerikanischen Kleinunternehmen betroffen ist? Es scheint beinahe so zu sein, daß man, um sich überhaupt für ein neues Vorhaben entschließen zu können, fest an den zukünftigen Erfolg des betreffenden Geschäftsvorhabens glauben muß. Zwischen den anfänglichen Wunschvorstellungen und dem tatsächlichen Ergebnis vermittelt dann das gutartige Vergessen. Falls das Geschäft sich im Lauf der Zeit behauptet und zu einer wenn auch bescheidenen, so doch stabilen Einkommensquelle entwickelt, ist der Besitzer unter Umständen von diesem realen Erfolg so beglückt, daß es ihn sehr überraschen würde, wenn man daran erinnerte, was für wilde Erfolgsträume er anfänglich damit verbunden hatte.

Während hochfliegende und unrealistische Erfolgserwartungen in der Entstehungsphase eines Projekts eine sehr wertvolle, ja vielleicht unentbehrliche Funktion erfüllen, besteht also keine besondere Gefahr, daß sich eine später eintretende Widerlegung dieser Erwartungen verheerend auf das Selbstgefühl der Betroffenen auswirken muß. Im Laufe der Zeit verschiebt sich die Aufmerksamkeit der Menschen ohnehin von ihren Traumvorstellungen zu den eher banalen Aufgaben, die für deren Verwirklichung durchgeführt werden müssen; in dieser Phase sieht man selbst kleine Fortschritte auf das ursprüngliche Ziel als Erfolg an. Schließlich vergißt man dann sowohl den anfänglichen Traum wie die Tatsache, daß man ihn schon vergessen hat. Auch hier zeigt die im Roman «1984» dokumentierte fiktive Philosophie ein beklemmendes Verständnis der menschlichen Psyche. Hören wir noch einmal George Orwell: «Man wird sehen, daß die Kontrolle über die Vergangenheit vor allem von der Schulung des Gedächtnisses abhängt. Dafür zu sorgen, daß alle schriftlichen Aufzeichnungen sich mit der Forderung des Augenblicks decken, ist eine lediglich mechanische Handlung. Aber man muß sich auch daran *erinnern*, daß Ereignisse in der gewünschten Form stattfanden. Und wenn es not tut, seine Erinnerungen umzuordnen oder mit schriftlichen Aufzeichnungen willkürlich umzuspringen, dann gilt es zu vergessen, daß man das getan hat. Das Verfahren, wie man das macht, ist erlernbar wie jedes andere Geistestraining... Es nennt sich Doppeldenken *[doublethink]*.»[45]

Manche werden jetzt die Frage stellen, ob die Fähigkeit, positive Informationen selektiv zu beachten und negative Informationen selektiv zu vergessen, wirklich eine psychisch gesunde Reaktionsweise darstellt. Dabei beschreibe ich hier in einem gewissen Sinn doch nur den kognitiven Aspekt eines Vorgangs, der sich in ähnlich adaptiver, wenn auch nicht ganz so offensichtlicher Form auf der sozialen Ebene abspielt. Vergleichen wir zum Beispiel das Leben zweier

Männer: Der eine wählt eine Berufslaufbahn, für die er gut geeignet ist, und einen Freundeskreis, der seinen Umgang schätzt und achtet; der andere dagegen bemüht sich verzweifelt, in einem Beruf zu reüssieren, für den er eindeutig wenig Begabung aufweist, und verbringt seine Zeit mit Menschen, die sein Selbstwertgefühl und seine Selbstachtung herabsetzen. Welchen dieser beiden Männer würden wir als psychisch gesund bezeichnen? Es besteht wohl nicht der geringste Zweifel daran, daß der erste Mann eher psychisch gesund zu nennen wäre. Und doch konnte dieser Mann nur dadurch in seine beneidenswerte Situation kommen, daß er sich im größten Stil jener selektiven Aufmerksamkeit und Vermeidung bediente, mit deren Hilfe er sich weniger lohnender Berufsmöglichkeiten und unpassender Bekanntschaften entledigte. In vieler Hinsicht imitiert, wiederholt und bekräftigt unser Denken also nur die adaptive Handlungsweise eines sozialen Selbst, das positive Informationen aufnimmt und verstärkt, während es negative Informationen um jeden Preis zu ignorieren oder herunterzuspielen versucht.

Kognitiver Drift

Die meisten von uns halten ihre Vorstellungen und Einstellungen für recht beständig. Sie sind zwar vielleicht nicht gerade in Stein gemeißelt, aber doch gegen Veränderungen sehr widerstandsfähig. Manche Vorstellungen sind denn auch durchaus beständig, viele andere dagegen schwanken im Lauf unseres Lebens durch einen weiten Meinungsbereich, und zwar offenbar ohne daß wir uns dessen bewußt werden.[46] Viele unserer Überzeugungen – einschließlich mancher unserer wichtigsten Glaubenssätze – verändern sich in Reaktion auf neu eintreffende Informationen und Umweltereignisse, ohne daß wir uns der eingetretenen Veränderung bewußt sind oder bewußt werden.

Nehmen wir zum Beispiel den Meinungswechsel, den viele Amerikaner nach der kubanischen Revolution in der Beurteilung Fidel Castros durchgemacht haben. Als Castro und seine Anhänger noch darum kämpften, den Diktator Batista zu stürzen, war die amerikanische öffentliche Meinung aus eher romantischen Gründen den Rebellen noch leicht zugetan. Nach Castros Sieg bestand dann bekanntlich seine erste ebenso verständliche wie erbarmungslose Amtshandlung darin, eine große Zahl von Batista-Anhängern in den ersten Tagen nach seiner Machtergreifung erschießen zu lassen. Als diese Erschießungen in den amerikanischen Medien ausführlich dargestellt wurden, waren die meisten Amerikaner natürlich von der Unmenschlichkeit dieses Verhaltens entsetzt. Die öffentliche Meinung in den Vereinigten Staaten wandelte sich abrupt und schlug eine eindeutige Anti-Castro-Richtung ein. Dabei war es besonders interessant zu beobachten, wie viele Menschen die Umkehrung ihrer früheren Castro-freundlichen Meinung durch die Behauptung zu rechtfertigen versuchten, sie hätten Castro eigentlich schon immer nicht über den Weg getraut. Die Sache war doch abzusehen, sagten sie, dieser gewalttätige Parvenü sei ihnen schon immer verdächtig vorgekommen.

Dieses in unserem alltäglichen Denken leicht nachzuweisende Phänomen hat man einmal «das schnelle Altern neuer Anschauungen» genannt.[47] Wenn sich unsere Urteile als fehlerhaft erweisen oder wir uns aus anderen Gründen gezwungen sehen, unsere Meinung umzustellen, reagieren wir mit der eilfertigen Konstruktion von sozusagen strategischen Erinnerungen, die uns und den anderen beweisen sollen, daß wir eigentlich schon immer dieser (neuen) Meinung gewesen sind. Auf diese Weise kann man aus seinen Fehlern lernen, ohne gleichzeitig den Glauben an die eigene Unfehlbarkeit aufgeben zu müssen. Dabei nehmen wir unsere Meinungsänderung oder unser Fehlurteil, wenn überhaupt, nur flüchtig wahr. Der Psychologe Baruch Fischhoff nennt dies denn auch den «Ich-hab's-schon-immer-gewußt-Effekt»[48].

Manchmal allerdings werden unsere Vorstellungen durch einmalige, nie mehr wiederholte Hörfehler oder Fehlinformationen nur vorübergehend auf die Probe gestellt. Was geschieht mit jenen Anschauungen, die wir in Reaktion auf eine vorübergehende Infragestellung verändern? Dies läßt sich zum Beispiel an dem Gerücht illustrieren, daß unsere Freunde Joan und Tom offenbar planen, sich scheiden zu lassen. Kaum haben wir dieses Gerücht vernommen, fangen wir schon an, die bevorstehende Scheidung im Geiste zu erklären, indem wir die Schwächen der beiden Ehepartner und ihrer Ehe einer detaillierten Analyse unterziehen. Wenn nun die Wochen ins Land gehen und Tom und Joan nicht die geringsten Anzeichen machen, ihre anscheinend nach wie vor glückliche Beziehung auflösen zu wollen, gehen wir nun unbewußt dazu über, die von uns in Reaktion auf das offensichtlich unzutreffende Scheidungsgerücht spekulativ zerlegte Ehe wieder Stück für Stück zusammenzusetzen. Unsere Meinung driftet also in Richtung der jeweils neusten Information. Wenn diese dann allerdings nicht durch weitere, den Meinungswechsel bestätigende Umweltinformationen quasi «ratifiziert» wird, kehrt sie wieder in ihre ursprüngliche Form zurück.

Dieses Phänomen wird bei den Laborforschungen der Sozialpsychologen über Meinungswandel häufig beobachtet. Dabei werden die Versuchspersonen zunächst gebeten, ihre fest gefaßten Meinungen zu bestimmten Themen wie etwa den gesundheitlichen Risiken des Rauchens oder einem zur Wahl stehenden Politiker zum Ausdruck zu bringen. Im nächsten Schritt werden sie mit Informationen konfrontiert, die ihre Ansichten in Frage stellen, woraufhin diese auf Nachfrage meist signifikante Veränderungen aufweisen. Die Probanden sind sich dabei jedoch oftmals nicht bewußt, von den neuen Informationen in irgendeiner Weise beeinflußt worden zu sein. Diese Selbsteinschätzung erweist sich dann auch insofern als korrekt, als der Einfluß der suggestiven Informationen, die ihre Anschauungen kurzfristig so stark beeinflußt hatten, schon nach wenigen Tagen auf ein vernachlässigenswertes Niveau abgesunken ist und sie zu diesem Zeitpunkt in der Regel zu ihrer alten Meinung zurückgekehrt sind.[49]

ZUGEGEBENE INSELN
DER INKOMPETENZ

Wir können aber natürlich nicht alle negativen oder alle unseren Anschauungen wiedersprechenden Informationen als bedeutungslos abtun. Die selektive Aufnahme, Interpretation und Erinnerung von Informationen ist vielmehr nur dann erfolgreich, wenn die betreffenden negativen Informationen am Ende tatsächlich ohne Nutzen oder Bedeutung sind. Genau diese Bedingung tritt im täglichen Leben denn auch unter allen möglichen Umständen ein. Es gibt jedoch auch Lebenssituationen, in denen kritische oder negative Informationen insofern von echtem diagnostischen Wert sind, als sie uns etwas Wichtiges über uns selbst mitzuteilen vermögen.

Niemand ist für alles begabt, das liegt schon allein daran, daß kein Mensch genug Zeit hat, alle seine denkbaren Begabungen zu entfalten. Außerdem gibt es für jeden von uns bestimmte Aufgabenbereiche, für die wir unleugbar vollkommen unbegabt sind. Der eine kann kein Tennis spielen, der andere nicht mit Geld umgehen. Manche Menschen wehren sich in weiser Selbsterkenntnis dagegen, daß man sie auf einer Party zum Tanzen auffordert, andere lassen sich aus gutem Grund nicht zum Singen animieren. Denn es gibt schlechterdings kein Maß von selektiver Aufmerksamkeit, Interpretation oder Erinnerung, das einen stockunmusikalischen Menschen in einen Luciano Pavarotti oder einen Mann mit zwei linken Füßen in einen Fred Astaire verwandeln könnte. Dieses Dilemma aber bedarf einer Lösung. Und diese Lösung besteht in der Erschaffung von «Inseln der Inkompetenz».

Unter «Insel der Inkompetenz» verstehe ich einen Lebensbereich, in dem nicht talentiert zu sein der Betroffene bereitwillig eingesteht. Die Konsequenz dieses Eingeständnisses besteht dann in einer möglichst vollständigen Vermeidung dieses Lebensbereichs.[50] Wer vor finanziellen Aufgaben regelmäßig versagt, wird die Verantwortung für seine Finanzen daher unter Umständen an seine Frau oder einen Finanzberater abtreten. Der für Tennis völlig unbegabte Manager ist entsprechend klug genug, nicht mit seinen Tennis spielenden Kollegen in Sommerurlaub zu fahren. Falls die in Frage stehenden negativen Informationen dagegen zu bedeutungsvoll sind, als daß sich ihre Existenz einfach abstreiten ließe, gilt es, sie zumindest in einer Weise anzuerkennen, die unser positives Selbstkonzept nicht in Gefahr bringt. Wer sein mangelndes Talent auf einem bestimmten Gebiet dann erst einmal erkannt und akzeptiert hat, wird in der Regel versuchen, sich von allen Situationen fernzuhalten, in denen es auf die Probe gestellt werden könnte. Dabei wurde nicht von ungefähr der Ausdruck «*Inseln* der Inkompetenz» gewählt, da diese Methode zur Kontrolle negativer Information an die Verbannung eines gefährlichen Gegners erinnert, vor dessen selbständiger Rückkehr wir vollständig gesichert sein wollen.

Wie schaffen wir es, die Existenz dieser Inseln der Inkompetenz einzugestehen, ohne unsere Selbstachtung zu gefährden? Zunächst begrenzen wir den *Umfang* der eingestandenen Inkompetenz auf ein möglichst kleines Lebensgebiet, durch dessen Vermeidung wir wiederum negativen Erfahrungen und damit Kränkungen unserer Selbstachtung weitgehend ausweichen können. Unsportliche Menschen, die sportliche Wettkämpfe vermeiden, werden nur selten mit dem Faktum ihrer Unsportlichkeit konfrontiert. Sobald ein bestimmter Bereich der Inkompetenz eingestanden ist, läßt sich außerdem dessen *Bedeutung* oder Wichtigkeit herunterspielen. Ein Mensch, der nicht Ski fahren kann, wird also dazu neigen, Skifahren als Zeit- und Geldverschwendung anzusehen. Nach Meinung eines unmusischen Menschen dagegen hat Musik jenseits ihrer Rolle als Klangtapete und atmosphärischer Hintergrund für die Empfangshallen großer Hotels im Leben keine sonderliche Bedeutung. Diese außerordentlich kreative Fähigkeit, die Früchte unserer Begabungen als besonders wertvoll, die Bereiche unserer Talentlosigkeit dagegen als weitgehend oder vollkommen unwichtig darzustellen, ist im übrigen allen Menschen eigen.[51]

Die Konstruktion einer Insel der Inkompetenz wirkt sich allerdings nicht in allen Fällen günstig auf unsere Wirklichkeitsanpassung aus. Der Chef eines kleinen Unternehmens wurde von seinen Mitarbeitern immer wieder gebeten, sie mittags ins Schwimmbad zu begleiten, wo die meisten ihr tägliches Fitneßtraining absolvierten. Der Chef aber erfand jeden Tag eine neue Ausrede, warum er im Büro bleiben oder auswärts essen gehen müßte. Erst als er bemerkte, daß sein Verhalten von den Angestellten als abweisend empfunden wurde, gestand er endlich sein wirkliches Problem ein, das schlicht darin bestand, daß er nicht schwimmen konnte. Der Chef sah sich also am Ende gezwungen, seine tatsächliche Inkompetenz einzugestehen, weil der Bereich seiner Inkompetenz zu einem immer umfassenderen und unangemesseneren Aspekt seines Selbst zu werden drohte.

Das Eingeständnis einer begrenzten Inkompetenz wirkt sich jedoch keineswegs in jedem Fall negativ auf das Bild aus, das wir von uns erzeugen wollen. Vielmehr kann sich in manchen Fällen auch ein bewußter Hinweis auf unsere Inkompetenz oder sogar die Übertreibung unserer Unfähigkeit als erfolgreiche soziale Strategie zur Stützung unserer

Selbstkonzepte erweisen.[52] So kann ein schlechter Tennisspieler zum Beispiel seine Unfähigkeit absichtlich übertreiben, um nicht mehr an Tennisturnieren teilnehmen zu müssen. Auf diese Weise vermeidet er, seine sporttechnischen Mängel – unzuverlässiger Aufschlag, mittelmäßige Vorhand und eine praktisch inexistente Rückhand – publik werden zu lassen; Mängel, die ja in mancher Hinsicht für seine Selbstachtung und seine soziale Integration weit schädlicher sind als die bloße Unfähigkeit zum Tennisspielen. Es ist ja eine der Merkwürdigkeiten unseres sozialen Lebens, daß der, der eine Fertigkeit zu erlernen versucht und sie nur mangelhaft beherrscht, schlechter dasteht als der, der nie Gelegenheit hatte, sie zu erwerben. Eine weitere Selbstschutzmethode besteht darin, das scheinbar souveräne Eingeständnis unserer Inkompetenz auf *einem* Gebiet als Mittel zu benützen, die Glaubwürdigkeit unserer positiven Selbsteinschätzung auf *anderen* Gebieten zu erhöhen. Eine Frau, die behauptet, Expertin für Antiquitäten, aber in der Beurteilung moderner Malerei hoffnungslos verloren zu sein, erscheint glaubwürdiger als jemand, der eine universale Kennerschaft in Kunstdingen für sich beansprucht. Weit davon entfernt, eine Belastung oder Hypothek für unser Leben zu sein, können Inseln der Inkompetenz sich also in Wahrheit als ein humanisierender Aspekt unseres Selbst erweisen.[53]

Negative Selbst-Schemata

Wenn eine bestimmte negative Eigenschaft bei einer Person besonders dominant oder ausgeprägt erscheint, ist es manchmal unmöglich, diesen Fehler oder Mangel problemlos auszugliedern und sozusagen auf eine Insel der Inkompetenz zu verbannen. Eine übergewichtige Person schleppt zum Beispiel das Factum brutum ihrer Korpulenz buchstäblich in jede denkbare vertraute oder ungewöhnliche, berufliche und private Situation hinein. Im ersten Kapitel beschrieb ich das Konzept des Selbst-Schemas als ein organisiertes Gesamt von Vorstellungen über unser Selbst. Die Inhalte des Selbst-Schemas umfaßten dabei bestimmte Charaktereigenschaften wie Intelligenz oder Gutmütigkeit oder bestimmte Lebensbereiche wie etwa die eines Historikers oder Musikers. Die von den Menschen verwendeten negativen oder positiven Selbst-Schemata ermöglichen eine schnelle und rationelle Erkennung jener Umweltinformationen, die für das individuelle Selbst von Bedeutung sind.[54]

Ähnlich wie Inseln der Inkompetenz können auch negative Selbst-Schemata eine Person dazu befähigen, etwaige Schwächen aus dem eigentlichen Selbstkonzept auszugrenzen. Indem man das eigene Selbst schlicht als «übergewichtig» identifiziert und diesen negativen Aspekt des Selbst aktiv in den Vordergrund stellt, läßt sich zum Beispiel vermeiden, daß man sich das Selbst gleichzeitig als häßlich oder als Versager vorstellt. Anders als Inseln der Inkompetenz bedürfen negative Selbst-Schemata allerdings einer aktiven Betreuung; eine bloße Vermeidung von Situationen, in denen die betreffende Schwäche zum Vorschein kommen könnte, genügt hier nicht. Dem muß man erklärend hinzufügen, daß negative Selbst-Schemata in der Regel wichtigere Persönlichkeitseigenschaften betreffen, die man, selbst wenn man wollte, kaum zu verstecken vermag. Wenn sie nicht in eine dem Schweigen verschworene religiöse Sekte eintreten will, kann daher zum Beispiel auch eine extrem schüchterne Person einen gewissen sozialen Umgang mit anderen Menschen nicht vollständig vermeiden. Die Verfügung über ein Selbst-Schema unserer negativen Eigenschaften befähigt uns, die für dieses Schema relevanten Situationen schnell zu erkennen und uns dementsprechend auf sie vorzubereiten. Der Soziologe Erving Goffman beschreibt in diesem Zusammenhang die von behinderten Personen im praktischen Umgang mit «normalen» Menschen verwendeten Strategien. Die Behinderte war in diesem Fall eine stark schwerhörige Frau: «Frances entwickelte eine ausgefeilte Technik, um das Geheimnis ihrer Schwerhörigkeit in Gesprächslücken, Konzertpausen, bei Footballspielen, Tanzveranstaltungen und so weiter nicht preisgeben zu müssen... Sie wußte ihre Verhaltensmaßregeln bei einer Dinner-Party in- und auswendig: Sie mußte (erstens) neben einer Person mit einer besonders lauten Stimme sitzen; wenn sie direkt gefragt wurde, bekam sie (zweitens) einen Hustenanfall, ein Würgen oder bedarfsweise auch einen Schluckauf; schließlich versuchte sie (drittens) die Unterhaltung an sich zu reißen, Fragen zu stellen, auf die sie die Antwort bereits wußte, und wenn alles nichts mehr half, bat sie die anderen, ihr eine altbekannte Geschichte zu erzählen.»[55]

Oder, um ein Beispiel aus meiner eigenen Praxis zu nehmen: Der fünfjährige Sohn einer Bekannten hat die tief verwurzelte Vorstellung, «anfangs immer etwas schüchtern zu sein». Dieses Selbst-Schema ist so fest in seiner Identität verankert, daß er ungewohnte Situationen mit der lautstarken Ankündigung «Ich bin anfangs meist etwas schüchtern» eröffnet und dadurch den anderen quasi die Verantwortung überträgt, ihn mit der jeweiligen Situation vertraut zu machen. Dieses Verfahren ist dabei nicht allein für die Bewältigung neuer Situationen, sondern zugleich bei der Bewahrung seiner kindlichen Großspurigkeit von größtem Wert. Jenseits seines Glaubens, «anfangs etwas schüchtern zu sein», hat der Junge im übrigen ein durchaus positives Selbstbild und sieht sich als genau jene liebenswerte, aktive und umgängliche kleine Person, die er auch tatsächlich ist.

Ein negatives Selbst-Schema befähigt uns also, eine bestimmte unerwünschte Eigenschaft des Selbst mit gedanklichen Grenzen zu umgeben, die dazugehörigen relevanten oder irrelevanten Faktoren zu definieren und schließlich jene

Situationen vorauszusehen und vorzubereiten, in denen die betreffende Eigenschaft relevant werden könnte. Paradoxerweise kann gerade ein negatives Selbst-Schema unser Selbstkonzept auf eine gewisse Art auch beschützen. So kann es zum Beispiel schnell eine passende Erklärung für einen Mißerfolg verfügbar machen («Ich wurde nur wegen meines Übergewichts nicht eingestellt»), wodurch man wiederum das Aufkommen anderer und schwerwiegenderer Erklärungsvarianten vermeiden kann («Ich bekam keine Arbeit, weil ich nicht gut genug bin»).

Die Entlarvung der Illusionen über das Selbst

Bei den meisten Menschen beziehen sich sowohl negative Selbst-Schemata wie auch Inseln der Inkompetenz eher auf begrenzte denn auf zentrale Lebensbereiche. Die Menschen entscheiden sich normalerweise weder für einen Beruf, in dem sie mit großer Wahrscheinlichkeit scheitern werden, noch für andere wichtige Unternehmungen, bei denen sie von vornherein keine echte Erfolgschance haben. Trotz solcher Vorsichtsmaßnahmen geraten wir aber immer wieder in Situationen, in denen die Resultate unserer Bemühungen hinter unseren Hoffnungen zurückbleiben. Ein mittlerer Manager wird daher unter Umständen eines Tages von der Ahnung beschlichen, daß er es nie bis zum Konzernchef bringen kann. Oder ein Sportler erwacht mit der plötzlichen Erkenntnis, daß er immer nur zum zweiten Rang gehören wird. Oder eine Schauspielerin ist gezwungen, sich einzugestehen, daß sie mit ihrem begrenzten Talent allenfalls für Nebenrollen in Billig-Filmen geeignet ist. Wie reagieren Menschen auf die Konfrontation mit solchen ernüchternden oder gar bedrohlichen Tatbeständen?

Das wichtigste Merkmal solcher Bewußtwerdungsprozesse ist ihre graduelle und *allmähliche* Entwicklung. Solange man nicht gezwungen ist, sich *unmittelbar* mit einer negativen

Selbstbeurteilung zu konfrontieren, kann man ein Programm von Ausweichaktionen ins Leben rufen, das einen erfolgreich davor bewahrt, die negative Beurteilung in ihrer groben unverfälschten Form verarbeiten zu müssen. Dabei entzieht man jenen Aktivitäten Zeit, Energie und Engagement, deren Verfolgung immer weniger erfolgversprechend scheint, und widmet seine Kräfte bevorzugt solchen Handlungen, die erfahrungsgemäß zumindest einen gewissen Erfolg garantieren. Diese Verschiebung der eigenen Aktivitäten bewahrt die Selbstachtung und vermeidet die Notwendigkeit, sich der über alles gefürchteten Einsicht beugen zu müssen, daß man «einfach nicht gut genug gewesen ist». Der Manager im Mittelbau sieht seine ausbleibende Beförderung zum Direktor daher nicht als Ausdruck seiner mangelnden Fähigkeiten, sondern als Ergebnis eines für das Wohlergehen seiner Familie bewußt erbrachten Karriereopfers. Der erfolglose Sportler dagegen kann das Eingeständnis seiner mangelnden sportlichen Begabung durch einen strategischen Wechsel ins Geschäftsleben vermeiden. Schließlich kann er sich wahrheitsgetreu sagen, daß eine Laufbahn als Sportler ja naturgemäß immer zeitlich begrenzt ist.[56]

Auf eine paradoxe Weise lassen sich sogar selbstzerstörerische Verhaltensweisen wie Alkoholismus oder Drogenkonsum als Versuch zur Aufrechterhaltung unserer Selbst-Illusionen interpretieren.[57] Die Psychologen Steven Berglas und Edward Jones kamen in einer fesselnden Analyse solcher Verhaltensweisen zu dem Ergebnis, daß diese vielfach als Entschuldigung für bestimmte Fehler und Mißerfolge verwendet werden; wobei paradoxerweise gerade diese Entschuldigungen dafür sorgen, daß der Glaube an die eigenen Fähigkeiten intakt bleibt.[58] So kann sich zum Beispiel ein durch Alkoholkonsum weitgehend unproduktiv gewordener Schriftsteller weiszumachen versuchen, daß er jederzeit den Pulitzer-Preis gewinnen könnte, wenn er nur mit dem

Trinken aufhörte. Da er genau weiß, daß ihn seine Sucht-krankheit auf immer davor bewahren wird, seine grandiosen Pläne in die Wirklichkeit umsetzen zu müssen, kann der un-erfahrene und kokainsüchtige Jung-Regisseur sein Talent gefahrlos mit den großen Filmemachern Huston, Bergman oder Fellini vergleichen. Man nennt dieses Verhalten auf englisch *self-handicapping*. Indem diese Selbstbehinderung das Scheitern in der Gegenwart de facto garantiert, bewahrt sie zugleich die Illusion von der unerfüllten eigentlichen Be-gabung und dem damit verbundenen potentiellen zukünfti-gen Erfolg.

Das Paradox des Selbstbetrugs

Wie gelingt es den Menschen, die positive Einschätzung ihrer selbst, der Welt und der Zukunft angesichts jener negativen Informationen aufrechtzuerhalten, die übermäßig optimisti-sche Vorstellungen in Frage stellen und deren Berücksichti-gung für die praktische Bewährung in dieser Welt absolut not-wendig zu sein scheint? Die Antwort lautet, daß im mensch-lichen Leben kein Weg am Selbstbetrug vorbeiführt. Dies ist der einzige Weg, um zu einem positiven und adaptiven Selbst-bild zu gelangen. Negative Informationen müssen gleichzeitig als solche erkannt *und* so weit wie möglich aus dem Bewußt-sein ferngehalten werden.[59] Die in diesem Kapitel dargestell-ten Methoden zum Umgang mit negativen Informationen umschreiben denn auch im Grunde nichts anderes als ein Programm des adaptiven Selbstbetrugs. Was beim Aufbau unserer sozialen Umwelt begann, wird in der Struktur unse-res Denkens und Empfindens verewigt.

Das Phänomen des Selbstbetruges stellt die Philosophen seit jeher vor ein logisches Paradoxon: Wie kann ein Mensch etwas zugleich wissen und nicht wissen? In dieser Frage kann uns das weiterhelfen, was wir mittlerweile über die kognitiven Funktionen des Menschen gelernt haben. Denn der Zwillingsmechanismus der selektiven Aufmerksamkeit und der selektiven Erinnerung macht Selbstbetrug nicht nur möglich, er verleiht diesem darüber hinaus auch noch eine adaptive Funktion.[60]

Menschen überwachen ihre Umgebung fortlaufend nach Signalen für zu vermeidende und zu beachtende Phänomene. Ein auf Frauensuche befindlicher Mann kann innerhalb weniger Minuten Hunderte von Gesichtern und Körpern durchmustern und seinen Blick dennoch nur auf den wenigen Personen ruhen lassen, die sein Interesse erregen. Dabei ist er sich unter Umständen der vielen übergangenen Frauen gar nicht bewußt, da die Entscheidung, ob diese zu jung, zu alt, zu unerreichbar oder zu häßlich sind, innerhalb von Millisekunden und weitgehend unbewußt gefällt wird. Eine bewußte Teilnahme des Denkens an diesen Entscheidungen ist angesichts der relativen Langsamkeit bewußter Denkprozesse unmöglich. «Sie sieht ja gut aus, aber sie schiebt einen Kinderwagen vor sich her.» In ähnlicher Weise verfahren wir mit positiven und negativen Informationen ganz allgemein. Jahre der Übung haben die meisten Erwachsenen in die Lage versetzt, ihre Umgebung automatisch nach Dingen abzusuchen, die man vermutlich nicht genauer kennenzulernen braucht und die dementsprechend vermieden werden, bevor man ihre wahre Natur erkennt. Dieses, mit einem Ausdruck von Greenwald, «preprocessing» (Vorverarbeitung) von Information ist ein effektiver und effizienter Wahrnehmungsmechanismus, der deshalb letztlich in Selbstbetrug münden muß, weil er negative Umweltmerkmale auf einer vorbewußten Ebene identifiziert und dann aus dem Blickfeld des Bewußtseins entfernt. Dies wird immer dann deutlich, wenn wir im nachhinein aufgefordert werden, Entscheidungen zu rechtfertigen, die wir aufgrund solcher vorbewußten «Urteile» gefällt haben; es stellt sich dabei nämlich nicht selten heraus, daß wir unter diesen Umständen zu keiner einigermaßen realitätsgemäßen Begründung unseres Verhaltens fähig sind.

Auch unser Gedächtnis arbeitet selektiv. Wir verfügen dabei über eine fast unbegrenzte Fähigkeit, uns die Gegenstände unseres Interesses in Erinnerung zu rufen. Schon die von jeder durchschnittlichen Person beherrschten erstaunlichen Gedächtnisleistungen zeigen uns die weitreichenden Konsequenzen der selektiven Funktionsweise unserer Erinnerung. Musikliebende Menschen ohne jede besondere Begabung sind in der Lage, den Sänger eines im Radio gespielten Liedes schon nach wenigen Noten zu identifizieren. Wir können das Bellen unseres Hundes aus jeder kläffenden Hundemeute heraushören. Wir erkennen die Schritte eines sehr guten Freundes, ohne uns überhaupt darauf konzentriert zu haben. Das Gehirn des durchschnittlichen amerikanischen Teenagers ist schließlich nicht selten mit Textfragmenten aus mehreren hundert oder gar mehreren tausend Rockliedern vollgestopft. Zumindest einige dieser gespeicherten Ereignisse und Informationen haben wir uns allerdings, so erklären die Gedächtnisforscher, nur deshalb so gut einprägen können, weil wir sie mit Hilfe Dutzender oder gar Hunderter von Wiederholungen erlernt haben. Wie aber läßt sich dann erklären, daß wir uns oft noch nach zehn oder zwanzig Jahren an unsere Abendkleidung und das Menü in einem Restaurant erinnern können, in dem wir einmal gegessen haben? Das Gedächtnis wählt wünschenswerte Erinnerungen aktiv aus. Wenn wir uns abschließend vor Augen halten, daß wir positive Informationen über eine Vielzahl von Wegen und Assoziationen speichern und abrufen, daß negative Informationen dagegen in der Regel nur über ein paar entlegene Assoziationsbahnen erinnert werden, wird leicht erkennbar, wie sehr und wie aktiv unser Gedächtnis zur Erhaltung unserer Selbstüberschätzung beiträgt.

Wenn wir die Verarbeitung negativer Informationen hier als einen von Selbstbetrug bestimmten Prozeß ansehen, hat das aber noch weitere, weniger offensichtliche Implikationen. Von einem gesundheitspsychologischen Standpunkt gesehen, dient die Fähigkeit zum Selbstbetrug möglicherweise der erfolgreichen Anpassung an die Wirklichkeit. Der Psychologe Sackeim und seine Kollegen haben in diesem Zusammenhang einen Fragebogen entwickelt, mit dem bestimmt werden sollte, in welchem Ausmaß Menschen jene Art von Gefühlen und Verhaltensweisen verleugnen, die psychisch beunruhigend, aber praktisch universell verbreitet sind. Die Versuchsteilnehmer wurden zum Beispiel gefragt, ob sie gelegentlich Schuldgefühle empfänden oder sich je öffentlich blamiert hätten. Solche Fragen müßten wir im Grunde ehrlicherweise mit Ja beantworten. Statt dessen quittieren wir sie aber oftmals mit Nein, ein Manöver, das offensichtlich zum Schutz unseres Selbstbetrugs dient. Die Untersuchungen von Sackeim und Mitarbeitern erbrachten nun das überraschende Ergebnis, daß die von der Methode des Selbstbetrugs freien Gebrauch machenden Probanden in vieler Beziehung psychisch gesünder waren als die «ehrlicheren Naturen». Versuchspersonen mit einem hohen Meßwert für Selbstbetrug zeigten weniger Depressionen und weniger Anzeichen psychischer Störungen als solche mit niedrigen Werten.[61] Weit davon entfernt, mit psychischen Defekten einherzugehen, scheint der Selbstbetrug also vielmehr unserer Gesundheit – zumindest in bestimmten Erscheinungformen – durchaus zuträglich zu sein.

Wir scheinen, nach alledem, negative Informationen nicht ohne die Hilfe von Illusionen verarbeiten zu können. Wir nutzen zwar allem Anschein nach die Information, daß wir nicht ganz so talentiert und erfolgreich sind, wie wir es gerne wären. Erkenntnisse dieser Art werden aber typischerweise strikt nach ihrer Nützlichkeit ausgewertet, wobei weitere selbstkritische Schlußfolgerungen gewöhnlich unterbleiben. Die Unfähigkeit, negativen Informationen ehrlich ins Gesicht zu sehen, kennzeichnet uns denn auch als Mitglieder einer Spezies, die etwas weniger Reife besitzt, als in den idealistischen Vorstellungen der am Anfang dieses Kapitels zitierten Neofreudianer postuliert wurde. Der ehemalige Präsident der Yale-Universität A. Bartlett Giamatti spielte auf dieses Problem an, als er die Entscheidung bekanntgab, sein Präsidentenamt zugunsten einer Tätigkeit als Bevollmächtigter des amerikanischen nationalen Baseball-Verbandes aufzugeben: «Es gibt eine Zeit im Leben, in der jeder Sommer etwas von einem Herbst an sich hat… Es gibt Menschen, die mit der weisen Erkenntnis geboren wurden, daß nichts auf dieser Welt Bestand hat. Sie, die ohne Illusionen, ja selbst ohne die Hoffnung auf eine Illusion leben können, diese Menschen sind die wirklichen Heroen unserer Spezies. Ich bin nicht so erwachsen und niemals so weit gekommen wie sie. Ich bin eine schlichtere Kreatur, die gewöhnt ist, sich an primitiveren Lebensmustern und Lebensrhythmen festzuhalten. Ich muß daran glauben, daß eine Sache ewig bestehen wird, und es kann sogar gut sein, daß dieser Zustand der Ewigkeit im Spiel erreicht wird. Warum soll sich das Ewige nicht hier ereignen, auf einer grünen Wiese, in der hellen Sonne?»[62]

Giamattis Äußerungen enthalten aber noch einen weiteren Hinweis: Inmitten unseres Selbstbetrugs bewahren wir doch zugleich ein Wissen um uns selbst, das uns dazu bringt, nach jenen Dingen zu streben, derer wir für das Heranwachsen zu einem gesunden und blühenden menschlichen Wesen nicht zu entbehren vermögen.

KAPITEL 5

AUSEINANDERSETZUNG MIT TRAGISCHEN EREIGNISSEN

Jetzt, wo meine Zeit im Krankenhaus lange zurückliegt, kann ich erst wirklich ermessen, was ich damals gelernt habe... Ich weiß jetzt zum Beispiel, daß meine bewußte Offenheit gegenüber anderen Menschen vertieft und vergrößert wurde; die mir nahen Menschen können heute von mir erwarten, daß ich mich ihren Problemen mit ganzem Herzen und Verstand und mit ungeteilter Aufmerksamkeit widme. *Das* jedenfalls hätte ich beim Herumrennen auf dem Tennisplatz nicht lernen können.

Ein Polio-Patient[1]

Die Fähigkeit, tragische Ereignisse zu verkraften, ist eine der beeindruckendsten Eigenschaften der menschlichen Psyche. Trotz schwerer Schicksalsschläge wie lebensbedrohlichen Krankheiten oder dem Tod von Angehörigen sind die meisten Menschen in der Lage, die Folgewirkungen von Unglücksereignissen letztlich zu überwinden und am Ende sowohl ihre Glücksfähigkeit wie ihr Sinngefühl wiederzugewinnen. Diese Selbstwiederherstellung gelingt zwar nicht jedem, aber immerhin den meisten. Dabei ist es ebenso überraschend wie bewegend zu beobachten, *wie* den Menschen diese Selbstwiederherstellung gelingt. Die Reaktionen der Menschen auf ernste Bedrohungen, Verlusterlebnisse oder die Aussicht, bald sterben zu müssen, werden in populären Klischees auf recht unrealistische Weise beschrieben. Viele von uns stellen sich dabei vor, man würde als Antwort auf solche Ereignisse

plötzliche und lustbetonte Lebensveränderungen vorneh-
men, also etwa die Stelle wechseln, den Ehepartner austau-
schen oder sein Geld auf einer Vergnügungstour mit beiden
Händen zum Fenster hinauswerfen. Solche abrupten Verhaltensänderungen sind aber in Wirklichkeit ziemlich selten.
Die von vielen Opfern durchgemachten Veränderungen bestehen dagegen eher in einem Zuwachs an Einsicht und
Reife, der mitunter so ausgeprägt sein kann, daß er die nicht
in Mitleidenschaft gezogenen Mitmenschen vielfach in die
peinliche Situation versetzt, sich für ihre vergleichsweise
mangelhafte Selbsterkenntnis und Zielbewußtheit schämen
zu müssen.[2]

Persönliche Schicksalsschläge werden von unserem Denken in der Regel mit adaptiv-kognitiven Anstrengungen beantwortet. Ein intaktes Kontrollgefühl, ein positives Selbstbild und eine optimistische Einstellung zur Zukunft scheinen
dementsprechend nicht nur für die Bewältigung der kleinen
Aufgaben und Rückschläge des Alltags, sondern auch bei der
nachträglichen Verarbeitung schwerwiegender Unglücksfälle unentbehrlich zu sein. Das Ziel einer solchen Verarbeitung ist dabei die Wiederherstellung unserer Selbstachtung,
unseres Überlegenheitsgefühls und der subjektiven Sinnhaf-
tigkeit unserer Erfahrungen.[3]

Tragische Ereignisse beinhalten fast immer einen Verlust.
Die Opfer von Naturkatastrophen wie Überschwemmungen
oder Waldbränden verlieren nicht selten ihre Häuser und alle
ihre persönlichen Habseligkeiten. Auch Familienmitglieder
oder Freunde gehen dabei unter Umständen verloren, zu
schweigen von selbst erlittenen körperlichen Verletzungen.
Die Opfer vieler Krankheiten verlieren ihre körperlichen
Fähigkeiten entweder zeitweilig oder bleiben dauerhaft behindert, chronische und lebensgefährliche Erkrankungen
schließlich verunsichern und verdüstern unsere Zukunfts-
perspektive.

Es gibt jedoch auch andere, subtilere Formen der Beschädigung oder, um einen psychologischen Fachbegriff jüngeren Ursprungs zu gebrauchen: der *Viktimisierung* («Veropferung») durch solche Ereignisse. Unsere Probleme erschöpfen sich ja nicht in den handgreiflichen Verlusten von Familienmitgliedern, Freunden oder Besitztümern, vielmehr werden wir zugleich von untergründigen Beschädigungen unseres Selbstwertgefühls und unserer Weltorientierung betroffen. Der Psychologin Ronnie Janoff-Bulman zufolge glauben die meisten Menschen implizit oder explizit, daß sie in einer sinnvollen und wohlwollenden Umwelt leben und daß ihr individuelles Selbst eine besonders wertvolle Persönlichkeit repräsentiert.[4] Diese Annahmen werden aus unserem Wissen und unseren Erfahrungen gespeist, wobei insbesondere frühe Kindheitserlebnisse von Wärme und Geborgenheit eine große Rolle spielen. Diesen frühkindlichen Pflege- und Erziehungserfahrungen meinen die Menschen den Glauben entnehmen zu dürfen, daß die sie umgebende Welt eine Stätte der Geborgenheit darstellt, die sie vor Schaden und Bösem bewahren und zugleich dazu befähigen wird, alle wichtigen Lebensziele zu erreichen. Ein weiterer Bestandteil dieses bisweilen auch «Urvertrauen» genannten Glaubens ist schließlich die Überzeugung, daß unser Selbst durch Unglücks- oder Schadensereignisse relativ unverwundbar ist.

Ein tragisches Unglücksereignis kann die Überzeugung von unserer persönlichen Unverwundbarkeit erschüttern. Dadurch werden die vertrauensvollen Annahmen von der Gutartigkeit dieser Welt, auf denen das Urvertrauen letztlich basiert, einer Wandlung unterworfen. Dabei werden insbesondere unser Selbstwertgefühl und unser Vertrauen in die Welt als Hort des Sinns und der Güte untergraben. Noch lange nach der Rückerstattung ihres Eigentums und der Überwindung ihres Schreckens bleiben daher viele Katastrophenopfer in ihrem Weltvertrauen und dem Gefühl, in dieser Welt eine Heimat zu haben, gestört. Dabei werden allerdings gleichzeitig viele der ursprünglich optimistischen Vorstellungen der Betroffenen auf ein realistischeres Maß reduziert.[5]

Die positiven Illusionen, auf denen unsere psychische Gesundheit beruht, sind gegenüber Unglücksereignissen besonders empfindlich. Bei Untersuchungen über Vergewaltigungen, schwere Erkrankungen und andere tragische oder nahezu tragische Ereignisse hat sich herausgestellt, daß eine der verbreitetsten Reaktionen der Opfer in einem Gefühl von Kontrollverlust besteht.[6] Das Gefühl, die Kontrolle über das eigene Leben verloren zu haben, führt dann unter Umständen zu verschiedenen emotionalen Problemen wie Depression und schließlich zu der Unfähigkeit, wenigstens in jenen Lebensbereichen aktiv zu werden, die nach wie vor kontrollierbar geblieben sind.[7] Dieser Angriff auf unser persönliches Überlegenheitsgefühl ist dabei um so gefährlicher, als man bei der Erforschung der menschlichen Streßreaktionen eindeutig feststellen konnte, daß das Vertrauen in unsere persönliche Kontrolle die erfolgreiche Anpassung an veränderte Lebensumstände fördert.[8] Der von Unglücksereignissen nicht selten hervorgerufene Kontrollverlust kann daher weitreichende psychische Konsequenzen haben.

Eine weitere potentielle Folge der Viktimisierung ist der Verlust unserer Selbstachtung. Bei Untersuchungen über so verschiedene Erfahrungen wie den Verlust der Arbeitsstelle, Arbeitslosigkeit, Abhängigkeit von Sozialhilfe, Entwicklung bösartiger Erkrankungen und das Vergewaltigtwerden konnte entsprechend nachgewiesen werden, daß alle diese Ereignisse die Selbstachtung der Opfer auch dann herabsetzen, wenn die Betroffenen in keiner denkbaren Weise für die viktimisierenden Geschehnisse verantwortlich gemacht werden konnten.[9] Dazu ein Beispiel: Als er noch nicht erkannt hatte, wie schädlich sich negative Selbstwahrnehmungen auswirken können, hatte ein epileptischer Patient das folgende, von ihm selbst im Rückblick beschriebene Selbstbild entwickelt: «Ich brauchte eine ganze Weile, um endlich herauszufinden, daß es nichts Schlimmes ist, ein Epileptiker zu sein. Wenn ich andere Leute sah, die geistig behindert waren, dachte ich damals immer, daß ich auch einer von denen wäre. Später entdeckte ich dann, daß meine Epilepsie überhaupt kein Anlaß war, sich irgendwie zu schämen, und daß ich in meinem Denken genauso normal war wie alle anderen normalen Leute.»[10]

Eine weitere Folge viktimisierender Ereignisse besteht darin, daß sie den unsere Wahrnehmungen normalerweise durchdringenden Optimismus unterhöhlen. Viele Opfer von Unglücksfällen können verständlicherweise nicht länger daran glauben, daß die Welt vor allem gute Dinge und angenehme Erfahrungen für sie in petto hat. Einmal zum Opfer eines katastrophalen oder lebensbedrohlichen Ereignisses geworden, neigen sie vielmehr dazu, sich auch noch als potentielle Opfer zukünftiger Unglücksfälle anzusehen. Die Viktimisierung führt zu einer allgemeinen Vorsichtigkeit im Umgang mit der Welt und der Zukunft, sie führt zu einer Ahnung, nicht mehr überall sicher und beschützt zu sein, und schließlich zu dem Glauben, daß man in dieser gefährlichen Welt unbedingt auf der Hut sein muß, wenn man überleben will.[11]

Eine andere schädliche Nebenwirkung der Viktimisierung besteht darin, daß sie manche Menschen dazu bringt, ein negatives Selbstbild zu entwickeln oder sich in die Reihen jener Personen einzuordnen, die auf ähnliche Weise viktimisiert worden sind.[12] Wer vor kurzer Zeit zum Opfer eines Unglücksereignisses wurde, hat meist eine langjährige Erfahrung mit dem «Normalsein» und erinnert sich in der Regel auch noch gut daran, wie er sich früher gegenüber Opfern verhielt. Plötzlich selbst zum Opfer geworden, neigt man nun dazu, sich selbst so zu behandeln, wie man früher die «anderen» Opfer behandelt hat, nämlich abweisend und allenfalls noch ein bißchen mitleidig. Der Wartesaal einer Krebsklinik zwingt die Patienten zum Beispiel, sich selbst als Krebspatient einzustufen und sich die Zugehörigkeit zur Gruppe der Krebskranken mit allen Konsequenzen bewußt einzugestehen. Ein Patient berichtet über seine Erfahrungen in der Krebsklinik: «Als ich zur Strahlentherapie ging, kam ich in den Wartesaal und dachte plötzlich: ‹He, was mache ich hier eigentlich? Habe ich Angst, mich mit diesen Leuten zu vergleichen? Was habe ich mit diesen Leuten gemeinsam?›, bis ich am Ende begriffen hatte, daß ich ja eigentlich aus dem gleichen Grund da war wie alle anderen auch.»[13]

DIE SOZIALEN FOLGEN DER VIKTIMISIERUNG

Neben persönlichen Katastrophen erleiden Opfer vielfach auch noch unerfreuliche soziale Konsequenzen. Ungeachtet unserer jüdisch-christlichen Ethik, die uns eine gütige und mitleidige Haltung gegenüber Opfern diktiert, und trotz der Existenz sozialfürsorglicher Institutionen zur Entschädigung und Rehabilitation von Opfern sind unsere *spontanen* sozialen Reaktionen gegenüber Opfern im besten Fall zwiespältig und im schlimmsten Fall feindlich und abweisend. Der Soziologe William Ryan behauptet, daß die Nichtgeschädigten dabei den Opfern nicht selten vorwerfen, «selber an allem Elend schuld zu sein».[14] Erfolgreiche Menschen neigen in der Regel dazu, ihre Erfolge den eigenen Bemühungen zuzuschreiben. Wenn sie bemerken, daß andere Menschen offenbar nicht fähig sind, zu ähnlichen Erfolgen zu kommen, führen sie dieses Versagen meist auf «mangelhaften Einsatz»

zurück, womit sie die in ungünstige Lebensumstände einge-
sperrten Menschen bewußt oder unbewußt beschuldigen,
ihre unglückliche Situation selbst verschuldet zu haben. Da
die meisten Menschen in gehobenen sozialen Positionen sich
mehr oder weniger eng mit ihrem Gesellschaftssystem und
seinen Institutionen identifizieren, würde es zudem an eine
unzulässige Kritik des sie begünstigenden Sozialsystems
grenzen, wenn sie Opfern gegenüber Mitleid oder irgendeine
andere Form der psychologischen oder materiellen Hilfsbereitschaft zeigen würden. In letzter Konsequenz sind diese
Menschen also nachgerade dazu gezwungen, Opfer als Versager zu verachten, wenn sie an der bisherigen Interpretation
ihrer eigenen Verdienste und Erfolge festhalten wollen.

Der Psychologe Melvin Lerner betont in diesem Zusammenhang, daß die Menschen an eine gerechte Welt glauben
müssen, um in dieser Welt erfolgreich leben und arbeiten zu
können.[15] Opfer stellen also eine Bedrohung für Nichtopfer
dar, da sie, weil ihre Leiden offensichtlich durch zufällige
Faktoren verursacht wurden, unser Bild einer stabilen, bere-
chenbaren, kontrollierbaren und gutartigen Welt untergraben. Lerner zufolge reagieren wir auf die Begegnung mit
Opfern schwerer und unberechenbarer Viktimisierung – wie
sie etwa bei Gewaltverbrechen und Naturkatastrophen auftritt – mit der Angst, daß uns in Bälde etwas ähnliches zustoßen könnte. Auch aus diesem Grund versuchen wir daher, ein
Unglück auf das unkluge oder sträfliche Verhalten des Opfers
zurückzuführen. «Wenn sie nicht die ganze Nacht draußen
herumgelaufen wäre, hätte sie auch keiner vergewaltigt.»
«Wenn er nicht das ganze Leben so hemmungslos gefressen
hätte, wäre ihm der Herzinfarkt sicher erspart geblieben.»
Viele Erklärungen für das Zustandekommen von Unglücksfällen sind von ähnlich grobgeschnitzter Art. Es ist einfach
beruhigender anzunehmen, daß der Stadtstreicher am
Hauptbahnhof sein Schicksal durch seine Arbeitsscheu selbst

heraufbeschworen hat, und es ist eben unbequem, seine Lage als zufälliges Mißgeschick unseres Wirtschaftssystems anzusehen. Denn ein solcher zufälliger Unglücksfall könnte ja letztlich auch uns selbst treffen.

Wenn wir dabei das Verhalten des Opfers nicht für seine Probleme verantwortlich machen können, gehen wir nach Lerner zu einer gezielten Herabsetzung seines Charakters über. Man sieht die Opfer als «genau jene Sorte Menschen, die nichts besseres verdient hat als das, was ihnen zustößt». Ein bigotter Amerikaner glaubt daher zum Beispiel, die Opfer eines Ghetto-Brandes hätten ihr grausiges Schicksal redlich verdient, da sie «wahrscheinlich doch alle nur Drogenhändler, Prostituierte und Kriminelle» gewesen seien. Die Opfer einer Flutkatastrophe dagegen halten wir für dumm, weil sie die im steigenden Wasserpegel lauernde Gefahr nicht rechtzeitig erkannt haben. Die meisten Opfer sind sich dieser typischen sozialen Reaktionen bewußt, da sie entweder mit solchen Entwertungen konfrontiert wurden oder sich noch an die Zeit erinnern können, da sie selbst noch auf der anderen Seite standen. Die Erwartung, von anderen Menschen zur «Strafe» für das eigene Unglück mit der herabwürdigenden Interpretation des eigenen Verhaltens und Charakters bedacht zu werden, ist eine weitere Schattenseite des Daseins als Opfer.

Die Viktimisierung konfrontiert die Menschen mit schwerwiegenden Herausforderungen ihres Lebensstils und ihrer Glaubenssysteme. Stellen diese viktimisierenden Ereignisse nun eine fundamentale und permanente Infragestellung jener Illusionen dar, die unsere psychische und physische Gesundheit begründen? Oder finden die Menschen dann doch einen Weg, um sich mit Hilfe ihrer Illusionen und anderer psychologischer Anpassungsmechanismen von dem Gefühl zu befreien, ein für allemal zum Opfer und Verlierer gestempelt zu sein?

DIE BEWÄLTIGUNG
VON VIKTIMISIERUNG

> Ich habe meine Nachbarn vorher gar nicht richtig gekannt.
> Wir hatten hier eigentlich nie so etwas wie einen
> Nachbarschaftsverband, aber in den letzten zwei Tagen
> haben wir uns alle wirklich kennengelernt. Wir halten
> alle zusammen und helfen uns gegenseitig.
> Das ist ein schönes Gefühl.
>
> *Opfer einer Überschwemmung* [16]

> Wir hatten wirklich ziemlich viel Glück. Er hat
> nur den Fernseher und die Stereoanlage mitgenommen.
> Es hätte noch viel schlimmer kommen können.
>
> *Opfer eines Einbruchs* [17]

Wenn man sich die Interviews genauer anhört, die in den Fernsehnachrichten mit Opfern geführt werden, kann man manchmal den Eindruck bekommen, es gebe gar keine Opfer. Jeder scheint gerade noch einmal Glück im Unglück gehabt zu haben. Statt den Verlust von Haus und Auto zu beklagen, bekennen die Opfer eines Tornados erleichtert und bisweilen nachgerade begeistert, daß sie mit ihrer Familie um Haaresbreite dem Tod entronnen sind. Der Überlebende eines Großbrands bringt vor allem die Dankbarkeit zum Ausdruck, daß sein Leben verschont geblieben ist. Manche Opfer von schweren Krankheiten, Naturkatastrophen und Mordversuchen scheinen, den Berichten zufolge, ihre traumatischen Erfahrungen nicht nur überwunden, sondern darüber hinaus regelrecht von ihnen profitiert zu haben. Wenn man den Forschungsergebnissen trauen darf, die Psychologen über die Bewältigung tragischer Ereignisse ermittelt haben, versuchen die in diese Situation versetzten Menschen zumeist mit aller Gewalt das Gefühl abzustreifen, selbst ein Opfer zu sein. Untersuchungen an Personen mit chronischen Krankheiten oder Störungen wie Krebs, Diabetes, schweren Verbrennungen, zystischer Fibrose und Hämophilie haben dabei ebenso wie Studien über die psychische Bewältigung von verlorenen Ehepartnern oder Kindern ergeben, daß die von diesen Ereignissen betroffenen Menschen am Ende von sich sagen können, ein genauso gutes oder sogar besseres Leben zu führen wie vor den Ereignissen.[18] Da manche Menschen von Unglücksereignissen körperlich und seelisch permanent verstümmelt werden, trifft diese Aussage natürlich nicht auf alle Opfer zu.[19] Nichtsdestoweniger berichten die meisten Opfer, daß sich ihr Leben nach Ablauf einer gewissen Zeit wieder normalisiert oder sich als Ergebnis der von ihnen durchgemachten Erschütterungen sogar wesentlich verbessert hat.

Der vielleicht überraschendste Aspekt dieser Behauptungen besteht darin, daß die meisten Menschen, die nach einem traumatisierenden Ereignis eine höhere Lebensqualität erreicht haben, diese Leistung aus eigener Kraft erbrachten. Sie beanspruchen mit anderen Worten keinen professionellen, etwa psychologischen, Beistand, sondern bewältigen die anstehenden Probleme normalerweise allein mit Hilfe ihrer inneren Ressourcen oder dank der Unterstützung ihres sozialen Umfeldes.[20]

Das menschliche Gehirn ist ein bemerkenswertes Organ. Das wird an dem aktiven Denkvorgang besonders deutlich, mit dessen Hilfe wir ein verheerendes Ereignis in ein weniger tragisches oder sogar positives Geschehen gedanklich «umdefinieren». Wir verfügen über eine Vielzahl von verschiedenen Sichtweisen, mit denen wir die eigentliche Bedeutung unserer Opferrolle manipulieren können. Aus der einen Perspektive mag sich eine Situation daher unerfreulich und gar schrecklich ausnehmen, aus einer anderen dagegen stellt sie sich wieder als ziemlich vorteilhaft dar. Die hiermit nur beispielhaft angedeutete systematische und selektive Organisation ihrer Wahrnehmungen und Bewertungen hilft den Opfern mit anderen Worten, ihr Leidensgefühl zu minimieren, indem sie sich auf die jeweils günstigen Aspekte ihrer Situation konzentrieren.

Es könnte immer noch schlimmer kommen

In einer jüdischen Fabel sucht ein Bauer um den Rat eines Rabbis nach, weil sein Leben ein einziges Durcheinander ist: Seine Frau nörgelt an ihm herum, die Kinder balgen sich den ganzen Tag, und der ganze Haushalt ist permanent in Unordnung. Der Rabbi sagt dem Bauern, er solle nach Hause gehen und die Hühner aus dem Stall in das Haus umsiedeln. «Ins Haus?» schreit der Bauer. «Wozu soll denn das gut sein?» Der Rabbi versichert ihm, dieser Umzug werde sich in Zukunft als richtige Entscheidung herausstellen, und schickt ihn ohne weitere Erklärung nach Hause. Zwei Tage später kommt der Bauer, noch rasender als zuvor, wieder zum Rabbi. «Jetzt schimpft meine Frau mich aus, die Kinder streiten sich, und zu allem Überfluß treiben sich im ganzen Haus die Hühner herum, beschmutzen die Möbel, legen überall ihre Eier, verstreuen ihre Federn und picken in unseren Essensvorräten herum!» Der Rabbi schickt den Bauern nach Hause und bittet ihn, jetzt auch die Kuh ins Haus zu nehmen. «Die Kuh?» ruft der verzweifelte Mann aus. «Damit kann doch alles nur noch schlimmer werden!» Der Rabbi bleibt unbeweglich und antwortet: «Tu, was ich dir sage, und komm in ein paar Tagen wieder.» Ein paar Tage später geht der Bauer, mehr denn je auf den Hund gekommen, zum Rabbi zurück und klagt: «Die Hühner treiben überall ihr Unwesen, die Kuh hat die Wohnzimmermöbel umgeworfen, die Kinder reißen sich gegenseitig die Haare aus, und meine Frau ist am Ende ihrer Nerven. Du hast alles nur noch schlimmer gemacht. Nichts hat geholfen.» Der Rabbi aber schickt ihn mit dem Befehl nach Hause, auch noch das Pferd ins Haus zu holen. Der verzweifelte Bauer kehrt heim und befolgt wie immer den Rat seines Rabbis. Diesmal aber kommt er, in heller Aufregung begriffen, schon am nächsten Tag zurück. «Rabbi, die Kuh und das Pferd haben alle Möbel zu Kleinholz gemacht, meine Familie hat keinen Platz mehr zum Wohnen, die Hühner machen sich überall breit, mein Leben ist ein einziger Trümmerhaufen. Was soll ich jetzt machen?» Der Rabbi antwortet: «Geh nach Hause und bring die Hühner, das Pferd und die Kuh wieder in den Stall zurück.» Der Bauer gehorcht und erscheint am nächsten Morgen mit einem strahlenden Gesicht: «Rabbi, seit die Hühner, die Kuh und das Pferd wieder aus dem Haus sind, ist unser Leben plötzlich so ruhig und friedlich wie noch nie. Wir sind wieder eine richtige Familie geworden. Wie kann ich dir nur für alles danken?» Der Rabbi lächelt.

Die Moral von der Geschicht ist natürlich, daß es immer noch schlimmer kommen kann. Nicht von ungefähr bekennen ja die meisten Opfer von Naturkatastrophen, Krankheiten und anderen Unglücksereignissen in der Regel, daß sie im Grunde von Glück reden können, nicht noch schlimmer getroffen worden zu sein. Es ist eine sehr verbreitete Reaktion auf Unglücksereignisse, die eigene Realsituation mit jener fiktiven Situation zu vergleichen, die sich hätte einstellen können. Vergewaltigte Frauen stellen immer wieder mit Erleichterung fest, daß man sie auch töten oder schlimmer und perverser als geschehen mißhandeln hätte können.[21] Einstweilen geheilte Krebspatienten erklären, daß sie angesichts der Möglichkeit, eine lange chronische Krankheit erleiden oder an ihrem Tumor gar sterben zu müssen, eigentlich noch ganz gut weggekommen seien.[22] Ein Tornado-Opfer bemerkte angesichts der Zerstörung seines Hauses: «Wir hatten wirklich Glück. Der liebe Gott hat den Sturm gerade rechtzeitig aufgehalten, bevor er uns erwischen konnte. Wenn das nicht geschehen wäre, wären wir jetzt alle tot.»[23] Eine Frau berichtet über ihren Autounfall: «Ich hatte ziemlich viel Glück. Nur den Bruchteil einer Sekunde später hätte der andere Wagen meine Tür getroffen und mich dabei getötet. So wie die Dinge lagen, raste er vorne rein und verursachte bloß einen Totalschaden.»[24] Selbst ein todkranker Krebspatient beschrieb seine Situation einmal in der Fernsehsendung «*A Time to Die*» von CBS mit den Worten: «Es ist ja nicht das Schlimmste, was einem zustoßen könnte.»[25]

Diese kreativen Vorstellungen davon, wieviel schlimmer alles hätte kommen können, sind mittlerweile in vielen psychologischen Untersuchungen über die menschlichen Reaktionen auf Unglücksfälle beschrieben und als ein weitverbreitetes Phänomen erkannt worden. *Warum* dieses Phänomen allerdings so häufig auftritt, ist bislang nicht abschließend geklärt. Es gibt hierzu mindestens zwei gleichermaßen verlockende Erklärungsvorschläge. Der eine besagt, alle Opfer verspürten das Bedürfnis, sich möglichst wenig als Opfer oder Pechvogel zu empfinden. Wenn man sich vorstellt, wieviel schlimmer alles hätte ausgehen können, scheint man schon allein dadurch besser und somit nicht mehr im strengen Sinn als Opfer dazustehen. Im Vergleich dazu, daß man von dem Unglücksereignis schwerer verletzt und getötet hätte werden können, geht es einem ja eigentlich auch *tatsächlich* besser. Damit soll nicht unterstellt werden, wir würden solche Vergleichssituationen im Unglücksfall bewußt konstruieren, um uns über die wirklichen Geschehnisse hinwegzutrösten. Diese Reaktion stellt vielmehr eine vermutlich unbewußte Antwort unseres Denkens dar, die uns die Bewältigung traumatisierender Erfahrungen erleichtern soll.[26]

Der zweite Erklärungsvorschlag beruht auf der These, daß wir die beschriebene Imaginierung potentieller Vergleichssituationen aus einem *anderen* Grund anstreben als dem, uns möglichst nicht als Opfer zu empfinden. Die Betonung liegt hier mehr auf dem diesem Prozeß eigenen günstigen Nebeneffekt, daß einem die eigene Situation im Vergleich zu einer denkbar schlimmeren noch relativ erträglich erscheint. Der von vielen Unglücksereignissen ausgehende Schrecken basiert ja oftmals weniger auf dem, was gegenwärtig geschieht, als auf der Erwartung dessen, was noch alles zukünftig an Schlimmerem geschehen könnte. Während des Ablaufs von Unglücksereignissen stellen sich deren Opfer nicht selten vor, was nun als nächstes geschehen und was ihnen dabei im schlimmsten Fall zustoßen könnte. Dieses Verhalten dient vermutlich dazu, uns auf die bevorstehenden Geschehnisse im Geist besser vorzubereiten. Die meisten Krebspatienten erklären, während ihrer Erkrankung gründlich über das Sterben nachgedacht zu haben. Die Opfer von Unfällen oder Naturkatastrophen berichten, daß sie sich über die bereits eingetretenen Schäden weniger Sorgen gemacht hätten als über die Möglichkeit, im weiteren Verlauf des Geschehens getötet oder verletzt zu werden. Bei der späteren Beschreibung solcher Unglücksereignisse wird dann vielfach der Eindruck, den das tatsächlich Geschehene hinterließ, von der Erinnerung an damals empfundene Befürchtungen noch schlimmerer Ereignisse gefärbt. Wenn die Opfer von Katastrophen also ihre Verfassung erklären, indem sie darauf hinweisen, wieviel schlimmer alles hätte ausgehen können, dann berichten sie unter Umständen über genau jene Angstvorstellungen und Befürchtungen, die ihnen damals durch den Kopf gegangen sind.[27]

Vergleich mit noch unglücklicheren anderen

Die Opfer von Unglücksfällen vergleichen sich aus eigenem Antrieb mit anderen Menschen, denen noch Schlimmeres widerfahren ist. Das Opfer einer Flutkatastrophe in Salt Lake City berichtete: «Ich nehme an, daß wir noch ziemlich viel Glück gehabt haben. In vielen anderen Gegenden kommt so was viel häufiger und viel schrecklicher vor.»[28] Dieses Vorgehen wurde von verschiedenen Psychologen mit dem Begriff «sozialer Vergleich» *(social comparison)* belegt. Die Vorstellung, daß die Menschen ihre Selbsteinschätzung auf einem Vergleich mit ihren Mitmenschen aufbauen, ist seit vielen Jahren ein Eckstein der modernen Sozialpsychologie.[29] Sie vergleichen sich dabei üblicherweise mit Personen, denen es etwas bessergeht. Wenn wir zum Beispiel an unser Gehalt, die Einrichtung unseres Hauses oder unser Auto denken, vergleichen wir unseren Lebensstandard oftmals implizit mit dem jener Mitmenschen, die etwas besser verdienen, schöner eingerichtete Häuser besitzen und teurere Autos fahren. Durch den Vergleich mit bessergestellten Mitmenschen lernen wir, wie wir unsere eigene Situation verbessern können, und bekommen zugleich ein Bild von dem, was wir letztlich erreichen wollen.

Unter dem Einfluß von Bedrohungen tendieren die Menschen allerdings im Gegenteil eher dazu, sich mit Menschen zu vergleichen, denen es schlechtergeht. Diese nach «unten» gerichteten Vergleiche haben den offensichtlichen psychologischen Vorteil, uns unsere eigene Lage erträglicher scheinen zu lassen. Der Psychologe Thomas Wills verficht dementsprechend die These, daß diese Vergleiche mit schlechtergestellten anderen Personen dazu dienen, unser angeschlagenes Selbstbewußtsein zu schützen und zu stärken.[30]

Auf der Suche nach einem «idealen» Vergleichspartner, mit dem wir die eigene Situation zu unseren Gunsten vergleichen können, kommt es sehr darauf an, sich sorgfältig zu überlegen, wie man die *Tragweite* des betreffenden Problems interpretiert. Eine Frau, die bei einer Überschwemmung ihr ganzes Haus verloren hat, wird sich dementsprechend nicht auf ihre verlorenen Besitztümer konzentrieren. Vielmehr wird sie sich eher mit dem Gedanken trösten, im Gegensatz zu ihren Nachbarn bei der Überflutung kein Familienmitglied verloren zu haben. Eine vergewaltigte und körperlich mißhandelte Frau könnte etwa daran denken, wie viele andere Frauen bei solchen Vergewaltigungen verstümmelt oder ermordet worden sind. Eine vergewaltigte, aber nicht mißhandelte Frau wird sich wiederum gegenüber jenen Frauen glücklich schätzen, die vergewaltigt und geschlagen worden sind.[31]

Die folgenden Aussagen dokumentieren in diesem Zusammenhang kreative Vergleiche, die von Krebspatientinnen gemacht wurden:

o Eine Frau, deren Brustkrebserkrankung durch eine Lumpektomie (Entfernung des Tumorknotens) und nicht durch eine Mastektomie (bei der die ganze Brust entfernt wird) behandelt wurde: «Bei mir wurde nur ein vergleichsweise kleiner chirurgischer Eingriff durchgeführt. Wie schlimm muß es wohl für die Frauen sein, die eine Mastektomie hinter sich haben. Ich kann mir das gar nicht richtig vorstellen. Das ist bestimmt eine sehr, sehr schwere Sache.»

o Die Bemerkung einer Frau, die eine Mastektomie überstanden hatte: «Es war nicht tragisch. Alles ist letztlich gut ausgegangen. Wenn der Krebs allerdings weiter fortgeschritten und auch außerhalb der Brust gewesen wäre, dann müßte ich ihnen eine ganz andere Leidensgeschichte erzählen.»

o Eine ältere Frau mit Brustkrebs bekannte: «Wer mir richtig leid tut, das sind diese jungen Mädchen mit Brustkrebs. Eine ganze Brust zu verlieren muß für eine junge Frau schrecklich sein. Ich bin 73, wozu brauche ich noch eine Brust?»

o Eine junge Frau gesteht: «Wenn ich nicht verheiratet gewesen wäre, dann hätte mich das alles übel erwischt. Ich kann mir nicht vorstellen, wie ich mit dieser Krebskrankheit im Leib einen Freund oder Mann hätte kennenlernen sollen; ich hätte doch gar nicht gewußt, wie ich ihm davon erzählen soll.»[32]

Der Trick bei diesen Vergleichen ist natürlich, daß man letztlich immer besser dasteht als die anderen, solange man die jeweils nächstschlimmere Problemdimension zum Vergleich benutzt. Und natürlich ist niemand so verrückt, sich mit der nächst*besseren* Gruppe zu vergleichen. In der eben zitierten Studie verglichen die Lumpektomie-Patientinnen ihre Situation vorteilhaft mit der Lage der Mastektomie-Patientinnen, die Mastektomie-Patientinnen aber bewerteten ihre Lage niemals im Vergleich mit den Lumpektomie-Patientinnen. Die älteren an Krebs erkrankten Frauen glaubten besser dazustehen als die jüngeren Krebspatientinnen, aber keine der jüngeren Frauen äußerte den Wunsch, älter zu sein. Die Frauen mit der schlechtesten Prognose trösteten sich damit, daß sie noch nicht tot oder im Augenblick schmerzfrei waren. Selbst sterbenden Frauen gelang es, ihrer Situation noch tröstliche Aspekte abzugewinnen. Die bekannte Sterbensforscherin Elisabeth Kübler-Ross berichtet folgendes von den Äußerungen eines sterbenden Mannes: «Da meine Frau mich noch nie in einem solchen Zustand gesehen hatte, war sie sehr aufgeregt. Daher sagte ich zu ihr: ‹Mach dir keine Sorgen, wir müssen alle einmal abtreten, liebes Mädchen. Ich hatte ein gutes Leben, das Sterben macht mir keine Angst.› Aber schauen Sie einmal auf die Schlagzeile heute in der Zeitung: diese zwei Ehepaare, die auf ihrer Hochzeitsreise tödlich verunglückt sind; die tun mir wirklich leid, nicht ich. Ich selbst bin der Lage schon gewachsen.»[33]

Sterbende Menschen konzentrieren sich oft auf die Tatsache, daß sie einen Zustand geistigen Friedens erreicht oder ein langes und erfülltes Leben gelebt haben. Im Vergleich zu den vielen anderen Menschen, die dergleichen vielleicht nie erfahren werden, stehen sie dann vor sich natürlich besser da.

Die Strategie, unseren Zustand vorteilhaft mit der Situation schlechtergestellter Menschen zu kontrastieren, kann zweifellos zu einer erfolgreichen Wiederherstellung unserer Selbstachtung beitragen. Was aber, wenn wir niemanden finden, dem es schlechtergeht als uns? Wenn es gar keine anderen Opfer gibt? Was macht eine vergewaltigte oder überfallene Frau, wenn sie persönlich keine anderen Frauen kennt, die ähnliches durchgemacht haben? Oder der Krebspatient, der als erster und einziger in seiner Familie und unter seinen Freunden an einem Karzinom erkrankt? Wie kommen diese Menschen zu den für die Erhaltung ihrer Selbstachtung so bitter benötigten Vergleichspersonen? Eine Antwort besteht darin, daß wir die meisten Vergleiche mit weniger glücklichen Menschen ohnehin von A bis Z im Geiste konstruieren.[34] Wenn uns keine weniger glücklichen Opfer zum Vergleich zur Verfügung stehen, können wir diese ja auch einfach erfinden. Das Bedürfnis, nicht rechtzeitig verfügbare Opfer zu erfinden, ist dabei vermutlich weit stärker verbreitet, als man zunächst annehmen möchte. Die meisten Opfer gehen mit ihren Problemen nicht an die Öffentlichkeit, sondern versuchen ihre Wunden selbst zu heilen. Dementsprechend gibt es eine Vielzahl von Barrieren, die uns daran hindern, unsere Bewältigungsversuche mit denen anderer Opfer zu vergleichen.[35] Diejenigen Opfer, die wir dennoch treffen, präsentieren sich uns darüber hinaus – auch wenn sie über ihre Erfahrungen in Wirklichkeit noch keineswegs hinweggekommen sind – vielfach schon aus Verlegenheit so, als hätten sie ihre Probleme längst gelöst und hinter sich gebracht.

Die Erfindung fiktiver Personen, denen es schlechtergeht als uns, ist also ein recht verbreitetes Phänomen. Bei einer Untersuchung an Krebspatienten wurden die folgenden Bemerkungen registriert:

«Ich bin nie einer von denen gewesen, die sich von ihrem Krebs völlig entmutigen lassen, die alles hinschmeißen wollen und nicht daran glauben, daß es für sie noch einen Ausweg gibt... Ich mache einfach weiter, als sei nichts gewesen.»

«Manche dieser Frauen lassen sich selbst von kleineren Problemen, als ich sie zu bestehen hatte, vollkommen niederschmettern. Ich meine zum Beispiel Frauen, die kleinere Tumore hatten als ich...»

«Man hört immer wieder von Leuten, die mit ihren Erkrankungen gut zurechtkommen sollen, die Mehrheit scheint sich mir aber nach wie vor selbst zu bemitleiden, und ich glaube wirklich nicht, daß sie ihren Krebs im geringsten bewältigt haben. Ich kann das gar nicht verstehen, denn ich fühle mich von meiner Krankheit eigentlich überhaupt nicht belastet.»

Woher kommen diese Phantasie-Opfer? In gewisser Weise sind sie mit den fiktiven negativen Situationen verwandt, die ich oben beschrieben habe. Sie sind Erfindungen unseres Geistes und basieren auf unserer persönlichen Vorstellung davon, wie scheiternde Lösungsstrategien auszusehen haben. Das Material für die geistige Konstruktion von noch unglücklicheren Opfern entnehmen wir aus Zeitungs- und Fernsehberichten über jene Art von Menschen, die mit ihren Problemen nicht fertig geworden sind. Auch die im Bekanntenkreis kursierenden Beschreibungen solcher Opfer werden als zusätzliche Informationsquelle genützt. Selbst psychologische Berater verwenden vielfach eine verwandte Strategie, wenn sie ihren Patienten die Bewältigung eines traumatischen Ereignisses und die Wiedergewinnung ihres Selbstbewußtseins durch die Bemerkung zu erleichtern versuchen, sie hätten sich im Vergleich zu anderen eigentlich recht gut geschlagen. Wenn ein Arzt seinem Klienten eröffnet: «Sie sehen viel besser aus als meine anderen Patienten», kann er mithin – selbst wenn er allen seinen Patienten dasselbe sagt – dem einzelnen Kranken helfen, der sich nach dieser Auskunft besser fühlt und fest daran glaubt, daß es eine große Zahl anderer Patienten gibt, denen es nicht so gutgeht wie ihm.

Die eigene Lage im Vergleich zu der Situation anderer Opfer zu beurteilen ist ein sehr kreativer Vorgang. Er beinhaltet eine aktive Selektion jener Vergleichspersonen, die uns relativ am günstigsten dastehen lassen. Das wichtigste und vielleicht sogar einzige Ziel dieser kognitiven Erfindungen besteht dabei in der Wiederherstellung unseres Selbstbewußtseins. Denn wenn sie schon nicht sämtliche psychischen und physischen Folgen des Unglücksereignisses beheben oder wiedergutmachen können, versuchen sich die Opfer doch zumindest mit der Betrachtung zu trösten, daß sie aus dem Geschehen so heil wie möglich hervorgegangen sind und sich dabei alles in allem glänzend und vielleicht sogar heroisch geschlagen haben.

Die Einschätzung widriger Umstände einfach dadurch zu revidieren, daß man die Personen oder Situationen austauscht, mit denen man sich üblicherweise vergleicht: müssen wir nicht zugeben, daß dies eigentlich eine ziemlich läppische Methode ist, um unsere von Unglücksereignissen angeschlagene Selbstachtung zu restaurieren? Schließlich haben solche Neubewertungen je nach den gerade zur Verfügung stehenden Vergleichspersonen oder Vergleichssituationen eine eher dürftige künstlerische Qualität. Die durch einen solchen Wechsel unseres Bezugsrahmens entstehenden «reformierten» Selbsteinschätzungen sind allerdings nichtsdestoweniger oftmals sehr wirkungsvoll. Man betrachte nur die folgenden überraschenden Beispiele. Die meisten Lotteriegewinner und Opfer schwerer Autounfälle beurteilen ihre Situation schon wenige Wochen nach diesen, ihre Lebensumstände vielfach eingreifend verändernden Ereignissen im wesentlichen so wie zuvor. Sie geben an, mit ihrem Leben ungefähr so glücklich und zufrieden zu sein wie vor den genannten Ereignissen.[36] Nach einer anderen Befragung sind die Mitglieder der amerikanischen Mittelklasse mit ihrem Leben genauso glücklich und zufrieden wie die unter extrem kargen Bedingungen lebenden Bauern in Indien.[37] Wir bewerten unsere Zufriedenheit also ohnehin nicht auf Basis irgendeiner vertikalen Skala von Lebensumständen, sondern stets im Vergleich mit anderen, unter ähnlichen Umständen lebenden Menschen. Wir wünschen uns zwar gelegentlich, so schön wie ein Filmstar, so reich wie ein Multimillionär oder so erfolgreich zu sein wie ein berühmter Musiker, wenn wir unsere persönlichen Lebensbedingungen aber tatsächlich ernsthaft beurteilen, lassen wir dann doch meist lieber die Kirche im Dorf. Mit dieser bescheidenen Haltung gelingt es dann auch so gut wie allen Menschen, ein Leben zu führen, das sie für einigermaßen zufriedenstellend halten. Auch wenn wir uns nicht in der bestmöglichen Lebenssituation befinden, sind wir mit unserer Lage im großen und ganzen doch recht zufrieden und stehen in unseren Augen besser da als die meisten anderen.

Wiederherstellung der verlorenen Kontrolle

Unter normalen Bedingungen verdanken wir ein gut Teil unserer Leistungsfähigkeit dem Gefühl, die Umwelt und unser eigenes Leben weitgehend unter Kontrolle zu haben. Dieses Gefühl wird durch traumatisierende Ereignisse oftmals schwer auf die Probe gestellt. Es versteht sich, daß wir in aller Regel die Katastrophen unseres Lebens weder vorausgeplant noch bewußt herbeigeführt haben. Wenn dann ein Desaster oder eine Beinah-Katastrophe über uns hereinbricht, werden wir entsprechend auf oft grausame Weise daran erinnert, daß unser Lebensgeschehen vielfach vom Zufall und nicht allein durch die vorkalkulierten Ergebnisse unserer persönlichen Lebensplanung bestimmt wird. Dabei wird das Gefühl persönlicher Kontrolle unter Umständen sogar für kurze Zeit vollständig ausgelöscht. Untersuchungen an Opfern von Gewaltverbrechen, Naturkatastrophen und chronischen Erkrankungen haben ergeben, daß sich unmittelbar nach einem traumatischen Ereignis vielfach eine Phase der Gelähmtheit einstellt, in der die Betroffenen selbst einfachste Tätigkeiten – wie etwa das Decken des Frühstückstisches, das morgendliche Anziehen oder das Auftanken des eigenen Autos – nicht auszuführen imstande sind.[38] Es scheint, als ob uns manche Katastrophen dazu bringen können, den Sinn fast *jeder* Handlung anzuzweifeln; angesichts dessen mag uns selbst eine banale und unleugbar notwendige Tätigkeit wie das morgendliche Anziehen der Kleider an das sprichwörtliche Umstellen der Liegestühle auf der untergehenden «Titanic» erinnern.

Ein weiterer Grund dafür, daß wir uns eine gewisse Zeit nach einer Katastrophe nicht oder kaum mehr die Mühe geben, unseren alltäglichen Tätigkeiten nachzugehen, liegt in der Überwältigung unserer kognitiven Kapazitäten durch das viktimisierende Ereignis und seine Konsequenzen. Der anfängliche Schock weicht dabei in der Regel einer Phase der Betäubtheit, in der uns die Bedeutung der Geschehnisse langsam bewußt zu werden beginnt. Solange unser Denken noch weitgehend mit der unbewußten und bewußten Verarbeitung der Folgen beschäftigt ist, die durch die Katastrophe für unser Leben im allgemeinen entstehen, bleibt uns dabei unter Umständen nur wenig kognitiver Spielraum zur Bewältigung alltäglicher Probleme.

Diese Phase geht allerdings bei den meisten Menschen relativ schnell, das heißt innerhalb weniger Tage oder Wochen, vorüber. Unmittelbar danach macht sich dann unser Kontrollbedürfnis wieder lautstark bemerkbar.[39] Viele Opfer begegnen dieser Herausforderung durch ein enthusiastisches Engagement für ihre wieder oder neu aufgenommenen Aktivitäten. Dabei entscheiden sie sich manchmal bewußt, einschneidende Veränderungen in ihrem Leben vorzunehmen; manche gehen zum Beispiel zur Schule zurück, um das Abitur nachzuholen, andere dagegen wechseln ihren Arbeitsplatz oder ihren Wohnort. Mit diesen bewußt gesteuerten Veränderungen wollen wir uns übrigens vielleicht vor allem konkret beweisen, daß wir jetzt wieder die Kontrolle über die Aktivitäten unseres Lebens übernommen haben.

Viele Opfer versuchen andererseits die Wahrscheinlichkeit direkt zu beeinflussen, von den vergangenen Unglücksereignissen nochmals bedroht zu werden. Eine vergewaltigte Frau verriegelt deshalb womöglich ihre Fenster und sichert ihre Wohnungstür mit einem zweiten, separaten Sicherheitsschloß. Der Überlebende einer Brandkatastrophe zieht dagegen in ein einstöckiges Haus mit mehreren Notausgängen. Die Opfer sagen sich eben: «Wenn ich das bereits eingetretene Unglück schon nicht ungeschehen machen kann, kann ich doch immerhin verhindern, daß es sich je wiederholt.»[40] Unser Bedürfnis nach Überlegenheit und Leistungsfähigkeit wird dabei bisweilen sogar durch bestimmte Aspekte einer im Rahmen der genannten Ereignisse eingetretenen Behinderung befriedigt. Ein Polio-Patient etwa beschreibt seine persönlichen Erfolgserlebnisse folgendermaßen: «Andere Kinder lernen Bewegungsabläufe wie das Krabbeln, Aufstehen und Gehen auf natürliche Weise und ohne irgendwelche bewußten Anstrengungen. Ich nicht. Ich mußte all diese Dinge bewußt und um den Preis von so viel Blut und Tränen erlernen, daß jede einzelne dieser Errungenschaften mich erneut mit einem Triumphgefühl erfüllt. Ich stand meiner ungeheuren Leistungsfähigkeit daher beinahe ehrfurchtsvoll gegenüber. Ich fühlte mich wie ein Gott.»[41]

Ein blinder Mann berichtet über seinen Blindenstock: «An Straßenecken bewies der Stock immer wieder, was er eigentlich wert ist. Die Autofahrer sahen ihn sofort und hielten an. Wenn ich den Stock gerade vor mich hielt und über den Zebrastreifen ging, spürte ich eine mir zuvor ganz unbekannte Selbstsicherheit. Ich fühlte mich wie ein wundertätiger Zauberer. Ich war der Moses der Metropole. Ich hielt meinen Blindenstock in das Meer der hupenden und brummenden Autos und siehe da, der Verkehr teilte sich, und ich kam am gegenüberliegenden Bordstein an, ohne daß mir auch nur ein Haar gekrümmt worden wäre.»[42]

Eines der eindrucksvollsten Beispiele für die Bemühungen von Opfern, die Kontrolle über ihr Leben wiederherzustellen, wurde vor einigen Jahren bei einer Untersuchung über Krebspatienten entdeckt. Ebenso wie andere Leidtragende müssen auch Krebspatienten mit ansehen, wie ihr Überlegenheits- und Kontrollgefühl durch ein Unglücksereignis (in diesem Fall also die Krebsdiagnose) gründlich untergraben wird. Die Entdeckung einer Krebserkrankung führt bekanntlich zu einer Vielzahl von unmittelbaren Veränderungen im Leben der Betroffenen. Chirurgische oder chemotherapeutische Behandlungsverfahren müssen anberaumt, aufkommende intensive Angstgefühle und depressive Verstimmungen müssen in Schach gehalten und schließlich müssen die Zukunftsängste bewältigt werden. In der Onkologie gilt die Faustregel, daß kein Patient vor Ablauf einer fünfjährigen rückfallfreien Frist als krebsfrei oder geheilt angesehen werden kann. Die meisten Patienten können sich also während einer mindestens fünfjährigen Frist nicht sicher sein, ob der beim morgendlichen Aufstehen empfundene stechende Schmerz nun auf eine harmlose Muskelzerrung oder auf einen bösartigen Tumor zurückzuführen ist. Und selbst wenn sie gar keine Symptome verspüren, haben die Patienten keine völlige Gewißheit, daß sich in ihrem scheinbar gesunden Körper nicht irgendwo kleine Krebsmetastasen versteckt halten, die einstweilen noch unentdeckt geblieben sind.

Viele Krebspatienten begegnen dieser fundamentalen Bedrohung ihrer Selbständigkeit durch den aus schulmedizinischer Sicht einigermaßen illusorischen Glauben, sie seien in der Lage, ihre Krebserkrankung durch persönliche Anstrengungen unter Kontrolle zu bringen. Bei einer Untersuchung über Brustkrebspatientinnen gaben zwei Drittel der befragten Frauen an, ein Wiederauftreten ihrer Krebskrankheit durch persönliches Eingreifen vermutlich verhindern zu können.[43] Das restliche Drittel der Patientinnen war mehrheitlich der Überzeugung, daß sie zwar persönlich keine Macht über ihre Erkrankung hätten, der Krebs aber durch ihre Ärzte und deren fortgesetzten Behandlungsbemühungen unmittelbar unter Kontrolle gebracht werden könnte. Im Prozeß der Wiedergewinnung ihrer Kontrolle versuchten viele dieser Frauen anfänglich, so viel wie möglich über Brustkrebs in Erfahrung zu bringen. Tausende von psychologischen Forschungsstudien, von Tierversuchen mit hebeldrückenden Ratten bis zu Untersuchungen an Bewohnern von Altenheimen, haben immer wieder erwiesen, daß sich die Menschen an streßvolle Lebensumstände weit besser anpassen, wenn sie über diese Umstände genauer informiert sind. Dabei spielt, wie noch zu zeigen sein wird, die konkrete Bedeutung dieser Informationen für die objektiven Handlungsmöglichkeiten der Betroffenen eine eher sekundäre Rolle. Informierte Patienten fühlen sich weniger erregt, bestürzt oder deprimiert, empfinden weniger körperliche Unruhe und sind im allgemeinen dem Leben gegenüber aktiver eingestellt. Schon das Gefühl, über die eigene Problematik einigermaßen Bescheid zu wissen, erzeugt offenbar den Anschein, diese zugleich kontrollieren zu können.

Das Kontrollgefühl von Krebspatienten wird aus mehreren Gründen durch Informationen verstärkt. Der Wert dieser Informationen mag dabei für einige vor allem darin liegen, daß sie sich als informierte Patienten eher an den Entscheidungen über die Behandlung und Betreuung ihrer Krebserkrankung beteiligen können. Andere werden von den erhaltenen Informationen wiederum am ehesten dadurch profitieren, daß sie sich mit deren Hilfe ein klareres Bild von den Geschehnissen in ihrem Körper und dem voraussichtlichen zukünftigen Verlauf ihrer Erkrankung machen können. In beiden Fällen ist jedoch das *Bedürfnis* nach Information vielfach geradezu brennend. Mit den Worten einer Krebspatientin: «Ich fühlte, daß ich irgendwie die Kontrolle über meinen Körper verloren hatte. Meine persönliche Methode, diese verlorengegangene Kontrolle wenigstens teilweise zurückzugewinnen, bestand dann eben darin, so viel wie möglich über meine Krankheit in Erfahrung zu bringen. Mein Wissensdurst wurde dabei fast zu einer Obsession.»[44] Ein Mann beschrieb seine krebskranke Ehefrau: «Sie kaufte Bücher, besorgte sich Zeitschriften, studierte Fachtexte, redete mit vielen anderen Krebspatienten. Sie lernte gründlich verstehen, was in ihr vorging, und kämpfte zugleich gegen das, was mit ihr geschah. Sie startete einen Feldzug gegen ihre Krankheit. Sie sagte mir einmal, daß sie ihre Krebserkrankung ‹erst umzingeln und dann zur Kapitulation zwingen› wolle.»[45]

Viele Brustkrebspatientinnen versuchten ihre Krankheit durch mentale Techniken unter Kontrolle zu bringen. Eine der gebräuchlichsten Methoden bestand darin, eine positive Grundeinstellung zum Leben einzunehmen, die eine Rückkehr ihrer Krebserkrankung unmöglich machen sollte. Dazu die Aussagen von zwei Patientinnen:

«Ich glaube, daß ich meine Macht über die Krankheit am ehesten meiner geistigen Einstellung verdanke. Ich muß das Gefühl haben, daß man etwas tun und verändern kann, daß ich das Geschehen irgendwie kontrollieren kann.»

«Ich denke, wenn man fühlt, daß man das Problem unter Kontrolle hat, dann kann man es auch bis zu einem gewissen Grad tatsächlich kontrollieren. Ich weigere mich einfach absolut, jemals wieder an Krebs zu erkranken.»[46]

Unter den Frauen, die ihre Krebserkrankung mit geistigen Mitteln glaubten kontrollieren zu können, wendete eine weitere Gruppe bestimmte psychologische Techniken an, mit deren Hilfe ihre Krebserkrankung unmittelbar unterdrückt oder ihr Körper zunächst in einen gesünderen Grundzustand versetzt werden sollte. Die meisten dieser Techniken beinhalten die Herbeiführung eines Zustandes der völligen Entspannung, der etwa durch Meditation oder die innere Vergegenwärtigung einer friedlichen Szenerie erzeugt werden soll. Mit diesen Techniken gelang es vielen Patientinnen nach und nach, alle Muskeln ihres Körpers zu entspannen und dadurch ihre Herz- und Atemfrequenz zu senken. Mit dieser Relaxation ließ sich wiederum eine Vielzahl jener negativen psychischen und physischen Begleiterscheinungen unter Kontrolle bringen, die im Gefolge von Angstzuständen, Erregtheit und Depressionen auftreten können. In anderen Fällen bemühten sich die Patientinnen primär um die Bewahrung einer positiven Grundeinstellung, indem sie direkt in ihren kognitiven Prozeß eingriffen und zum Beispiel negative Gedanken und Vorstellungen aktiv zu vertreiben versuchten. Eine gerade chemotherapeutisch behandelte Patientin formulierte ihre Strategie folgendermaßen: «Es war eigentlich fast so etwas wie ein mit mir selbst gespieltes Spiel, das von meiner augenblicklichen Stimmung abhing. Wenn ich gelassen war und gelassen sein wollte, stellte ich mir zum Beispiel eine wundervolle Naturszene vor. Wenn ich mich dagegen mit meinem Feind schlagen wollte, baute ich vor meinem geistigen Auge ein Schlachtfeld auf und brachte meine eigenen Truppen in Verteidigungsstellung.»[47]

Bei anderen Patientinnen entsprang der persönliche Glaube, ihre Krebserkrankung unter Kontrolle bringen zu können, im wesentlichen der individuellen Vorstellung, die sie sich von der Entstehung ihrer Krankheit machten. Die kausale Erklärung eines verheerenden Ereignisses trägt natürlich vor allem dann zu unserem Kontroll- und Überlegenheitsgefühl bei, wenn die von uns vermutete Ursache *jetzt* scheinbar *nicht* mehr wirksam ist. Eine Krebspatientin, die ihren ersten Ehemann als «primitiven Vergewaltiger» beschrieb, glaubte zum Beispiel, der durch die destruktive Beziehung zu diesem Mann erzeugte Streß habe ihren Brustkrebs hervorgerufen. Die Beziehung zu ihrem «wunderbaren» zweiten Mann dagegen, so meinte dieselbe Patientin, würde sie schon deshalb vor einem Rückfall der Krebserkrankung schützen, da in dieser zweiten Ehe nicht allein der anfänglich krankmachende Zustand verschwunden, sondern darüber hinaus eine Atmosphäre entstanden sei, die ihre Gesundung und Gesundheit aktiv begünstigt. Eine andere Patientin glaubte, ihre Krankheit sei auf eine Schwäche ihres Immunsystems zurückzuführen. Durch die Erfahrung ihrer Krebserkrankung und den dadurch erhaltenen Durchhalteimpuls sei sie nun befähigt worden, ihr Leben verstärkt selbst in die Hand zu nehmen, wobei sie schließlich auch ihr «Zellsystem wieder endgültig in Ordnung gebracht» habe; infolgedessen glaubte diese Patientin, gegenüber einer Vielzahl von Krankheiten einschließlich Krebs immun geworden zu sein.

Das Gefühl, die Kontrolle über ihre Brustkrebserkrankung bewahren zu können, wurde von einigen Patientinnen durch die Vorstellung aufrechterhalten, ihre Krankheit sei ursprünglich durch spezielle Handlungen wie etwa einen Schlag oder mehrere Schläge gegen die Brust entstanden. Eine Verkäuferin in einem Modegeschäft berichtete, sie habe die Kleider beim Tragen aus der Anprobekabine zurück zum Verkaufsraum immer gerade so über ihren linken Arm gelegt, daß die metallischen Teile der Kleiderbügel beim Gehen gegen ihre linke Brust geschlagen seien. Der Zufall wollte es nun, daß sie ihre Krebserkrankung genau in diesem Abschnitt der Brust entwickelte. Sie war entsprechend überzeugt, das ständige Reiben und Scheuern der Kleiderbügel an ihrer Brust habe einen Tumor hervorgerufen, der sich dann letztlich als bösartig erwies. Die persönliche Lösung für ihr Problem und damit eine Kontrolle über ihre Krebserkrankung suchte sie dann dadurch zu erreichen, daß sie die Kleider in der Anprobekabine auf ein fahrbares Gestell hängte, das sie dann in den Hauptgeschäftsraum rollte; jetzt endlich scheuerte nichts mehr gegen ihre Brust. Eine andere Frau hatte in einer Feuerwerksfabrik gearbeitet; eine ihrer Aufgaben bestand darin, Verschalungen um die Feuerwerkskörper anzubringen. Als kleine und nicht sonderlich kräftige Frau nahm sie dabei gelegentlich ihren Brustkorb zu Hilfe, wenn sie größere Verschalungen über Raketen zu stülpen versuchte, deren anderes Ende sie dann mit beiden Händen festhielt. Dabei stieß die harte Verpackung immer und immer wieder gegen ihre Brüste. Als diese Frau später Brustkrebs bekam, führte sie die Krankheit wie selbstverständlich auf ihre berufliche Aktivität zurück. Da sie kurz nach ihrer Erkrankung in Rente ging und also der von ihr vermuteten Ursache ihrer Krebserkrankung nicht länger ausgesetzt war, lebte sie im weiteren in der vollen Zuversicht, in Zukunft nicht wieder an Krebs erkranken zu können.

Wer sich mit den Ursachen von Krebserkrankungen auskennt, wird wissen, daß man einen mechanischen Stoß gegen die Brust gemeinhin nicht als typische Krebsursache ansieht. Dieser Faktor spielt vielmehr im allgemeinen überhaupt keine Rolle. Das entscheidende an diesen Fallgeschichten besteht denn auch darin, daß die betroffenen Frauen *glaubten*, eine mechanische Belastung habe ihre Krebserkrankung hervorgerufen, und daß dieser *Glaube* ausreichend war, ihnen ein neues Gefühl der Selbstsicherheit und zugleich die Zuversicht zu vermitteln, ihre Krankheit könne jetzt nicht mehr zurückkommen. Viele dieser Patientinnen bemerkten eine markante Diskontinuität zwischen der Zeit vor und der Zeit nach ihrer Krebserkrankung, ihr Leben hatte sich deutlich verändert. Das Sicherheits- und Überlegenheitsgefühl dieser Frauen speiste sich dabei im wesentlichen aus der beruhigenden Überzeugung, daß die ursprünglichen Ursachen ihrer Erkrankung nicht länger wirksam seien.

Kehren wir aber noch einmal für einige weitere Beispiele zu der erwähnten Studie über Brustkrebspatientinnen zurück. Eine andere Gruppe von Betroffenen versuchte dabei, die Krebserkrankung durch eine Veränderung ihres Lebensstils zu bekämpfen. Sie versprachen sich davon eine Verbesserung ihres Gesundheitszustands. Fast die Hälfte der befragten Frauen gab an, seit dem Beginn ihrer Erkrankung ihre Ernährungsgewohnheiten geändert zu haben und entsprechend weniger Fett und Fleischprodukte, dafür aber vermehrt frische Früchte und Gemüse zu sich zu nehmen. Das *National Cancer Institute* der USA und die *American Cancer Society* haben in letzter Zeit Berichte veröffentlicht, die eine Veränderung der Ernährungsgewohnheiten mit einer Verminderung des Erkrankungsrisikos für einzelne Krebsformen in Zusammenhang bringen. Es ist dabei allerdings noch keineswegs geklärt, ob diese diätetischen Maßnahmen geeignet sind, auch das Rückfallrisiko einer bereits bestehenden Krebserkrankung zu vermindern. Die Frauen in der hier zitierten Studie waren allerdings dessen ungeachtet der Überzeugung, daß dem entweder so sei oder man es zumindest auf einen Diätversuch ankommen lassen sollte. Da unsere Ernährungsgewohnheiten einer jener wenigen Lebensbereiche sind, über die wir eine verhältnismäßig weitgehende Kontrolle ausüben können, läßt sich unser Überlegenheitsgefühl ja ohnehin durch eine aktive Veränderung unserer Diät in besonderem Ausmaß fördern. Eine Patientin bemerkte dazu: «Am Anfang wollte ich vor allem die Frage beantworten, woher meine Krebserkrankung kam. Der Arzt sagte mir, Krebs sei ein multifaktorielles Geschehen. Ich verschaffte mir dann einen Überblick über die bekannteren

Krebsursachen wie Viren, radioaktive Strahlung, genetische Mutationen, karzinogene Faktoren in der Umwelt. Dabei konzentrierte ich mich besonders auf den Einfluß, den Essensgewohnheiten auf Krebs nehmen können. Und ich weiß auch genau, warum ich das tat. Denn dies war der einzige Faktor, den ich leicht verstehen und leicht beeinflussen konnte. Wenn man etwas ißt, was schlecht für einen ist, wird man krank, so einfach ist das.»[48]

Die von diesen Patientinnen durchgeführten Ernährungsumstellungen enthielten zum Teil auch windige Diätvorschläge aus Illustrierten, in denen unbewiesene Krebsheilmittel angepriesen wurden. Eine Frau beschrieb die manchmal nachgerade komischen Details einer von ihr und einer ebenfalls an Brustkrebs erkrankten Freundin unternommenen Luxuskreuzfahrt, während deren sich die beiden einer in der Regenbogenpresse empfohlenen sogenannten «Anti-Krebs-Diät» unterzogen, die im wesentlichen aus haschiertem Spargel bestand. Während sich die anderen Urlauber an auserlesensten Delikatessen und extravaganten Desserts delektierten, verbrachten die beiden treuen Illustriertenleserinnen also ihre Zeit mit zermanschten Spargelgerichten – bis sie dann am letzten Tag ihren Widerstand aufgaben und all die Leckerbissen verschlangen, die sie sich eine ganze Woche lang mühsam verkniffen hatten.

Wieder andere Frauen befürchteten, durch bisher eingenommene Medikamente wie etwa Antibabypillen oder Östrogenersatztabletten für die Menopause zu ihrer Krebserkrankung beigetragen zu haben. Folgerichtig stellten sie die Einnahme dieser Medikamente ein. Wie im Fall der «Krebsdiäten» ist es aber noch weitgehend unbewiesen, ob diese Medikamente tatsächlich zur Entstehung von Brustkrebs beitragen. Die Selbstsicherheit dieser Frauen speiste sich denn auch eher aus ihrem Glauben als aus einem irgend beweisbaren Wissen. Die von ihnen betriebenen Veränderungen ihrer Lebensgewohnheiten vermittelten ihnen das für ihr Selbstbewußtsein entscheidende Gefühl, am Kampf gegen ihre Krebskrankheit aktiv teilzunehmen.

Eine weitere in diesem Zusammenhang gebräuchliche Strategie zur Bewahrung des eigenen Überlegenheitsgefühls bestand in einer allgemeinen körperlichen Ertüchtigung. Viele Patientinnen waren zum Zeitpunkt ihrer Erkrankung übergewichtig und in schlechter sportlicher Verfassung gewesen. Von diesen Frauen vermuteten wiederum manche, diese mangelnde Fitneß habe möglicherweise zur Entstehung ihrer Krebserkrankung beigetragen. Um ein Wiederauftreten dieser Krankheit mit ausreichender Wahrscheinlichkeit zu vermeiden, meinten sie, einen optimalen Körperzustand herstellen zu müssen, von dem allein sie sich einen hinreichenden Schutz gegen den Angriff eines äußeren Feindes versprachen. Indem sie sich stärkten und überflüssige Pfunde abspeckten, glaubten sie mit anderen Worten, das Ziel physischer Fitneß und damit einen verläßlichen Schutz gegen den Krebs erreichen zu können.

Nicht alle Frauen, die sich zutrauten, ihren Krebs unter Kontrolle zu bringen, waren gleichzeitig überzeugt, diese Kontrolle *direkt* ausüben zu können. Manche von ihnen glaubten, ihren Zustand über eine Kontrolle der *Nebenwirkungen* ihrer Krebstherapie indirekt beeinflussen zu können, wovon sie sich dann wiederum einen indirekten Einfluß auf die Wahrscheinlichkeit eines Krebsrückfalls erhofften. So versuchten zum Beispiel die meisten einer Chemotherapie unterzogenen Patientinnen, die vielfältigen Nebenwirkungen dieser Behandlungsform unter Kontrolle zu bringen. Manche bewerkstelligten dies lediglich durch die regelmäßige Einnahme ihrer Medikamente und das Einhalten gesunder Schlafgewohnheiten. Nahezu die Hälfte der Patientinnen bediente sich dagegen verschiedener mentaler Kontrolltechniken wie Selbst-Hypnose, Imaging, Selbstablenkung oder

Meditation. Ähnliche Anstrengungen wurden zur Bewältigung der weniger schwerwiegenden, aber gleichwohl unangenehmen Nebenwirkungen der Strahlentherapie unternommen. Eine strahlentherapeutisch behandelte Patientin bildete sich zum Beispiel ein, sie sei von einem selektiven Schutzschild umgeben, der ihren Körper vor Verbrennungen schützte, andererseits aber den Röntgenstrahlen ermöglichte, ungehindert in das Zentrum des Tumors einzudringen. Eine andere Frau stellte sich ihre Chemotherapie als gigantische Kanone vor, die einen schrecklichen Drachen – ihre Krebserkrankung – in tausend Stücke zerschießen konnte. Eine einundsechzigjährige Frau schließlich konzentrierte ihre Aufmerksamkeit auf die Heilung ihrer Erkrankung, indem sie die schlichte Aufforderung an sich ergehen ließ: «Körper, schmeiß diesen Scheißdreck raus!»[49]

Die Frage, ob es möglich ist, Krebserkrankungen durch mentale Kontrolltechniken direkt zu beeinflussen, wird seit Jahrhunderten heftig und kontrovers diskutiert. Dies gilt für die letzten Jahrzehnte mehr als für irgendeine andere Epoche. Wir wissen, daß Patienten in einem Zustand vollkommener Entspannung gegenüber Schmerzen und anderen Streßfaktoren weit weniger empfindlich sind als im Normalzustand – ein Ergebnis, das darüber hinaus unabhängig davon gilt, ob der Entspannungszustand von den Patienten selbst oder etwa durch einen Arzt herbeigeführt wurde. Es gibt ferner Hinweise, daß dieser Entspannungszustand in unserem Körper verschiedene biochemische und immunologische Veränderungen hervorruft, die eine seelische und körperliche Erholung begünstigen könnten; diese Hinweise müssen aber heute noch als weitgehend spekulativ angesehen werden. Der aufmerksame Leser der Fachliteratur und informierte Kenner des Krebsproblems ist sich außerdem der Tatsache bewußt, daß der unter Krebspatienten verbreitete Glaube, Krebs durch mentale oder verhaltensbezogene Methoden unter Kontrolle bringen zu können, in aller Regel eine reine Fiktion darstellt. Worin besteht dann aber der Wert all dieser Kontrollvorstellungen, wenn sie sich – an den Tatsachen gemessen – als falsch erweisen?

Die Teilnehmerinnen der hier besprochenen Studie wurden einer Batterie von psychologischen Tests unterworfen, mit deren Hilfe ermittelt werden sollte, wie gut sie die Erfahrung ihrer Krebserkrankung verkraftet und verarbeitet hatten. Ein Teil dieser Tests bestand aus Bewertungsskalen zur Einschätzung der eigenen Stimmung und Depressivität. In anderen Befragungen wurde untersucht, ob und inwieweit es den betroffenen Frauen gelungen war, weiterhin in ihren alltäglichen Beschäftigungen Glück und Zufriedenheit zu finden. Die im Zusammenhang mit der Krebserkrankung entwickelte Anpassungs- und Leistungsfähigkeit der Patientinnen sowie die dabei entstandene emotionale Belastung wurden durch ergänzende Informationen seitens der Ehemänner, der behandelnden Ärzte und geschulter psychologischer Interviewer bewertet. Dabei wurde insbesondere auf Lebensbereiche geachtet, in denen die Betroffenen weiterhin erfolgreich und zu ihrer eigenen Zufriedenheit tätig geblieben waren.

Die Frauen, die eine direkte Kontrolle über ihre Krebserkrankung meinten ausüben zu können, waren dabei in der Regel an ihre Situation besser angepaßt als jene Frauen, die sich keinerlei Macht über das Krankheitsgeschehen zuschrieben. Dabei spielte es keine Rolle, welche *Form* der Kontrolle die Betroffenen auszuüben vermeinten. Gleichgültig, ob die Erfahrung der Erkrankung durch mentale Techniken, durch Verhaltensänderungen oder durch eine Kontrolle der therapiebedingten Nebenwirkungen beeinflußt wurde, die intellektuelle und psychische Leistungsfähigkeit wurde in jedem Fall verbessert. Die Frauengruppe, die sich eine direkte Kontrolle über ihre Krebskrankheit zuerkannte, war mit ihrem

Leben allgemein zufriedener, in ihren Beziehungen glücklicher, an ihren Krankheitszustand besser angepaßt und zugleich von jenen depressiven und angstneurotischen Zuständen weniger betroffen, die sich bekanntlich bei Opfern potentiell lebensbedrohlicher Ereignisse aller Art zumindest zeitweilig einzustellen pflegen.[50] Die Illusion, auch dort eine Kontrolle ausüben zu können, wo man in Wirklichkeit wenig oder keinen Einfluß auf das Geschehen hat, erwies sich nach alledem als hochgradig adaptiv. Die sich an dieser Illusion festhaltenden Frauen schienen ihr Leben mehr zu genießen als jene Patientinnen, denen es nicht gelang, zu einer vergleichbaren optimistischen Selbstsicherheit zu finden.

Die Bedeutung einer intakten Selbstsicherheit konnte in dieser an Krebspatientinnen durchgeführten Untersuchung eindeutig unter Beweis gestellt werden, beschränkt sich aber keinesfalls auf den Bereich dieses speziellen Unglücksereignisses. Das Bedürfnis nach Sicherheit und Überlegenheit spielt vielmehr für viele Opfer und unter vielen verschiedenen Bedingungen eine wichtige Rolle. Diejenigen Menschen, denen es gelingt, ihre Selbstsicherheit gegenüber einem hereinbrechenden Unglücksereignis zu bewahren, sind in der Regel zugleich eher fähig, mit diesem Ereignis in praxi zurechtzukommen.[51] So ist es bei einer Anzahl ernsthafter Erkrankungen offensichtlich, auf welche Weise die Bemühung um eine Kontrolle der gesundheitlichen Situation zu einem verbesserten psychischen und physischen Gesundheitszustand führen kann. Herzpatienten können ihre Lage zum Beispiel direkt beeinflussen, indem sie das Rauchen einstellen, eine fettärmere Diät essen und sich vermehrt körperlich betätigen. Diabetische Patienten dagegen können ihren Zustand durch körperliche Bewegung, regelmäßige Essensgewohnheiten und ein Konstanthalten ihres Blutzuckerspiegels weitgehend kontrollieren. Diese Maßnahmen werden aus medizinischer Sicht zur Verbesserung unserer *körper-*

lichen Leistungsfähigkeit empfohlen. Sie üben aber zugleich einen begünstigenden Einfluß auf unsere *intellektuellen* Funktionen aus, weil sie Aufgabenbereiche definieren, innerhalb derer sich die Menschen zu ihrem eigenen Besten betätigen und dabei ein neues Selbstvertrauen gegenüber ihrer kritischen Situation entwickeln können.

Entkräftung von Illusionen

Die Tatsache, daß die Menschen ihr Selbstbewußtsein und ihr Überlegenheitsgefühl aktiv zu erneuern versuchen, ist ein wertvoller wissenschaftlicher Hinweis, der sowohl die Existenz von Illusionen als auch deren adaptive Bedeutung für den nach Unglücksereignissen einsetzenden Erholungsprozeß unterstützt. Der Nachweis der adaptiven Bedeutung illusionärer Vorstellungen wird jedoch durch mindestens ein Problem potentiell in Frage gestellt. Diese Vorstellungen sind nämlich, insofern sie auf Illusionen aufgebaut sind, der beständigen Gefahr ihrer Widerlegung ausgesetzt. Wer eine chronische und lebensbedrohliche Krankheit durch eigene Bemühungen unter Kontrolle gebracht zu haben glaubt, kann zum Beispiel durch einen Rückfall augenblicklich zerschmettert werden. Wenn unsere Anpassung an krisenhafte Situationen aber auf widerlegbaren Überzeugungen basiert, wie reagieren wir dann auf eine Infragestellung oder Widerlegung dieser Überzeugungen?

Diese Frage ist um so bedeutsamer, als es fast unmöglich ist, die echte adaptive Funktion dieser aus Illusionen abgeleiteten Glaubensvorstellungen zu bewerten, wenn wir nicht in Erfahrung bringen, wie die Menschen auf eine Herausforderung ihrer übermäßig optimistischen Zukunftspläne und der ihnen darin zugedachten Rolle reagieren. Sollten diese offensichtlich adaptiven, aber nicht selten irreführenden Vorstellungen von der Familie, Freunden und berufsmäßigen Beratern wie etwa Psychologen unterstützt werden? Oder sollten die Opfer von ihrer Umgebung zu einer realistischeren Auffassung ihrer selbst und ihrer Zukunft veranlaßt werden, die zwar weniger angenehm, aber letztlich zutreffender ist? Dabei hat man die Überlegenheit einer realistischen Einstellung nicht zuletzt mit Hilfe einer etwas überraschenden Erkenntnisquelle zu beweisen versucht: psychologischen Untersuchungen mit Ratten. Wir wollen das von dieser Forschungsrichtung vorgelegte Beweismaterial zunächst darstellen und dann daraufhin untersuchen, ob sich die in den Tierversuchen gewonnenen Ergebnisse in sinnvoller Weise auf den Menschen übertragen lassen.

Seligmans Ratte

Die Erforschung der inneren und äußeren Voraussetzungen für effektives Lernen ist von jeher eines der wichtigsten Gebiete der Psychologie. Die betreffenden Versuche werden aus praktischen Gründen vielfach nicht mit Menschen, sondern mit niederen Tieren durchgeführt. Eine in diesem Zusammenhang besonders beliebte Spezies sind Ratten. Um herauszufinden, welche Formen positiver oder negativer Verstärkung das Lernverhalten am stärksten begünstigen, werden die Ratten dabei einer Reihe von verschiedenen Versuchsbedingungen unterworfen. Wenn eine Ratte ihre Aufgabe in der erwünschten Weise erfüllt hat, erhält sie daher zum Beispiel eine kleine Essensration, die sie motivieren soll, beim nächsten Versuch wieder dasselbe Verhalten zu zeigen.

Die meisten bisherigen Untersuchungen haben sich auf die Frage konzentriert, welches die besten Lernbedingungen für Ratten sind. Die Ergebnisse wurden dabei durch indirekte Schlußfolgerungen auch auf den Menschen übertragen. In jüngerer Zeit hat man allerdings darüber hinaus versucht, jene Bedingungen zu identifizieren, die das Lernverhalten eines Organismus *behindern*. Es gibt ja unbestreitbar eine Vielzahl von Situationen, in denen die Menschen die ihnen angebotenen Lernmöglichkeiten nicht wahrnehmen. Dieses Versagen mag etwa darin begründet sein, daß die Menschen zu dem betreffenden Zeitpunkt frustriert, hoffnungslos oder demotiviert sind. Ohne ein tieferes Verständnis von fehlangepaßten und unproduktiven Lerngewohnheiten muß aber jede Theorie des Lernverhaltens zwangsläufig unvollständig bleiben. Bei dem Versuch, Modelle für die Bedingungen scheiternden Lernens zu entwickeln, haben sich nun verschiedene Psychologen wiederum der bewährten Situation der Rattenversuche bedient.

Eine führende Figur bei diesen tierpsychologischen Vorhaben war der Psychologe Martin Seligman von der Pennsylvania University. Seligman stellte die mittlerweile berühmt gewordene These auf, menschliches Lernversagen beruhe nicht zuletzt darauf, daß Menschen für ihre adaptiv nützlichen Lernanstrengungen im Mißerfolgsfall nicht belohnt, sondern entweder absichtlich oder zufällig bestraft werden. Um diese Situation nachzuahmen, konfrontierte Seligman eine eingesperrte Versuchsratte mit elektrischen Schlägen, die durch den Boden ihres Käfigs in zufälligen Abständen auf ihre Füße appliziert wurden. Anfänglich reagierte die Ratte auf die elektrischen Schläge mit ungezielten Fluchtversuchen und rannte wild im Käfig herum. Sie versuchte, die Wände des Käfigs zu erklimmen oder ihrer mißlichen Lage auf irgendeine andere Weise zu entkommen. Im Lauf der Zeit lernte die Ratte allerdings, daß die Elektroschocks durch keine ihrer Bemühungen zu verhindern waren. Als Resultat dieser Einsicht kauerte sich die Ratte dann beim Beginn der Schläge schließlich ohne weitere Fluchtversuche einfach in eine Ecke ihres Käfigs.

Dieses Verhalten war an sich noch nicht überraschend. Die meisten Tiere und Menschen reagieren auf die Begegnung mit unkontrollierbaren Schmerzen zunächst mit einem

Versuch zur Verminderung dieses Streßfaktors und finden sich im Fall der Erfolgslosigkeit ihrer Bemühungen letztlich passiv mit der unangenehmen Situation ab. Der nächste Schritt in Seligmans Untersuchungen brachte allerdings ein interessantes Ergebnis. Er versetzte seine Ratte in einen neuen Käfig, der dem ersten Käfig, in dem sie ihre Elektroschocks erhalten hatte, weitgehend, aber nicht vollkommen ähnlich war. In diesem zweiten Käfig war ein Hebel angebracht, dessen Herunterdrücken den elektrischen Schock sofort beendete. Die Ratte erhielt dann im vorigen Käfig zufällig zeitverteilte Schocks. Anstatt aber auch diesen Käfig nach Flucht- oder Kontrollmöglichkeiten abzusuchen, was am Ende zu einem versuchsweisen Herabdrücken des Hebels geführt hätte, kauerte sich die leidgeprüfte Ratte diesmal ohne jeden Fluchtversuch gleich passiv in die Ecke – das gebrannte Kind scheute hier sozusagen den Feuerlöscher. Selbst nach dem Abstellen der Elektroschocks zeigte die Ratte keine Neigung, ihre Umgebung zu explorieren. Und als die Schocks erneut angestellt wurden, erwies sich die Ratte als unfähig, die einzige Maßnahme zur Beendigung der Elektroschläge, nämlich das Herabdrücken des Hebels, zu erlernen. Die Ratte hatte also am Ende allenfalls gelernt, hilflos zu sein und hilflos zu bleiben. Diese Unfähigkeit, die Kontrolle über eine neue und kontrollierbare Umgebung auch dann erlernen zu können, wenn man zuvor einer unkontrollierbaren Umwelt begegnet ist, wurde von Seligman mit dem inzwischen weithin bekannt gewordenen Begriff *learned helplessness, erlernte Hilflosigkeit*, belegt.[52]

Seligmans Ratte wurde zum Modell, ja sogar zur Parabel der menschlichen Situation. Im Gefolge Seligmans vertraten denn auch einige Psychologen die These, nicht nur Tiere, sondern auch Menschen hätten in vielen verschiedenen Situationen gelernt, hilflos zu sein. Es ist offenkundig, daß unsere Gesellschaft Gefangenen, Geisteskranken und anderen institutionalisierten Bevölkerungsgruppen in institutionellen Routinesituationen meist nur wenig Spielraum für persönliche Kontrolle läßt, eine Tatsache die inzwischen natürlich auch den Betroffenen klargeworden ist. Die Versuche eines einzelnen, seine Situation zu verändern, sind in diesem Rahmen in der Regel nur mit wenig Erfolg gekrönt. Psychologen haben daher immer wieder darauf hingewiesen, daß institutionalisierte Rahmenbedingungen dieser Art sowohl Gefühle der Hilflosigkeit als auch die heimtückischeren Folgeerscheinungen der erlernten Hilflosigkeit regelrecht begünstigen. Wenn die aus unseren Institutionen entlassenen Menschen wieder in die Gesellschaft zurückkehren, verfügen sie daher unter Umständen nicht mehr über jene unentbehrlichen adaptiven Verhaltensmuster, die sie für eine produktive Eingliederung in die Arbeits- und Sozialwelt benötigen. Sie sind dann nur noch in einer institutionalisierten Umwelt funktionsfähig, in der stets andere Menschen die Kontrolle ausüben. Seligmans Konzept der erlernten Hilflosigkeit wurde im weiteren auch auf die Situation amerikanischer Ghetto-Kinder übertragen, die in ein rassistisches Erziehungssystem eingesperrt sind, in dem sie mit fremden Wertvorstellungen konfrontiert werden. Die anfänglichen Lernversuche solcher Kinder werden in dieser entfremdeten Umgebung unter Umständen mit Vorurteilen, Diskriminierungen, Zurückweisungen und negativen Erwartungen beantwortet, wobei ihre ursprünglichen Bemühungen mit der Zeit einem hilflosen und passiven Verhalten weichen. Diese in der erzieherischen Umwelt erlernte Hilflosigkeit behindert die Kinder dann später auch in anderen Situationen und Altersphasen.

Es ist leicht zu erkennen, warum das Konzept der erlernten Hilflosigkeit bei manchen Psychologen zu der besorgten Annahme führte, Illusionen seien eigentlich nichts anderes als potentielle Fehlanpassungen. Wer ein lebensbedrohliches

Ereignis übersteht, in dessen Verlauf er die Kontrolle über sein Leben, ein gut Teil seiner Selbstachtung und den besten Teil seines Zukunftsoptimismus verloren hat, wird in Zukunft gegenüber ähnlichen Erfahrungen vermutlich recht verletzlich sein. Und wer die Kontrolle über sein Leben, seine Selbstachtung und seine optimistische Zukunftsvision endlich und unter großen Mühen wiederherzustellen vermochte, könnte zum Opfer der erlernten Hilflosigkeit werden, wenn all diese «reparierten» Vorstellungen durch ein erneutes Krisenerlebnis erneut in Frage gestellt werden. Die negativen Folgen eines mehrfachen Kontrollverlustes wurden dabei in der jüngeren psychologischen Diskussion so ausführlich problematisiert, daß sich manche Psychologen schließlich gar nicht mehr trauten, das Selbstvertrauen jener Patienten zu unterstützen, die streßvollen und belastenden Ereignissen gegenüberstanden. Sie befürchteten, daß es verheerende psychologische Folgen nach sich ziehen würde, wenn die Versuche ihrer Patienten zur Verbesserung ihrer Situation ein zweitesmal scheitern. Angesichts dieser «verheerenden Folgen» erschien es den Psychologen dann ratsamer, wenn die Patienten erst gar nicht versucht hätten, ihre Lage wieder unter Kontrolle zu bringen. Trotz der eindeutigen Vorteile einer «kämpferischen» Einstellung zu unseren Lebensproblemen besteht demnach ein zunehmender, im wesentlichen aus den Untersuchungen zur erlernten Hilflosigkeit stammender Verdacht, daß sich ebendiese Einstellung in einer Umgebung, die den Betroffenen keine Kontrollmöglichkeit läßt, als Fehlschlag erweisen könnte. Der Versuch, eine solche sozusagen «unverbesserliche» Umwelt unter Kontrolle zu bringen, führt dann zu einer schlechteren und nicht zu einer erfolgreicheren Wirklichkeitsanpassung. Dieser Verdacht ist durchaus realistisch.

Die Umwelten von Ratten und Menschen sind aber trotz partieller Ähnlichkeiten in vieler Beziehung fundamental

verschieden. Vielleicht reagieren die Menschen auf eine Enttäuschung ihrer Erfolgserwartungen individuell sehr unter-
schiedlich? Als meine Forschungsgruppe vor einigen Jahren
mit Krebspatienten arbeitete, begegneten wir einer Patientin, die in einer der Seligmanschen Ratte recht analogen Situation zu stecken schien. Die betreffende Partientin war
eine attraktive, ungefähr fünfzigjährige Frau namens Anna.
Zeitlebens, und lange bevor das Mode geworden war, hatte
sie einen gesunden Lebensstil gepflegt. Sie und ihr Ehemann
achteten bewußt auf eine gesunde Ernährung und regelmäßige sportliche Betätigung. Beide waren stolz darauf, daß sie
selten krank gewesen waren und in fünfzehn Jahren zusammen nur zwei Arbeitstage versäumt hatten. Als bei Anna
Brustkrebs festgestellt wurde, waren beide Ehepartner entsprechend überrascht und entsetzt. Sie konnten sich einfach
nicht vorstellen, wie diese Krebserkrankung zustande gekommen war. In Annas Familie gab es keinen Brustkrebs;
Anna selbst hatte angenommen, dank ihrer gesundheitsbe-
wußten Diät und ihrer sportlichen Betätigung gegen Krankheiten weitgehend immun zu sein. Sie war durch den Schock
der Erkrankung zunächst wie gelähmt, nahm aber schon bald
nach ihrer Operation den Kampf um ihre Gesundheit auf.
Auch wenn ihr Vertrauen in die Heilkraft der gesunden Ernährung und körperlichen Ertüchtigung durch die Begegnung mit ihrer Krebserkrankung einigermaßen erschüttert
war, hielt sie doch daran fest, ebendarin die beste Methode
zum Kampf gegen den Krebs zu erblicken. Sie machte sich
also mit erneuten Kräften an ihr altes Gesundheitsprogramm. Um ihre Krebserkrankung zu bezwingen, erhöhte
sie ihr Laufpensum, verzichtete in ihrer Diät auf jede Fleisch-
nahrung und fügte ihrer Ernährung verschiedene kreuzblüt-
lige Gemüse und Früchte mit einem hohen Betakarotin-Ge-
halt hinzu.

Zum Zeitpunkt des Interviews mit Anna hatte sie gerade

erfahren, daß bei ihr erneut Brustkrebs aufgetreten war. Ihre Bemühungen, den eigenen Körper unter Kontrolle zu bringen, waren nicht einmal, sondern gleich zweimal auf drastische Weise gescheitert. Sie befand sich demnach in einer der Seligmanschen Ratte ziemlich verwandten Situation. In Anerkennung ihrer schwierigen augenblicklichen Lage fragte ich sie vorsichtig, wie sie den trotz ihrer Anstrengungen eingetretenen Krankheitsrückfall verkraftet hätte. Sie zuckte mit den Schultern und sagte, sie habe sich offensichtlich getäuscht. Sie gab ihren gesunden Lebenswandel aber nicht auf, sondern entschied sich, ihre Energien in eine neue Richtung zu lenken. Sie beendete ihre langweilige Arbeit und benützte die ihr verbleibende Zeit zum Schreiben von Kurzgeschichten – das war übrigens etwas, was sie schon immer hatte machen wollen. Nachdem sie die Kontrolle über einen Lebensbereich verloren hatte, wandte sie sich also einem anderen, noch kontrollierbaren Gebiet, ihrer Arbeit und ihren Hobbies zu.

Seligmans Ratte reagierte auf unkontrollierbare Elektroschocks, indem sie sich in einer Käfigecke zusammenkauerte; in eine neue Umgebung versetzt, zeigte sie dieselbe Verhaltensweise. Anna tat dies nicht. In einem übertragenen Sinn drückte sie in ihrem neuen Käfig den Hebel herunter. Sind die von dieser Frau auf wiederholte Frustrationserlebnisse gezeigten Reaktionen untypisch? Eine abschließende wissenschaftliche Antwort auf diese Frage steht noch aus, unser gegenwärtiger Erkenntnisstand deutet aber klar darauf hin, daß Annas Verhalten keinesfalls untypisch ist.[53]

Eine weitere, unter krisenhaften Lebensbedingungen bevorzugt angewandte Methode zur Kontrolle einer Situation besteht darin, sich an den Entscheidungen aktiv zu beteiligen, die bezüglich dieser Situation getroffen werden. Dies wird kaum irgendwo deutlicher als bei psychologischen Studien mit medizinischen Patienten. Eine aktive Beteiligung an der Auswahl ihrer Behandlungsverfahren stellt für viele Patienten, deren Kontrollgefühl durch ihre Krankheit stark gefährdet ist, eine einmalige Möglichkeit dar, einen gewissen Einfluß auf das eigene Leben zu behalten. Trotz der damit potentiell gegebenen Kontrollmöglichkeit besteht aber auch in dieser Situation das Risiko, daß alle Bemühungen letztlich scheitern werden, die Krankheit durch die Therapie nicht geheilt wird oder die Behandlung sich als Rückschlag erweist und den Patienten mit dem bitteren Gefühl zurückläßt, durch seine Beteiligung an der Therapieentscheidung für den eigenen Tod mitverantwortlich geworden zu sein. Aus diesem Grund befürchten viele Ärzte und Psychologen, daß sich eine aktive Teilnahme von Patienten an Behandlungsentscheidungen immer dann böse rächen könnte, wenn diese Entscheidungen am Ende fehlschlagen und die Patienten sich wegen ihres verschlechterten Gesundheitszustandes entsprechende Schuldvorwürfe machen müssen. Anstatt sie mit der unglückseligen Aufgabe zu belasten, sich über die Richtigkeit ihrer Entscheidungen den Kopf zu zerbrechen, wären diese Patienten nach Meinung vieler Kritiker besser bedient, wenn man ihnen die Gelegenheit ließe, ihre Ärzte, das medizinische Establishment oder gar das Schicksal für ihre gesundheitlichen Probleme verantwortlich zu machen.[54]

Besonderes Gewicht erhalten diese Bedenken angesichts der in letzter Zeit von juristischer Seite verstärkt erhobenen Forderung nach einer aktiven Beteiligung der Patienten an ihrer Therapie. Die meisten eingreifenderen medizinischen Maßnahmen sind heute ohne eine ausführliche Aufklärung und eine unterschriebene Einverständniserklärung fast undenkbar geworden. Auch wenn die Patienten die ihnen bevorstehende Behandlung nicht mitbestimmen, müssen sie über die damit verbundenen Risiken und Nebenwirkungen vollständig informiert werden, damit sie die Therapie unter Umständen ablehnen können.[55] Für einige und insbesondere ältere Patienten ist dies unter Umständen eine ziemlich belastende Situation. Sie sind schließlich daran gewöhnt, daß ihnen solche Entscheidungen von Ärzten und anderen medizinischen Autoritätsfiguren abgenommen werden. Angesichts dessen ist die Aufklärung über die potentiellen Risiken dieser Entscheidungen eine eher unangenehme Erfahrung. Sie würden es daher vorziehen, wenn man diese Entscheidungen ohne ihr aktives Zutun fällte. Trotz dieser Probleme wird der öffentliche Druck, medizinische Patienten vollständig aufzuklären, gegenwärtig eher verstärkt als vermindert. Manche Ethiker vertreten in diesem Zusammenhang sogar die Auffassung, Patienten sollten immer dann in den therapeutischen Entscheidungsprozeß aktiv einbezogen werden, wenn mehrere verschiedene Behandlungsformen zur Auswahl stehen.[56] Diese ethisch motivierten Vorschläge erzeugen ihrerseits allerdings ein ethisches Problem eigener Art. Denn es ist ja noch sehr die Frage, wer im Fall des Scheiterns der Therapie in einer vorteilhafteren Situation ist: der Patient, der an der Auswahl der Therapie nicht beteiligt war und dementsprechend einfach ein Opfer ihres Versagens ist; oder der Patient, der seine Therapie aus einer Reihe von angebotenen Möglichkeiten aktiv ausgewählt hat und daher, zu einem gewissen Grad, für deren Scheitern mitverantwortlich ist.

Vor einigen Jahren begann ich mich zusammen mit einem Kollegen für die Frage zu interessieren, wie Therapieentscheidungen bei Nierenkranken gefällt werden. Wir interviewten

eine Reihe von bislang mit Dialyseverfahren behandelten Nierenpatienten, denen man zum Zeitpunkt unseres Gesprächs
Gelegenheit zu einer Nierentransplantation gegeben hatte.[57]
Bei nierenkranken Menschen ist die Nierenfunktion oftmals
stark eingeschränkt oder gar vollkommen verlorengegangen.
Bei der sogenannten Dialyse wird das Blut dieser Patienten von
den Abfallstoffen befreit, die von den Nieren normalerweise
durch den Urin ausgeschieden werden und sich bei ausgefalle-
ner Nierenproduktion entsprechend im Blut ansammeln. Die
Dialyse ist ein sehr unangenehmes und belastendes medizini-
sches Behandlungsverfahren. Die Patienten bleiben zur Filte-
rung und Rückfüllung des Blutes mehrere Stunden an die Dia-
lysemaschine gefesselt, ein Vorgang, der in der Regel dreimal in
der Woche wiederholt werden muß. Auch die Zeiträume zwischen den einzelnen Blutwäschen sind nicht selten von Belastungen betroffen. Die Patienten werden durch die Schwan-
kungen ihrer Blutbestandteile und die im Blut angehäuften
Giftstoffe nicht selten in Zustände der Erschöpfung, Desorien-
tiertheit und Depressivität versetzt. Daher hoffen die meisten
Patienten, daß sie eines Tages durch eine Nierentransplantation von der Dialyse befreit werden können.

Auch dieses Verfahren hat aber neben Vorteilen auch verschiedene Risiken. Damit die transplantierte Niere vom Körper des Patienten angenommen und nicht als Fremdgewebe
abgestoßen wird, muß das Immunsystem des Transplantat-
empfängers durch entsprechende Medikamente relativ stark
unterdrückt werden, die man bereits kurz vor der eigentlichen
Transplantation verabreicht. Diese sogenannte Immunsuppression macht den Körper für Krankheiten anfällig, die normalerweise von einem intakten Immunsystem verhindert oder
unter Kontrolle gebracht werden. Die Immunsuppression
kann daher erfahrungsgemäß zu unbeherrschbaren chronischen Infektionen oder etwa zum unkontrollierten Wachstum
von bösartigen Tumoren führen. Die sich für eine Nierentrans-

plantation entscheidenden Patienten sind sich dieser Risiken in der Regel vollauf bewußt.

Wir befragten sechsundzwanzig Nierenpatienten, die vor die eben beschriebene Wahlsituation gestellt worden waren. Wir fragten sie zunächst, welche Rolle sie ihrer Meinung nach bei der Entscheidung für die Transplantation gehabt hatten. Alle Patienten gaben an, man habe sie an der Entscheidungsfindung aktiv teilnehmen lassen. Im weiteren waren sich alle unsere Patienten voll und ganz der Risiken bewußt, die sie mit der Zustimmung zu der Transplantation eingegangen waren. Eine Nierentransplantation ist in etwa fünfzig Prozent der Fälle erfolgreich. In unserer Untersuchungsgruppe hatte erwartungsgemäß etwa die Hälfte der Patienten einen erfolgreichen Transplantationsverlauf. Bei der anderen Hälfte dagegen versagte das transplantierte Organ, diese Patienten mußten wieder dialysiert werden. Bei den Interviews mit dieser letzteren Gruppe stellte sich dann heraus, wie unbegründet unsere Sorge gewesen war, daß eine fehlgeschlagene Therapieentscheidung zu Selbstvorwürfen und Depressionen führen müsse. Praktisch alle Nierenpatienten, deren Transplantation gescheitert war, bekannten sich ungeachtet der Tatsache, daß einige von ihnen im Gefolge dieses Scheitern weitere Erkrankungen entwickelt hatten, nach wie vor zu der Richtigkeit ihrer ursprünglichen Entscheidung. Eine Patientin starb sogar an einer fortgeschrittenen und rasch fortschreitenden Tumorkrankheit, die sie im Rahmen der bei der Transplantation eingeleiteten Immunsuppression entwickelt hatte. Ungeachtet dessen, daß sie im Begriff war, durch die gescheiterte Behandlung ihr Leben zu verlieren, sagte sie uns: «Ich weiß, daß ich das Richtige getan habe. Ich hatte einfach keine andere Wahl. Mit der Dialyse konnten wir weder verreisen noch uns wirklich frei bewegen. Ich weiß, daß ich, auch wenn ich an dieser Transplantation sterben werde, das einzige getan habe, was wir tun konnten.»[58]

Wie konnten diese Patienten im Angesicht einer scheiternden Therapie eine solche positive Einstellung bewahren? Wir beurteilen die psychologischen Reaktionen dieser Gruppe vielleicht am besten im Vergleich mit jenen Patients, deren Transplantation geglückt war. Obwohl die medizinische Ausgangssituation vor der Transplantation bei beiden Gruppen nahezu identisch gewesen war, unterschied sich die *Wahrnehmung* dieser präoperativen Grundbedingungen bei Kenntnis des erfolgreichen oder erfolglosen Ausgangs auf nachgerade dramatische Weise. Nach ihrer Meinung über die gefällte Entscheidung befragt, gaben die erfolgreich transplantierten Patienten an, sie hätten aus ihrer Sicht von mehreren bestehenden Optionen eindeutig die beste ausgewählt. Die ohne Erfolg transplantierten Patienten hatten dagegen den Eindruck, kaum eine andere Wahl gehabt zu haben, als sich für die Transplantation zu entscheiden. In Wirklichkeit hatten aber beide Patientengruppen dieselben Alternativen erhalten und waren in gleichem Ausmaß in den Entscheidungsprozeß einbezogen worden. Der Glaube, keine wirkliche Wahl gehabt zu haben, stellte also letztlich einen Versuch der erfolglos behandelten Patienten dar, mit ihren unglücklichen Erfahrungen zu Streich zu kommen. Indem sie behaupteten, in der betreffenden Frage keine Alternative gehabt zu haben, konnten sie den Zwang vermeiden, sich oder irgend jemand anders für die durch die Transplantation entstandenen Probleme verantwortlich zu machen.

Kehren wir an dieser Stelle für einen Augenblick zu dem verführerischen Konzept der Seligmanschen Laborratte zurück und vergleichen wir es mit den eben dargestellten humanpsychologischen Ergebnissen, die wir an vergleichbaren Nierenpatienten gewonnen haben. Dabei ergibt sich ein vollkommen neues Bild vom Konzept der erlernten Hilflosigkeit. Statt eines verängstigt in der Käfigecke kauernden Tieres sehen wir eine Person vor uns, die sich aktiv bemüht, äußerlich scheinbar unkontrollierbare Lebensumstände unter ihre Kontrolle zu bringen. Statt einer apathischen Reaktion auf eine neue Umgebung erblicken wir Menschen, die mit aller Kraft versuchen, die Begleitumstände ihres Scheiterns neu zu interpretieren und eine neue Umwelt zu finden, die sich ihrem Einfluß noch nicht entzogen hat. Wir sehen, kurz gesagt, keine tragische Hilflosigkeit, sondern den Triumph der menschlichen Phantasie und Selbstbehauptung.

Wie kommt es, daß wir bei der scheinbar so verletzlichen Gruppe der Nierenpatienten so wenig Hilflosigkeit und erlernte Hilflosigkeit nachweisen konnten? Die Umwelt der Ratte und des Menschen sind zunächst einmal trotz aller Ähnlichkeiten eindeutig verschieden. Die Welt der Ratte ist einfach, sie besteht aus einem Käfig, einem Hebel und der Tatsache der Elektroschocks. Die Ratte hat nur ein begrenztes und einfaches Ziel, nämlich den Elektroschocks zu entkommen. Dabei stehen ihr, was wahrscheinlich noch wichtiger ist, zur Verwirklichung dieses Ziels nur einige wenige Möglichkeiten zur Verfügung. Sie kann im Käfig herumrennen, erfolglos versuchen, den Hebel herunterzudrücken, oder schlicht resignieren und alle ihre Bemühungen einstellen.

Die Menschen leben dagegen in einer reichhaltigeren Umwelt, die ihnen viele Entscheidungsmöglichkeiten bietet. Menschliche Ziele lassen sich in der Regel auf verschiedenen Wegen erreichen. Wenn eine Methode scheitert, kann man daher seinen Erfolg meist mit einer anderen Strategie suchen. Diese Welt ist kein Käfig, sie offenbart viele Alternativen, und das Handeln in ihr zieht oftmals mehrere, zum Teil unvorhersehbare Konsequenzen nach sich. Selbst in höchster Bedrängnis bietet sich dem Menschen daher unter Umständen die Möglichkeit, einen Ausweg aus seiner Notlage zu finden. Da der Mensch höhere und komplexere Ziele verfolgt als die Ratte, kennt er zugleich viele potentielle

Möglichkeiten zu deren Erfüllung. Jede in diesem Zusammenhang gefällte Entscheidung ist nur eine von vielen potentiell richtigen Lösungen zur Erreichung eines bestimmten Ziels. Wenn man das übergreifende Interesse oder Ziel einer Person kennt, kann man die Bestrebungen derselben in den verschiedensten Verkleidungen erkennen. Lebensgefährlich erkrankte Menschen haben das Bedürfnis, ihre Lebensumstände unter Kontrolle zu bringen. Falls sie dabei auf einem Weg nicht zum Ziel kommen, können sie einen anderen und dann noch einen neuen Weg einschlagen und so lange nach einer Lösung ihres Problems suchen, solange die bisher gewählten Strategien erfolglos geblieben sind. Das von mir vorgestellte Beispiel soll dabei allerdings nicht den Eindruck erwecken, daß Menschen auf eine gescheiterte Nierentransplantation oder eine andere fehlschlagende Behandlung normalerweise mit großer Gleichmütigkeit und einem bloßen Achselzucken antworten. Solche Rückschläge sind vielmehr meist sehr belastend, nur muß die durch sie verursachte Verstimmung nicht unbedingt von Dauer sein. Die normale menschliche Reaktion auf einen wie auch immer gearteten Rückschlag besteht denn auch im allgemeinen darin, das bisherige Ziel mit allen jeweils verbleibenden Mitteln zu verfolgen.[59]

Wir müssen uns also vorstellen, daß sich das menschliche Verhalten in komplexen Umgebungen vieler Mittel gleichzeitig bedient und gleichzeitig viele Ziele verfolgt. Individuelle Anstrengungen wie etwa der Versuch, Kontrolle über eine bestimmte Situation auszuüben, sollten daher nicht als isoliert zu betrachtende individuelle Reaktionen, sondern vielmehr als Elemente eines übergreifenden Verhaltensmusters angesehen werden, das seinerseits aus vielen Geschehnissen und Verhaltensformen besteht. Wenn also ein einmal eingeschlagener Weg zum Ziel blockiert ist, heißt das noch lange nicht, daß uns das Ziel als Ganzes verbaut wäre. Das

Scheitern einer einzelnen Anstrengung, ein Geschehen unter Kontrolle zu bringen, wird zwar in der Regel als Rückschlag erlebt, bedeutet aber keineswegs, daß uns damit die Option genommen wurde, dasselbe Ziel auf anderen Wegen nicht dennoch zu erreichen.

Die Suche nach Sinn

Viktimisierende Ereignisse konfrontieren die Menschen mit einer Vielzahl von Herausforderungen und Verlusterfahrungen. Dabei sind manchmal so elementare menschliche Bedürfnisse wie die nach Unterkunft, Essen und Ernährung betroffen. In anderen Fällen leiden dagegen eher psychische Faktoren wie unser Bedürfnis nach einem intakten Überlegenheits- und Selbstwertgefühl. Die von einem tragischen Ereignis viktiminierten Menschen nehmen ihre unglücklichen Lebensumstände vielfach zum Anlaß, nicht allein ihre Lebenssituation und sich selbst wiederherzustellen, sondern darüber hinaus ihrem Leben eine neue Richtung zu geben. Diese Suche nach einem neuen Lebenssinn beinhaltet die ihr eng verwandte Suche nach dem Sinn negativer Erfahrungen. Dabei stellen sich die folgenden zentralen Fragen: Wie kam das tragische Geschehen zustande? Welchen Einfluß hat es auf unser Leben genommen? Gibt es irgendeinen Sinn oder Zweck, der letztlich hinter diesem Geschehen steht? In mancher Hinsicht ist die Gabe, negativen Ereignissen einen wie auch immer gearteten Sinn zu unterlegen, das vielleicht bemerkenswerteste Beispiel unserer intellektuellen Anpassungsfähigkeit. Schließlich gelingt es vielen Betroffenen bei diesem Prozeß, nicht allein über ihre momentanen negativen Lebensumstände, sondern zudem über all das hinauszugelangen, was sie in ihrem bisherigen, von tragischen Ereignissen verschont gebliebenen Leben zu erreichen vermochten.[60]

Die meisten Opfer fragten: «Warum mußte es gerade mich

treffen?» Die Sinnfrage kreist daher bei vielen Menschen um eine Untersuchung jener Faktoren, die zu dem durchlittenen tragischen Ereignis geführt haben. Ein Herzinfarktpatient erfährt zum Beispiel, daß er seine Ernährung ändern, das Rauchen einstellen und sich um mehr Bewegung bemühen muß. Darüber hinaus aber gelangen manche Herzpatienten zu der Anschauung, daß ihr Infarkt im Grunde einen symbolischen Warnschuß darstellt, der sie bei Strafe eines verkürzten und sinnarmen Lebens zu einer radikalen Umstellung ihres bisherigen Daseins zwingt. Der Herzinfarkt verwandelt sich mittels dieser Interpretation aus einem beunruhigenden und streßvollen Ereignis in eine ernste, aber gutgemeinte Mahnung zur Vorsicht oder, mit anderen Worten, in einen jener vielleicht unentbehrlichen Schreckschüsse, der uns aus dem Gefängnis unserer selbstgefälligen Gewohnheiten verscheucht.[61]

Die Suche nach Sinn und das Bedürfnis nach Überlegenheit können sich überlappen. Der an einer bösartigen Krankheit Erkrankte kann zum Beispiel seine Vergangenheit nicht nur unter dem Gesichtspunkt untersuchen, welche seiner Verhaltensweisen die jetzige Erkrankung heraufbeschworen haben könnten, sondern dabei zugleich versuchen, zu einem umfassenderen und gültigeren Verständnis des Lebens zu kommen. Im Fall des Herzinfarktpatienten ist der Weg zu einer Wiedergewinnung der Kontrolle über die eigene Gesundheit klar: Der Patient muß seine Ernährungsgewohnheiten umstellen, das Rauchen aufgeben und sich um mehr körperliche Aktivität bemühen. Das Infarktereignis gewinnt Sinn, indem es als ein frühzeitiger Warnschuß aufgefaßt wird, für den man im Grunde dankbar sein sollte. Der Sinn viktimisierender Erfahrungen wird also in manchen Fällen durch die Uminterpretation des traumatischen Geschehens in einen nützlichen, ja womöglich notwendigen Bestandteil unseres Lebens hergestellt.[62]

Andere Ereignisse lassen sich dagegen nicht so einfach als

sinnvoll begreifen.[63] Die Frage, warum ein Kind vom plötzlichen Kindstod *(sudden infant death syndrome)* dahingerafft oder warum ein Erwachsener von einem heranrasenden Auto getötet wurde, läßt sich nicht ohne weiteres auf sinnvolle Weise beantworten. In diesen Fällen wird sich unsere Sinnsuche denn auch eher darauf konzentrieren, welche allgemeine Bedeutung solche Ereignisse für die Zukunft haben könnten. Der frühe Tod ihrer im Alter von sechzehn Jahren durch einen betrunkenen Autofahrer getöteten Tochter Sherry hatte für die Mutter des Mädchens, Norma Phillips, sicherlich zunächst keinerlei Sinn. Dieses Ereignis gab allerdings dem Leben von Frau Phillips eine neue und wertvolle Ausrichtung: Sie gründete die Organisation «Mütter gegen betrunkene Autofahrer» *(Mothers Against Drunk Driving, MADD)*, die durch ihre Öffentlichkeitsarbeit eine strengere Bestrafung der wegen Fahrens unter Alkoholeinfluß gerichtlich verurteilten Verkehrsteilnehmer erreichen will. Auch der Tod des jungen Adam West, der aus einem Einkaufszentrum entführt und sinnlos ermordet wurde, hatte weder für seine Familie noch für irgendeinen anderen mit dem Fall in Berührung kommenden Menschen die geringste tröstliche Note (wie sie etwa der Tod auf dem Schlachtfeld eines Befreiungskrieges haben kann). Der Vater des getöteten Jungen, John West, reagierte auf dieses Unglücksereignis jedoch mit der Gründung eines nationalen Netzwerks zur Registrierung, Auffindung und Heimführung vermißter Kinder und Jugendlicher. Die junge Schauspielerin Theresa Soldana, der ein geistesgestörter Fan mehrere Stichwunden mit dem Messer beibrachte, nutzte ihre Erfahrungen schließlich zur Errichtung einer weiteren Selbsthilfegruppe, die unter dem Namen «Opfer helfen Opfern» (*Victims for Victims*) zur Entwicklung von Gesetzen beitragen will, mit denen die Rechte der Opfer von Gewaltverbrechen besser geschützt werden können.

In ihrem Artikel «Der Rezession sei Dank» beschrieb die Publizistin Cynthia Hollander die Auswirkungen wirtschaftlicher Notzeiten: «Wir haben durch die gegenwärtige ökonomische Krise gelernt, daß wir unseren Lebensstandard senken und trotzdem glücklich bleiben können – und dabei unter Umständen sogar glücklicher leben als zuvor. Wir sind heute bessere Menschen, als wir vor zwei Jahren waren, da wir den Verlust unseres Hauses lauthals bejammerten. Die härteren Zeiten haben uns eine Lektion erteilt, die wir alle immer wieder wie die Idioten zitieren, ohne doch je mehrheitlich daran zu glauben: Materieller Besitz macht nicht glücklich. Für jedes materielle Ding, das wir aufgegeben haben, gewannen wir etwas anderes von weit größerem Wert.»[64]

Tragische Ereignisse sind natürlich nicht per se vorteilhaft. Den Opfern solcher Ereignisse gelingt es aber immer wieder, aus ihren tragischen Erfahrungen den bestmöglichen Nutzen zu ziehen, indem sie aktiv daran arbeiten, daß andere Menschen vor ähnlichen unglücklichen Geschehnissen bewahrt bleiben können.

Ein Unglücksereignis enthält nur in den seltensten Fällen eine ihm eigene sinnvolle Bedeutung. Es veranlaßt uns vielmehr zu jener bewußten Überprüfung unserer selbst und unserer Lebensumstände, die uns oft den Weg zu einem besseren Dasein weisen kann. Bei kürzlich mit Brustkrebspatienten durchgeführten Interviews bekannte mehr als die Hälfte der betroffenen Frauen, daß sie durch die Erfahrung ihrer Krebskrankheit zu einer produktiven Neubewertung ihres Lebens gefunden hätten. Eine einundsechzigjährige Frau bemerkte zum Beispiel: «Man kann sich die Leistungen eines Menschen leicht vorstellen, eine Bedeutung erhalten sie aber meist erst dann, wenn man sie in einen bestimmten Zusammenhang und in bestimmte Grenzen stellt. Ich fühle mich, als ob ich zum erstenmal in meinem Leben wirklich bewußt existiere. Mein Leben wird durch die Zeit begrenzt und umfaßt, die mir zur Verfügung steht. Das habe ich zwar immer gewußt, aber jetzt kann ich es unmittelbar erkennen; mein Leben ist durch dieses neue Wissen besser geworden.»[65]

Manchmal verschafft uns die einem lebensbedrohlichen Ereignis abgerungene Bedeutung eine neue Lebenseinstellung: «Ich habe heute an jedem Tag, in jedem Augenblick mehr Freude als zuvor. Ich sorge mich nicht mehr so viel um das, was mir fehlt oder was nicht so ist, wie ich es mir wünschen würde. All diese Dinge und Wünsche, in die man normalerweise so verstrickt ist, scheinen jetzt nicht mehr zu meinem Leben zu gehören.»[66]

Der Sinn solcher Erfahrungen besteht für andere wiederum in einer neugewonnenen Selbsterkennung oder Selbstveränderung: «Die Fähigkeit, mich selbst besser zu verstehen, ist eine der größten Veränderungen, die ich in meinem Leben bisher erfuhr. Ich habe mich dem gestellt, was ich durchgemacht habe. Es ist ein bißchen so, als ob man sich einen Spiegel vors Gesicht hält, ohne sich von dem, was der Spiegel einem zeigt, abwenden zu können. Ich glaube, das ist eine sehr wichtige Erfahrung.»[67]

Solange sich das Leben endlos vor uns auszustrecken scheint, sind wir unter Umständen nicht willens, uns an der Gestaltung jedes einzelnen Tages aktiv zu beteiligen. Solche Anstrengungen scheinen angesichts der uns zur Verfügung stehenden Zeitmenge nicht notwendig zu sein. Für jene Menschen, deren Tage auf dieser Erde bewußt gezählt sind, gewinnt dagegen plötzlich jeder Tag eine eigene, besondere Bedeutung. Dementsprechend sehen sich viele Menschen durch Unglücksereignisse dazu veranlaßt, ihre Prioritäten neu zu überdenken. Dabei verlieren alltägliche Beschäftigungen wie Hausarbeit, kleinliche Streitigkeiten oder die neugierige Anteilnahme an den banalen Problemen anderer

Menschen ihren ursprünglichen Stellenwert, während die Beziehungen zu unseren Freunden, Ehepartnern und Kindern, unsere persönlichen Lebenspläne und unsere Lebensfreude zu neuer Wichtigkeit gelangen. Mit den Worten eines Krebspatienten: «Man wirft einen ausführlichen Blick auf das eigene Leben und stellt fest, daß viele früher wichtig genommene Dinge ihre Bedeutung vollkommen verloren haben. Das war wahrscheinlich die größte Veränderung in meinem Leben. Man stellt die Dinge ein für allemal ins richtige Verhältnis. Man findet heraus, daß die Beziehungen zur eigenen Familie und den eigenen Freunden eigentlich das Wichtigste sind, was man hat; alles andere spielt demgegenüber dann keine große Rolle mehr. Es ist merkwürdig, daß man das anscheinend nur durch die Begegnung mit einer bitterernsten Erfahrung zu lernen vermag.»[68]

Wenn man die adaptiven Aspekte der menschlichen Reaktionen auf Unglücksereignisse allerdings zu sehr betont, sieht es unter Umständen so aus, als ob man solche Tragödien im wesentlichen als Gelegenheit zu persönlichem Wachstum darzustellen und damit in gewisser Weise zu beschönigen versucht. Nicht jeder, der zum Opfer eines Unglücksereignisses wird, kann seinen Erfahrungen am Ende einen Sinn und die damit verbundenen existentiellen Vorteile abgewinnen. Und selbst wenn man einem solchen Ereignis eine Bedeutung abgerungen hat, macht das die durch dieses Ereignis hervorgerufenen Leiden natürlich in keiner Weise ungeschehen. Manche Ereignisse scheinen dabei einer sinnbezogenen Deutung eher zugänglich zu sein als andere. Die von Norma Phillips und John West bewiesene Fähigkeit, den tragischen Verlust eines Kindes in ein letztlich sinnstiftendes Geschehen umzumünzen, ist ein leider nur allzu seltenes Beispiel für die menschliche Gabe, die Not zur Tugend zu machen. Viele Menschen, die ein Familienmitglied durch einen sinnlosen und tragischen Tod abrupt verloren haben, gelingt dies nie. Das Höchste, dessen diese Personen fähig sind, besteht vielmehr darin, das Geschehen mit der Zeit irgendwie hinter sich zu bringen und ihr Leben so gut es geht weiterzuführen.[69]

Auch die Opfer von Gewaltverbrechen wie etwa Körperverletzung, Vergewaltigung oder Inzest tun sich oftmals schwer, ihren Erlebnissen einen wie auch immer gearteten Sinn zu unterlegen.[70] Die Psychologin Roxanne Silver hat lange Jahre mit Patientinnen gearbeitet, die in ihrer Kindheit einen sexuellen Mißbrauch durch Menschen ihres Vertrauens – Onkel, Brüder, Vettern, den Stiefvater und selbst ihren natürlichen Vater – ausgesetzt waren. Obwohl diese Frauen ihre Erfahrungen teilweise schon über fünfzig Jahre hinter sich hatten, schienen sie von den vergifteten Erinnerungen daran immer noch belastet zu sein. Noch Jahre nach den Ereignissen bemühen sich viele der betroffenen Frauen zu verstehen, warum man sie mißbraucht hatte und welche Lehren sie aus ihren Erlebnissen ziehen sollten. Dabei gelang es zwar einigen Frauen, ihre Vergangenheit hinter sich zu bringen, andere aber blieben einem ebenso beharrlichen wie erfolglosen Kampf um die Bedeutung der Ereignisse verhaftet.[71]

Die Opfer von Naturkatastrophen oder lebensbedrohlichen Krankheiten scheinen dagegen, wenn nicht in den Ereignissen selbst, so doch zumindest in dem durch die Erfahrung dieser Ereignisse geprägten weiteren Leben einen eigenen Sinn finden zu können. In einer an Krebspatienten durchgeführten Untersuchung gaben beinahe hundert Prozent der Befragten an, daß es durch die Krebserkrankung in ihrem Leben sowohl zu negativen wie zu positiven Veränderungen gekommen sei.[72]

Die Suche nach dem Sinn unserer Erfahrungen scheint nach alledem eine verbreitete menschliche Reaktion auf Unglücksereignisse darzustellen. Diese Suche wird zudem offensichtlich von vielen Menschen erfolgreich abgeschlossen.

In manchen Fällen kreist sie dabei um die Frage, warum das betreffende Ereignis stattgefunden hat. In anderen Fällen sehen die Betroffenen ihre Herausforderung vor allem in einem Versuch, das tragische Geschehen durch ihre Bemühungen in ein für die Menschheit letztlich positives Ereignis umzumünzen. Bei einer dritten Gruppe löst das Unglücksereignis schließlich eine rigorose Untersuchung ihrer bisherigen Lebensinhalte aus, die sie dazu befähigt, ihr Leben in sinnvollere Bahnen zu lenken. Manche Menschen sind allerdings trotz aller Mühen nicht imstande, eine Antwort auf ihre Sinnfrage zu finden. Welche Individuen zu dieser Personengruppe gehören und welche Unglücksereignisse eher dazu führen, daß unsere Sinnsuche erfolglos bleibt, muß dabei eine zunächst noch unbeantwortete Frage bleiben. Es ist jedoch unverkennbar, daß es manchen Menschen gelingt, noch in jenen Unglücksereignissen Sinn und Hoffnung zu finden, die für andere eine totale, schreckliche und hoffnungslose Tragödie darstellen.

Illusionen und Viktimisierung

> Eine Auster, mit einem kleinen Sandkorn in
> Verbindung gebracht, erzeugt eine Perle.
> *George Vaillant*

Es ist eine von vielen Biologen geteilte Überzeugung, daß der menschliche Körper um so rätselhafter wird, je mehr wir über ihn wissen. Die für unsere psychische und physische Erholung zur Verfügung stehenden geistigen Mittel scheinen mir aber nicht minder erstaunlich zu sein. Die Anpassung an eine Bedrohung unseres Lebens ist zwar ein oft langwieriger und keineswegs immer ganz erfolgreicher Prozeß. Im Ergebnis aber führt gerade dieser Prozeß viele Menschen wieder einem glücklichen und produktiven Leben zu und leitet andere dazu an, ihrem Leben neuen Sinn und neue Bedeutung zu verleihen. Dabei finden manche den Sinn ihrer Erfahrungen in der kausalen Erklärung ihrer Erlebnisse, andere dagegen versuchen, ihre Lebensziele im Hinblick auf den erlittenen Rückschlag neu zu definieren. Durch den Versuch, die betreffenden Unglücksereignisse und das eigene Leben im allgemeinen wieder unter Kontrolle zu bringen, arbeiten wir zudem an der Wiederherstellung unseres Überlegenheitsgefühls und unseres Selbstbewußtseins. Der Vergleich mit weniger glücklichen anderen, die Erarbeitung persönlicher Vorteile aus den Unglücksereignissen und die Konzentration auf die scheinbar vorteilhafteren Aspekte der eigenen Situation sorgen schließlich für eine Stärkung unseres Selbstgefühls. Diese adaptiven Bemühungen basieren zum Teil auf Illusionen, das heißt Vorstellungen, denen entweder keine faktische Basis oder aber eine recht optimistische Betrachtungsweise der Fakten zugrunde liegt. Trotz ihres unrealistischen Charakters helfen diese Illusionen jedoch vielen Menschen bei der Bewältigung ihrer tragischen Erfahrungen und nehmen mit dieser Funktion auf der breiten Palette der menschlichen Fähigkeiten eine Sonderstellung ein.

KAPITEL 6

ILLUSION, MANIE UND DEPRESSION: AUS DER PERSPEKTIVE VON GEISTESKRANKHEIT

> Die Illusionen des Lebens zu durchschauen,
> darin liegt die eigentliche Gefahr.
> *Jackson Browne*
>
> (nach «Fountain of Sorrow»)

Obwohl positive Illusionen das Risiko bergen, blinde Flecken und Lücken in unserer Wahrnehmung und unserem Denken hervorzurufen, ist das gesunde menschliche Denken in der Regel für negative Informationen hochgradig empfänglich. Es nutzt negative Informationen für die eigenen Anpassungsstrategien und bewahrt gleichzeitig die Integrität und positive Weltsicht des optimistischen Selbst. Wie aber steht es mit dem Denken psychisch kranker Menschen? Machen auch diese Menschen von adaptiv-positiven Illusionen Gebrauch? Oder fehlt ihnen etwa gerade diese Fähigkeit, die normalerweise unsere seelische Gesundheit zu fördern scheint? Die Vorstellungen psychisch kranker Menschen lassen sich nicht generalisieren. Man kann sie schon deshalb nicht unter säuberlich getrennten Kategorien einordnen, weil der Begriff «psychisch kranke Menschen» eine Vielzahl von heterogenen und unverbundenen Störungen einschließt. Als zwei spezielle Formen psychischer Gestörtheit bieten sich allerdings Manie und

Depression insofern für einen sinnvollen Vergleich mit unserem Konzept psychischer Gesundheit an, als bestimmte unrealistische Vorstellungen über das Selbst, die Welt und die Zukunft in ihrer Symptomatologie eine herausragende Rolle spielen. Die Illusionen des normalen Denkens werden bei der Manie noch übersteigert. Statt den eigenen Einfluß, die eigenen Zukunftsaussichten und sich selbst leicht optimistisch zu überschätzen, ist der Maniker von extremen Allmachts- und Berühmtheitsvorstellungen gekennzeichnet. Der Depressive dokumentiert dagegen statt der normalen menschlichen Selbstüberschätzung die tiefdüstere Sicht eines wertlosen Selbst, das in eine hoffnungslose Welt ohne Zukunftsmöglichkeiten eingesperrt ist.

Der Vergleich unseres normalen Denkens mit diesen extremen und gegensätzlichen Phänomenen ist in mehrerer Hinsicht instruktiv. Zunächst lassen sich mit ihrer Hilfe die adaptiven Grenzen des Optimismus illustrieren, indem man auf die Konsequenzen hinweist, die der bei manischen Personen auftretende Überschuß positiver Illusionen und das bei depressiven Menschen beobachtete Fehlen derselben bewirken. Wichtiger noch, Depression und Manie verschaffen uns eine einmalige Gelegenheit, die normalerweise angewandten Kriterien psychischer Gesundheit im Kontext zweier sehr unterschiedlicher Sichtweisen von Selbst, Welt und Zukunft zu überprüfen. Wenn positive Illusionen ein essentieller Bestandteil unserer psychischen Gesundheit sind, dann müßte ihre im Zusammenhang mit Depression und Manie beobachtete Abwesenheit oder Übersteigerung zu entsprechenden Veränderungen in unseren Stimmungen, sozialen Beziehungen, unserer Motivation und unserem Denkprozeß führen.

Bevor wir aber mit dieser Analyse beginnen, möchte ich noch einige der Grenzen und Gefahren erwähnen, die einer Übertragung von psychopathologischen Untersuchungsergebnissen auf die Psychologie des normalen menschlichen

Funktionierens innewohnen. Psychische Störungen wie Depression und Manie beruhen auf verschiedenen biochemischen und möglicherweise sogar genetischen Grundlagen, die einen schwer zu ermessenden Beitrag zu ihrer Entwicklung und Symptomatologie liefern. Das bedeutet aber, daß zwischen diesen Erkrankungen und der Funktionsweise des normalen menschlichen Denkens eine gewisse Diskontinuität besteht. Depression und Manie sind nicht zuletzt daher wahrscheinlich nur in ihren milden Formen als instruktive Vergleichszustände für die psychischen und praktischen Auswirkungen positiver Illusionen verwendbar. Auf dem Höhepunkt dieser Krankheiten findet die Instruktivität dieses Vergleichs dagegen ein Ende, weil die betreffenden gegensätzlichen Vorstellungen über Selbst, Welt und Zukunft in diesem Fall angesichts der Desorientierung und Verwirrung des Manikers und der lethargischen Gleichgültigkeit des Depressiven keine wirkliche Rolle mehr spielen.

EINE EXKURSION INS REICH DER MANIE

> Dem Zustand des Wahnsinns wohnt eine gewisse Freude inne, die keiner außer den Wahnsinnigen versteht.
>
> *John Dryden*

Die Manie ist als ernste psychische Erkrankung von einer Vielzahl jener Einstellungen gekennzeichnet, die in einer gebremsten Form auch bei normalen Individuen vorkommen: ein unrealistischer Zukunftsoptimismus, die Überschätzung der eigenen Begabung und Leistung und schließlich ein illusionärer Begriff vom eigenen Einfluß auf das Weltgeschehen und der Fähigkeit, die Umwelt unter Kontrolle zu bringen. Die Manie ist eine relativ seltene psychische Störung. Sie tritt üblicherweise als Teil des manisch-depressiven Syndroms auf. Von der Krankheit betroffene Menschen erleben extreme Gefühlsschwankungen, die mehrere Wochen oder Monate lang andauern können. Offenbar vollkommen unfähig, diese Stimmungswechsel zu beeinflussen, werden die Betroffenen dabei aus einem hochgradig unternehmungslustigen Zustand voller Energie und exaltierter Hochgefühle unvermittelt in die Tiefen depressiver Verzweiflung gestürzt. Manche manisch-depressiven Patienten müssen den größten Teil ihres Lebens in Krankenhäusern verbringen, andere bleiben dagegen weitgehend leistungsfähig, da ihre extremen Stimmungsschwankungen durch Medikamente wie Lithium unter Kontrolle gebracht werden können.[1] Trotz dieser Unterschiede läßt sich aber zwischen den verschiedenen Zuständen des normalen menschlichen Denkens und dieser speziellen Geisteskrankheit eine Anzahl von merkwürdigen und bedenkenswerten Parallelen aufzeigen.

Die Depression ist die gefährlichere Form der beiden genannten psychischen Extremzustände; entsprechend wurde sie bislang psychologisch auch gründlicher erforscht. Die Opfer der manisch-depressiven Krankheit sind in der depressiven Phase oftmals selbstmordgefährdet, und selbst wenn sie nicht suizidal sind, fühlen sie sich doch zumindest außerordentlich unglücklich. Die manische Phase wird dagegen von manchen Psychologen weniger ernst genommen, weil sie ungeachtet der in ihrer extremen Form vielfach entstehenden Desorientierung und Hilflosigkeit in einem milden und frühen Stadium für die Betroffenen durchaus angenehm sein kann. Viele manisch-depressive Patienten können daher nicht dazu veranlaßt werden, regelmäßig stimmungsmodulierende Medikamente einzunehmen, weil zum Beispiel das Lithium nicht nur ihre depressiven Zustände, sondern zugleich die angenehmen Hochgefühle der manischen Phase unterdrückt. Eine Lithium-Behandlung weckt in diesen Patienten die durchaus realistische Befürchtung, das in dieser Phase Erlebte und daran Genossene – der wundervolle Enthusiasmus, die glühende Aufregung, die schöpferisch produktiven schlaflosen Nächte, die erregenden sexuellen Begegnungen und das Gefühl, über grenzenlose Fähigkeiten zu verfügen – könne im Verlauf einer erfolgreichen medikamentösen Therapie verlorengehen. Ein zweiundsechzigjähriger Rechtsanwalt beschreibt seine manischen Phasen: «Die manischen Phasen waren ein einziger Genuß für mich! Ich war ein großer Mann, stand auf der Spitze der Welt. Ich gab nicht nur mein Geld aus. Ich verschwendete überhaupt alles Geld, dessen ich irgendwie habhaft werden konnte. Wenn ich einkaufen ging, erwarb ich zum Beispiel gleichzeitig sechs Anzüge und eine unvorstellbare Anzahl blödsinnig unnötiger Dinge.»[2]

Die Manie ist eine verführerische Krankheit. Sie ähnelt der Exkursion in eine Welt, in der alle unsere Phantasien von Macht, Erfolg und sexuellem Wagemut scheinbar zur Wirklichkeit werden. In den frühen oder milden Stadien ist der Maniker von ausgeprägter Gutmütigkeit gegen andere und selbst fremde Menschen; er zeichnet sich dann durch selbstsicheres Auftreten, hohes Selbstbewußtsein, unverwüstliche Fröhlichkeit und die offensichtliche Abwesenheit aller Lebensprobleme aus. Die manische Person ist in der Regel auf eine oft ansteckende Weise spielerisch oder sogar festlich gestimmt. Manische Menschen sind anderen mit ihrer schnellen Auffassungsgabe und Schlagfertigkeit vielfach überlegen, weswegen es ihnen auch immer wieder gelingt, die Umgebung durch ihre gesellige und unterhaltsame Art in den Bann zu schlagen. Der Maniker scheint über grenzenlose Energie und eine ebenso unbegrenzte Leistungsfähigkeit zu verfügen. Seine Kraftreserven werden außerdem von dem unerschütterlichen Vertrauen begleitet, jedes von ihm unternommene Vorhaben sei schlechterdings zum Erfolg verurteilt.

Wenn man all das Gesagte zusammennimmt, kommt man

zu dem Schluß, daß die Manie offenbar einen totalen Persönlichkeitswandel bewirken kann. Als ich vor einigen Jahren in einem großen psychiatrischen Krankenhaus arbeitete, wurde ich zur Zeugin einer unvergeßlichen manischen Episode. Auf einer entlegenen Krankenstation lebte ein kleiner, buckliger, ungefähr fünfzigjähriger Mann, der immer sehr für sich blieb, selten redete und niemals lächelte. Von den farbenfroheren Persönlichkeiten der schizophrenen und anderen psychopathischen Patienten überschattet, nahm er an den allgemeinen Aktivitäten und Spielen auf der Station prinzipiell nicht teil. Die medizinischen Hilfskräfte und studentischen Freiwilligen waren sich seiner Existenz kaum bewußt.

Eines Tages wurde dieser Mann plötzlich rege. Anfangs nahm er an den Aktivitäten nur teil, bald aber begann er sie schon persönlich zu organisieren. Seine bisherige Zurückgezogenheit verwandelte sich erst in Geselligkeit und wenig später in Geschwätzigkeit. Bei einem gemeinsamen Stationsessen fesselte er die zuhörenden Studenten und Krankenschwestern mit seinem geistreichen Parlieren und phantasievollen Geschichten über seine Abenteuer aus der Zeit vor seiner Einweisung in die Anstalt, in denen er wie selbstverständlich als Held und Mittelpunkt fungierte. Er wurde immer selbstsicherer und beliebter und schien, wenn man ihn bei seinen wilden Flirts mit Krankenschwestern und weiblichen Freiwilligen beobachtete, sogar an physischer Attraktivität gewonnen zu haben.

Seine Energie nahm täglich zu. Er entwickelte einen komplizierten Plan zur Wahrung des Weltfriedens und zugleich eine ausgefeilte Strategie zur Sicherung seiner Entlassung aus dem psychiatrischen Krankenhaus. Er begann nächtens in den Fluren auf und ab zu wandern und sich in imaginären Unterhaltungen mit Weltpolitikern und Fernsehstars zu ergehen. Wenn die Krankenwärter ihn zu bremsen versuchten, wehrte er sich gewaltsam und mit allen verfügbaren verbalen und körperlichen Mitteln. Nach kurzer Zeit war es dann nicht mehr möglich, ihn auf der Normalstation unter Kontrolle zu halten. Eine sinnvolle Durchführung des Stationsalltags wurde vereitelt, da er sich bei allen Geschehnissen sofort in den Mittelpunkt spielte. Er sprang buchstäblich tanzend und lachend mitten in die Aktivitäten hinein, die er dann in kürzester Zeit so sehr dominierte, daß man nichts mehr unternehmen konnte, was nicht ihn zum Zentrum hatte. Eines Tages wurde er schließlich von der Station entfernt, worauf er mehrere Wochen lang von der Bildfläche verschwand. Als er zurückkehrte, war er wieder ganz der alte; ein zurückhaltender, gebeugter, kleiner und mithin genau jener unauffällige Mann, der er vor seiner manischen Phase gewesen war.

Die meisten von uns wissen aus eigener Erfahrung, wie verführerisch manische Episoden sein können. Schließlich ermöglichen uns manische Episoden unerwartete Hochleistungen, bewundernde Hochachtung für die Leistungen anderer und blitzartige Einsichten, die uns die lange gesuchte Lösung eines schwierigen Problems bescheren. Von solchen beglückenden Erlebnissen kann man regelrecht abhängig werden. So sind wir im manischen Zustand bereit, der über alles gestellten ehrgeizigen Verwirklichung eines neuen und vielversprechenden Unterfangens zuliebe auf Essen, Schlaf und jegliche soziale Aktivität zu verzichten. Dieses enthusiastische Engagement für neue Pläne und Ziele ist für die frühen Stadien der Manie charakteristisch. Der Psychologe Kay Jamison, ein Experte auf dem Gebiet der Manie, schrieb einmal: «Wer würde sich nicht eine Krankheit wünschen, unter deren Symptome man gehobene und extrovertierte Stimmung, gesteigerte Selbstachtung und Energie, vermindertes Hilfsbedürfnis, Hypersexualität, geschärftes und ungewöhnlich kreatives Denken und gesteigerte Arbeitsproduktivität rechnet?»[3]

Schon dieser flüchtige Überblick über das Problem der Manie zeigt einige interessante Parallelen mit dem normalen Denken auf. Die positiven Vorstellungen der Normalperson über Selbst, Welt und Zukunft gehen mit Fröhlichkeit, Geselligkeit, Motiviertheit und schließlich einem erhöhten Aktivitätspegel einher. Bei der manischen Person werden diese Vorstellungen nur auf die Spitze getrieben. Sie erzeugen dann eine ungewöhnlich heitere Stimmung, ein unerbittlich geselliges Sozialverhalten und scheinbar grenzenlose Vorräte an Energie und Enthusiasmus. Auch die Tatsache, daß normale Illusionen unsere intellektuelle Kreativität fördern, weist auf eine Parallele zur Manie hin. Seitdem die Psychologen ihre wissenschaftliche Aufmerksamkeit verstärkt den manischen Episoden zuwenden, hat sich nämlich herausgestellt, daß die Manie den kreativen Denkprozeß zumindest bei einigen Individuen eindeutig begünstigt. Das heißt aber, daß ein manischer Impuls unsere vom Einschlafen bedrohten vernachlässigten Aktivitäten nicht allein durch die Bereitstellung von Energie und Enthusiasmus, sondern darüber hinaus durch eine Verbesserung unserer intellektuellen Leistungsfähigkeit wieder zum Leben erwecken kann.

Manie und Kreativität

> Man muß noch Chaos in sich haben, um einen tanzenden Stern gebären zu können.
>
> *Nietzsche*

> Es gibt kein großes Genie ohne eine Spur von Wahnsinn.
>
> *Seneca*

Die Vorstellung von einer Verbindung zwischen Wahnsinn und Kreativität existiert seit Jahrhunderten. Schon vorgriechische Mythen stellen den Künstler als vom Wahnsinn besessen dar, die Philosophen ihrerseits kontemplierten von Aristoteles bis William James über die mögliche Bedeutung von Geisteskrankheiten für das Genie.[4] Der deutsche Psychiater Emil Kraepelin, der das manische Syndrom im neunzehnten Jahrhundert als erster identifizierte, bemerkte, daß das die Manie begleitende Erregungsgefühl unter Umständen Kräfte freizusetzen vermag, die sonst durch Hemmungen in Schach gehalten würden.[5] Kraepelin zufolge ist die Manie keineswegs in der Lage, Genie hervorzurufen; mit eventuellen latenten Fähigkeiten verknüpft, könne sie allerdings Talente zum Vorschein bringen und Begabungen zum Durchbruch verhelfen, die ohne sie nicht zum Zuge gekommen wären.

An Fallbeispielen über die Häufigkeit der Manie und des manisch-depressiven Irreseins unter kreativen und genialen Menschen herrscht bekanntlich kein Mangel. So gelten zum Beispiel die Komponisten Georg Friedrich Händel, Hector Berlioz und Robert Schumann als Opfer dieser Krankheit. Händel soll seinen «Messias» während einer manischen Phase in bloß vierundzwanzig Tagen niedergeschrieben haben. Viele berühmte Schriftsteller und Dichter wurden in die Ränge der Manisch-Depressiven eingereiht, davon möchte ich nur Eugene O'Neill, Honoré de Balzac, Virginia Woolf, Ernest Hemingway, F. Scott Fitzgerald, Lord Byron, Percy Bysshe Shelley, Samuel Taylor Coleridge, Edgar Allan Poe, Thomas Chatterton, Hart Crane, Robert Lowell, Anne Sexton und Sylvia Plath erwähnen. Bei einer eingehenden Untersuchung des Schaffensprozesses dieser großen Autoren haben die Psychologen Kay Jamison und Steven Goodwin die verfügbaren Biographien und Autobiographien nach Hinweisen auf die Begleiterscheinungen und Symptome dieser Krankheit durchsucht. Diesen Berichten zufolge scheinen manche der größten und schönsten Leistungen dieser Schriftsteller während des Frühstadiums von manischen Episoden entstanden zu sein.[6]

Die Häufigkeit des manisch-depressiven Irreseins unter dokumentierten und anerkannten Hochbegabungen ist ungefähr fünfmal so hoch wie in der Normalbevölkerung; manisch-depressives Irresein scheint also bei kreativer Genialität eine gewisse Rolle zu spielen. Die Liste der Betroffenen weist dabei auf das überdurchschnittlich häufige Auftreten dieser Erkrankung unter Dichtern hin. Die Anzahl wahnsinniger Dichter ist denn auch in der Tat erstaunlich hoch und wird seit Jahrzehnten sowohl von Literaturexperten wie von den Dichtern selbst diskutiert. Der Literaturkritiker Anatol Broyard beschrieb die späten Jahre des Dichters Delmore Schwartz: «Delmore sprach wie ein Mann, dessen Leben mit unwahrscheinlicher Geschwindigkeit vor seinen Augen Revue passierte. Sein Nervensystem wurde zu seiner Schreibmaschine. Er war wie belagert, von seinen Eindrücken und Erinnerungen wie bombardiert.»[7] Der im neunzehnten Jahrhundert lebende französische Dichter Charles Baudelaire schrieb: «Ich kultiviere meine Hysterie mit ebensoviel Freude wie Erschrekken.»[8] Der Lyriker Robert Lowell, selber Pulitzer-Preisträger, schrieb an seinen Dichterkollegen Theodore Roethke, der ebenfalls den Pulitzer-Preis gewonnen hatte: «Es ist seltsam, daß unsere beiden Leben so oft den gleichen Weg gegangen sind. Laß uns sagen, wir seien Brüder, die die gleiche lange Reise hinter sich haben und weit mehr übereinander wissen, als wir uns je gegenseitig gesagt haben oder sagen werden. Ich sehe darin eine merkwürdige Eigenschaft von Dichtern, die ungefähr in unserem Alter sind. Um überhaupt schreiben zu können, scheinen wir uns dem Schreiben mit einer solchen einseitigen Besessenheit widmen zu müssen, daß wir uns dabei sozusagen immer nahe am Ertrinken befinden. Ich habe das oft an mir selbst beobachtet und außerdem Jahr für Jahr an meinen Studenten gesehen, daß es mir heute beinahe als etwas Unausweichliches erscheint, als ein echter Konstruktionsfehler im Motor...»[9]

Wie ließe sich nun exakter bestimmen, in welcher Weise die Manie die kreativen Vorhaben solcher Künstler unterstützt? Eine mögliche Antwort besteht in der Annahme, daß die Manie unser Denken auf eine Weise beschleunigt, die unserer Kreativität zugute kommt.[10] Um ein extremes Beispiel zu nennen: Wenn uns nur alle paar Stunden ein guter Gedanke kommt, ist es wahrscheinlich ziemlich schwer, künstlerisch produktiv zu arbeiten; werden uns dagegen gute Ideen und Einsichten in schneller Folge beschert, erhalten wir damit unter Umständen einen produktiven Impuls, der seinerseits unseren kreativen Denkprozeß befördert. Da die Manie sowohl die Anzahl unserer Ideen als auch die Zahl der dazwischen bestehenden Assoziationen erhöht, verstärkt sie zugleich die Wahrscheinlichkeit, daß sich wenigstens einige dieser Ideen oder Assoziationen später als brauchbar erweisen werden. Unter der Voraussetzung, daß das manische Individuum über genügend Einsicht verfügt, seine schlechten Einfälle über Bord zu werfen und seine guten Ideen weiterzuverfolgen, läßt sich der potentielle Nutzen der Manie entsprechend als die Wahrscheinlichkeit definieren, wenigstens einige wertvolle und für den weiteren Gebrauch geeignete Ideen und Pläne hervorbringen zu können.

Eine andere Antwort besteht in der Annahme, daß die Manie den Denkprozeß weniger beschleunigt als vielmehr auflockert. Die Menschen denken normalerweise auf relativ lineare und geordnete Weise. Im Zustand der Manie sind die Assoziationen dagegen in der Regel sozusagen «losgelassen», was wiederum ungewöhnliche und möglicherweise produktive Kombinationen und Neukombinationen von Ideen ermöglicht. Die Psychologen Jamison und Goodwin haben in diesem Kontext den Verdacht geäußert, Gedichte stünden stärker als andere Kunstformen mit urtümlichen Denkprozessen in Zusammenhang. Es erscheint daher denkbar, daß die Kreativität von Dichtern insofern mittels der

Manie gefördert wird, als diese während ihrer manischen Phasen mit urtümlicheren Denk- und Wahrnehmungsformen in Verbindung treten können. Das manische Denken zeichnet sich dabei Jamison und Goodwin zufolge durch ein überdurchschnittliches Maß an Neuigkeit und Flexibilität aus, was letztlich zu kreativen poetischen Schöpfungen führen kann.

Eine andere psychologische Schule vertritt dagegen die Auffassung, die Bedeutung der Manie für den schöpferischen Schaffensprozeß sei ein integraler Bestandteil dieser Krankheit und nicht irgendein Nebenprodukt ihrer Auswirkungen auf den menschlichen Denkprozeß. Auf dem Höhepunkt der manischen Phase werden die Sinneswahrnehmungen verändert. Ein typisches manisches Symptom ist daher die sogenannte Hyperästhesie, eine erhöhte Empfindlichkeit und Empfänglichkeit für Sinneseindrücke. Die in der manischen Phase befindlichen Individuen sind oftmals unfähig, der vielen auf sie hereinströmenden und sie stimulierenden Erfahrungen und Sinneseindrücke Herr zu werden. Sie können diese Eindrücke dabei weder abblocken noch dämpfen, beides Filterfunktionen, die normalerweise der gesunde Intellekt übernimmt. Auch wenn die intellektuellen Funktionen der Betroffenen auf dem Höhepunkt der Manie durch diese überwältigenden Erfahrungen unter Umständen vollständig außer Kraft gesetzt werden, können sie in den milderen Stadien der Manie durchaus zur Produktion neuartiger und kreativer Ideen und Assoziationen führen. Die von Martin Luther während seiner manischen Episoden entwickelten Wahnvorstellungen und Halluzinationen haben zum Beispiel möglicherweise manches zur Ausformung des protestantischen Glaubens beigetragen.[11] Auch das emotionale Wechselbad von manischen und depressiven Zuständen kann bei manchen Betroffenen eine Breite und Tiefe des Empfindens hervorrufen, die ihre Einsicht und künstlerische

Produktivität befördert. Indem dieses Wechselbad den Künstler mit den versteckten Quellen bislang ungenutzter und irrationaler Erfahrungen und Ressourcen verbindet, stellt es ihm unter Umständen zugleich kreatives Material zur Verfügung.[12]

Die Rolle der Manie bei politischen Führungspersönlichkeiten

Die offensichtlichen Vorteile der Manie sind allerdings keineswegs auf die künstlerische Kreativität beschränkt. In letzter Zeit häufen sich vielmehr die Hinweise auf die ungewöhnlich hohe Zahl von berühmten Weltpolitikern, die angeblich manisch-depressiv gewesen sind. Man glaubt heute zum Beispiel, daß Winston Churchill, Robert E. Lee, Abraham Lincoln, Napoleon Bonaparte, Benito Mussolini, Oliver Cromwell und Lord Nelson allesamt an manisch-depressivem Irresein gelitten haben.[13] Von verschiedenen Historikern wurde in diesem Zusammenhang die These aufgestellt, daß die euphorische Komponente der Manie und das von ihr hervorgerufene Selbstvertrauen sich im Angesicht realer oder potentieller Gefahren als ein wertvolles psychisches Hilfsmittel für Politiker erweisen könnte. Anthony Storr bemerkt zum Beispiel in seiner Churchill-Biographie, daß Churchills manische Phasen und der sie begleitende unrealistische Optimismus durchaus dazu beigetragen haben könnten, die britische Öffentlichkeit während der dunkleren Tage des Zweiten Weltkriegs bei der Stange zu halten. Ein Mann von größerer Nüchternheit, vermutet Storr, wäre damals unter Umständen zu dem Schluß gekommen, daß alles verloren sei.[14] In einer interessanten Spekulation denkt der Anthropologe Lionel Tiger über den adaptiven Wert nach, den manische Führungspersonen ganz allgemein für Gemeinschaften und Gesellschaften haben könnten: «Vielleicht kommt die grelle Überschwenglichkeit der manischen Phase in bestimmten Gesellschaften als ein energetischer und aufrührerischer Stimulus zur Wirkung, ohne den diese Sozietäten in einen statischen und selbstgefälligen Zustand verfallen würden. Auf religiösem Gebiet hat man dies öfters beobachten können: Hier haben sich immer wieder Einzelindividuen mit grandiosen Konzepten und einer anmaßenden Autorität gegenüber anderen Menschen durchgesetzt und charismatische Religionen oder politische Gruppierungen ins Leben gerufen, die auf zuvor statische Gesellschaftssysteme einen außerordentlich tiefgreifenden Einfluß ausgeübt haben.»[15]

Die positiven Auswirkungen der Manie kann man natürlich auch erkennen, ohne die Biographien und Autobiographien großer Politiker und Künstler eines Blickes würdigen zu müssen. Denn die Manie ist in einer besonders wichtigen Beziehung eine einzigartige Erscheinung unter den Geisteskrankheiten: Sie ist die einzige psychische Störung, die mit einer nach oben gerichteten sozialen Mobilität einhergeht. Geisteskrankheiten ziehen ja in der Regel beträchtliche soziale Folgeschäden nach sich. Psychiatrische Patienten werden entweder in psychiatrischen Krankenhäusern untergebracht oder, wie es in vielen Ländern der Brauch ist, dem Vegetieren und Betteln auf der Straße überlassen. Das manisch-depressive Irresein ist im scharfen Kontrast hierzu überdurchschnittlich häufig in den höheren sozialen Schichten vertreten; und außerdem haben zumindest die in der milderen Form daran Erkrankten auch noch eine größere Chance, sozial auf- statt abzusteigen.[16]

Die Kehrseite der Manie

Bevor ich hier allerdings den Eindruck entstehen lasse, es lohne sich, manisch zu werden, muß hier die Kehr- und Schattenseite der Manie beleuchtet werden. Da eine reine sogenannte unipolare Manie relativ selten ist, sind die meisten Maniker von beiden Aspekten des manisch-depressiven Syndroms betroffen. Eines der Hauptrisiken dieser Menschen ist daher, in eine Depression zu verfallen. Dieselbe Person, die sich der positiven Nebenwirkungen der manischen Phase erfreut, muß sich also auch der depressiven Verzweiflung stellen, die damit abwechselnd aufzutreten pflegt. Die schöpferischen Visionen von Thomas Chatterton, Virginia Woolf, Ernest Hemingway, Anne Sexton und Sylvia Plath mögen durch manische Episoden erleichtert und bereichert worden sein – es ist aber zugleich unleugbar, daß ebendiese Schriftsteller und Schriftstellerinnen während einer Phase tiefer Depression durch zum Teil grauenhafte Selbstmorde umgekommen sind.

Die Manie hat also ihre Haken und Tücken. Der für die künstlerische oder sonstige schöpferische Betätigung kreativste Augenblick liegt dabei wie gesagt nicht auf der Höhe der manischen Phase, sondern kurz vor deren Eintreten, im sogenannten *hypomanischen* Zustand. In den frühen Stadien der Manie können Menschen außerordentlich produktiv sein, während der extremeren Phasen der Manie ist diese Produktivität dann allerdings meist mehr eingebildet als wirklich. Auf dem Höhepunkt der manischen Phase sind die Betroffenen hochgradig ablenkbar, wobei ihr Interesse meist von einem Projekt zum nächsten springt, ohne daß sie fähig wären, irgendeiner Sache tiefere Aufmerksamkeit zu widmen. Manische Individuen können darüber hinaus von Verfolgungs- oder Größenwahn und sogar von Halluzinationen befallen werden. Die von Manikern erfahrenen Sinneseindrücke können dabei unter Umständen eine solche Intensität annehmen, daß die Betroffenen von jeder Geruchsempfindung überwältigt werden und dementsprechend jeden Windhauch als Berührung und noch das leiseste Geräusch als Lärmterror wahrnehmen. Diese Desorientierung kann so vollständig sein, daß die manische Person nicht einmal mehr ihre vertraute Umgebung wiederzuerkennen vermag, was dann bei den Betroffenen wiederum begreiflicherweise zur Panik führen kann.

Auch auf der sozialen Ebene hat die Manie oftmals zerstörerische Konsequenzen. Eine manische Persönlichkeit kann zwar bisweilen sehr unterhaltsam und witzig erscheinen, ebenso leicht aber verfällt sie in exaltierte und extreme Verhaltensweisen, die für die Umwelt nur peinlich oder ärgerlich sind. Ein Student, der später wegen einer offenen Manie stationär behandelt werden mußte, versuchte zum Beispiel, seine zunehmend entsetzte Ex-Freundin durch verschiedene extravagante Gesten zurückzugewinnen. Einmal ließ er ihr während einer von dreihundert Hörern besuchten Vorlesung ein gigantisches Blumenbukett überreichen. Viele Maniker empfinden während ihrer manischen Phasen ein intensives sexuelles Verlangen, das sie dann – unter Inkaufnahme aller damit verbundenen Risiken – hemmungslos von Partner zu Partner treibt. Die Manie kann darüber hinaus zu einem regelrechten Kaufrausch führen, bei dem die Betroffenen wahllos Dinge erwerben, die sie im Grunde weder wünschen noch gebrauchen können. Ein manischer Unternehmer kann hochgradig suggestiv auftreten und andere in seine phantastischen und oft riskanten Projekte hineinziehen, nur um dann am Ende das Scheitern der Unternehmung seinen Partnern anzulasten. Obwohl ein Maniker also in den frühen Stadien der Manie recht gewinnend wirken kann, werden die von seiner farbigen Persönlichkeit anfangs angezogenen Menschen doch meist im Lauf der Zeit durch das immer extremere Verhalten vergrätzt und vertrieben, das mit dem manischen Syndrom fast unvermeidlich einhergeht.

Auch wenn die Manie im Frühstadium eine witzig-unterhaltsame Geschwätzigkeit und sogar charismatische Führungsqualitäten hervorrufen kann, führt sie auf ihrem Höhepunkt nicht selten zu überschießender Aggressivität und Feindseligkeit. Wenn der manischen Person in dieser Phase etwas in die Quere kommt, wird sie selbst von anscheinend harmlosen Bemerkungen und Beobachtungen, die jeder normale Mensch übersehen würde, leicht in eine ganz unverhältnismäßige Rage gebracht. Der in Fahrt gekommene Maniker ist hochgradig kritikempfindlich; wenn er sich kritisiert fühlt, kann sein Verhalten daher blitzartig von einnehmender Freundschaftlichkeit in offene Feindseligkeit umschlagen. Eine typische Verhaltensweise des manischen Individuums besteht darin, seine Freunde dadurch zu unterhalten, daß er ein einzelnes, auserwähltes Opfer vor den anderen durch seine Witze lächerlich zu machen versucht. Der manische Zustand kann nach alledem keineswegs als ein wünschenswerter bezeichnet werden! Sosehr uns die frühe manische Phase erfreuen kann, indem sie uns zu einer inspirierten Arbeitsfähigkeit und der damit verbundenen Freude am Gelingen beflügelt, so sehr verlieren die Betroffenen mit dem Fortschreiten der manischen Symptome mehr und mehr die Kontrolle über sich und finden schließlich keine Möglichkeit mehr, ihre extremen Gefühlsausbrüche zu mäßigen.

Die Untersuchung der manischen Erfahrungsformen kann uns aber nichtsdestoweniger einige wertvolle Erkenntnisse vermitteln. Erstens können sich auch ein unrealistischer Optimismus, die Überschätzung unserer Macht und unserer Fähigkeiten und ein erhöhtes Kontrollbewußtsein zumindest zeitweilig als adaptiv erweisen. Außerdem scheinen diese Vorstellungen im Fall der Manie unserer Wirklichkeitsanpassung vielfach auf ähnliche Weise zu dienen wie sonst die normalen Illusionen. Bei der Manie gehen selbstüberhöhende Vorstellungen in der Regel mit Geselligkeit, gehobener Stimmung, hochgradiger Motiviertheit und einem kreativen Denkprozeß einher. In weniger extremer Form führen diese Vorstellungen auch bei psychisch gesunden Personen zu den genannten adaptiven Ergebnissen. Die Manie scheint nach alledem – zumindest bei Personen mit latenten Begabungen und zumindest während der frühen Phasen – vor allem auf zwei Gebieten außerordentlich nützlich zu sein: Sie verstärkt die kreative Schaffenskraft und verbessert die Fähigkeit, andere Menschen an uns zu binden und anzuleiten; erreicht wird dies sowohl durch eine erhöhte Motivation als auch möglicherweise über eine Modifikation des kreativen Denkvorgangs.

Besteht irgendein Grund zu der Befürchtung, die von den positiven Illusionen des normalen Denkens Gebrauch machenden Menschen könnten durch ihre selbstüberhöhenden Vorstellungen in einen manischen Zustand verfallen? Es ist leicht zu erkennen, wie es zu dieser Befürchtung kommen kann. Auch normale Menschen machen Erfahrungen, die an manische Episoden erinnern. In der ersten Aufregung über eine neue Idee beginnt mancher Schriftsteller oder Künstler, wütend zu arbeiten, und vergißt dabei mitunter sogar das Essen oder Schlafen. Wenn man in dieser Phase von der Umgebung zur Mäßigung und Selbstkontrolle angehalten wird, empfindet man diese Intervention unter Umständen als eine so irritierende Ablenkung, daß sich fast-manische Symptome herausbilden können. Wir entwickeln daher in dieser Phase etwa die paronoide Vorstellung, andere Menschen versuchten bewußt, unser vielversprechendes Vorhaben zu vereiteln. In der Gründungszeit eines neuen Projektes erleben Unternehmer gelegentlich eine manisch anmutende Phase, wenn sie sich in der Hektik der ersten Tage mitsamt ihren Mitarbeitern in rasender Geschwindigkeit an die Verwirklichung ihrer Pläne begeben. Der ansteckende Enthusiasmus und die charismatische Führungsbegabung eines erfolgreichen Unternehmers können dabei stark an die Eigenschaften erinnern, die wir oben als Charakteristika manischer Führungspersönlichkeiten kennengelernt haben. Wenn wir auch von gelegentlichen eigenen isolierten Episoden her an die Erfahrungen manischer Individuen erinnert werden, muß das noch lange nicht bedeuten, daß normale Menschen für Manie anfällig seien oder durch leichte Illusionen in einen manifest manischen Zustand versetzt werden könnten. Die Manie ist keine aus Glaubensvorstellungen resultierende Erkrankung. Auch wenn noch nicht alle Ursachen der Manie bekannt oder geklärt sind, müssen wir doch genetische Faktoren und biochemische Ungleichgewichte ernsthaft als Ursachen ins Auge fassen. Eigentlich ist aber schon die klinische Seltenheit der Erkrankung ein eindeutiges Argument gegen die Annahme, die Manie hänge irgendwie mit den von den meisten Menschen gehegten positiven Illusionen zusammen. Denn diese Illusionen von Selbst, Welt und Zukunft sind in aller Regel gemäßigten Charakters; dementsprechend besteht kaum Anlaß zu der Vermutung, sie würden uns zu den erwähnten gefährlicheren Verzerrungen der Realität veranlassen, von der die dunkle Seite der Manie gekennzeichnet ist.[17]

DEPRESSION UND DER VERLUST DER ILLUSION

Die milden Formen der Manie sind ein nützliches Vergleichsobjekt für die normalen Illusionen des Alltagslebens, da sie uns den Beweis liefern, daß eine intakte Selbstachtung, der Glaube an unseren Einfluß und ein unrealistischer Optimismus selbst in ihren Extremformen wenigstens eine Zeitlang adaptive Konsequenzen haben können. Aus ähnlichen Gründen ist auch die Depression ein nützliches Vergleichsobjekt. In den meisten psychologischen Untersuchungen zur Dokumentation der Häufigkeit und Adaptivität positiver Illusion bei seelisch ausgeglichenen Menschen wurde denn auch der Zustand trauriger oder leicht depressiver Menschen implizit oder explizit zum Vergleich herangezogen. Dabei stellte sich im Einklang mit unseren bisherigen Vermutungen heraus, daß sich die Abwesenheit oder der Verlust von Illusionen schädigend auf unsere Anpassungsfähigkeit auswirken kann.

Depressionen sind im wesentlichen eine Störung unseres Stimmungslebens, eine Art entschlossene Schwermut, die unsere Wirklichkeitswahrnehmung durchdringend beeinflußt.[18] Der depressive Mensch sieht Selbst, Welt und Zukunft durch eine getrübte oder schwarze Brille. Nichts in dieser Welt scheint ihm glücks- oder vielversprechend zu sein. Die depressive Person sieht typischerweise sowohl ihre beruflichen wie ihre außerberuflichen Aktivitäten als triviale und wertlose Beschäftigungen an; entsprechend scheint ihr das bisherige Leben wertlos und weitgehend mit Fehlleistungen angefüllt zu sein. Darüber hinaus besteht offensichtlich wenig Aussicht auf eine Verbesserung dieses Zustandes. Die vor dem Beginn der Depression womöglich noch genossenen Aktivitäten scheinen ihren Reiz vollkommen verloren zu haben, und wenn die depressive Person überhaupt noch arbeitsfähig ist, dann allenfalls auf niedrigstem Niveau. Viele depressive Menschen gehen daher nicht mehr zur Arbeit und verlieren zugleich jegliches Interesse an ihren Freizeitbeschäftigungen. Eine schwer depressive Person ist nicht einmal mehr fähig, ihr Bett zu verlassen und den elementaren Aufgaben des täglichen Lebens und Überlebens nachzugehen.[19]

Maggie Scarf beschreibt eine von ihr interviewte depressive Frau: «Sie sagte mir... daß sie sich wie ‹Abfall› fühle. Sie war, sagte sie, wie ein Stück Zeitungspapier, ‹etwas, was nur überall herumfliegt, vom Bürgersteig geweht wird, etwas, auf dem man herumtritt, wissen Sie, was nur zur Seite gekickt wird›... Sie war sozusagen ein für dieses Universum überflüssiges Menschenmaterial, wertlos und von niemand benötigt... Wenn sie nach einem erfolgreich bestrittenen Tennisturnier nach Hause kam, fühlte sie sich plötzlich, ‹als sei der Boden aus meinem Leben herausgefallen, und daß ich ein Nichts war, daß ich zu vielen Menschen, die mir im Grunde ziemlich egal waren, zu viele Dinge versprochen hatte, an denen mir im Grunde auch nichts lag. Ich nahm an all diesen Komitees teil und rannte wie verrückt durch die Weltgeschichte, diese Aktivitäten waren aber doch letztlich dumm und sinnlos. Ich wollte nur noch abhauen, nichts mehr versuchen müssen, einfach tot sein.› Während die Kinder in der Schule waren, leerte sie den Arzneischrank und verschluckte alle Tabletten, derer sie habhaft werden konnte.»[20]

Der Selbstmord ist denn auch der größte Risikofaktor der Depression. Ungefähr fünf Prozent der chronisch depressiven Menschen verüben schließlich Suizid.[21] Andere spielen mit dem Gedanken der Selbsttötung, stellen sich vor, wie schön es wäre, einen plötzlichen Unfall zu haben oder einzuschlafen und nicht wieder aufzuwachen. Der amerikanische Bürgerkriegsgeneral Robert E. Lee, der zeitlebens von schweren depressiven Schüben geplagt wurde, soll gesagt haben, der Tod sei für ihn eine willkommene Erlösung von dieser qualvollen Welt.[22]

Depressiver Realismus

Die depressive Persönlichkeit entbehrt also unzweifelhaft der von den meisten Menschen aufrechterhaltenen positiven Illusionen. Selbst, Welt und Zukunft werden negativ gesehen. In den letzten hundert Jahren haben Psychologen und Psychiater meist angenommen, diese negativen Wahrnehmungen und Selbstwahrnehmungen beinhalteten eine Verzerrung der Realität. Neuerdings hat sich aber immer mehr Beweismaterial für die These ergeben, daß leicht depressive Menschen keine negativ verzerrte Sicht der Welt haben, sondern vielmehr zumindest einige Aspekte der Wirklichkeit recht realistisch einzuschätzen vermögen. Leicht depressive Menschen scheinen Selbst, Welt und Zukunft sogar tatsächlich akkurater einschätzen zu können als «normale» Menschen.

Es ist nicht leicht, längere Zeit mit einem depressiven Menschen zu verbringen. Zunächst einmal ist es schmerzvoll, einen in seinem Elend gefangenen Mitmenschen zu sehen. Ein anderer, eher subtiler Effekt des Zusammenseins mit depressiven Menschen besteht darin, daß sich deren Schwermut im Lauf der Zeit in unser eigenes Seelenleben hineinzufressen beginnt. Wenn man den trüben und pessimistischen Verkündigungen der Depressiven lange genug zuhört, erscheinen diese plötzlich mehr als einleuchtende *Interpretationen* denn als selbstmitleidige *Verzerrungen* der Wirklichkeit. Wir werden mit anderen Worten nicht nur von der Stimmung, sondern auch von der Denkweise der depressiven Menschen erfaßt. Wenn ein depressiver Mensch bekennt, er habe in seinem ganzen Leben nichts wirklich Wertvolles geleistet, beginnen wir unversehens selbst mit der weitgehend unbewußten Suche nach jenen «wirklich wertvollen» Erfahrungen und Leistungen unseres vergangenen Lebens, die sich bekanntlich meist gerade dann nicht finden lassen, wenn man sie sucht. Solange sich die depressiven Menschen darin gefallen, ihre eigenen mehr oder weniger bescheidenen Lebenserfolge als triviale Kleinigkeiten abzutun, fällt es schwer, sich gegenüber eigenen Leistungen deutlich anders zu verhalten. Wird denn irgendeine unserer Handlungen oder Leistungen noch in hundert Jahren von der geringsten Bedeutung sein? Der suggestive Pessimismus der Depressiven führt uns also mit anderen Worten auf den Holzweg eines radikalen Skeptizismus, der uns dazu verleitet, unser Tun im Kontext der Großtaten vergangener Jahrhunderte zu sehen. Am Ende vergleichen wir uns mit Mozart, Leonardo da Vinci oder Newton. Depression kann ansteckend sein.

Einer der ersten, der in den Einsichten der Depressiven einen Kern von Wahrheit meinte finden zu können, war Sigmund Freud. In «*Trauer und Melancholie*» schreibt er: «Es ist wissenschaftlich wie therapeutisch gleich unfruchtbar, dem Kranken zu widersprechen, der solche Anklagen gegen sein Ich vorbringt. Er muß wohl irgendwie recht haben und etwas schildern, was sich so verhält, wie es ihm erscheint. Einige seiner Angaben müssen wir ja ohne Einschränkung sofort bestätigen. Er ist wirklich so interesselos, so unfähig zur Liebe und zur Leistung, wie er sagt. Aber das ist, wie wir wissen, sekundär, ist die Folge der inneren, uns unbekannten, der Trauer vergleichbaren Arbeit, welche sein Ich aufzehrt. In einigen anderen Selbstanklagen scheint er uns gleichfalls recht zu haben und die Wahrheit nur schärfer zu erfassen als andere, die nicht melancholisch sind. Wenn er sich in seiner gesteigerten Selbstkritik als kleinlichen, egoistischen, unaufrichtigen, unselbständigen Menschen schildert, der nur immer bestrebt war, die Schwächen seines Wesens zu verbergen, so mag er sich unseres Wissens der Selbsterkenntnis ziemlich angenähert haben, und wir fragen uns nur, warum man erst krank werden muß, um solcher Wahrheit zugänglich zu sein.»[23]

Diese Beobachtung Freuds aus dem Jahre 1917 wurde in den seither vergangenen Jahrzehnten erst einmal weitgehend überlesen, da sich die psychologische Erforschung der Depression vor allem auf die Irrationalität depressiver Vorstellungen konzentrierte. Man nahm an, daß depressive Menschen ihre positiven Lebenserfahrungen herunterspielen, ihre negativen Erfahrungen dagegen übertreiben. In letzter Zeit hat Freuds Ansicht allerdings wieder vermehrte Beachtung gefunden, da sich in der psychologischen Forschung die Hinweise darauf häufen, wie außerordentlich richtig seine Bemerkungen in mancher Hinsicht sind. Um darauf hinzuweisen, daß leicht depressive Menschen die Realität zumindest in mancher Beziehung tatsächlich etwas zutreffender erkennen als nichtdepressive Menschen, hat man in der Psychologie den Begriff «depressiver Realismus» geprägt.[24]

Normale Menschen übertreiben gerne ihre Fähigkeiten und ihre Beliebtheit. Depressive Menschen nicht. Normale Menschen sehen ihr vergangenes Verhalten meist in einem leicht rosigen Licht. Bei der Erinnerung an ihre Erfolge und Mißerfolge werden depressive Menschen dagegen der Wirklichkeit vielfach eher gerecht. Normale Menschen beschreiben sich im wesentlichen in positiven Begriffen. Depressive Menschen kennzeichnen sich mit positiven und negativen Qualitäten. Normale Menschen schreiben sich ihre Lebenserfolge bevorzugt selbst gut, lehnen aber in der Regel die Verantwortung für die ihren Lebensweg säumenden Mißerfolge ab. Depressive Menschen akzeptieren sowohl die Verantwortung für ihre Erfolge wie für ihre Mißerfolge. Normale Menschen überschätzen den von ihnen auf die Umgebung ausgeübten Einfluß. Depressive Menschen sind für diese Illusion weniger empfänglich. Normale Menschen sind in einem nur unrealistisch zu nennenden Ausmaß davon überzeugt, daß die Zukunft eine Vielzahl erfreulicher und nur wenige unerfreuliche Überraschungen für sie bereithält. Depressive Menschen beweisen in ihrer Zukunftseinschätzung mehr Realismus. Man kann sogar so weit gehen zu sagen, daß depressive Menschen in so gut wie jeder Hinsicht von den positiven Illusionen der normalen Menschen abweichen. Fast überall, wo diese von Selbstüberschätzung, der Verkennung ihrer Möglichkeiten und unrealistischen Zukunftsvisionen gekennzeichnet sind, zeigen die Depressiven keine vergleichbaren Vorstellungen. Die Depression scheint uns tatsächlich in einen Zustand zu versetzen, in dem wir «nicht nur um einige traurige Erfahrungen, sondern auch um eine gehörige Portion Weisheit bereichert werden».[25]

Die Entdeckung des depressiven Realismus zwingt uns, das bisherige Konzept dieser psychischen Erkrankung in wesentlichen Punkten zu revidieren. In der Vergangenheit nahm man an, depressive Menschen seien bei ihrer Informationsverarbeitung durch eine pessimistische Voreingenommenheit charakterisiert. Heute müssen wir uns dagegen ernsthaft fragen, ob die Depression vielleicht selbst gar keine negativen Vorurteile hervorbringt, sondern vielmehr auf ein Fehlen oder den Verlust jener positiven Vorurteile zurückgeht, mit deren Hilfe sich die Menschen normalerweise gegen die Härten der Realität zu schützen versuchen. Der Depressive leidet mit anderen Worten möglicherweise eher an einem Mangel als an einem Überschuß an Illusionen.

Bevor wir hier allerdings den Eindruck erwecken, Depressionen seien im wesentlichen das Ergebnis einer bevorzugten Vertrautheit mit dem wahren Zustand dieser Welt, müssen wir feststellen, daß Realismus ein potentielles, aber kein obligates Kennzeichen der Depression ist. Depressive Menschen verhalten sich keineswegs immer realistisch. Vielmehr sind depressive Menschen in vielen ihrer Wahrnehmungen und Vorstellungen nicht realistischer, sondern allenfalls pessimistischer als andere Menschen. Und dies gilt um so mehr, je stärker die betreffende Depression ist. Auch die Zukunftsvorstellungen der Depression sind oftmals von einer Düsterkeit, die noch des skeptischsten Realismus spottet. Außerdem werden depressive Menschen vielfach von Schuldgefühlen geplagt, für die es weder in ihrem Handeln noch in ihrem Denken eine sinnvolle ursächliche Grundlage zu geben scheint. Depressive Menschen kasteien sich für eingebildete Fehler und Versäumnisse. Depressionen sind daher insbesondere in ihren schweren Formen von einem unrealistischen Pessimismus geprägt.[26] Aus diesem Grund sind es hier, wie im Fall der Manie, eher die *milden* Formen dieser Erkrankung, an denen wir jene Erkenntnisse gewinnen konnten, die wir auf diesen Seiten bezüglich des Verhältnisses von realistischen Wahrnehmungen und Stimmungen vorgestellt haben.

Trotzdem dienen Depressionen aber als nützliches Gegengewicht zum normalen Denken. Und zwar aus zwei Gründen. Die depressive Kognition scheint erstens in ihren frühen oder milden Formen von einem gewissen Realismus gekennzeichnet zu sein, der einen unter Umständen nützlichen Kontrast zu den im Denken normaler Menschen angetroffenen Illusionen darstellt. Der Zustand der Depression gibt uns zweitens (und dies ist vermutlich der wichtigere der beiden Gründe) die Gelegenheit zu beobachten, wie sich die Abwesenheit dieser Illusionen auf andere Kriterien psychischer Gesundheit auswirkt. Wir stellen mit anderen Worten die Frage, wie sich die Abwesenheit positiver Illusionen auf das Befinden depressiver Menschen auswirkt, wenn eine positive Sicht von Selbst, Welt und Zukunft bei normalen Menschen zu Glück, verbesserten Sozialkontakten und einer kreativ-produktiven Arbeitsfähigkeit führt. Darf es uns unter diesen Umständen verwundern, wenn depressive Menschen unglücklich, schwierig im Umgang, vereinsamt, weniger unternehmungslustig und weder zum produktiven noch zum kreativen Arbeiten befähigt sind?

Depression und die Kennzeichen psychischer Gesundheit

Die Frage, ob Depressionen mit Traurigkeit einhergehen, ist genauso schlau wie die Frage, ob sich in einem Wald auch Bäume finden lassen. Schließlich ist Traurigkeit eines der Hauptcharakteristika dieser Störung. Während positive Illusionen unser Selbstvertrauen und unsere Selbstachtung bestärken, leiden depressive Menschen an Gefühlen der Wertlosigkeit und Hilflosigkeit. Ihr Leben ist bestenfalls emotional abgeflacht, ohne Gefühl; im schlimmsten Fall versinken sie sogar in einem Sumpf von Pessimismus und Verzweiflung.

Einer der problematischsten Aspekte im Sozialleben depressiver Personen liegt darin, daß sie sich oftmals gerade jenen Menschen gegenüber abweisend verhalten, die ihnen Hilfe und Unterstützung geben könnten. Wahrscheinlich sind viele depressive Menschen in ihren sozialen Fähigkeiten von Anfang an gestört.[27] Wer einen größeren Teil seines bisherigen Daseins im depressiven Zustand verbrachte, hat sich meist mehr mit seinem Innenleben und insbesondere seinen eigenen Fehlern und Mängeln befaßt als mit der Außenwelt oder anderen Menschen. In einem solchen Leben kann man denn auch die sozialen Fähigkeiten nicht erwerben, die normale Menschen wie selbstverständlich entwickeln. Eine Depression übt jedoch schon an sich einen negativen Einfluß auf die sozialen Beziehungen der Betroffenen aus. Wenn ein Mensch depressiv wird, findet sich in der Regel eine nahestehende Person, etwa ein Familienmitglied oder ein Ehepartner, der dem Betreffenden zu helfen und ihn aufzumuntern versucht. Es gelingt depressiven Menschen aber immer wieder, die Hilfsbemühungen ihrer Umgebung durch die Hartnäckigkeit ihrer Verzweiflung zu vereiteln. Der dabei demonstrierte unnachgiebige Pessimismus vertreibt dann mit der Zeit auch die motiviertesten Helfer. Es kommt nicht von ungefähr, daß ehelicher Zwist, Trennungen und Scheidungen zu den häufigsten sozialen Folgeerscheinungen der Depression gehören.[28]

Psychisch gesunde Menschen sind aktiv, depressive Menschen haben dagegen ein extrem niedriges Aktivitätsniveau. Wie Sir Joshua Billings so treffend bemerkte: «Ich habe noch nie einen vielbeschäftigten und in reger Tätigkeit begriffenen Mann gesehen, der von Melancholie geplagt wurde.» Für die Depressiven bedeutet jede Handlung eine neue Anstrengung. Sie ermüden leicht, fühlen sich ausgelaugt und erschöpft und sind typischerweise unfähig, ihr Ziel mit konzertierten Bemühungen zu verfolgen. Sie sind zur Erfüllung ihrer Aufgaben wenig motiviert, chronisch übermüdet, leiden an Einschlafstörungen und verlieren am Ende nicht selten jedes Interesse an Essen oder Sexualität. Mit den Worten des Psychologen

Aaron Beck: «Bei schweren Depressionen kommt es oft zu einem vollständigen Erlöschen der Willenskraft. Der Patient verspürt kein Verlangen, irgend etwas zu tun, und möchte nicht einmal den lebensnotwendigen Tätigkeiten nachgehen. Solange er nicht von anderen zum Handeln angehalten oder gezwungen wird, verhält er sich dementsprechend relativ passiv. Manchmal muß man diese Patienten regelrecht aus dem Bett werfen, um sie zu waschen, anzuziehen und zu füttern. In ganz extremen Fällen stellen die Patienten in ihrer Trägheit selbst die verbale Kommunikation mit der Umgebung ein.»[29]

Man hat schon vor längerem erkannt, daß depressive Menschen in der Regel weniger lebenstüchtig sind als nichtdepressive Menschen. Bis vor kurzem aber führte man diesen Unterschied auf die Unmotiviertheit und die daraus resultierende Unfähigkeit der Depressiven zurück, ihre Lebensziele zu verwirklichen. Nach heutiger Erkenntnis ist dagegen vor allem das *Denken* depressiver Menschen weniger kreativ und scharfsichtig als das nichtdepressiver Menschen. Der Denkprozeß depressiver Menschen scheint dabei auf eine Weise gestört zu sein, die zu dem von positiven Illusionen beflügelten kreativen Denken in direktem Gegensatz steht. Der Denkprozeß depressiver Menschen ist weniger komplex als derjenige nichtdepressiver Menschen. Auch wird die Interpretation von Umweltinformationen bei ihnen mit einer kleineren Anzahl von Kategorien und Urteilsformen bewerkstelligt als bei nichtdepressiven Menschen. Die dabei verwendeten Kategorien – wie etwa Gut und Böse oder Schwarz und Weiß – sind überdies meist eher grobschlächtig.[30]

Die Tendenz, Informationen mit Hilfe von sehr einfachen und direkt gegensätzlichen Kategorien zu verarbeiten, wird dabei leider auch auf das Selbst übertragen, was wahrscheinlich nicht wenig zur Verstärkung von Depressionen beiträgt. Die Untersuchungen der Psychologin Patricia Linville und ihrer Kollegen haben ergeben, daß Menschen mit einem komplexen Selbstbild gegen Rückschläge in einem Lebensbereich möglicherweise besser gewappnet sind, weil ihnen auch nach dem Verlust eines Betätigungsfeldes meist noch andere befriedigende Lebensbereiche bleiben. So kann zum Beispiel die Auseinandersetzung mit einem schwierigen Kind in der Pubertät eine schwere Prüfung für die Eltern bedeuten; diese Erfahrung wird aber wahrscheinlich für den Elternteil weniger belastend sein, der nicht seine ganze Energie in die Kindererziehung steckt, sondern noch andere Interessen und lohnende Aktivitäten verfolgt. Da ein belastendes Ereignis in einem Lebensbereich viel mehr Schaden anrichtet, wenn es nicht durch andere positive Selbstbilder und Rollen abgefangen wird, können sich zur Depression neigende Menschen durch ihre auf wenige Kategorien sozusagen ausweglos vereinfachte Selbstwahrnehmung regelrecht in eine Depression hineinsteuern.[31]

Auch das Verständnis komplexer Vorgänge und Zusammenhänge scheint depressiven Menschen schwerer zu fallen als nichtdepressiven. Wenn man ihnen komplizierte Sachverhalte aktiv erklärt, verstehen sie diese genausogut wie nichtdepressive Menschen; sich selbst überlassen aber brauchen depressive Menschen länger, um zu einem angemessenen Verständnis zu kommen. Unter dem Einfluß positiver Illusionen wird unsere intellektuelle Kreativität und unsere Fähigkeit zu komplexen und vielfältigen Gedankenassoziationen gesteigert. Depressive Menschen denken dagegen in unflexiblen und vereinfachten Kategorien; die zahllosen verschiedenen Möglichkeiten, eine bestimmte Situation zu interpretieren, werden von ihnen dementsprechend vielfach ignoriert oder sogar aktiv aus dem Denken ausgeblendet.[32] Ein etwas merkwürdiger, aber recht gebräuchlicher Test für menschliche Kreativität besteht darin, psychologische Versuchspersonen zu fragen, wie viele verschiedene Verwendungsmöglichkeiten ihnen für einen Backstein einfallen. Depressive Menschen nennen dabei in der Regel allenfalls eine Möglichkeit, und zwar ausgerechnet die, jemand anders mit diesem Backstein über den Schädel zu schlagen. In demselben Zeitraum haben nichtdepressive Personen dann bereits die verschiedensten Verwendungen des Backsteins erdacht und diesen im Geist als Briefbeschwerer, Hammer, rote Kreide, Keil, Baumaterial für ein Haus und als Einzäunung von kleinen Haustieren verwendet. Bei ganz schweren Depressionen wird darüber hinaus die Fähigkeit der Betroffenen zur Erinnerung und Verarbeitung von Information hochgradig eingeschränkt.

Ist Illusionsverlust eine Ursache von Depression?

Wie kommt es, daß depressiven Menschen die Illusionen zu fehlen scheinen, mit deren Hilfe sich die sogenannten «normalen» Menschen gegen die Härten der Realität schützen? Oder, falls auch depressive Menschen solche Illusionen einmal besessen haben, wie kam es dazu, daß ihnen diese abhanden kamen? Das hier angesprochene Problem ist allerdings im Grunde nur ein kleiner Teil der umfassenderen Frage, warum Menschen *überhaupt* depressiv werden. Diese Frage ist aus mehreren Gründen schwer zu beantworten. Depressionen sind zunächst eine sehr häufige Krankheit, von der es außerdem sehr viele verschiedene Formen und Varianten gibt. Im Gegensatz zu der relativ seltenen und zumindest in ihrer Anfangsphase relativ einförmigen Manie faßt man unter dem Oberbegriff «Depression» eine ganze Gruppe psychischer Störungen zusammen, die auf zum Teil ganz unterschiedliche Ursachen zurückgehen und denen eine pessimistische Stimmung und Wirklichkeitswahrnehmung gemeinsam ist. Immerhin konnten die Ursachen der Depression durch Untersuchungen an depressiven Menschen in mancher Beziehung aufgeklärt werden. Dabei scheinen zumindest einige Formen der Depression letztlich das Ergebnis des Zusammenspiels von belastenden Erfahrungen und anfälligen Persönlichkeitsmerkmalen zu sein.[33]

Wer unkontrollierbare Streßereignisse wie eine Ehescheidung, eine ungewollte Schwangerschaft oder den Verlust des Arbeitsplatzes durchgemacht hat, weist in der Regel eine erhöhte Anfälligkeit für Depressionen auf. Diese Anfälligkeit wird noch erhöht, wenn man solche Ereignisse ohne die Unterstützung durch einen Lebenspartner bestehen muß oder mehreren Streßerfahrungen gleichzeitig ausgesetzt wird. Nicht jeder von solchen Erlebnissen betroffene Mensch wird jedoch depressiv. Manche Menschen scheinen der Depression leichter anheimzufallen als andere. Depressionen treten in bestimmten Familien gehäuft auf, gleichzeitig sind Depressionen unter den Kindern depressiver Mütter häufiger als bei normalen Müttern. Angesichts dieser statistischen Tatsachen haben manche Experten den Verdacht geäußert, daß zumindest einige Formen der Depression auf genetische Ursachen zurückgehen könnten.[34] Es ist allerdings ebenso denkbar, daß die betreffenden Kinder von ihren Eltern *gelernt* haben, auf bestimmte Formen von Streß depressiv zu reagieren. Der Psychologe Christopher Layne meint, daß die zu Depressionen neigenden Menschen in ihrer Kindheit einer Vielzahl von Streßereignissen zum Opfer gefallen sind, die sie an der Entwicklung jener normalen positiven Illusionen gehindert haben, durch die sich die meisten Menschen gegen die Härten der Realität abzupuffern verstehen.[35]

Es ist mehr als wahrscheinlich, daß die Kindheit für die Entwicklung und Formung von Illusionen über Selbst, Welt und Zukunft einen besonders wichtigen Zeitabschnitt darstellt. Wie wir bereits im ersten Kapitel bemerkt haben, hat sich bei der psychologischen Untersuchung der selbstbestärkenden Illusionen von Kindern herausgestellt, daß Kinder typischerweise eine grandiosere Vorstellung von ihren Fähigkeiten haben als Erwachsene. Der normale Sozialisationsprozeß besteht daher zu einem gut Teil darin, die Kinder dazu zu bringen, ihre übertriebenen Vorstellungen von sich, der Welt und der Zukunft zu mäßigen, ohne sie zugleich gänzlich aufzugeben. Schon dieser Erziehungsvorgang birgt die Gefahr, die Kinder zu gewaltsam zu desillusionieren und dadurch für spätere Enttäuschungen empfänglicher zu machen. Die Illusionen jener Kinder, die sich in ihrem späteren Leben als depressionsanfällig erweisen, werden allerdings auch durch belastende Ereignisse und den damit einhergehenden Kontrollverlust untergraben.

Die Entdeckung des depressiven Realismus und die Tatsache, daß depressive Menschen sich die für normale Menschen so vorteilhaften positiven Illusionen offenbar nicht zunutze machen können, legt die Vermutung nahe, positive Illusionen und insbesondere deren Abwesenheit spielten bei der Entstehung und Progression zumindest einiger Depressionsformen eine wichtige Rolle. Der bekannte Depressionsforscher Aaron Beck erwähnt diese Möglichkeit jedenfalls im Rahmen einer Diskussion über die Rolle negativer Wahrnehmungsformen bei der Depression. Nach Beck entsteht die Depression durch eine Kombination von äußerem Streß und einer inneren Bereitschaft, depressiv zu werden, die wiederum ihrerseits von vornherein zu negativen Einschätzungen von Selbst, Welt und Zukunft führt. Diese negativen Vorstellungen scheinen sich bereits früh im Verlauf depressiver Episoden zu entwickeln, sie können zugleich andere depressive Symptome wie verminderte Motivation und fehlenden Antrieb hervorrufen.

Indem er diese negativen Vorstellungen in den Mittelpunkt seiner Depressionstheorie setzte, machte Beck sie zugleich zum zentralen Angriffsobjekt ihrer im Rahmen einer kognitiven Therapie vorzunehmenden Modifikation, durch die depressive Menschen zu einem positiveren Denken über Selbst, Welt und Zukunft veranlaßt werden sollten. Becks Theorie weicht allerdings in einer wichtigen Beziehung von den jüngeren Erkenntnissen über die Bedeutung des depressiven Realismus ab. Das Ziel einer kognitiven Therapie der Depression muß nach Beck vor allem darin bestehen, den Betroffenen zu einer realistischeren Einschätzung von Selbst, Welt und Zukunft zu verhelfen. Die Vertreter der Theorie des depressiven Realismus teilen dagegen die Auffassung, das Ziel einer solchen Therapie sollte eher darin gesucht werden, den betroffenen Menschen zur Entwicklung jener kognitiven Illusionen zu verhelfen, mit deren Hilfe sie eine positivere Vorstellung von Selbst, Welt und Zukunft aufbauen und aufrechterhalten können; die betroffenen Patienten bedienen sich dabei im Idealfall genau jener leicht übertriebenen Vorstellungen, von denen normale Menschen typischerweise Gebrauch machen.[36]

Eine andere Schule der Depressionsforschung wird von den Psychologen Martin Seligman, Lyn Abramson und ihren Mitarbeitern repräsentiert. Diese Psychologen möchten Depressionen vor allem durch die Modifikation eines eng umgrenzten Bereichs ihrer Illusionen behandeln: nämlich der von depressiven Menschen verwendeten Kausalerklärungen zur Deutung positiver und negativer Ereignisse. Abramson und Alloy behaupten, daß unsere selbstbestärkenden Vorurteile unter anderem dazu dienen, uns gegen jene belastenden Ereignisse zu schützen, die eine Depression hervorrufen können. Wenn solche positiven Illusionen fehlen oder der Zugang zu ihnen blockiert ist, neigen depressive Menschen dazu, negative Ereignisse auf interne, dauerhafte, umfassende und scheinbar unveränderliche Ursachen zurückzuführen. Depressive Menschen sehen ein ihnen augenblicklich im Weg stehendes Hindernis weniger als einen vorübergehenden Rückschlag als vielmehr als traurigen Beweis dafür an, daß sie ein nicht mehr zu überbietendes Ausmaß an Inkompetenz erreicht haben. Die schwersten Depressionen entstehen nach Abramson und Alloy immer dann, wenn Menschen negative Geschehnisse auf unveränderliche und übergreifende Ursachen zurückführen.[37] Wer zum Beispiel das Ende einer Liebesbeziehung auf seinen eigenen, wenig liebenswerten Charakter zurückführt, wird in der Regel eine schwerere Depression entwickeln als jener Mensch, der diese Trennung einfach als das Ergebnis der Unvereinbarkeit zweier verschiedener Persönlichkeiten und deren unterschiedlichen Interessen ansieht.

Seligman möchte diese Vorstellungen in ähnlicher Weise wie Beck durch therapeutische Interventionen angehen, mit denen depressive Menschen dazu angehalten werden sollen, positive und negative Ereignisse so zu interpretieren, daß sich ihr Selbstbewußtsein dabei verstärkt. Die depressiven Patienten erhalten dabei letztlich Unterricht im Gebrauch jener selbstbestärkenden Kausalerklärungen, mit denen sich die normalen Menschen einen Reim auf die Erfolge und Mißerfolge ihres Lebens machen. Man verwendet mit anderen Worten eigennützige und selbstbestärkende Kausalerklärungen als eine Form kognitiver Therapie. Daß dieser Erklärungsstil bei der Entstehung von Depressionen eine bedeutsame Rolle spielt, wird auch durch jüngere Forschungsergebnisse bestätigt, die darauf hinweisen, daß sich die Rückführung negativer Geschehnisse auf ausgedehnte und unveränderliche Mängel der eigenen Person schon früh im Verlauf von Depression entwickelt und der Entwicklung anderer depressiver Symptome zumindest in einigen Fällen eindeutig voranzugehen scheint.[38] Andere Psychologen halten diesem Argument allerdings entgegen, daß man sich in diesem Zusammenhang nicht nur auf den kleinen Bereich der Kausalerklärungen beschränken darf, da das depressive

Denken schließlich eine Vielzahl von negativen und pessimistischen Denkformen bezüglich Selbst, Welt und Zukunft aufweise, von denen sich ihrer Meinung nach keine einzelne ohne weiteres als zentrale Ursache der Depression identifizieren ließe.[39]

Andere Forscher haben vermutet, dieses Problem liege weniger in den Inhalten des Selbstkonzeptes als vielmehr in der *Zugänglichkeit* dieser Inhalte begründet. Depressive und nichtdepressive Menschen haben positive und negative Vorstellungen von sich selbst, die positiven Selbstinhalte scheinen aber für nichtdepressive Menschen leichter zugänglich zu sein, während depressive Menschen bevorzugt dazu neigen, negative Information zutage zu fördern.[40] Eine der eindrucksvollsten Eigenschaften der Depression ist ihre offensichtliche Entschlossenheit, sich um jeden Preis selbst zu erhalten. Depressive Menschen sind fähig, praktisch alle zu ihrer Aufmunterung unternommenen Bemühungen durch scheinbar rationale Argumente abzuwehren, die das Verharren in einer negativen Stimmung rechtfertigen. Ein Psychiater berichtet folgendes: «Eine Patientin kam nach einem Kinobesuch ganz depressiv zu mir. Als ich sie fragte, warum sie unglücklich sei, sagte sie: ‹Ach, es war ein schrecklicher Film, ich konnte mich selbst darin erkennen und war deshalb sehr traurig.› ... Da Psychiater nicht immer sehr fundierte Ratschläge geben, riet ich ihr, das nächste Mal doch einen lustigen Film anzuschauen. Die Patientin ging also in einen sehr witzigen und peppigen Film, kam aber danach mit den Worten zu mir: ‹Ach, ich bin so fürchterlich deprimiert und traurig. Ich habe mir den von Ihnen empfohlenen fröhlichen Film angesehen und mußte da erkennen, wie wundervoll das Leben doch im Grunde ist. Alles in dem Film war so vollkommen verschieden von meinem Leben, daß er mich letztlich deprimierter zurückließ als je zuvor.›»[41]

Die Psychologen erkennen heute an, daß depressive Menschen nicht einfach von ihrer Negativität, sondern zugleich von der Unfähigkeit geprägt sind, positive Assoziationen produktiv zu nutzen. In Kapitel zwei war davon die Rede, daß normale Menschen auf eine schlechte Stimmung in der Regel mit dem aktiven Versuch reagieren, sich aus dieser zu befreien. Sie versuchen sich mit fröhlichen Gedanken aufzumuntern, durch verschiedene Vergnügungen abzulenken, einer notleidenden Person zu helfen oder andere Aktivitäten zu beginnen, die sie in eine bessere Stimmung versetzen könnten. Depressiven Menschen scheinen diese Fähigkeiten nicht zur Verfügung zu stehen. Zwar birgt ihr Gehirn in irgendeiner latenten Form auch positive Informationen und Strategien zur Überwindung trauriger Stimmungen, der *Zugang* zu diesen Assoziationen und Strategien scheint aber mehr oder weniger blockiert zu sein. Depressionen gehen darüber hinaus mit bestimmten chronischen Defiziten an sogenannten Neurotransmittern einher; Neurotransmitter sind Moleküle, die der Signalübertragung im Gehirn und zwischen Gehirn und Körper dienen; zu ihnen gehört beispielsweise das Adrenalin. Neurotransmitter können eine milde Euphorie, einen erhöhten Aktivitäts- und Motivationsspiegel und einen flüssigeren Denkprozeß hervorrufen. Die Unfähigkeit, einen inneren Zugang zu positiven Informationen zu finden, und die damit verwandten anderen mentalen Defizite der Depression könnten demnach durch ein gestörtes neurobiochemisches Gleichgewicht oder durch einen lokalen Mangel an bestimmten Neurotransmittern entstehen.[42]

Viele psychologische Theorien haben sich also im Rahmen der Depressionsforschung auf die Bedeutung konzentriert, die typisch depressive *Wahrnehmungsformen* – wie etwa der Glaube, wertlos zu sein – bei der Entwicklung der Depression einnehmen. Eine andere Theorie hingegen stellt die affektive oder *emotionale Erfahrung* der Depression und anderer seelischer Zustände in den Mittelpunkt. Dieser Theorie zufolge ist unsere Fähigkeit, die normalen Illusionen über Selbst, Welt und Zukunft aufrechtzuerhalten, in entscheidender Weise von bestimmten Emotionen abhängig. Emotionen beeinflussen ohne Zweifel den Denkprozeß. Wenn man gewöhnlich fröhliche Menschen in einen zeitweiligen Zustand leichter Depression versetzt, indem man sie bittet, sich auf die realen und potentiellen traurigen Ereignisse ihres Lebens zu konzentrieren, zeigt sich eine dramatische Veränderung: Selbstvertrauen und Optimismus verschwinden so gut wie vollständig. Unter solchen Umständen entwickeln die Menschen allerdings zugleich ein ausgewogeneres Selbstbild und erkennen eher an, nicht nur Begabungen, sondern auch Fehler und Begrenztheiten zu haben. Die experimentelle «Erzeugung» einer glücklichen Stimmung hat dagegen einen exakt gegenteiligen Effekt. Wenn man normale Menschen durch die Beschäftigung mit erfreulichen Abschnitten ihrer Vergangenheit oder mit ihren erregenden Zukunftsaussichten in gehobene Stimmung versetzt, werden sie für die Illusion, ihre Umwelt kontrollieren zu können, noch empfänglicher, als sie es normalerweise ohnehin schon sind; entsprechend sehen sie sich mehr als üblich verantwortlich für den erfolgreichen Ausgang ihrer Handlungen, beurteilen sich selbst günstiger und werden schließlich optimistischer als sonst. Es ist eine unabweisbare Schlußfolgerung dieser Untersuchungen, daß Emotionen entscheidend dazu beitragen, eine positive oder negative Vision des Selbst und der Welt in uns zu erzeugen (siehe Kapitel 2).

Die Behauptung, depressiven Menschen fehle es einfach an dem Optimismus, dem Selbstvertrauen und der Selbstachtung, mit denen sich normale Menschen gegen die Rückschläge des Lebens wappnen, läßt sich allerdings auf eine sehr elementare Weise widerlegen. Vielleicht ist die Existenz depressiver Menschen nämlich tatsächlich unglücklich. Vielleicht sind sie wirklich unfähig, ihr Leben in die eigene Hand zu nehmen. Vielleicht haben sie in der Tat wenig Grund, der Zukunft voller Optimismus entgegenzusehen. Wenn depressive Menschen dem Leben einfach nicht gewachsen sind und über weniger intellektuelle und energetische Reserven verfügen als andere, ist dann ihr niedriges Selbstbewußtsein nicht im Grunde gerechtfertigt? Diese Theorie des depressiven «Schwachkopfs», wie sie ein bekannter Depressionsforscher einmal ironisch genannt hat, würde zugleich in verlockend einfacher Weise erklären, warum es depressiven Personen realistischerweise an Selbstachtung, Selbstvertrauen und Zukunftsoptimismus mangelt.[43] Bevor wir den Beweis erbringen können, daß Depressionen durch einen Mangel an positiven Illusionen charakterisiert sind, müssen wir daher zunächst dieses alternative Erklärungsmodell widerlegen.

Die meisten Depressionsforscher haben heute den Standpunkt verlassen, Depressionen seien der notwendige Ausdruck der Tatsache, daß depressive Menschen schlicht unfähiger seien als andere.[44] Wenn depressive Menschen nicht mehr depressiv sind, zeigen sie dieselben selbstbestärkenden Vorurteile und Illusionen wie nichtdepressive Menschen. Ob depressive Individuen tatsächlich unfähiger sind als nichtdepressive Personen, ist daher ziemlich umstritten. Sie werden jedenfalls in ihren nichtdepressiven Phasen von denselben Fehlwahrnehmungen befallen wie andere Menschen.[45] Das Porträt eines depressiven Menschen stellt sich nach alledem als veritable Antithese zu den Eigenschaften einer in ihren Illusionen intakten Person dar: Er fühlt sich hilflos und seiner Umgebung nicht wirklich gewachsen, sein Aktivitätsniveau ist auf mitunter dramatische Weise reduziert, sein Selbstwertgefühl ist gestört, er ist pessimistisch und unfähig, seine Ziele in koordinierter Form zu verfolgen. Dieses traurige Bild scheint darüber hinaus mit der Abwesenheit normaler positiver Illusionen in Zusammenhang zu stehen, von der wohl zumindest einige Spielarten der Depression verursacht werden.

Wie nützlich sind Depressionen?

Die evolutionären Theorien von Charles Darwin haben nicht nur die Biologie, sondern alle Wissenschaften nachhaltig beeinflußt. Der Einfluß Darwins kommt zum Beispiel in der Tendenz zum Ausdruck, mehr und mehr Lebensphänomene unter einem funktionellen Gesichtspunkt zu betrachten. Da mir dieses Vorgehen auch im Fall der Depression legitim erscheint, möchte ich hier die Frage stellen, ob man der Depression einen adaptiven Wert zuschreiben kann. Ist sie, mit anderen Worten, in irgendeiner Weise für das Individuum oder die Gesellschaft von Nutzen? Depressionen besitzen zunächst eine mögliche Bedeutung für die *Gesellschaft*. Obwohl die Menschen auf die verschiedensten Situationen depressiv reagieren, bleibt die Depression doch eine bevorzugte Reaktion auf unkontrollierbare Streßereignisse. Als solche kann die Depression die Rolle eines kulturellen *Warnsignals* übernehmen, das auf jene Bereiche der Gesellschaft aufmerksam macht, in denen Menschen chronisch mit unkontrollierbaren Streßereignissen konfrontiert werden. Zwei vom Depressionsrisiko besonders stark betroffene Bevölkerungsgruppen sind zu Hause lebende Mütter mit drei oder mehr Kindern und Mütter mit kleinen Kindern, die aus ökonomischen Gründen berufstätig sind. Fehlt dann noch der Ehemann oder der Lebenspartner, erhöht sich die Wahrscheinlichkeit, einer Depression zu verfallen, noch einmal um einige Prozentpunkte. Die hohe Depressionsrate in der genannten Personengruppe sollte uns jedenfalls dazu bringen, über jene Anforderungen nachzudenken, die die Gesellschaft an Frauen mit zu vielen sozialen Verpflichtungen stellt.[46] Diese

Frauen sind chronisch überfordert, haben ihr Leben nicht unter Kontrolle, entwickeln einen hektischen Lebensrhythmus, kommen kaum zur Ruhe und erledigen den ganzen streßerfüllten Tag lang immer wieder dieselben und oftmals undankbaren Aufgaben. Gerald Klerman, der frühere Direktor des *National Institute of Mental Health*, bemerkte einmal in diesem Zusammenhang, daß Depressionen als Signal begriffen werden sollten, weil sie eine soziale Gemeinschaft auf die psychische Gefährdung einiger ihrer Mitglieder aufmerksam machen.[47]

Wie steht es nun um den adaptiven Wert der Depression für das Individuum? Manche Erforscher des manisch-depressiven Irreseins vermuten, die Depression stelle ein psychisches Gegengewicht gegen die Manie dar.[48] Während der manischen Phase, wenn die Betroffenen über ein Höchstmaß an Energie verfügen, werden die physischen und psychischen Ressourcen der Betroffenen mit atemberaubender Geschwindigkeit verpulvert. Die darauffolgende Phase der Depression kann zwar problematische und sogar verheerende Seelenzustände hervorrufen, mag aber zur Verlangsamung und Beruhigung der manischen Person zunächst einmal notwendig sein und dieser mit anderen Worten zur dringend benötigten Ruhe und Wiederherstellung ihrer Reserven verhelfen. Bei normalen Menschen kann eine gelegentliche depressive Phase eine ähnliche, aber weniger ausgeprägte Wirkung haben. Fast alle Menschen leiden zeitweilig an depressiven Zuständen. Manche dieser Phasen lassen sich vielleicht als Reaktion auf spezifische unerfreuliche Ereignisse erklären, in anderen Fällen aber scheint man ohne besonderen Grund von Melancholie befallen zu werden. In beiden Fällen kommt es jedoch während der depressiven Phase zu einer Wirklichkeitswahrnehmung, die ein mehr oder weniger vorsichtig dosiertes Maß von Realismus enthält; als Konsequenz dessen ersetzen wir unsere Illusionen zeitweilig durch eine etwas realitätsgetreuere Einschätzung unserer Persönlichkeit, Umwelt und Zukunft. Diese vorübergehenden Depressionen fungieren also womöglich als eine Art offenes Fenster zur Welt; sie verschaffen uns eine einmalige Chance zur realistischen Bestandsaufnahme unserer Position und unserer Pläne. Sie sorgen für eine Ruhepause, während derer wir ausreichend Gelegenheit haben, darüber nachzudenken, wie sich unsere Fähigkeiten im Vergleich zu den Erfordernissen der Umwelt bisher tatsächlich bewährt haben. Ein Patient mit periodischen Depressionen brachte dieses Phänomen auf die folgende Formel: «Die Depression ist der Staubsauger in meinem Kopf.»[49] Die meisten Depressionen sind nicht von langer Dauer, in der Regel tritt innerhalb von sechs Monaten eine Spontanheilung ein. Bei Studenten ist die Prognose etwas besser, bei ihnen dauert die depressive Phase im Durchschnitt nicht länger als ungefähr drei Wochen.[50] Diese periodisch auftretenden Phasen von Melancholie haben also möglicherweise die erfreuliche Nebenwirkung, daß die Betroffenen anhand der damit einhergehenden realistischeren Realitätseinschätzung lernen, ihre sonst dominierenden Illusionen etwas besser im Zaum zu halten.

Die Vorstellung, daß Depressionen sowohl für das Individuum als auch für die Gesellschaft eine solche oder möglicherweise noch andere Funktionen wahrnehmen können, ist natürlich rein spekulativ. Vielleicht haben diese melancholischen Phasen ja überhaupt keine nützliche Funktion und machen die Menschen nur sinnlos unglücklich. *Falls* diese gelegentlichen Depressionen jedoch einen Sinn haben, dann möglicherweise den, uns eine etwas realistischere Wahrnehmung unserer Fähigkeiten, Begabungen und Zukunftsaussichten zu vermitteln, als wir sie anhand unserer üblicherweise eher optimistischen und selbstbestätigenden Weltsicht zu entwickeln vermögen.

Wir lassen es demnach einstweilen dahingestellt, ob Depressionen unsere Anpassungsfähigkeit verbessern oder nicht. Die Untersuchung der Depression hat jedenfalls unsere Erkenntnisse über die Illusionen normaler Menschen entscheidend bereichert. Es ist unverkennbar, wie sehr depressive Menschen unter dem Mangel an jenen positiven Illusionen leiden, die normale Menschen bei seelischer Gesundheit hegen und sie gegen die mannigfachen Rückschläge des Lebens absichern. In letzter Zeit ist darüber hinaus eine beträchtliche Zahl von wissenschaftlichen Hinweisen für die These eingegangen, daß depressive Menschen weniger von einem unrealistischen Pessimismus als vielmehr von einem depressiven Realismus und im Zusammenhang damit von der Abwesenheit positiver Illusionen gekennzeichnet sind. Damit wird aber wiederum die Annahme gestützt, die adaptive Qualität der normalen Illusionen verdanke sich einer sozusagen «illegalen» positiven Verzerrung der Wirklichkeit. Noch interessanter erscheinen mir schließlich die sich stetig mehrenden Gedanken für eine neue psychologische Theorie, die zwischen dem Verlust oder der Abwesenheit von positiven Illusionen und der Entwicklung von Depressionen eine kausale Beziehung herzustellen versucht. Ich habe an dieser Stelle lediglich zeigen wollen, wie wichtig und zentral meines Erachtens verschiedene Aspekte der normalen Illusionen für die Entwicklung der Depression sind. Ob irgendeine dieser Theorien durch die zukünftige Forschung bestätigt werden wird, muß einstweilen offenbleiben. Es ist und bleibt aber verlockend, sich vorzustellen, daß positive Illusionen über Selbst, Welt und Zukunft die psychische Gesundheit nicht nur fördern, sondern letztlich für diese unentbehrlich sind und daß ihre Abwesenheit entsprechend zu psychischen Erkrankungen wie etwa zu Depressionen führen kann.

KAPITEL 7

ILLUSIONEN IM
ÜBERBLICK

«Ich lehne es ab, mich weiterhin von der Realität einschüchtern zu lassen. Was ist denn die Realität überhaupt? Nichts als ein kollektives Gefühl... Ich habe ein paar Untersuchungen durchgeführt und dabei herausgefunden, daß die Realität unter den mit ihr in Verbindung stehenden Menschen die wichtigste Streßursache darstellt... Seit ich die Realität aber durch den Kamin aus dem Haus gejagt habe, sind meine Tage von Freude und positiven Überraschungen erfüllt... Wenn ich an all den Spaß denke, der mir früher entging, muß ich mich regelrecht anstrengen, um dabei nicht verbittert zu werden.»
Die Autorin *Jane Wagner* in der Rolle der literarischen Figur *Trudy*, eines lebensfrohen weiblichen Stadtstreichers.[1]

Ein positives Selbstkonzept wird von praktisch allen Theorien psychischer Gesundheit als Grundvoraussetzung für ein gesundes Ich anerkannt. Niemand bestreitet ernsthaft, daß Selbstbewußtsein, Selbstvertrauen und Selbstachtung wichtige Elemente unserer psychischen Gesundheit sind. Die heutige Debatte kreist daher auch eher um die Frage, *wie* sich der Zustand seelischer Gesundheit am besten erreichen läßt. In den traditionellen Theorien psychischer Gesundheit wird die Vorstellung vertreten, ein gesundes Selbstkonzept sei vor allem von einer realitätsgetreuen Sicht des Selbst abhängig. Die in den letzten Jahrzehnten erbrachten Forschungsergebnisse der empirischen Psychologie legen allerdings eine ganz andere Schlußfolgerung nahe. Wir definieren eine psychisch gesunde Person heute nicht als jemand, der die Dinge so sieht, wie sie sind, sondern als jemand, der die Dinge so sieht, wie er sie sehen möchte. Die effektive Bewältigung unserer täglichen Aufgaben scheint also von dem Zusammenwirken jener positiven Illusionen abhängig zu sein, die unserer subjektiven Realität durch eine Vielzahl kleiner, aber systematischer Verzerrungen einen schöneren Anschein zu geben vermögen.

Die Beweise für diese neue Theorie sind so zahlreich, daß sie heute wahrscheinlich besser begründet ist als jede bisherige Theorie psychischer Gesundheit. Sie gründet sich denn auch auf eine große Zahl von psychologischen Forschungsuntersuchungen, die an Dutzenden und manchmal Hunderten von normalen Kindern, Adoleszenten und Erwachsenen durchgeführt wurden. Es ist ja eigentlich nur konsequent, eine Theorie psychischer Gesundheit auf Untersuchungen anscheinend normaler Versuchspersonen aufzubauen. Ein anderes oft übersehenes und gleichermaßen zugunsten dieser neuen Theorie sprechendes Beweismoment besteht darin, daß die hier angesprochenen insgesamt circa dreihundert Studien darauf angelegt waren, viele verschiedene Aspekte unserer sozialen und kognitiven Leistungsfähigkeit anzusprechen. Die daran beteiligten Psychologen hatten sich also keineswegs zum Ziel gesetzt, die Bedeutung selbstbestärkender Illusionen für die psychische Gesundheit zu beweisen oder zu unterstreichen; sie versuchten vielmehr, eher begrenzte Fragestellungen zu untersuchen, die sich auf die psychische und intellektuelle Organisation von Informationen und sozialen Verhaltensweisen bezogen. Und doch haben uns gerade diese Untersuchungen ein neues Konzept psychischer Gesundheit beschert.[2]

Trotzdem bleiben einige Fragen unbeantwortet: Warum sind wir uns unserer Illusionen nicht klarer bewußt? Oder, anders ausgedrückt: Wenn uns diese Illusionen so glücklich machen, warum sind wir dann nicht noch glücklicher? Warum haben manche Menschen mehr positive Illusionen als andere? Welche Faktoren fördern oder untergraben diese Illusionen? Könnte es sein, daß diese Illusionen unserer Anpassung an die Wirklichkeit im Wege stehen? Und was hält sie unter Kontrolle?

ILLUSIONEN UND BEWUSSTSEIN

Ein Skeptiker könnte an dieser Stelle die Frage stellen: Wenn positive Illusionen für unsere Bewährung in dieser Welt tatsächlich so ungemein wichtig wären, würden wir dann nicht längst davon wissen? Würden wir in diesem Fall nicht einfach alle unseren Frieden mit dieser betrüblichen Tatsache schließen, unsere kleinlichen Selbstüberschätzungen mit einem amüsierten Lächeln quittieren und uns wieder unbekümmert an unser Tagwerk machen? Warum sind uns die positiven Illusionen nicht deutlicher bewußt und bekannt?

Eine Ursache für die fehlende Anerkennung der Illusionen als Normalbestandteil psychischer Gesundheit liegt darin, daß sich die meisten herkömmlichen Theorien psychischer Gesundheit ironischerweise weitgehend auf die Untersuchungen psychisch kranker Menschen stützen. Psychiater und Psychologen haben den Begriff «psychisch gesunde Persönlichkeit» seit langem zumindest teilweise über die Fähigkeit definiert, jene krassen und offensichtlichen Verzerrungen vermeiden zu können, die in der Wirklichkeitssicht psychisch gestörter Menschen auftreten. Im Vergleich zu der massiven und negativen Verzerrung der Wirklichkeit, die man im Denken psychisch Kranker immer wieder beobachten kann, erscheinen die kleinen positiven Realitätsverzerrungen seelisch gesunder Personen möglicherweise als unerheblich und werden dementsprechend leicht übersehen.

Ein noch überzeugenderer Grund für die mangelnde Bewußtheit unserer Illusionen besteht darin, daß sie typischerweise zu gut funktionieren, als daß wir uns ihrer schönfärberischen Vorurteilshaftigkeit bewußt werden könnten. Indem sie uns zu ehrgeizigen Unternehmungen motivieren, die wir sonst nicht riskieren würden, werden Illusionen oft zu *self-fulfilling illusions*. Angesichts des Erfolgs dieser Unternehmungen bleibt der ihnen anfangs zugrunde liegende mangelnde Realismus letztlich ohne Konsequenz – und daher dann auch unerkannt. Wie bereits mehrfach erwähnt, hüten sich die meisten Menschen, die Wirklichkeit auf eine Weise zu verzerren, die sich leicht, schnell, häufig und auf dramatische Weise als unwahr erweisen könnte. Denn diese Desillusionierung und die sie begleitende Enttäuschung erzeugen bekanntlich jene unangenehme Situation, in der uns der selbstvergrößernde Charakter unserer Wahrnehmungen unleugbar bewußt wird. Wir konstruieren unsere Selbsttäuschungen so, daß peinliche Situationen dieser Art möglichst vermieden werden.

Illusionen sind nicht extremen, sondern milden Charakters. Weshalb man sie leicht übersieht. Diese Tatsache erklärt zudem, warum die meisten Menschen offensichtlich nicht so glücklich sind, wie sie eigentlich sein könnten. Die Ursachen des Unglücks und Elends in dieser Welt haben nämlich mit Illusionen wenig zu tun. Viele Unternehmen verlangen von ihren Angestellten ein Übermaß an Zeit und Energie. Andere bezahlen ihre Mitarbeiter zu schlecht. Manche Menschen sehen sich gezwungen, mehrere Rollen gleichzeitig zu erfüllen, etwa voll berufstätig zu sein und trotzdem Kinder aufzuziehen, was mit vielen Konflikten und Belastungen einhergeht. Zufällige Unglücksereignisse haben Tod und Verluste zur Folge. Illusionen können den Menschen helfen, die Belastungen des Lebens erfolgreich zu bewältigen oder die nun einmal eingetretenen Unglücksereignisse wenigstens zu ihren Gunsten auszulegen; die Schmerzen und Leiden des menschlichen Daseins können sie aber nicht restlos aufheben. Es gibt also sehr viele Leidensursachen, die sich durch

positive Illusionen in keiner Weise günstig beeinflussen lassen. Wenn man uns auf systematische Weise unserer Illusionen beraubte, würden wir uns ihrer deutlicher bewußt, da
wir uns dann mit einer noch rauheren Wirklichkeit auseinandersetzen müßten.

GEMÄSSIGTE ODER
VERLORENE ILLUSIONEN

Unsere Illusionen werden unter bestimmten Umständen erschüttert. Wir haben bereits zwei Arten von Situationen beschrieben, die unsere positiven Illusionen zumindest in Frage
stellen und schlimmstenfalls zerstören können. Die erste bilden die viktimisierenden Ereignisse, die mit tragischen Verlusten und Bedrohungen einhergehen. Die Psychologin Ronnie
Janoff-Bulman, die bei der Beschreibung typischer Illusionen
über Selbst und Welt Pionierarbeit leistete, hat in ihren Untersuchungen zeigen können, daß früh im Leben viktimisierte
Menschen im Vergleich zu niemals viktimisierten Personen
weit weniger fähig sind, die Welt als Ort der Geborgenheit
und Güte und sich selbst als wertvollen Menschen anzusehen.
In einer solchen Untersuchung wurden Studenten befragt, ob
sie bestimmte Unglücksereignisse wie den Tod eines Elternteils, eine schwere Krankheit, ein Brandunglück oder eine
Kindesmißhandlung durchgemacht hätten. Studenten, die
Opfer eines derartigen Ereignisses vor ihrer College-Zeit geworden waren, bewiesen ein durchschnittlich schwächeres
Selbstbewußtsein und zudem die Neigung, die Welt als irgendwie bedrohlich und gefährlich zu betrachten.[3]
Diese Schlußfolgerungen scheinen auf den ersten Blick zu
der Erkenntnis in Widerspruch zu stehen, die Opfer solcher
Unglücksereignisse seien oftmals in der Lage, nicht nur ihre
tragischen Erfahrungen zu bewältigen, sondern darüber hin-

aus zu ihrem alten Gottvertrauen und damit zu ihrer alten Lebensqualität zurückzufinden. Doch können die Opfer tragischer Ereignisse durchaus beide Einschätzungen gleichzeitig im Sinn haben: Einerseits glauben sie, durch die erlittenen Prüfungen und Versuchungen zu stärkeren und besseren Menschen geworden zu sein, anderseits erkennen sie ebenso klar, daß die Welt und ihre Zukunft auch solche Bedrohungen für sie bereithalten, die man vielleicht nicht vollständig unter Kontrolle bringen kann.[4]

Eine zweite Art von Situationen, die Illusionen herausfordern und zerstören können, sind die Entstehungsbedingungen von Depressionen. Wie im sechsten Kapitel bemerkt, glauben heute viele Depressionsforscher, daß die Grundvoraussetzungen für die Entstehung einer langwierigen und klinisch bedeutsamen Depression am ehesten durch eine Kombination von traumatischen Erfahrungen in der frühen Kindheit und einer vorbestehenden, möglicherweise genetisch bedingten Anlage zur Depressivität entstehen. Ob diese Prädisposition zur Depressivität allerdings wirklich genetische Grundlagen hat oder doch eher durch Nachahmung depressiver Eltern gelernt wird, wissen wir nicht.

Das Ausmaß unserer positiven Illusionen wird ferner von kulturell geformten Vorstellungen beeinflußt. In den letzten Jahren haben etliche europäische und asiatische Wissenschaftler in meinem Labor in Los Angeles gearbeitet. Wenn ich im Gespräch mit diesen Kollegen mein Konzept psychischer Gesundheit darlegte, reagierten manche von ihnen mit einem toleranten Lächeln und der Frage, ob ich meine Theorie denn schon einmal einem transkulturellen Vergleich unterworfen hätte. Ein besonders skeptischer, aber höflicher Gastwissenschaftler fragte mich direkt: «Ist der seelisch gesunde Mensch nicht vielleicht ein Amerikaner?» Ohne Frage sind Selbstbewußtsein, Kontrolle und Optimismus immer ganz wesentliche Themen in Amerika gewesen. Und wenn auch ein Teil der wissenschaftlichen Erforschung von Illusionen an Nicht-Amerikanern durchgeführt wurde, stammt doch die Hauptmasse solcher Untersuchungen aus den USA und aus Kanada. Außerdem wäre es töricht, aus den vereinzelten Bruchstücken, die im Rahmen dieser Forschung auf die transkulturelle Bedeutung meiner Illusionstheorie hinzuweisen scheinen, gleich auf deren universale Gültigkeit zu schließen.

Kulturelle Wertvorstellungen sind in verschiedenen Kulturen und kulturellen Gruppen in recht verschiedenem Ausmaß von positiven Illusionen geprägt. Man wird von einer seit Hunderten oder gar Tausenden von Jahren verfolgten sozialen oder religiösen Gruppe schwerlich erwarten können, daß sich ihre historischen Erfahrungen in einem ungetrübten Optimismus und dem Glauben an die Berechenbarkeit der Welt niederschlagen. Ebensowenig kann die Zukunftsplanung solcher Gruppen sinnvoll auf derlei optimistischen Fundamenten aufgebaut werden. Von Vorurteilen, Diskriminierungen und in manchen Fällen sogar Ausrottungsversuchen betroffene Gruppen wie Juden, Armenier oder amerikanische Schwarze sind daher im Interesse ihrer Anpassung und ihres Überlebens wahrscheinlich besser beraten, wenn sie ihr Selbstbewußtsein, Selbstvertrauen und ihren Optimismus durch eine kulturell erworbene Vorsichtigkeit und Wachsamkeit zu mildern versuchen.

Das in den Vereinigten Staaten verbreitete Gefühl von Optimismus, Selbstbewußtsein und der prinzipiellen Beherrschbarkeit der Welt ist allerdings vielfach auch in solchen Kulturen weniger ausgeprägt, die keine geschichtliche Unterdrückung hinter sich haben. Gedämpfter Optimismus muß mit anderen Worten nicht immer auf eine historische Unterdrückung zurückgehen. Bedeutet das aber, daß die in den hier vorgestellten Forschungsuntersuchungen aufgezeigten Illusionen auf einen bestimmten Kulturkreis begrenzt sind? Zeigen sie sich also nur in Kulturen nordamerikanischer und verwandter Prägung? Nicht unbedingt. Vielleicht ist das *Bedürfnis* nach Selbstbewußtsein, Weltbeherrschung und Optimismus in allen Kulturen vorhanden, ohne doch in allen Kulturen auf gleiche Weise zum Ausdruck gebracht zu werden oder zumindest überall von gleicher relativer Wichtigkeit zu sein. Die von Kultur zu Kultur auftretenden Unterschiede in der *Erfüllung* dieses Bedürfnisses können die ihr zugrunde liegenden Gemeinsamkeiten daher durchaus gelegentlich überdecken. Der Optimismus der Amerikaner kommt zum Beispiel typischerweise in der Annahme zum Ausdruck, die Menschen im allgemeinen und sie selbst im besonderen hätten in den bevorstehenden Jahren allerhand erfreuliche Ereignisse zu erwarten. Dieser Optimismus erscheint angesichts der amerikanischen Wirtschaftsgeschichte bislang nicht als vollkommen unberechtigt. Für arme Landarbeiter in Indien wäre eine solche Erwartung dagegen wenig realistisch. Unter der Voraussetzung, daß sich seine Daseinsbedingungen innerhalb der eigenen Lebensspanne nicht wesentlich ändern werden, erscheint es daher für einen solchen Inder weitaus optimistischer, wenn er an Reinkarnation glaubt und daran, im Falle eines gut gelebten Lebens in einer neuen und vorteilhafteren Seelengestalt auf die Erde zurückzukehren.

In einem Artikel mit dem Titel «Herausragen und Eingliedern: Die Psychologie der Kontrolle in Japan und den Vereinigten Staaten» haben die Autoren John Weisz, Fred Rothbaum und Thomas Blackburn das Kontrollbedürfnis in der japanischen und amerikanischen Gesellschaft verglichen und dabei ähnliche Schlußfolgerungen gezogen. Diesen Autoren zufolge läßt sich die Kontrolle einerseits auf die amerikanische Weise erringen, indem man die Umstände nach Maßgabe der eigenen Bedürfnisse und Ziele zu verändern und umzugestalten versucht (was sie in den Begriff «primary control» fassen). Anderseits kann man versuchen, die eigenen Bedürfnisse und Eigenschaften so mit den bestehenden Verhältnissen in Einklang zu bringen, daß man möglichst viel Zufriedenheit innerhalb dieser gegebenen Verhältnisse zu finden vermag («secondary control»). Die Japaner halten eine primäre Kontrolle offensichtlich weder für erfolgversprechend noch für wünschenswert. Die Ausrichtung der Japaner auf sekundäre Kontrolle scheint das logische Ergebnis eines Sozialisationssystems zu sein, das seine Mitglieder von klein auf zur Einpassung in das Familienganze und zur Unterordnung des individuellen Willens unter die Pflicht erzieht. Das japanische Ideal besteht darin, sich so vollständig in die eigene kulturelle Gruppe einzugliedern, bis man nicht mehr als Individuum auffällt. Weisz und seine Mitautoren sind der Meinung, daß dieses Ideal der sekundären Kontrolle genau jene Wertvorstellungen fördert, die in der japanischen Kultur propagiert werden: «Selbstdisziplin, Höflichkeit, Aufmerksamkeit gegenüber anderen Menschen, ein ausgeprägtes Gefühl für persönliche und kollektive Identität und ein starkes Vertrauen in die Angemessenheit des eigenen Verhaltens in verschiedenen Situationen.»[5] Dadurch entstehe dann «jene komplizierte Selbstverständlichkeit bei Menschen, die genau wissen, was sie voneinander zu erwarten haben».[6]

Sowohl die primäre als auch die sekundäre Kontrolle hat jedoch nach Weisz und seinen Mitarbeitern auch potentielle Nachteile. Die übermäßige Betonung der sekundären Kontrolle und der Anpassung an die gesellschaftliche Klein- oder Großgruppe führe bei den Japanern zu «extremem Konformismus, einer Überempfindlichkeit gegen Mißbilligung und zu der Tendenz, eigenes Versagen nicht nur als persönliche Erniedrigung, sondern zugleich als eine Schande für die eigene Familie und [die Gesellschaft im weiteren Sinne] anzusehen, die nicht selten nur noch durch selbstzerstörerische

Akte gesühnt werden kann.»[7] Die übertriebene Betonung der sozialen Anpassung bedroht also nach Meinung der Autoren in diesem Fall die individuelle Autonomie. Die amerikanische Betonung der primären Kontrolle kann dagegen umgekehrte Folgen zeitigen und, so behaupten sie, zu Selbstbesessenheit, Entfremdung, Einsamkeit und Leeregefühlen führen. Damit wird aber nicht nur auf die möglichen Gefahren und Folgewirkungen primärer und sekundärer Kontrolle, sondern zugleich darauf hingewiesen, daß die Kriterien psychischer Gesundheit und ihr gegenseitiges Verhältnis stark durch kulturelle Unterschiede beeinflußt werden können. Gleiches gilt für die Form, in der kulturell bedingte Gesundheitsvorstellungen in den verschiedenen Kulturen zum Ausdruck kommen. Das Risiko der amerikanisch geprägten Vorstellungen von Selbstbewußtsein, Kontrolle und Optimismus liegt nach Weisz und seinen Kollegen vor allem darin, die Fähigkeit zur Bildung stabiler sozialer Beziehungen und Bindungen zu untergraben. Die japanischen Kulturwerte tragen dagegen das Risiko in sich, die individuelle Leistungsfähigkeit, Kreativität und Autonomie einzuschränken. Weisz und seine Mitarbeiter wollen mit ihren Beobachtungen vor allem darauf hinweisen, daß die psychische Integrität der Menschen ihrer Ansicht nach am ehesten durch eine ausgewogene Balance zwischen primärer und sekundärer Kontrolle erreicht werden kann. So provozierend ihre Argumente auch sind, so überzeugend beweisen die Analysen dieser Forschungsgruppe kulturell unterschiedliche Ausformungen eines Grundbedürfnisses, etwa des Kontrollbedürfnisses, sich besser in unterschiedliche kulturelle Nischen einzupassen und sie auszufüllen.

ILLUSIONEN UND KINDERERZIEHUNG

Wir haben bereits erwähnt, daß viele positive Illusionen untereinander verknüpft sind und sich gegenseitig verstärken können. Übertrieben optimistische Menschen sind daher meist zugleich von einem übertriebenen Selbstbewußtsein erfüllt. Wer seinen Einfluß in der Welt überschätzt, neigt meistens auch zu einem übersteigerten Selbstwertgefühl und zugleich dazu, die Wahrscheinlichkeit zukünftiger Erfolge zu überschätzen. Oder, andersherum gesagt, es wäre sehr ungewöhnlich, einen Menschen mit einem ausgeprägten Zukunftsoptimismus zu finden, dem es an Selbstbewußtsein und Selbstvertrauen und damit also an genau jenen Eigenschaften mangelt, die für eine lohnende Verwirklichung von großangelegten Zukunftsplänen unentbehrlich sind.[8] Ein weiterer Beweis für die hier angesprochene gegenseitige Abhängigkeit und Verbundenheit positiver Illusionen kommt aus dem Bereich der Kindererziehung: Erziehungspraktiken, die eine bestimmte Denkart, wie etwa den Zukunftsoptimismus, fördern, strahlen meist auch auf andere aus und können daher zum Beispiel gleichzeitig zu einer Verstärkung des kindlichen Selbstbewußtseins *(self-esteem)* und des Selbstvertrauens *(sense of mastery)* führen.

Die meisten Untersuchungen über die Entwicklung von Optimismus, Selbstbewußtsein und Selbstvertrauen beim Kind haben sich mit drei besonderen Verhaltensweisen beschäftigt, die Kinder im Rahmen ihrer frühesten Schulerfahrungen im Klassenraum zu demonstrieren pflegen.[9] Die erste dieser Verhaltensweisen nennt man *Selbstregulation* oder Selbstkontrolle, der Begriff bezieht sich auf die Fähigkeit des Kindes, erfolgsorientierte Aktivitäten zunächst einzuleiten und dann geduldig weiterzuverfolgen. Ein wichtiger Aspekt der Selbstregulation besteht darin, daß das Kind diese Aktivitäten aus eigenem Antrieb und aus dem eigenen Interesse am Lernen und der Beherrschung seiner Umwelt initiiert; äußerer Druck, Zwang und Angstgefühle sollten hier möglichst keine Rolle spielen. Ein zweiter Bestandteil der hier in Rede stehenden kindlichen Verhaltensweisen besteht in *Kompetenz*; unter Kompetenz versteht man dabei den Erwerb jenes Wissens und jener Fertigkeiten, die das Kind zu einer erfolgreichen Bewältigung der Schulsituation befähigen. Der Bereich der Kompetenz beschränkt sich dabei nicht allein auf lernbezogene Kenntnisse und Fertigkeiten, er beinhaltet vielmehr zugleich die Gewißheit, ein kompetenter Mensch zu sein, der darauf vertrauen kann, sich im Rahmen der ihm gestellten Aufgaben stets erfolgreich zu bewähren. Schließlich hat man das Verhalten der Kinder im Klassenraum als Kriterium für deren Anpassung an die allgemeine Schulsituation angesehen. Zurückgezogene, schüchterne oder auch übertrieben aktive Kinder gelten dabei als schlecht verhaltensangepaßt, während sich das Verhalten offener, fröhlicher und selbstbeherrschter Kinder definitionsgemäß gut in die Schulsituation einfügt.

Die Entwicklung der Kompetenz und Selbstregulation beim Kind wird sowohl durch die Einstellung seiner Eltern zur Kontrolle als auch durch deren Selbstbeherrschung und Gelassenheit fundamental beeinflußt. Dabei hat sich vor allem jener Erziehungsstil als erfolgreich erwiesen, bei dem selbst ganz junge Kinder dazu ermutigt werden, ihre eigene Meinung kundzutun und sich auf Basis von meist durch die Eltern zur Verfügung gestellten Informationen zwischen verschiedenen Alternativen zu entscheiden; dieser Erziehungsstil führt nach heutiger Erkenntnis zu besseren Schulnoten und einer effektiveren Selbstregulation.[10] Dagegen bewirkt jede Form der extremen Erziehung, sowohl in der permissiven wie in der autoritären Variante, eine Störung der Entwicklung jener kindlichen Fähigkeiten, die eine intakte Selbstachtung und ein intaktes Selbstvertrauen zur

Voraussetzung haben. Ein übertrieben *autoritärer* Erziehungsstil, bei dem die Eltern die Aktivitäten ihrer Kinder weitgehend einschränken und ihnen nur wenig Selbstbestimmung zugestehen, wird die Tendenz zur Unzufriedenheit und ängstlichen Vermeidung neuer Lebenssituationen allenfalls verstärken. In ähnlicher Weise resultiert allerdings auch eine übertrieben *permissive* Erziehung, die von den Kindern erwartet, Entscheidungen ohne die nötige Anleitung und Führung durch Eltern oder andere Vorbildpersonen zu fällen, in der Untergrabung schulischer Kompetenz. Der in bezug auf die hier in Rede stehende Entwicklung von Kompetenz und Selbstregulation erfolgreichste Erziehungsstil läßt sich nach alledem am ehesten als *demokratisch* bezeichnen; hierbei beteiligen sich Eltern und Kinder gleichermaßen wohlinformiert an einem wechselseitigen Entscheidungsprozeß.

Die Psychologen Wendy Grolnick und Richard Ryan haben in einer ganz ähnlichen Argumentation darauf hingewiesen, welche Bedeutung der von ihnen mit dem Begriff «Autonomie-Förderung» belegte Faktor bei der Entwicklung von Kompetenz und Selbstregulation spielt.[11] Der Grad der Autonomie-Förderung spiegelt dabei das Ausmaß, in dem Erwachsene ihre Kinder zu einer unabhängigen Beteiligung an Problemlösungen, Wahlmöglichkeiten und Entscheidungen ermutigen. Dies steht im Gegensatz zu schlicht aufgezwungenen Entscheidungen und einer durch Disziplinarmaßnahmen, äußeren Druck oder kalkulierte Belohnungen mehr oder weniger erzwungenen Leistungsbereitschaft. Psychologischen Untersuchungen zufolge zeigen jene Schüler, die von ihren Lehrern zu dieser Form der Autonomie ermuntert wurden, ein größeres Selbst- und Kompetenzbewußtsein als die Schüler von stärker kontrollorientierten Erziehern.[12]

So wichtig demokratische Elemente in der Entwicklung

des kindlichen Autonomie- und Kompetenzgefühls aber auch sein mögen, sowenig läßt es sich angesichts der vorliegenden Forschungsergebnisse bestreiten, daß sich eine klar strukturierte und an expliziten Leitvorstellungen ausgerichtete häusliche Erziehung ebenfalls günstig auf die schulische Leistungsfähigkeit auswirken kann. In einem Elternhaus ohne klare Verhaltensrichtlinien und ohne eine konsequente Belohnungs- und Bestrafungspolitik kann ein Kind nur unter großen Schwierigkeiten lernen, wie man richtige und angemessene Entscheidungen fällt. Wenn man einem Kind zum Beispiel erlaubt, sich sein eigenes Abendessen auszuwählen, ohne es vorher über den relativen Nährwert der verschiedenen zur Auswahl stehenden Nahrungsmittel informiert zu haben, wird man kaum erwarten dürfen, daß es sich eine gesunde Mahlzeit zusammenzustellen vermag. Die Existenz fester Kriterien für «falsch» oder «richtig» und das Vorhandensein von klaren Richtlinien für angemessenes und unangemessenes Verhalten bedeutet ja nichts anderes, als daß sich ein vor Alternativentscheidungen gestelltes Kind innerhalb eines Kontextes bewegt, der es mit den für seine Entscheidungsfindung notwendigen und nützlichen Informationen versieht.[13]

Schließlich fördert auch die innere Teilnahme der Eltern am Leben ihrer Kinder die Kompetenz und Selbstregulation ihrer Sprößlinge. Ein Vater oder eine Mutter, die sich für das Leben ihres Kindes wirklich interessieren, sich darin auskennen und aktiv daran teilnehmen, vermitteln ihrem Kind das Gefühl, daß seine Handlungen Wert und Bedeutung haben, wodurch wiederum das Selbstbewußtsein des Kindes und sein Vertrauen gestärkt wird, unter den gegebenen Umständen das Richtige getan zu haben.[14]

SIND POSITIVE ILLUSIONEN
IMMER NÜTZLICH?

Angesichts der Tatsache, daß sich Illusionen oftmals als Verzerrungen der Wirklichkeit auszunehmen scheinen, lehnen es viele Menschen ab, diesen Illusionen regelmäßig positive Auswirkungen auf unser Leben zuzugestehen. Müssen die positiven Illusionen nicht irgendwo langfristig ihre Grenzen finden? Oberflächlich betrachtet scheinen alle unter den Menschen anzutreffenden positiven Illusionen mit Risiken verbunden. So könnte eine übertrieben positive Einschätzung der eigenen Fähigkeiten und Leistungen die Menschen dazu verführen, berufliche Laufbahnen und Interessen zu verfolgen, für die sie kaum oder gar nicht geeignet sind. Ein übertriebenes Vertrauen in die Fähigkeit, auch schwierige Situationen meistern zu können, mag die Betroffenen wiederum dazu verleiten, sich in undankbare Aufgaben zu verbeißen, die prinzipiell unlösbar sind. Das Wissen, wann man eine Aufgabe aufgeben muß, ist ja wahrscheinlich genauso wichtig wie das Gespür dafür, wann es sich lohnt, ausdauernd dranzubleiben. Ein unrealistischer Optimismus kann die Menschen schließlich dazu bringen, die klar zutage tretenden Gefahrenmomente in ihrer Umwelt zu ignorieren und infolgedessen die zur Vermeidung dieser offensichtlichen Bedrohung notwendigen Vorbeugemaßnahmen zu verabsäumen. So kann ein unbegründeter Optimismus zur Mißachtung wichtiger gesundheitlicher Vorbeugemaßnahmen oder auch dazu führen, daß die angemessenen Vorkehrungen für eine möglicherweise bevorstehende Katastrophe (etwa ein Erdbeben oder eine Sturmflut) nicht ergriffen werden. Wie wir im vierten Kapitel gesehen haben, sind die meisten dieser an sich naheliegenden Befürchtungen letztlich unbegründet, da das gesunde Denken durchaus über die Mittel verfügt, negative Informationen so

zu verwerten, daß wir die den jeweils vorliegenden Problem-
situationen angemessenen Verhaltensänderungen und Entscheidungen durchzuführen vermögen.

Eine andere Version des Arguments von den potentiell negativen Folgen positiver Illusionen für unsere Wirklichkeitsanpassung entstammt der ebenso logisch anmutenden wie
empirisch unbewiesenen Vermutung, ein geringes Ausmaß
von Illusionen könne unserer Anpassung sehr nützlich sein,
ein Übermaß an Illusionen führe dagegen zu einer Verzerrung
der äußeren und inneren Realität, die schließlich mit der erfolgreichen Bewältigung unserer praktischen Lebensaufgaben
nicht mehr vereinbar sei. Dieses Argument verweist im wesentlichen auf so etwas wie einen optimalen Grenznutzen der
Illusionen, von dem man sozusagen in beiden Richtungen nur
zum eigenen Schaden abweichen könne.[15] Beispiele für außer
Kontrolle geratene Illusionen lassen sich sowohl in der Geschichte wie in der Gegenwart problemlos auffinden. So kann
man etwa den mittelalterlichen Kinderkreuzzug als Ausdruck
eines verirrten Glaubensoptimismus und Heilsvertrauens ansehen. Das Scheitern der Präsidentschaftskandidatur von Gary
Hart im Jahr 1988 läßt sich dagegen als Ergebnis des über-
zogenen Vertrauens dieses Kandidaten in die gleichzeitige
Realisierbarkeit politischer und außerehelicher sexueller
Interessen deuten. Der Sturz des Börsenhais Ivan Boesky und
seiner Mitspekulanten wird wiederum von manchen als mora-
lische Fabel und Symbol dafür gesehen, wie leicht Optimismus und Selbstvertrauen in Gier, Gesetzlosigkeit und Unver-
wundbarkeitswahn umschlagen können.

Man kann die Allgemeingültigkeit solcher allzuleicht verfügbaren Beispiele allerdings auch überinterpretieren. Nur
weil eine bestimmte Person über eine gehörige Portion an
Selbstbewußtsein, Selbstvertrauen und Optimismus verfügt,
bedeutet das ja noch lange nicht, daß wir berechtigt sind,
jede gescheiterte Handlung dieses Individuums auf seine

Selbsteinschätzung zurückzuführen. Es ist das große Dilemma individueller Fallstudien, daß man mit ihnen eigentlich nicht nachweisen kann, ob ein bestimmter Faktor, wie etwa eine positive Illusion, mit Sicherheit zu einem bestimmten Irrtum oder Problem führen wird oder nicht.

Man kann zudem die Angemessenheit eines Geschehens nicht allein an seinem praktischen Endergebnis messen. Auch dies ist ein bei Untersuchungen zur Entscheidungsfindung häufig auftretendes Problem. Manche Menschen sind durchaus in der Lage, brauchbare Entscheidungen zu fällen – und doch bleibt das Ergebnis ihrer Entscheidungen aus einer Vielzahl von Gründen bisweilen weit hinter den ursprünglichen Erwartungen zurück. Eine unvollständige Informationsbasis, Zufallsfaktoren aller Art und unvorhergesehene Umweltentwicklungen können bekanntlich auch eine nach allen Regeln der Kunst gefällte Entscheidung zunichte machen. Man wird den Entscheidungsprozeß in diesem Fall nicht schon deshalb als falsch bezeichnen, weil sich die dabei getroffene Entscheidung im Endergebnis als unglücklich erwiesen hat. In ähnlicher Weise erscheint es unberechtigt, allein aus dem gelegentlichen Scheitern der Zukunftsvisionen übermäßig optimistischer und selbstbewußter Menschen schließen zu wollen, man dürfe das Scheitern ihren unrealistischen Illusionen in die Schuhe schieben. Illusionen sind letztlich nichts anderes als der *Treibstoff* unserer Kreativität, unserer Motiviertheit und unserer hohen Zukunftserwartungen; mit dem möglicherweise fehlerhaften *Inhalt* dieser Illusionen sind sie dagegen nicht notwendigerweise identisch. Sowenig wie man normalerweise das Benzin für den Zusammenbruch eines Automobils verantwortlich macht, sowenig kann man also unseren selbstüberhöhenden Illusionen ankreiden, daß sie gelegentlich von irrigen Ideen und Traumvorstellungen in Dienst genommen werden.

Soll das jetzt heißen, positive Illusionen seien ohne potentielle Probleme und Fehler? Trägt eine fälschlich-positive Darstellung von Selbst, Welt und Zukunft keine möglichen Nachteile in sich? Das Konzept eines optimalen Grenznutzens der Illusionen erscheint logisch recht überzeugend. Aber läßt sich dieses Phänomen auch tatsächlich nachweisen? Wie können wir, mit anderen Worten, jene Person identifizieren, deren Illusionen das optimale Ausmaß überschritten und deren Leben entsprechend praktisch Schaden genommen hat? Da es unmöglich ist, die schädlichen Auswirkungen einer spezifischen Illusion am Einzelfall zu demonstrieren, ist es, wie ich bereits festgestellt habe, in diesem Zusammenhang logisch unzulässig, auf Fallbeispiele zurückzugreifen. Wir sind daher gezwungen, andere Forschungsergebnisse und klinische Untersuchungen in Augenschein zu nehmen.

Die vorliegenden Forschungsergebnisse zeigen dabei zunächst einmal, daß die meisten Menschen die Realität nicht in größerem Umfang verzerren und mißdeuten. Die in den bekannten wissenschaftlichen Untersuchungen beobachteten positiven Überzeichnungen persönlicher Eigenschaften und Fähigkeiten sind, ebenso wie der dabei beobachtete Zukunftsoptimismus, fast ausnahmslos von eher harmloser Natur. In statistischer Hinsicht sieht man eine ungleichmäßige Verteilung mit einer von negativen Vorstellungen charakterisierten Minderheit und einer durch leicht positive Illusionen gekennzeichneten Mehrheit.[16] Es besteht also kein besonderer Anlaß, die Existenz einer Menschengruppe zu postulieren, die in wesentlichen Dingen von einer übertrieben positiven Selbsteinschätzung besessen ist.

Die Existenz einer Gruppe von Menschen vorausgesetzt, die die Realität bis ins Extrem positiv verzerrt, würde man erwarten, daß diese Personengruppe erhebliche Schwierigkeiten haben würde, sich in dieser Welt praktisch zu bewähren. Eine solche Gruppe müßte sich dann aber auch in der klinischen Klientel der Psychologen bemerkbar machen. Als Psychotherapeuten begegnen wir jedoch nur recht selten jener Sorte von Menschen, die durch übersteigertes Selbstbewußtsein, übertriebenes Selbstvertrauen und ungezügelten Optimismus gekennzeichnet sind. Wir sehen in der Regel deprimierte und traurige Menschen, deren Weltwahrnehmung und Selbstwahrnehmung zu ihrem eigenen Schaden negativ gefärbt ist. Wenn es also jene Menschen tatsächlich gibt, die durch ihre grandiosen Selbst-, Welt- und Zukunftsvorstellungen den Kontakt mit der Realität so weitgehend verloren haben, daß ihre praktische Lebensfähigkeit darunter leidet, dann scheinen sie sich von dieser Problematik jedenfalls nicht übermäßig bedrängt zu fühlen.[17]

Die hier vorgestellten Argumente sollen allerdings auch nicht den Eindruck erwecken, Illusionen seien letztlich ohne Probleme. Wahrscheinlich gibt es diese Probleme wirklich; was wir heute brauchen, ist ein auf die spezifische Erforschung dieser Möglichkeit angelegtes wissenschaftliches Konzept. Das offensichtliche Fehlen von klinischen oder experimentellen Belegen für diese an sich ja naheliegende Hypothese gibt uns allerdings das Recht, einstweilen in unseren Bemühungen innezuhalten. Wenn die Vorstellung von einem maximalen Grenznutzen der Illusionen so überzeugend ist, wie man gemeinhin annimmt, und sich dennoch keine wissenschaftlichen oder empirischen Beweise zu ihrer Untermauerung finden lassen, liegt es doch nah, die Existenz innerer oder umweltbezogener Faktoren zu postulieren, durch die unsere Illusionen zumindest in ihrer positiven Spielart in Grenzen gehalten und daran gehindert werden, allzuweit übers Ziel hinauszuschießen.

GEZÄHMTE ILLUSIONEN

Welches sind nun die Faktoren, die dafür sorgen, daß unsere
Illusionen einigermaßen im Zaum gehalten werden? Eine
Teilantwort habe ich mit den im vierten Kapitel unterbreite-
ten Argumenten und Forschungsergebnissen bereits zu geben
versucht. Zwei Punkte sind in diesem Zusammenhang von
besonderer Wichtigkeit. Zunächst einmal wäre es sehr viel
leichter, den übertriebenen und fehlangepaßten Charakter der
Illusionen zu beweisen, wenn man nachweisen könnte, daß
Menschen mit ihrer Hilfe ihre Schwächen, Mängel und Fehler
in positive Eigenschaften umzudeuten versuchen. Diese Vermutung erweist sich allerdings angesichts der Tatsache als unrealistisch, daß wir in aller Regel nur unbedeutende negative
Informationen ignorieren oder vergessen, zutreffende und
folgenschwere negative Informationen dagegen meist bloß
auf etwas übertrieben positive Weise darstellen. Brauchbare
kritische Informationen werden typischerweise in unserem
Denken auf eine Weise repräsentiert, die ihren unter Umständen zerstörerischen Charakter abmildert, ohne ihnen ihre potentielle Nützlichkeit zu nehmen. Der zweite Punkt betrifft
den Zusammenhang von Illusionen und Bedrohungen. Wenn
positive Illusionen die Menschen tatsächlich davon abhielten,
bedrohliche Situationen angemessen wahrzunehmen, können
wir sie mit Recht als Gefahrenquelle bezeichnen. Die tatsächlich zu diesem Ergebnis führenden psychischen Mechanismen
haben allerdings mit Illusionen im Grunde nichts zu tun. Sie
wurden von klinischen Psychologen als Verdrängung und
Verleugnung ausführlich beschrieben und dokumentiert. Die
Illusionen unterscheiden sich insofern eindeutig von diesen
Abwehrmechanismen, als sie auf den objektiven Bedrohungs-
charakter von Umweltinformationen adäquat zu reagieren
vermögen.

Auch jenseits dieser zwei Punkte gibt es einige allerdings

etwas weniger offenkundige Kontrollmechanismen, die dafür sorgen, daß unsere Illusionen den Bereich des optimalen Grenznutzens nicht überschreiten. Die positiven Vorstellungen der Menschen über Selbst, Welt und Zukunft sind ja nur eine Form des menschlichen Denkens und Glaubens. So gibt es zum Beispiel eine Reihe von Situationen, in denen sich die sonst anpassungsschädlichen Nebenwirkungen übertrieben optimistischer Vorstellungen plötzlich als nützlich oder zumindest nicht mehr als schädlich erweisen.[18] Nehmen wir beispielsweise einen Mann, der bei seiner augenblicklichen Arbeit weitgehend versagt, aber nicht in der Lage ist, die erhaltenen negativen Rückmeldungen korrekterweise als Beweis seiner schlechten Leistungen zu interpretieren. Auch wenn es ihm durch seine Kritikblindheit gelingen mag, sich nach wie vor für einen fähigen Arbeiter zu halten, kann ihm doch beim besten Willen die Tatsache nicht entgehen, daß seine allgemeine Arbeitssituation einiges zu wünschen übrig läßt. So kommt er im Lauf der Zeit zu dem Eindruck, daß er seine jetzige Arbeit eigentlich nicht sonderlich schätzt oder an der Zusammenarbeit mit seinem Vorgesetzten und den Kollegen immer weniger Freude zu finden vermag. Ungeachtet seiner mangelnden Einsicht in die eigene Unfähigkeit wird er seine Arbeitsstelle dementsprechend kündigen. Man könnte also sagen, daß er aus falschen Gründen eine richtige Entscheidung gefällt hat; ob dem so ist oder nicht, spielt aber wahrscheinlich in letzter Hinsicht keine Rolle. Wenn es diesem Mann im weiteren gelingt, seine Arbeitsstelle mit einem relativ intakten Selbstbewußtsein zu verlassen, kann er mit Hilfe seines verbliebenen Selbstvertrauens die Grundlagen dafür legen, einer neuen Beschäftigung mit größerem Erfolg nachzugehen – dieser Erfolg dürfte in diesem Fall zumindest größer sein als der, den er erreichen könnte, wenn er seine Arbeit mit der Hypothek, sich als Versager zu empfinden, beendet hätte.[19]

Positive Illusionen sind also weder in Stein gemeißelt noch

unfähig, auf Rückmeldungen aus der Umwelt zu reagieren. Dabei werden die dreistesten Verzerrungen von Selbst, Welt und Zukunft wahrscheinlich durch die Kommunikation und kritische Interaktion der Menschen korrigiert. Es gibt zwar eine stillschweigende soziale Übereinkunft, andere Menschen vor allem mit positiven Rückmeldungen zu versehen; auch diese soziale Freundlichkeit hat freilich ihre Grenzen. Wenn die Selbsteinschätzung einer Person zu stark in die positive Richtung abweicht, erteilt ihr die soziale Umwelt nicht selten die sanfte, aber bestimmte Ermahnung, die Selbstgefälligkeit des Betroffenen habe das angemessene und erträgliche Maß nunmehr endgültig überschritten.[20] So wird zum Beispiel ein Arbeiter, der die Lorbeeren eines Gemeinschaftsprojektes allein einzuheimsen versucht, in kürzester Zeit von seinen aufgebrachten Mitarbeitern zur Räson gebracht und in seiner Selbsteinschätzung auf ein gesünderes Maß zurechtgestutzt.

Unter den Vorstellungen, die wir von uns selbst entwikkeln, sind einige für die Überzeichnung durch Illusionen anfälliger als andere; dies gilt insbesondere im Fall mangelnder oder abwesender objektiver Kriterien. Die meisten von uns haben ein zumindest intuitives Bewußtsein davon, daß es ratsamer ist, grandiose Selbstkonzepte auf jene Eigenschaften zu beschränken, die sich nicht leicht direkt testen und bewerten lassen. Eigenschaften und Fähigkeiten, für die es einen allgemein akzeptierten Standard gibt, bieten sich dagegen kaum als Objekt der Selbstüberschätzung an. Vor einigen Jahren machte ich auf einer Party von Freunden den Fehler, mich als eine einigermaßen geschickte Billard-Spielerin auszugeben. Ich war mir dabei natürlich ziemlich sicher, daß man mich nicht gleich während der Party auffordern würde, mein diesbezügliches Talent unter Beweis zu stellen. Außerdem hielt ich es für eher unwahrscheinlich, mich zu einem späteren Zeitpunkt gerade mit den jetzigen Zeugen meiner Aussagen in einem Billardsaal wiederzufinden. Meine

Selbstsicherheit wurde allerdings recht schnell erschüttert, als einer meiner Gesprächspartner spontan erwiderte: «Sehr gut! Im Keller steht ein Billardtisch. Gehen wir doch gleich für ein paar Spielchen runter.» – Das Ergebnis war erwartungsgemäß katastrophal.

In der Regel sind wir natürlich klug genug, solche Situationen unter allen Umständen zu vermeiden. Daher übertreibt man zum Beispiel sowohl im eigenen Denken wie im Beisein anderer Menschen zum Beispiel bestimmte Fertigkeiten, würde sich aber in der Regel sehr hüten, in Gegenwart anderer und insbesondere in Gegenwart von Rechnungsprüfern damit zu prahlen, wie exzellent man rechnen könne. Der Psychologe Jonathan Brown bemerkt hierzu: «Im Bereich von Persönlichkeitskriterien strikt subjektiver Natur ist es uns als Individuen relativ freigestellt, extreme, weitreichende und übertriebene Annahmen zu machen und uns zum Beispiel als interessanter, freundlicher und humorvoller auszugeben als jener durchschnittliche Mensch, der wir aller Wissenschaft nach selber sind. Dabei bleiben selbstgefällige Vorstellungen dieser Art in der Regel gerade deshalb ohne große psychische Folgeschäden, weil man soziale Charaktermerkmale kaum einer objektiven Beurteilung unterziehen kann.[21]

Im Bereich von solchen persönlichen Fähigkeiten, die, wie etwa das Klavier- oder das Billardspielen, anhand von objektiven Kriterien gemessen werden können, ziehen wir es daher meist vor, unsere Selbsteinschätzungen näher an der Wahrheit anzusiedeln. Wenn unsere Selbsteinschätzungen in der Umwelt unmittelbar auf objektive Kriterien stoßen oder die davon betroffenen Fähigkeiten relativ leicht belegt oder widerlegt werden können, zeigen wir dementsprechend ein größeres Ausmaß von Bescheidenheit, als wir im Falle der Abwesenheit objektiver Kriterien und fehlender Herausforderungen zu entwickeln pflegen.

Die mit Hilfe von Illusionen gemachten Erfahrungen befähigen uns im weiteren zum immer erfolgreicheren Gebrauch ebendieser Illusionen. Nehmen wir zum Beispiel die Illusion, eine bestimmte Situation unter Kontrolle bringen zu können, und den im Zusammenhang damit immer wieder erwähnten riskanten Versuch, auch unkontrollierbare Situationen beherrschen zu wollen. Diesem Argument zufolge sind die von einem übertriebenen Selbstvertrauen beseelten Menschen ständig in Gefahr, sich mit unvernünftiger Hartnäckigkeit an Aufgaben zu versuchen, die in Wirklichkeit weder beherrscht noch bewältigt werden können. Wenn dieses Argument stimmt, wäre der Wert solcher Kontrollillusionen eindeutig begrenzt. Es ist jedoch aller Wahrscheinlichkeit nach nicht wahr. Die vorliegenden Forschungsergebnisse legen vielmehr den Schluß nahe, daß gerade Menschen mit einem ausgeprägten Überlegenheitsbedürfnis besonders befähigt sind, kontrollierbare von unkontrollierbaren Situationen zu unterscheiden. Das Bedürfnis nach Kontrolle hat demnach andere und für unsere Anpassung günstigere Konsequenzen, als zunächst angenommen.[22]

Diese Erkenntnis fand ich vor kurzem auf unabsichtliche Weise durch ein befreundetes Ehepaar bestätigt, das sich auf eine Indienreise begeben hatte. Man hatte die sehr kontrollierende Frau dabei von vornherein gewarnt, daß sie sich in einer Kultur, die mit der typisch amerikanischen Zielstrebigkeit kaum etwas gemein hat, nur unter größten Schwierigkeiten zurechtfinden würde. Dem seiner Frau an Gelassenheit überlegenen Ehemann trauten seine Freunde dagegen eher zu, die unvermeidlichen Frustrationen des indischen Alltagslebens mit seinem Charakter vereinbaren zu können. In Wirklichkeit aber trat das genaue Gegenteil ein. Die patente Frau lernte schnell, was man in Indien erreichen konnte und was nicht, dementsprechend machte es ihr zum Beispiel keine Probleme, in aller Ruhe auf einen verspäteten Zug zu warten. Der Mann dagegen verbrachte einen Großteil der Reise unter wütenden Protesten gegen die überall herrschende Korruptheit und Unfähigkeit.

Wie kommt es, daß Menschen mit einem besonders starken Kontrollbedürfnis eher fähig sind, die Situationen zu erkennen, in denen sich dieses Bedürfnis am ehesten erfüllen läßt? Wer ein ausgeprägtes Bedürfnis zur Kontrolle oder Beherrschung seiner Umwelt hat, wird sich – im Gegensatz zu denen, die dieses Bedürfnis nicht oder nicht in vergleichbarem Ausmaß verspüren – kaum eine Gelegenheit entgehen lassen, diese Zielvorstellung zu erfüllen. Dabei ergeben sich für ihn ganz automatisch immer neue Lernmöglichkeiten, welche Art von Situationen kontrollierbar ist und welche Kriterien eher auf die Kontrollierbarkeit oder die Unkontrollierbarkeit einer Situation hinweisen. Es ist ja kaum anzunehmen, daß sich das Erlernen von Kontrolle von dem Lernen in irgendeiner anderen, gleichzeitig an zufällige und berechenbare Bedingungen geknüpften Situation unterscheidet: Übung macht auch hier den Meister. Aus diesem Grund sind es in der Regel die Personen mit einem starken Kontrollbedürfnis, die mehr davon verstehen, wie sich dieses Bedürfnis erfolgreich erfüllen läßt.

Die Tatsache, daß unsere positiven Illusionen im Dienst unserer Selbstachtung und unseres Selbstbewußtseins stehen, zwingt uns schließlich regelrecht dazu, sie zugleich im Zaum zu halten. Wer sich zu unrealistischen Zukunftserwartungen hinreißen läßt, die weit über das hinausgehen, was er tatsächlich zu leisten vermag, hat das eigene Scheitern ja geradezu programmiert und darf sich dann nicht wundern, wenn die unvermeidlich gewordene Enttäuschung seine Selbstachtung empfindlich reduziert.[23] Es scheint so etwas wie einen natürlichen Regelkreis zur Regulation von Illusionen zu geben. Mit Ausnahme jener unglücklichen Minderheit, die sich um ihr Scheitern und ihre Erniedrigung aktiv zu bemühen scheint, beziehen die meisten von uns aus solchen deprimierenden Situationen weder Trost noch Zufriedenheit. Unsere Illusionen arbeiten also wahrscheinlich innerhalb eines begrenzten, relativ realistischen Bereichs; dementsprechend motivieren sie uns zu Unternehmungen, die etwas, aber nicht übertrieben viel ehrgeiziger sind als jene Vorhaben, die wir ohne den Antrieb des Optimismus starten würden. Unsere Illusionen funktionieren also nicht zuletzt aus dem gleichen Grund, aus dem sie in Grenzen gehalten werden: Als sich selbst erfüllende Prophezeiungen erschaffen sie gerade jene Welt, von deren Existenz wir bereits zuvor überzeugt waren. Die von Illusionen hervorgerufenen adaptiven Verhaltensweisen, nämlich Handlungsbereitschaft und Ausdauer, sind für unsere Anpassung mit Sicherheit nützlicher als Passivität und mangelnde Geduld. Und wenn das Ziel zu hoch gesteckt wurde oder alle Bemühungen scheitern sollten, kann man die Zielvorstellungen immer noch so umdefinieren und modifizieren, daß sich wenigstens ein weiterer Mißerfolg zukünftig vermeiden läßt.

ILLUSIONEN ALS EVOLUTIONÄRE ANPASSUNGEN

> Ist unsere sogenannte psychische Gesundheit vielleicht nichts anderes als eine Form des Wahnsinns,
> die nur deshalb unerkannt bleibt,
> weil sie zufällig eine besonders gute Anpassung an die Realität darstellt?
>
> *George Vaillant* [24]

Wir haben unsere Aufmerksamkeit in diesem Kapitel weitgehend auf das Verhältnis der Menschen zu ihren Illusionen konzentriert und dabei zwei Fragen gestellt. Erstens: Warum hegen manche Menschen Illusionen und andere nicht? Zweitens: Warum verlieren manche Menschen ihre Illusionen und andere nicht? Die Betonung dieser Fragen könnte allerdings eine zentrale Einsicht verdecken. Eine milde Abart positiver Illusionen scheint bei fast allen Menschen und unter einer breiten Vielfalt von existentiellen Bedingungen vorzukommen. Es ist angesichts dessen nicht leicht, der Schlußfolgerung zu widerstehen, unser Denken sei in seiner Struktur zuinnerst auf Gesundheit angelegt. Psychische Gesundheit scheint demnach weniger die individuelle Errungenschaft vom Glück besonders begünstigter Einzelpersonen als vielmehr ein integraler Bestandteil der menschlichen Natur zu sein – diese These gilt offenbar zumindest für die große Mehrheit der Menschen. Wie wir aus kinderpsychologischen Untersuchungen gelernt haben, sind positive Illusionen darüber hinaus aller Wahrscheinlichkeit nach ein integrales Element der intellektuellen Verarbeitung, Deutung und Sinnzuweisung von Information. Die Tatsache, daß Illusionen in der Regel bei Kindern so viel stärker sind als bei Erwachsenen, spricht gegen die angelegentlich geäußerte Vermutung, sie seien erlernte Formen der menschlichen Wirklichkeitsanpassung. Damit ist anderseits nicht gesagt, daß sich bestimmte Formen der positiven Illusionen nicht erlernen ließen. Mit zunehmendem Alter und zunehmender Bildung entwickeln die meisten Menschen immer komplexere kognitive Strukturen zur Verarbeitung von Informationen aller Art.[25] Die sich dabei ergebenden raffinierteren Formen von Selbstbetrug sind jedoch aller Wahrscheinlichkeit nach keine Erfindungen des Erwachsenenalters. Die Grundform der positiven Illusionen – eine irrtümlich positive Sicht des eigenen Selbst, der eigenen Fähigkeiten und der persönlichen Zukunft – wird vielmehr vermutlich überhaupt nicht erlernt. Eher scheint das Gegenteil zuzutreffen. Um in der Welt der Erwachsenen erfolgreich funktionieren zu können, müssen wir positive Illusionen unter Umständen sogar wenigstens teilweise *ver*lernen.

Die Tatsache, daß positive Illusionen bei Kindern stärker ausgeprägt sind als bei Erwachsenen, sagt uns nicht allein etwas über den intrinsischen Charakter der Illusionen. Sie macht uns vielmehr zugleich darauf aufmerksam, wie lebenswichtig extreme Illusionen in den ersten sechs Lebensjahren sind und wie wenig sie sich in dieser Zeit durch negative Rückmeldungen erschüttern lassen. Die von Kleinkindern und Kindern in den ersten sechs Jahren erworbenen Fähigkeiten und Kenntnisse sind ebenso schwierig wie außerordentlich. Es gibt im ganzen menschlichen Leben keine zweite Phase vergleichbar intensiven Lernens. Während dieser kritischen Zeitspanne ist es daher besonders wichtig, daß das vorgesehene Lernpensum auch erreicht wird und der Organismus sein Lernverhalten unter allen Umständen aufrechterhält. Das Kind darf mit anderen Worten in dieser Phase das Lernen um keinen Preis aufgeben. Wie wir aus Untersuchungen mit älteren Kindern und Erwachsenen wissen, führt die Vorstellung, daß man scheitern könne, nicht nur zu schlechten Leistungen, sondern meist auch zu einem mangelnden Willen, die eigenen Fähigkeiten überhaupt zu erproben. Ältere Kinder und Erwachsene, die sich für ziemlich unfähig halten, ziehen sich von den Herausforderungen des Lebens zurück und entwickeln ein negatives Selbstbild. Der unrealistische und unkorrigierbare Optimismus der jüngeren Kinder sorgt dagegen fast garantiert dafür, daß die kindlichen Lernbemühungen in den ersten paar Jahren des Lebens zum Vorteil der Kinder und zum unendlichen Nutzen unserer Spezies beständig bleiben.

Positive Illusionen sind also möglicherweise nichts anderes als ein *evolutionär entstandener kognitiver Anpassungsmechanismus*. Diese Schlußfolgerung wird heute auch von jenen Psychologen geteilt, die ihr anfangs widerstrebend gegenüberstanden, aber durch ihre eigenen Untersuchungen über die Rolle von Illusionen bei Kindern und Erwachsenen von ihrer Richtigkeit überzeugt wurden.[26] Die offensichtliche Vorteilhaftigkeit von Illusionen für unsere psychische und physische Gesundheit legt uns solche Spekulation zumindest sehr nahe, da es schließlich kaum möglich ist, sich vorzustellen, wie diese adaptiven psychologischen Mechanismen sonst zu einem festen Bestandteil unserer menschlichen Natur hätten werden sollen.

Als ich die Arbeit an diesem Buch begann, war ich mir noch nicht sicher, zu welchen Ergebnissen mich meine Untersuchungen führen würden. Ich befand mich ungefähr in der Situation eines Ferienreisenden, der in seinem Sommerhaus eine alte Pappschachtel findet, in der sich lauter kleine Puzzleteile finden, von denen er weder weiß, ob sie vollständig sind, noch, ob sie alle zum gleichen Puzzle gehören. Die hoffnungsvolle Stimmung, mit der man sich an das Zusammenlegen eines solchen möglicherweise fragmentarischen Puzzles macht, ist dabei durchaus dem Optimismus verwandt, mit dem man sich an eine zusammenfassende Interpretation jener ungezählten Einzelerkenntnisse begibt, die man im Lauf eines bestimmten Forschungsvorhabens aus vielen psychologischen Einzeluntersuchungen zusammengetragen hat.

Wie bei einem Puzzle besteht bei einem solchen Unterfangen immer die Gefahr, daß das, was man für ein Haus mit einem darüber befindlichen Himmel hält, sich am Ende als ein auf den Kopf gestellter Berg erweist, der sich in einem Bergsee spiegelt. In der Wissenschaft mag es uns zwar gelingen, eine Reihe von Beobachtungen zusammenzufügen, wir sind aber durch nichts davor geschützt, daß ein anderer Wissenschaftler daherkommt, unseren Erkenntnissen einen kräftigen Stoß versetzt und schließlich beweist, daß unsere Beobachtungen im Grunde etwas ganz anderes bedeuten, als wir ursprünglich zu beweisen versuchten. Aber das ist schließlich der Preis dafür, auf einem sich beständig weiterentwickelnden Forschungsgebiet zu arbeiten.

Wissenschaftlicher Fortschritt ist ein kumulativer Prozeß. Jede neue Entdeckung oder Einsicht hat ihren Sinn und ihre Bedeutung nicht in sich, sondern darin, der Forschung neue Richtungen und Perspektiven zu weisen. Ich unterbreite meine Beobachtungen daher der Öffentlichkeit nicht in dem Glauben, definitive Antworten gefunden, sondern in der Hoffnung, uns ein kleines Stück näher an die richtigen Fragen herangebracht zu haben.

ANMERKUNGEN

VORWORT

1 Maslow, 1950, 1954
2 Kohut, 1966; Beck, Rush, Shaw und Emery, 1979; Thoresen und Mahoney, 1974
3 Nacherzählt von Lionel Tiger, 1979, S. 78

KAPITEL 1

1 Jahoda, 1958, S. 6
2 Jahoda, 1953, S. 349
3 Die Bedeutung des Kontakts mit der Wirklichkeit wurde zuerst in Freuds Schriften über die Ich-Funktionen hervorgehoben. Die Neo-Freudianer, vor allem Sullivan, 1953, 1956; Erikson, 1976; Allport, 1955; Hartmann, 1958; Fromm, 1955; und Rogers, 1942, 1951, haben den Kontakt mit der Realität als zentrales Kriterium psychischer Gesundheit etabliert.
4 Jourard und Landsmann, 1980; siehe auch Schulz, 1977; Worchel und Goethals, 1985
5 Auf einer allgemeinen Ebene diskutiert der Wissenschaftstheoretiker Thomas S. Kuhn, 1970, dieses Thema im Kontext sich wandelnder wissenschaftlicher Paradigmen.
6 Snyder, 1988
7 Lazarus, 1983, S. 1
8 Für die Übersichtsarbeiten siehe Fiske und Taylor, 1984; Greenwald, 1980; Nisbett und Ross, 1980; Sackeim, 1983; Taylor, 1983; Taylor und Brown, 1988. Behauptungen dieser Art sind gefährlich, denn sie führen uns an den Rand der alten philosophischen Debatte, ob man die Realität überhaupt kennenlernen kann. Die von den meisten Psychologen angewandten Forschungsmethoden ersparen es uns jedoch glücklicherweise, uns in diesem unlösbaren Rätsel zu verlieren. Die Wissenschaft stellt uns Methoden zur Verfügung, mit denen wir messen können, ob die Selbstwahrnehmungen, Zukunftsvorstellungen und Weltbilder von Menschen zutreffend sind oder nicht. So kann man zum Beispiel einer Testperson bestimmte Informationen über ihre Leistungsfähigkeit geben, wozu sich das Abschneiden (Bestehen oder Durchfallen) bei einer Prüfung besonders eignet. Zu einem späteren Zeitpunkt ermittelt man dann die Wahrnehmungen und Erinnerungen der Testperson über ihre Testleistung. Mit Hilfe einer solchen Methode kann man die Genauigkeit bestimmen, mit

der das betreffende Individuum seine Wahrnehmungen und Erinnerungen «aufbewahrt» hat. Dabei lassen sich dann zugleich jene positiven oder negativen Verzerrungen identifizieren, die wir im allgemeinen zur «Umgestaltung» unseres Wirklichkeitsbildes verwenden. Das wird – wie wir noch sehen werden – besonders daran deutlich, wie Menschen Urteile über ihre Leistungsfähigkeit und ihre Person in einer ihnen zum Nutzen gereichenden Weise verzerren.

Bei eher subjektiven Selbsteinschätzungen, etwa wie glücklich oder wie gut angepaßt man ist, findet sich diese Art von objektiven Vergleichskriterien nicht. In solchen Fällen nimmt man an, daß sich die Mehrheit der Menschen eine Einstellung zuschreibt, mit der sie sich von der Mehrheit der Menschen mehr oder weniger meint unterscheiden zu können. Wenn also die meisten Menschen annehmen, daß sie glücklicher, besser angepaßt oder einfach fähiger sind als die meisten anderen Menschen, liegt es natürlich nahe, hier auf das Vorliegen eines systematischen positiven Vorurteils zu schließen.

Eine vorurteilshafte Einschätzung der Zukunft ist insofern schwer zu ermitteln, als ja niemand so recht weiß, was die Zukunft bringen wird. Wenn man allerdings nachweisen kann, daß sich die meisten Menschen von ihrer persönlichen Zukunft mehr versprechen, als sie den meisten anderen Menschen zutrauen, liegt es auf der Hand, auch hier eine positive Verzerrung der Wirklichkeit am Werk zu sehen. Noch überzeugender ist es freilich, wenn man die Wahrscheinlichkeit des Eintretens bestimmter Zukunftsereignisse objektiv ermitteln kann und wenn die entsprechenden Zukunftseinschätzungen der Menschen stark davon abweichen; das Vorliegen einer vorurteilshaften Einschätzung der Zukunft läßt sich in diesem Fall kaum mehr abstreiten. – In diesem sehr engen Sinn wissen wir also, was die Realität ist, und können sie daher auch direkt mit den Vorstellungen der Menschen von ihr vergleichen. Wenn wir dies tun, stehen wir oft der Entdeckung gegenüber, daß die Wirklichkeitswahrnehmungen der Menschen in der Regel mehr davon bestimmt werden, wie sie sich die Realität wünschen, als davon, wie sie tatsächlich ist.

9 Die Bedeutung von Illusionen über das Selbst wird von Kohut, 1966, 1978, in klinischer Pespektive behandelt; eine kurze Zusammenfassung und Bewertung dieser Sichtweise findet sich bei Ornstein, 1980.

10 Siehe zum Beispiel Kelley, 1967; Jones und Davis, 1965, diskutieren

dieses Thema im Kontext kausaler Zuschreibungen. Eine Diskussion der allgemeinen Fragestellung leistet Fischhoff, 1976.

11 Siehe zum Beispiel Nisbett und Ross, 1980; Fiske und Taylor, 1984; Hogarth, 1980

12 Stipek, 1984; Harter, 1981; Greenwald, 1980

13 Für Übersichten siehe Stipek, 1984; Stipek und MacIver (im Druck); und Harter, 1981

14 Harari und Covington, 1981, S. 25

15 Stipek, 1984

16 Alicke, 1985; Brown, 1986; Campbell, 1986; Larwood und Whittaker, 1977; siehe auch Shrauger und Kelly, im Druck

17 Campbell, 1986; Marks, 1984; Harackiewicz, Sansone und Manderlink, 1985; Lewicki, 1984

18 Campbell, 1986; Marks, 1984

19 Für Übersichtsarbeiten siehe Greenwald, 1980; Taylor und Brown, 1988. Man könnte natürlich auch behaupten, daß übermäßig positive Selbstbeschreibungen eher eine öffentlichkeitsbezogene oder öffentliche Haltung als private Überzeugungen widerspiegeln. Die Plausibilität dieses Arguments wird allerdings durch mehrere Faktoren in Frage gestellt, die einer strikt selbstdarstellerischen Interpretation dieses Phänomens widersprechen. So untersuchten zum Beispiel Greenwald und Breckler 1985 Forschungsergebnisse, die darauf hinwiesen, daß (a) Selbsteinschätzungen unter privaten Bedingungen in aller Regel ebenso positiv ausfallen wie in der Öffentlichkeit; (b) günstige Selbsteinschätzungen selbst dann auftreten, wenn auf die Betroffenen ein starker Zwang ausgeübt wird, ehrlich zu sein; (c) günstige Selbstbeurteilungen meist sehr schnell gemacht werden, was auf die Abwesenheit eines überlegten und zeitraubenden Erzeugungsprozesses schließen läßt; und daß wir schließlich (d) unseren günstigen Selbstbeurteilungen gemäß handeln. Aus diesen und anderen Gründen hat sich im Augenblick ein therapeutischer Konsens entwickelt, daß wir schmeichelhafte Selbstbewertungen nicht allein als Mittel verwenden, um in der Öffentlichkeit einen besonderen kompetenten Eindruck zu machen, sondern zugleich versuchen, uns mit unserem Selbstlob selbst zu beeindrucken (siehe Schlenker, 1980; Tesser und Moore, 1986; Tetlock und Manstead, 1985).

20 Brown, 1986; Lewinsohn, Mischel, Chaplin und Barton, 1980; Forsyth und Schlenker, 1977; Green und Gross, 1979; Mirels, 1980; Schlenker und Miller, 1977; Brown, 1985; Campbell, 1986; Rosenberg, 1979; Sachs, 1982

21 Svenson, 1981

22 Siehe zum Beispiel Lewinsohn et al., 1980; für Übersichtsarbeiten siehe auch Shrauger, 1975, 1982

23 Greenwald, 1980, S. 604

24 Markus, 1977

25 Greenwald, 1980

26 Markus, 1977

27 Greenwald, 1980

28 Kuiper und Derry, 1982; Kuiper und MacDonald, 1982; Kuiper, Olinger, MacDonald und Shaw, 1985

29 Schlenker, 1980; Snyder und Wicklund, 1981

30 Fuentes, 1964

31 Siehe Bradley, 1978; Miller und Ross, 1975; Ross und Fletcher, 1985; Zuckerman, 1979, für Übersichtsarbeiten

32 *San Francisco Sunday Examiner und Chronicle*, 22. April 1979, zitiert bei Greenwald, 1980

33 Greenwald, 1980, S. 605

34 Miller und Ross, 1975

35 Ross, 1981; Ross und Sicoly, 1979

36 Thompson und Kelley, 1981

37 Harris, 1946, referiert bei Ross, 1981

38 Ross, 1981; Thompson und Kelley, 1981; Ross und Sicoly, 1979

39 Thompson und Kelley, 1981

40 Vgl. Ross, 1981

41 Erikson, 1950; Alper, 1952; Sherif und Cantril, 1947

42 Miller und Ross, 1975; Snyder, Stephan und Rosenfield, 1978

43 Lefcourt, 1973, S. 417

44 White, 1959

45 Berlyne, 1960; Fowler, 1965; White, 1959

46 Donaldson, 1978; Harter, 1981; White, 1959

47 White, 1959

48 Berlyne, 1960

49 Piaget, 1954; White, 1959

50 White, 1959

51 Diener und Dweck, 1978, 1980; Weisz, 1986

52 Piaget, 1954

53 Siehe zum Beispiel Lindsay und McCarthy, 1974

54 Diener und Dweck, 1978, 1980

55 Stipek, 1984

56 Ryan, 1971

57 Jones und Davis, 1965; Jones und Harris, 1967

58 Miller und Ross, 1975

59 Crocker, 1981; Smedslund, 1963; Ward und Jenkins, 1965; Arkes und Harkness, 1980; Bower, Black und Turner, 1979; Franks und Bransford, 1971; Owens, Bower und Black, 1979; Harris, Teske und Ginns, 1975; Jennings, Amabile und Ross, 1982

60 Janis, 1982

61 Langer, 1975; Langer und Roth, 1975

62 Goffman, 1967

63 Henslin, 1967

64 Langer, 1975; Langer und Roth, 1975; siehe auch Gilovich, 1983

65 Langer, 1975

66 Für Übersichtsarbeiten siehe Thompson, 1981; Averill, 1973; Miller, 1979

67 Geer, Davison und Gatchel, 1970; Geer und Maisel, 1972

68 Laudenslager, Ryan, Drugan, Hyson und Maier, 1983; Hanson, Larson und Snowden, 1976

69 Gonzales und Zimbardo, 1985. In dieser Studie gaben 57 Prozent der Befragten an, daß sie sich in ihren Gedanken hauptsächlich mit der Gegenwart und der Zukunft befassen, weitere 33 Prozent orientierten sich vor allem an der Zukunft. Nur ein Prozent der Interviewten verbrachte den größten Teil ihrer Zeit mit Gedanken an die Vergangenheit.

70 Tiger, 1979

71 Free und Cantril, 1968; Brickman, Coates und Janoff-Bulman, 1978

72 Markus und Nurius, 1986; Weinstein, 1980, 1982, 1984; für Übersichtsarbeiten siehe Perloff, 1983

73 Crandall, Solomon und Kelleway, 1955; Irwin, 1944, 1953; Marks, 1951; Robertson, 1977; Perloff und Fetzer, 1986; Weinstein, 1980; Kuiper, MacDonald und Derry, 1983

74 Frank, 1953; Pruitt und Hoge, 1965

75 Hayes-Roth und Hayes-Roth, 1979

76 Stipek, 1984; Marks, 1951; Irwin, 1953

77 Stipek, 1984, S. 53

78 Kirscht, Haefner, Kegeles und Rosenstock, 1966; Lund, 1975

79 Weinstein, 1980, 1982

80 Weinstein, 1980, 1982

81 Weinstein, 1980, 1982, 1984

82 Seligman, 1975; Tiger, 1979

83 Weinstein und Lachendro, 1982

84 Kunda, 1987
85 Kunda, 1987
86 Conway und Ross, 1984
87 Aronson und Linder, 1965
88 Conway und Ross, 1984
89 Gibbs, 1981
90 Johnson und Tversky, 1983
91 Kulik und Mahler, 1987
92 Siehe Clark und Isen, 1982
93 Erikson, 1976, S. 234
94 Zur Erörterung dieser Fragen siehe Tiger, 1979
95 *Random House Dictionary, The English Language*, Hrsg. J. Stein, New York, Random House, S. 662
96 Siehe zum Beispiel Nicholls, 1975; Miller, 1976; Snyder et al., 1978; Übersicht und allgemeine Diskussion dieses Themas bei Greenwald, 1980

KAPITEL 2

1 Für einen Überblick siehe Jahoda, 1958; Schulz, 1977; Jourard und Landsmann, 1980; und Diener, 1984. Wie angemerkt, wird die Fähigkeit zur verläßlichen Selbsteinschätzung in vielen formalen Definitionen seelischer Gesundheit als zentrales Kriterium verwendet. Bei der Aufstellung von neuen Kriterien zur Definition seelischer Gesundheit muß man daher dieses Kriterium ausschließen.
2 Jourard und Landsman, 1980, S. 14
3 Diener, 1984
4 Freedman, 1978
5 Beck, 1967; Kuiper und Derry, 1982; Kuiper und MacDonald, 1982; Kuiper et al., 1985; Lewinsohn et al., 1980; Shrauger und Terbovic, 1976; Kuiper, 1978; Rizley, 1978; Abramson und Alloy, 1981; Gollin, Terrell und Johnson, 1977; Gollin, Terrell, Weitz und Drost, 1979; Greenberg und Alloy (im Druck), Alloy und Ahrens, 1987
6 Für einen Literaturüberblick siehe Isen, 1984
7 Katherine Mansfield: *Glück*. Deutsch von Elisabeth Schnack. Frankfurt am Main 1989, S. 100. Diese Passage wird bei Clark und Isen, 1982, zitiert
8 Clark und Isen, 1982
9 Velten, 1968; Isen und Daubman, 1984; Isen, Johnson, Mertz und Robinson, 1985; Laird, Wagener, Halal und Szegda, 1982

10 Velten, 1968

11 Isen, Shalker, Clark und Karp, 1978

12 Mischel, Coates und Raskoff, 1968; Wright und Mischel, 1982

13 Siehe Fiske und Taylor, 1984

14 MacFarland und Ross, 1982; Gibbons, 1986

15 Ringer, 1977

16 Siehe zum Beispiel Rogers, 1951

17 Coopersmith, 1967; Shrauger, 1975; Stipek, 1984; Bohrnstedt und Felson, 1983; Felson, 1982

18 Strack und Coyne, 1983; Coyne, 1976a, 1976b

19 Cutrona, 1982

20 Isen, 1984, S. 189; für Übersichten siehe Isen, 1984; Diener, 1984; Salovey und Rosenhan (im Druck); Batson, Coke, Chard, Smith und Taliaferro, 1979; Cialdini, Kenrick und Baumann, 1982; Moore, Underwood und Rosenhan, 1973; Isen, 1970; Gouaux, 1971; Griffith, 1970; Veitch und Griffith, 1976; Carnevale und Isen, 1986. Die in verschiedenen Untersuchungen nachgewiesene Verbindung zwischen einer positiven Grundstimmung und besseren sozialen Beziehungen ist allerdings in sich selbst noch kein Beweis für die These, daß Illusionen einen positiven Einfluß auf unsere Beziehungen zu anderen Menschen ausüben. Der in diesem Fall naheliegende Zusammenhang ist vielmehr eher indirekter Art: Illusionen können – dies ist ein wissenschaftlich anerkannter Tatbestand – in bestimmten Individuen eine positive Grundstimmung begünstigen; diese positive Grundstimmung kann dann ihrerseits gute Beziehungen zu anderen Individuen befördern. Illusionen führen hier also auf einem indirekten oder indirekt-ursächlichen Weg zu sozialem Erfolg.

21 Gouaux, 1971; Griffith, 1970; Veitch und Griffith, 1976

22 Isen und Salovey und Rosenhan (beides im Druck)

23 Strack und Coyne, 1983; Coyne, 1976a, 1976b

24 Tiger, 1979, S. 96

25 Coopersmith, 1967; Kiesler und Baral, 1970; Shrauger, 1972; Brockner, 1979; Felson, 1984; Bandura, 1977; Baumeister, Hamilton und Tice, 1985; Feather, 1966, 1968, 1969; Vasta und Brockner, 1979; Shrauger und Terbovic, 1976; McFarlin und Blascovich, 1981

26 Novack und Iacocca, 1984

27 Berges, 1977

28 Miller, 1977

29 Greenwald, 1984, S. 5

30 Kamen und Seligman, 1986. Ähnliche Entdeckungen wurden bei

Kindern gemacht (siehe zum Beispiel Dweck und Licht, 1980). Danach haben jene Kinder, die auf Leistungseinbrüche und Fehlleistungen mit negativen Gefühlen, Erklärungs- und Entschuldigungsversuchen und anderen für eine Problemlösung irrelevanten Gedanken reagieren, eine schlechtere Aussicht auf die erfolgreiche Bewältigung ähnlicher Aufgaben in der Zukunft; auch die Herausbildung eines gut angepaßten Problemlösungsverhaltens ist in diesem Fall weniger wahrscheinlich. Im Gegensatz dazu entwickeln jene Kinder, die auf Rückschläge mit Selbst-Belehrung, lösungsorientierten Gedanken und relativ wenigen Erklärungsversuchen für Fehlleistungen reagieren, in der Regel bessere Anpassungsstrategien und weniger leistungsbehindernde negative Gefühle (wie etwa chronische Enttäuschung oder Mutlosigkeit – siehe auch Diener und Dweck, 1980; Brunstein und Olbrich, 1985).

31 Life Insurance Marketing Research Association, 1983

32 Seligman und Schulman, 1986

33 Zullow und Seligman, 1988. Aus diesem Werk stammen auch die im folgenden zitierten Äußerungen der Prüfungskandidaten.

34 Zullow und Seligman, 1988; siehe auch Zullow, Oettingen, Peterson und Seligman, 1988

35 Bandura, 1977; Brunstein und Olbrich, 1985; Dweck und Licht, 1980; Diener und Dweck, 1978, 1980; Burger, 1985; Atkinson, 1964; Mischel, 1973; Weiner, 1979

36 Carsrud und Olm, 1986. Unter denen als Charakteristika erfolgreicher Unternehmer identifizierten Eigenschaften wurde im weiteren die Arbeitsmentalität (die sich in Äußerungen wie etwa «Ich arbeite gern hart» bekundet) und die interpersonelle Wettbewerbsbereitschaft erwähnt (die sich in Meinungen wie etwa «Ich glaube, daß Gewinnen sowohl bei der Arbeit wie im Spiel eine wichtige Rolle spielen sollte»). Eine etwas verwirrende Einschränkung dieser Beobachtungen bestand dann allerdings darin, daß diese Faktoren vor allem bei jenen Unternehmern bedeutsam waren, die in ihren Firmen nur als Minderheitsaktionäre regierten; bei Mehrheitsaktionären wirkten sich die beiden Faktoren nicht in gleichem Ausmaß aus.

37 Gonzales und Zimbardo, 1985

38 Scheier und Carver, 1985

39 Beck, 1967; Seligman, 1975

40 Interview Trump mit Schwartz, 1988

41 Brown, 1984; Mischel, Coates und Raskoff, 1968; Wright und Mischel, 1982; Weinstein, 1982

42 Diener, 1984

43 Greenwald, 1980

44 Zitiert bei Greenwald, 1980

45 Greenwald, 1980; siehe auch Brim, 1976; Epstein, 1973; Kelly, 1955; Sarbin, 1962

46 Greenwald, 1980, S. 614

47 Brim, 1976, S. 242

48 Epstein, 1973, S. 407; siehe auch Lynch, 1981

49 Greenwald, 1980

50 Vgl. Übersicht von Mayer und Salovey, im Druck

51 Mayer und Salovey, im Druck; Isen, 1984; Bower, 1981

52 Mayer und Salovey, im Druck

53 Mayer und Salovey, im Druck; Isen, 1984

54 Isen, Shalker, Clark und Karp, 1978; Isen und Means, 1983; Isen und Daubman, 1984; Isen, Daubman und Nowicki, 1987; Isen, Johnson, Mertz und Robinson, 1985

55 Isen et al., 1985; Isen et al., 1987

56 Isen et al., 1978; Isen und Means, 1983; Isen und Daubman, 1984; Isen et al., 1987; Isen et al., 1985

57 Epstein, 1988

58 Bandura, 1977; Brunstein und Olbrich, 1985; Dweck und Licht, 1980; Diener und Dweck, 1978, 1980; Burger, 1985; Atkinson, 1964; Mischel, 1973; Weiner, 1979

59 Isen und Patrick, 1983

60 Berkowitz, 1972; Mischel, Ebbesen und Zeiss, 1976; Seeman und Schwarz, 1974; Schwarz und Pollack, 1977

61 Diener und Dweck, 1978, 1980

62 Jahoda, 1958

63 Cannon, 1932

64 Lazarus, 1966; Lazarus und Folkman, 1984

65 Taylor, 1986

66 Thompson, 1981; Averill, 1973

67 Cohen, Glass und Singer, 1973

68 Glass und Singer, 1972

69 Thompson, 1981

70 Johnson und Leventhal, 1974

71 Für eine Übersichtsarbeit siehe Taylor, 1986

72 Bandura, im Druck (Manuskript S. 23–24)

73 Taylor, 1986; Thompson, 1981; siehe auch Suls und Fletcher, 1985

74 Taylor und Clark, 1986; Langer, 1975; siehe auch Thompson, 1981

75 Cohen und Edwards, im Druck; Pearlin und Schooler, 1978; Hobfoll und London, 1986; Hobfoll und Walfisch, 1984

76 Scheier und Carver, 1985; Scheier, Weintraub und Carver, 1986

77 Kobasa, 1979

78 Kobasa, Maddi und Covington, 1981; Kobassa, Maddi und Kahn, 1982; Kobasa, Maddi und Puccetti, 1982; Kobasa und Puccetti, 1983

79 Salvatore Maddi, zitiert bei Brodoff, 1985, S. 235

80 Frederic Flach, zitiert bei Brodoff, 1985, S. 239

81 Markus und Nurius, 1986

82 Markus und Nurius, 1986; Taylor und Schneider, 1989; Wurf und Markus, im Druck. Wir halten offenbar jene Zukunftsereignisse, die wir einigermaßen klar vorhersehen können, für wahrscheinlicher als jene zukünftigen Situationen, von denen wir uns keine klare Vorstellung machen können (vgl. Übersicht bei Taylor und Schneider, 1989). Wenn man erst einmal ein Konzept des eigenen zukünftigen Selbst entwickelt hat, denkt man immer häufiger an diese Konzeption und kümmert sich im Falle ihrer Wünschbarkeit darüber hinaus darum, Wege zu ihrer Verwirklichung ausfindig zu machen. Eine solche konkrete und zielgerichtete Tätigkeit wird dann wieder von dem Glauben an unseren persönlichen Einfluß und die von uns über unsere Umwelt ausgeübte Kontrolle bestärkt.

KAPITEL 3

1 Konner, 1988

2 S. Taylor, vertrauliches Forschungsmaterial

3 Eine Quelle für diesbezügliche Informationen ist das National Center for Health Statistics. Siehe auch die Berichte der Surgeons General (wie zum Beispiel Harris, 1980)

4 American Cancer Society, 1982; *Oncology Times*, 1984

5 Ashley und Kannel, 1974

6 Siehe Matarazzo, 1982; Harris, 1980

7 Strickland, 1978; Wallston und Wallston, 1980

8 Bandura, 1977, 1986

9 Beck und Lund, 1981; Strecher, McEvoy De Vellis, Becker und Rosenstock, 1986; Bandura, Taylor, Williams, Mefford und Barchas, 1985; Bandura, 1986

10 Taylor, Bandura, Ewart, Miller und DeBusk, 1985

11 Kobasa und Puccetti, 1983

12 Langer und Rodin, 1976

13 Rodin und Langer, 1977

14 Schulz, 1976

15 Horowitz und Schulz, 1976; Schulz und Aderman, 1973; Horowitz und Schulz, 1985. Ein deutlicher Negativeffekt wurde allerdings nicht bei allen Untersuchungen festgestellt; dieses Forschungsgebiet ist dementsprechend von Kontroversen gekennzeichnet. Im Überblick läßt sich jedoch sagen, daß die vorliegenden Forschungsergebnisse den Schluß auf überwiegend negative Effekte nahelegen. Es ist in diesem Zusammenhang kennzeichnend, daß es bisher keiner Untersuchung gelungen ist, unfreiwilligen Umsiedlungen einen positiven Effekt zuzuschreiben.

16 Lemoine und Mougne, 1983

17 Lefcourt, 1973, S. 422

18 Engel, 1971, S. 774

19 Cottington, Matthews, Talbott und Kuller, 1980; Engel, 1971

20 Engel, 1971

21 Epidemiologische Daten zur Inzidenz, Prävalenz und anderen mit Krebserkrankungen zusammenhängenden Faktoren sind bei der American Cancer Society und der Weltgesundheitsorganisation (World Health Organization) erhältlich.

22 Siehe zum Beispiel Blumberg, West und Ellis, 1954

23 Fox, 1983

24 Siehe zum Beispiel Shekelle et al., 1981

25 Cassileth, Lusk, Miller, Brown und Miller, 1985; Derogatis, Abeloff und Melisaratos, 1979; Greer, Morris und Pettingale, 1979; Pettingale, Morris, Greer und Haybittle, 1985; Pettingale, Philalithis, Tee und Greer, 1981; Jensen, 1987; Levy, Herberman, Maluish, Schlien und Lippman, 1985; Rogentine et al., 1979; DiClemente und Temoshok, 1985; Temoshok et al., 1985

26 Kavetskii, 1958; Amkraut und Solomon, 1977

27 Sklar und Anisman, 1981

28 Sklar und Anisman, 1981; Bartop, Lockhurst, Lazarus, Kiloh und Penny, 1977; Tache, Selye und Day, 1979

29 Visintainer, Seligman und Volpicelli, 1983. Einige Studien, die eine Beziehung zwischen unkontrollierbaren belastenden Ereignissen und Krebs herzustellen versuchten, weisen zwar methodologische Mängel auf, die Wissenschaftler an den Resultaten zweifeln lassen; dennoch deutet die Tatsache, daß Untersuchungen an Menschen wie an Tieren ziemlich übereinstimmende Belege für eine Beziehung zwischen Kontrollmangel oder -verlust und Krebs ergeben haben, darauf hin, daß diese Beziehung möglicherweise tatsächlich besteht.

30 Schmale und Iker, 1971. In einer auf die Untersuchungen dieses Konzepts angelegten Studie haben Schmale und Mitarbeiter Frauen befragt, bei denen eine Biopsie des Gebärmuttermundes durchgeführt worden war; zur Zeit der Befragung warteten die Patientinnen auf das Ergebnis ihrer Biopsie (das heißt auf die Diagnose einer gutartigen oder bösartigen Erkrankung ihres Gebärmuttermundes). Diejenigen Frauen, die während des Interviews ein starkes Gefühl der Hoffnungslosigkeit zum Ausdruck brachten, hatten dabei im Rückblick eine höhere Krebshäufigkeit als die Patientinnen mit weniger negativen oder pessimistischen Gefühlen.

31 Sklar und Anisman, 1981; Thomas und Duszynski, 1974; Thomas, Duszynski und Shaffer, 1979; Shaffer, Duszynski und Thomas, 1982; Weisman und Worden, 1975. Eine weitere für die Beziehungen zwischen Krebs und psychischen Variablen (wie etwa Depression oder sozialer Rückhalt) wichtige Frage ist die nach der Richtung der in diesen Beziehungen herrschenden Kausalität. Wäre es nicht denkbar, daß Krebserkrankungen ihrerseits zu Depressionen oder dem Verlust von sozialem Rückhalt führen? Vielleicht werden außerdem sowohl Krebserkrankungen als auch die mit ihnen zusammenhängenden psychischen Variablen gemeinsam von einem dritten Faktor beeinflußt. Es gilt heute als erwiesen, daß Krebs zu Depressionen und dem Verlust sozialer Beziehungen führen kann (siehe Beispiel Wortmann und Dunkel-Schetter, 1979; Kübler-Ross, 1969). In langfristig angelegten longitudinalen Untersuchungen läßt sich zudem eindeutig nachweisen, daß psychische Variablen (wie etwa Depression oder sozialer Rückhalt) als zeitlich zuerst auftretender Faktor zur Entstehung von Krebserkrankungen beitragen können; eine umgekehrt wirksame Kausalität läßt sich dagegen mit diesem Datenmaterial nicht beweisen. Besorgniserregender ist die Möglichkeit, daß eine dritte Variable (wie etwa Geschlechtszugehörigkeit oder die Exposition gegenüber einer bestimmten karzinogenen Substanz) sowohl die Krebserkrankung als auch die psychologischen Variablen (das heißt Depressionen und der Verlust des sozialen Rückhalts) hervorrufen könnte. Untersuchungen, die die scheinbare kausale Beziehung zwischen diesen Faktoren zu beweisen versuchten, haben sich daher in der Regel bemüht, die wichtigsten dieser möglichen dritten Faktoren zu identifizieren und als Störungseinfluß aus dem Weg zu räumen. Das bedeutet natürlich andererseits nicht, daß man einen solchen sowohl das Krebsrisiko wie die genannten psychologischen Variablen beeinflussenden Faktor nicht unter Umständen zu einem

späteren Zeitpunkt noch entdecken wird. Die zum gegenwärtigen Zeitpunkt vorliegenden Forschungsberichte legen jedenfalls eine starke Beziehung sowohl zwischen Depressionen und Krebs (Shekelle et al., 1981) als auch zwischen Krebs und dem Verlust sozialer Kontakte (Sklar und Anisman, 1981) nahe.

32 Taylor, Lichtman und Wood, 1984a

33 Levy, 1983a, 1983b; Rogers, Duey und Reich, 1979; Solomon, Amkraut und Kasper, 1974

34 Für aktuelle Übersichten zum Thema siehe Stein, Keller und Schleifer, 1985; Calabrese, Kling und Gold, 1987; Kiecolt-Glaser und Glaser, im Druck.

35 Borysenko und Borysenko, 1982; Monjan und Collector, 1977; Keller, Weiss, Schleifer, Miller und Stein, 1981; Laudenslager, Reite und Harbeck, 1982; Reite, Harbeck und Hoffman, 1981. Stein und seine Kollegen postulieren zwei verschiedene Mechanismen zur Verstärkung der Immunfunktionen durch Streß. Niedriggradiger Streß – im experimentellen Rahmen etwa durch niedervoltigen Elektroschock simuliert – kann zu einer spezifisch nachweisbaren Verstärkung der Immunfunktionen führen (Solomon, 1969; Hirata-Hibi, 1967). In ähnlicher Weise hat man nachweisen können, daß einerseits bestimmte akute Streßereignisse eine vorübergehende Schwächung des Immunsystems bewirken können; die wiederholte Begegnung mit diesen Ereignissen kann allerdings zugleich zu einer Anpassung der Versuchstiere an die Stressoren und in manchen Fällen zu einer verbesserten Immunfunktion führen (Gisler, 1974; Monjan und Collector, 1977; Joasoo und McKenzie, 1976).

36 Hinkle, 1974; Meyer und Haggerty, 1962; Boyce et al., 1977; Glaser et al., 1987; siehe auch Jemmott und Locke, 1984.

37 Fischer et al., 1972; Kimzey, 1975; Leach und Rambaut, 1974.

38 Bartrop et al., 1977; Schleifer, Keller, McKegney und Stein, 1979; siehe auch Jemmott und Locke, 1984.

39 Hanson et al., 1976; Laudenslager et al., 1983; Bandura et al., 1985.

40 Weinstein, 1980, 1982, 1984, 1987

41 Weinstein, 1984

42 Weinstein, 1982, 1984

43 Scheier et al., 1986. Eine positive Stimmung ist darüber hinaus mit weniger körperlichen Symptomen verbunden; es ist allerdings nicht ganz klar, wodurch dieser Effekt zustande kommt (Persson und Sjoberg, 1987).

44 Scheier et al., 1988

45 Strack und Coyne, 1983

46 Peterson, Seligman und Vaillant, 1988

47 Friedman und Booth-Kewley, 1988. Diese Ergebnisse wurden von Friedman und Booth-Kewley mit Hilfe einer Meta-Analyse genannten besonderen statistischen Methode erarbeitet. Die Meta-Analyse ist eine gut kontrollierte Methode zur Herstellung von Verbindungen zwischen den Ergebnissen mehrerer verschiedener Forschungsgruppen. Kontrollierte analytische Vergleichsmethoden dieser Art sind in ihren Ergebnissen weitaus zuverlässiger als ein bloßer sichtender Vergleich zwischen den in Frage stehenden Untersuchungen zu einem bestimmten Thema.

Nun läßt sich natürlich die legitime Frage stellen, ob es die negativen Gefühle sind, die eine bestimmte Krankheit hervorrufen, oder ob es die Krankheit ist, die bestimmte negative Gefühle erzeugt. Manche der von den genannten Forschern analysierten Studien haben dieser Frage allerdings dadurch vorgebeugt, daß sie den psychiatrischen Gesundheitszustand ihrer Patienten *vor* dem Auftreten irgendwelcher Krankheitsanzeichen bestimmten. Auch diese Studien betonten die Bedeutung von negativen Gefühlen wie Depressionen, Ärger, Feindseligkeit und Angst bei der Entstehung von gutartigen und bösartigen Krankheiten.

48 Schmale, 1958; Imboden, Canter, Cluff, Leighton und Trevor, 1959; Imboden, Canter und Cluff, 1961. Es muß an dieser Stelle betont werden, daß die genannten Untersuchungen zur Auswirkung von bestimmten streßvollen Ereignissen und psychologischen Störungen auf immunologische Körperfunktionen bisher noch keinen Nachweis für einen *direkten* Zusammenhang zwischen der bei diesen Untersuchungen ermittelten Immunstörung und psychosomatischen Krankheitszuständen erbracht haben. So läßt sich zum Beispiel nicht wissenschaftlich beweisen, daß Menschen mit Depressionen häufiger von Infektionskrankheiten befallen werden. Die bei diesen Untersuchungen ermittelten immunologischen Funktionsstörungen sind vielmehr in vielen Fällen so minimal, daß es zweifelhaft erscheint, ob solche geringfügigen Schäden wirklich zu einer erhöhten Empfänglichkeit für die Entwicklung bestimmter Krankheitszustände führen können. Die wissenschaftliche Forschung unserer Tage erbringt jedoch nichtsdestoweniger immer mehr Nachweise dafür, daß die vielfach postulierte Verbindung zwischen Depressionen und unkontrollierten Streßereignissen einerseits und immunologischen Veränderungen und erhöhten Erkrankungsrisi-

ken andererseits in der Tat existiert; wie dieser Zusammenhang auch immer im Detail aussehen mag, das Konzept eines direkten oder indirekten Zusammenhangs zwischen Lücken in der immunologischen Körperabwehr und der Wahrscheinlichkeit des Auftretens bestimmter Krankheiten erscheint heute mehr und mehr glaubwürdig (Calabrese et al., 1987).

49 Kronfol et al., 1983. Die Untersuchungen über den möglichen Zusammenhang zwischen Depressionen und einer geschwächten Immunreaktion wurden hauptsächlich an psychiatrischen Patienten durchgeführt, die an einer schweren klinischen Depression erkrankt waren. Es ist daher keineswegs erwiesen, ob die von den meisten Menschen im Verlauf ihres Alltagslebens durchgemachten milden und «kleinen» Depressionen das Immunsystem in irgendeinem bedeutsamen und verläßlich nachweisbaren Ausmaß belasten.

50 Findley, 1953; Shapiro, 1960

51 Liberman, 1962, S. 761

52 Beecher, 1959

53 Shapiro, 1964, S. 74

54 Siegel, 1986, S. 35

55 Zur Diskussion des Themas siehe Taylor, 1986

56 Levine, Gordon und Fields, 1978

57 Shapiro, 1964

58 Liberman, 1962; Shapiro, 1964

59 Broskowski, 1981

60 Shapiro, 1964

KAPITEL 4

1 Freud, Sigmund, 1975, *Das Unbehagen in der Kultur*, 1930, in: Sigmund Freud Studienausgabe, Band IX, *Fragen der Gesellschaft – Ursprünge der Religion*, S. 212–213

2 Horney, 1950; Erikson, 1950; Sullivan, 1953; Maslow, 1954

3 Maslow, 1950, zitiert bei Jahoda, 1958, S. 28

4 Kübler-Ross, 1969; Lazarus, 1983

5 Siehe zum Beispiel Kübler-Ross, 1969

6 Goleman, 1985

7 Horney, 1950

8 Freud, 1915 / 1957; A. Freud, 1966

9 Weinberger, persönliche Mitteilung, 23. Oktober 1988

10 Weinberger, persönliche Mitteilung, 23. Oktober 1988

11 Sackeim, 1983

12 Sackeim, 1983, S. 114

13 Sackeim, 1983, S. 114

14 Weinberger, im Druck. Weinberger unterscheidet die Verdränger von jenen Personen, die sich nicht der Verdrängung bedienen. Dabei verwendet er eine Kombination der Taylor Manifest Anxiety Scale und einer das erwünschte Sozialverhalten messenden Skala, des Marlowe-Crowne Social Desirability Scale. Weinberger zufolge gehören Menschen mit einem hochgradig angepaßten Sozialverhalten und einem weitgehend unterdrückten Ausdruck ihrer Angstgefühle zu der Gruppe der Verdränger.

Wie Weinberger bereits in seiner Übersichtsarbeit andeutete, zeigen die Verdränger zwar einerseits weniger negative Gefühle als jene Menschen, die tatsächlich weniger Angst empfinden. Wenn man die Streßreaktionen dieser Gruppe allerdings mit Hilfe von psychophysischen Parametern, Analysen ihres Sprechverhaltens, ihrer Mimik und anderer nonverbaler Kommunikationsformen eingehender untersucht, kommt man zu dem Ergebnis, daß die Verdränger mindestens so angstbelastet sind wie über chronische Belastungen klagende Personengruppen; in Einzelfällen ist der Angstpegel bei den Verdrängern sogar noch höher als bei dieser Vergleichsgruppe (S. 52). Im weiteren unterscheidet Weinberger die Verdränger von den, in den Worten George Vaillants, «gut angepaßten Gefühlsunterdrückern, die Konflikten nach Möglichkeit und in angemessenen Fällen nicht ausweichen, sondern die Beschäftigung mit diesem Konflikt bloß einstweilen aufschieben» (S. 52). Diese von Vaillant erwähnten gut angepaßten Gefühlsunterdrücker weisen demnach mit den von uns beschriebenen, von normalen Illusionen Gebrauch machenden Personen eine beträchtliche Ähnlichkeit auf.

15 Doster, 1975

16 Nielsen und Fleck, 1981. Im Vergleich mit tatsächlich angstfreien oder weitgehend angstlosen Menschen scheinen sich die Verdränger mit der Erkenntnis und der Bewältigung vieler Aspekte von negativen Gefühlen recht schwer zu tun. Wenn man sie zum Beispiel fragt, wie sie sich beim Tod ihres Ehepartners fühlen würden, erkannten die Verdränger zwar, daß sie traurig sein würden, erwiesen sich aber gegenüber einer Vielzahl von subtileren Emotionen wie etwa dem von Hinterbliebenen oft empfundenen Verlassenheitszorn als weitgehend blind.

17 Wilkins, Epting und Van De Reit, 1972

18 Weinberger, im Druck, S. 36

19 Weinberger, im Druck. Trotz der von ihnen angegebenen niedrigen Angstpegel läßt sich an den physiologischen Antworten der Verdränger auf bedrohliche Informationen eine innere Erregung ablesen, die weit über das hinausgeht, was wirklich angstarme Menschen in vergleichenden Situationen empfinden.

20 Weinberger, im Druck

21 Jensen, 1987; siehe auch Viney, 1986

22 Weinberger, im Druck

23 Taylor, im Druck. Für eine Diskussion dieses Themas siehe Kapitel 3

24 Lehman und Taylor, 1987

25 Weinberger, im Druck, S. 51

26 Blumberg, 1972; Parducci, 1968; Tesser und Rosen, 1975; Goffman, 1955

27 Vgl. die Übersicht bei Swann, 1983, 1984

28 Swann und Hill, 1982; Swann und Read, 1981 a, 1981 b; vgl. auch die Übersicht bei Swann, 1983, 1984

29 Eckland, 1968; Hill, Rubin und Peplau, 1976; Richardson, 1939; Spuhler, 1968; vgl. die Übersicht bei Swann, 1984; Second und Backman, 1965; Swann, 1983

30 Tesser, 1980; Tesser und Campbell, 1980, 1982; Tesser, Campbell und Smith, 1984; Tesser und Paulhus, 1983

31 Vgl. die Übersicht bei Swann, 1983, 1984

32 Baker, 1986, S. 26

33 Pinneau, 1975; Cobb, 1976; House, 1981; Schaefer, Coyne und Lazarus, 1981

34 Siehe Wallston und Wallston, 1982, dort Übersicht. Nach verbreiteter psychologischer Auffassung ist sozialer Rückhalt unabhängig davon, ob sie im Augenblick unter Streß stehen oder nicht, für alle Menschen unentbehrlich. Wir scheinen unseren Erfolg immer noch ein bißchen mehr zu genießen, wenn wir ihn zusammen mit unseren nahen Freunden und unserer Familie feiern können. Sozialer Rückhalt kann allerdings nach Meinung mancher Psychologen insbesondere unter Streßbedingungen zur Milderung der psychischen Nebenwirkungen äußerer und innerer Belastung führen. Auch wenn der soziale Rückhalt mit anderen Worten zu allen Zeiten zu unserem Wohlbefinden beiträgt, ist sein Einfluß auf unsere psychische und physische Gesundheit in einer Streßsituation mit am stärksten ausgeprägt. In diesem Sinn dämpft der soziale Rückhalt die negativen Auswirkungen von Streß (siehe zum Beispiel Cohen und Hoberman, 1983).

35 Vertrauliches Forschungsmaterial. Im Zusammenhang mit diesen im folgenden Abschnitt berichteten Fallgeschichten mag der Hinweis nützlich sein, daß verheiratete Menschen ihre Krebserkrankungen nach der Diagnosestellung eher zu überleben scheinen als unverheiratete Menschen (American Cancer Society, 1982). Im Vergleich zu geschiedenen, verwitweten oder nie verheirateten Personen haben verheiratete Menschen eine höhere Chance, fünf Jahre nach ihrer Krebserkrankung noch am Leben zu sein; die höchste Krebsmortalität in diesem Vergleich findet sich dann wiederum bei geschiedenen Individuen.

36 Man hat immer wieder und immer wieder neu und anders versucht, den Begriff des sozialen Rückhalts schlüssig zu definieren; in letzter Zeit hat man sich allerdings allgemein darauf geeinigt, die Hauptvorteile des sozialen Rückhalts in der Zurverfügungstellung konkreter Hilfeleistungen, nützlicher Informationen und emotionaler Unterstützung zu sehen (siehe zum Beispiel Pinneau, 1975; House, 1981; Schaefer et al., 1981).

37 Lieberman, 1983; Suls, 1982; Coyne, 1976a, 1976b

38 Siehe Taylor, Collins, Skokan und Aspinwall, im Druck

39 Orwell, 1949, S. 177

40 Vgl. Übersichten bei Fiske und Taylor, 1984; Nisbett und Ross, 1980; Greenwald, 1980

41 Vgl. Übersichten bei Fiske und Taylor, 1984; Nisbett und Ross, 1980; Greenwald, 1980

42 Wixon und Lairs, 1976; S. 384

43 Eine Beschreibung dieses Vorgangs findet sich zum Beispiel bei Klatzky, 1975

44 Siehe Greenwald, 1980

45 Orwell, 1949, S. 176

46 Greenwald, 1980; Walster und Berscheid, 1968; siehe auch Swann, 1983; Markus und Nurius, 1986

47 Greenwald, 1980

48 Fischhoff, 1976

49 Vgl. Übersicht zum Beispiel bei Zimbardo, Ebbesen und Maslach, 1977

50 Taylor und Brown, 1988

51 Campbell, 1986; Harackiewicz, Manderlink und Sansone, 1984; Lewecki, 1984, 1985; Rosenberg, 1979

52 Siehe Taylor und Brown, 1988; siehe auch Wurf und Markus, 1983

53 Taylor und Brown, 1988

54 Markus, 1977; Wurf und Markus, 1983

55 Warfield, 1957, S. 36, zitiert bei Goffman, 1963

56 Siehe zum Beispiel die Diskussion der gerade laufenden Untersuchungen über Manager der amerikanischen Telefon- und Telegrafengesellschaft bei Brim, 1988

57 Baumeister und Scher, 1988. Man sollte an dieser Stelle allerdings anmerken, daß man nicht der Ansicht verfallen darf, alles selbstzerstörerische Verhalten stehe letztlich im Dienst des Ich. Vielmehr gibt es hier eine klare Balance zwischen Nutzen und Schaden. Selbstbehindernde Verhaltensweisen machen keinen Menschen glücklich. Sie führen im Gegenteil meist dazu, daß es den Betroffenen miserabel geht – dabei geht es ihnen andererseits aber in der Regel etwas weniger schlecht, als es ihnen gegangen wäre, wenn sie ihr Versagen auf eine Eigenschaft ihrer Person zurückgeführt hätten, die ihrer Selbstachtung noch stärker zusetzt als die gewählte Unfähigkeit.

58 Berglas und Jones, 1978; Jones und Berglas, 1978

59 Zur Diskussion dieses Themas siehe Sackeim, 1983; Fingarette, 1969; Sackeim und Gur, 1978, 1979; Greenwald, 1980. Sackeim und Gur behaupten, daß vier Kriterien notwendig und ausreichend sind, um die beobachteten Phänomene als Selbstbetrug zu identifizieren. Das betroffene Individuum muß erstens mehrere widersprüchliche Glaubensvorstellungen unterhalten und gleichzeitig vertreten. Es muß sich im weiteren einer dieser Glaubensvorstellungen unbewußt sein und schließlich durch einen bewußten Akt determinieren, welche der beiden Vorstellungen an das Bewußtsein dringen darf und welche nicht.

Auch wenn die zum Nachweis eines Selbstbetruges verwendete Methodologie auf das heftigste umstritten worden ist (siehe zum Beispiel Douglas und Gibbons, 1983; Rubin, 1985; Smith und Richardson, 1985), hat man die Existenz des Phänomens selbst im allgemeinen anerkannt.

60 Greenwald, 1980

61 Gur und Sackeim, 1979; siehe auch Viney, 1986. Lettieri, 1983, fand eine positive Korrelation zwischen Selbstbetrug und Selbstbewußtsein, aber keinen Zusammenhang zwischen Selbstbewußtsein und psychischer Gesundheit. Die statistische Beziehung zwischen Selbstbetrug und psychischer Gesundheit war allerdings ihrerseits nur schwach. Bei Untersuchungen mit der MMPI-Skala (Minnesota Multiphasic Personality Inventory) hat man entsprechend ermittelt,

daß erhöhte Werte auf der K-Skala (die eine defensive Einstellung bemißt) mit einer intakten Wirklichkeitsanpassung, einer fröhlichen Grundstimmung und Optimismus einhergehen (Welsh und Dahlstrom, 1956; Butcher, 1969; Dahlstrom, Welsh und Dahlstrom, 1975).

62 A. Bartlett Giamatti, zitiert in der Zeitschrift *Time*, Ausgabe vom 23. Juni 1986, S. 94

KAPITEL 5

1 Heinrich und Kriefel, zitiert bei Goffman, 1983

2 Die folgenden Studien beschäftigen sich mit der psychischen Erholung von traumatischen Ereignissen: Taylor, 1983; Antonovsky, 1979; Andreason und Norris, 1972; Brickman et al., 1978; Chodoff, Friedman und Hamburg, 1964; Frankl, 1963; Myers, Friedman und Weiner, 1970; Visotsky, Hamburg, Goss und Lebovits, 1961; Thompson, 1985. Das unter bestimmten Umständen erfolgte Ausbleiben einer vollständigen emotionalen Erholung nach seelischen Traumata ist ein weiteres Thema; hierfür sei der Leser auf folgende Untersuchungen verwiesen: Silver und Wortman, 1980; Silver, 1980; Wortman und Silver, 1987; Berglas, 1985.

3 Taylor, 1983

4 Janoff-Bulman und Frieze, 1983

5 Janoff-Bulman, im Druck

6 Siehe zum Beispiel Burgess und Holstrom, 1979; Leventhal, 1975; siehe auch Taylor, Wood und Lichtman, 1983

7 Seligman, 1975; Brehm, 1966; Wortman und Brehm, 1975

8 Siehe die Diskussion dieses Themas in Kapitel 2 und 3. Vgl. auch Übersichten bei Thompson, 1981; Fiske und Taylor, 1984

9 Briar, 1966; Scholzman und Verba, 1979; Abrams und Finesinger, 1953; Burgess und Holmstrom, 1979

10 Kleck, 1968, S. 1245

11 Erikson, 1976; Janoff-Bulman und Frieze, 1983

12 Davis, 1961

13 Diese und andere Berichte von Krebspatienten entstammen, wenn nicht anders erwähnt, vertraulichen Forschungsinterviews von Taylor, Lichtman und Wood.

14 Ryan, 1971

15 Lerner, 1965, 1970; Lerner und Lichtman, 1968; Lerner und Matthews, 1967; Lerner und Simmons, 1966

16 *CBS Evening News*, 15. März 1982

17 Unveröffentlichtes vertrauliches Forschungsmaterial
18 Siehe Silver und Wortman, 1980; Turk, 1979; Thompson, 1985; Keyes, 1985
19 Silver und Wortman, 1980
20 Gurin, Veroff und Feld, 1960; Wills, 1983
21 Burgess und Holmstrom, 1979
22 Wood, Taylor und Lichtman, 1985
23 *CBS Evening News*, 31. Mai 1982
24 Unveröffentlichtes vertrauliches Forschungsmaterial
25 CBS, *A Time to Die*, Juli 1982
26 Taylor et al., 1983
27 Taylor et al., 1983
28 *CBS Evening News*, 31. Mai 1983
29 Festinger, 1954; Überblick zum Thema bei Suls und Miller, 1977
30 Wills, 1981
31 Taylor et al., 1983
32 Taylor et al., 1983, S. 29
33 Kübler-Ross, 1969, S. 99
34 Taylor et al., 1983
35 Wortman und Dunkel-Schetter, 1979
36 Easterlin, 1974; Silver, 1980; Gallup, 1976–1977; Brickman et al., 1978; Diener, 1984; Watson, 1930; Tellegan, 1979
37 Diener, 1984
38 Siehe zum Beispiel Leventhal, 1975; siehe auch Taylor, 1983
39 Kübler-Ross, 1969; Lazarus, 1983
40 Taylor, 1983
41 Goldman, 1947, S. 38
42 Ohnstad, 1942, S. 69
43 Taylor et al., 1984 a
44 Taylor, 1983, S. 1163
45 Taylor, 1983, S. 1164
46 Taylor, 1983, S. 1163
47 Taylor et al., 1984 b
48 Taylor, 1983, S. 1164
49 Taylor, 1983
50 Taylor et al., 1984 b; siehe auch Marks, Richardson, Graham und Levine, 1986
51 Affleck, Tennen, Pfeiffer und Fifield, 1987
52 Seligman, 1975
53 Affleck et al., 1987

54 Clements und Sider, 1983; Crile, 1972; Lyman, Wurtele und Shannon, 1980
55 Greenfield, Kaplan und Ware, im Druck
56 Siehe zum Beispiel Crile, 1972; oder Clements und Sider, 1983
57 Wagener und Taylor, 1986
58 Wagener und Taylor, 1986, S. 491
59 Vgl. die Diskussion dieses Themas bei Taylor, 1983; Showers und Cantor, 1985. Der Sinn dieser Diskussion besteht natürlich nicht darin zu unterstellen, die Auswirkungen der erlernten Hilflosigkeit beim Menschen existierten nicht. Solche Auswirkungen kommen vielmehr bei vielen Menschen und insbesondere bei solchen Bevölkerungsgruppen vor, die innerhalb bestimmter Institutionen (wie etwa dem Militär) einer starken externen Kontrolle unterworfen sind (siehe Taylor, 1979; Seligman, 1975; Wortman und Brehm, 1975). Was hier gezeigt werden soll, ist vielmehr, daß der Mensch im Unterschied zu Versuchstieren wie etwa den Ratten eine hochentwickelte symbolische Vorstellungskraft und ein Potential für vielschichtige Zielsetzungen hat. Durch seine hochentwickelte Vorstellungskraft ist der Mensch darüber hinaus fähig, seine verschiedenen Ziele auf alternativen Wegen zu erreichen. Anstelle der in bestimmten Versuchssituationen erwarteten erlernten Hilflosigkeit beobachtet man daher beim Menschen ein aktives und zielstrebiges Verhalten, das sich einer Vielzahl von vernetzten Bewältigungsstrategien bedient.
60 Taylor, 1983; Chodoff et al., 1964; Frankl, 1963; Mechanic, 1977; Visotsky et al., 1961; Weisman und Worden, 1975; Thompson, 1985, 1988
61 Taylor, 1983
62 Taylor, 1983
63 Lehman, Wortman und Williams, 1987
64 Hollander, 1983
65 Taylor, 1983, S. 1163
66 Taylor, 1983, S. 1163
67 Taylor, 1983, S. 1163
68 Taylor, 1983, S. 1163
69 Silver und Wortman, 1980; Wortman und Silver, 1982; Lehman, Ellard und Wortman, 1986; Silver, 1980
70 Janoff-Bulman, 1979, im Druck
71 Silver, Boon und Stones, 1983
72 Collins, Taylor und Skokan, 198
73 Vaillant, 1977, S. 7

KAPITEL 6

1 Die allgemeinen Beschreibungen der Manie stammen von Tyler und Shopsin, 1982; American Psychiatric Association, 1980

2 *Time*, 8. Januar 1973

3 Goodwin und Jamison, im Druck, Kapitel 18 (Manuskript S. 24).

4 Vgl. die Übersicht bei Goodwin und Jamison, im Druck. Die in diesem Abschnitt verwendeten Berichte über Komponisten, Romanciers und Dichter stammen, sofern nicht anders erwähnt, aus derselben Quelle.

5 Kraepelin, 1921

6 Goodwin und Jamison, im Druck

7 Broyard, 1985, S. 9

8 Broyard, 1985, S. 9

9 Brief von Robert Lowell an Theodore Roethke, 1963; zitiert bei Goodwin und Jamison, im Druck

10 Die im folgenden erwähnten möglichen Beziehungen zwischen Manie und Kreativität entstammen Goodwin und Jamison, im Druck.

11 Erikson, 1960

12 Andreason, 1980

13 Goodwin und Jamison, im Druck

14 Storr, 1968

15 Tiger, 1979, S. 162

16 Goodwin und Jamison, im Druck

17 Manche Psychologen vertreten die These, die im Rahmen der Manie auftretende Selbstüberhöhung sei in Wirklichkeit eher ein defensiver Mechanismus, der unter Umständen nichts anderes darstelle als eine verkleidete Form der Depression (Zigler und Glick, 1988) oder eine Maske für ein geringes Selbstbewußtsein (Winters und Neale, 1985). Die manische Selbstüberhöhung stellt nach dieser Ansicht einen psychologischen Zustand dar, der sich von der Selbstüberschätzung normaler Personen qualitativ deutlich unterscheidet.

18 An dieser Stelle darf nicht unerwähnt bleiben, daß es mehrere verschiedene Formen der Depression gibt, die trotz einer verwandten Symptomatik auf verschiedene Quellen zurückzuführen sind. Die sogenannte *reaktive Depression* ist eine in der Regel vollkommen normale und vorübergehende psychische Reaktion auf ein Verlust- oder Streßereignis wie etwa den Tod eines Elternteils oder die Diagnose einer ernsthaften Erkrankung. Eine *bipolare Depression* ist dagegen Teil des manisch-depressiven Syndroms. *Unipolare Depressionen*, die bei weitem häufigste Form der Depression, sind ihrer-

seits Ergebnis einer chronisch-dysphorischen (mißgestimmten) Reaktion, die nach allgemeiner Ansicht objektiv nicht mehr im Verhältnis zu dem ihr ursächlich zugrunde liegenden Ereignis steht; sie dauert zudem in der Regel länger an, als man unter normalen Bedingungen erwarten würde. Auch wenn manche unserer Aussagen durchaus auch für andere Formen und Symptome der Depression Gültigkeit beanspruchen können, werden wir in diesem Kapitel im wesentlichen auf die unipolare Depression Bezug nehmen.

19 Die in diesem Kapitel beschriebenen Symptome der Depression finden sich in der Definition der American Psychiatric Association, 1980.

20 Scarf, 1979, S. 47

21 Minkoff, Bergman, Beck und Beck, 1973

22 Goodwin und Jamison, im Druck

23 Freud, 1950, S. 156. *Deutsch*: Freud, Sigmund, 1975, *Trauer und Melancholie*, 1915, in: Sigmund Freud Studienausgabe, Band III, *Psychologie des Unbewußten*, S. 200, Frankfurt, S. Fischer

24 Abramson und Alloy, 1981

25 Vgl. die Übersichten bei Abramson und Alloy, 1981; Alloy, Abramson und Viscusi, 1981; Alloy und Ahrens, 1987; Brown, 1985, 1986; Campbell und Fairey, 1985; Derry und Kuiper, 1981; Golin et al., 1977; Golin et al., 1979; Greenberg und Alloy, im Druck; Kuiper, 1978; Kuiper und Derry, 1982; Kuiper und MacDonald, 1982; Kuiper et al., 1985; Lewinsohn et al., 1980; MacDonald und Kuiper, 1984; Nelson und Craighead, 1977; Pietromonaco und Markus, 1985; Pyszczynski, Holt und Greenberg, 1987; Rizley, 1978; Sweeney, Shaeffer und Golin, 1982; siehe Coyne und Gotlib, 1983; Ruehlman, West und Pasahow, 1985; Watson und Clark, 1984

Man sollte an dieser Stelle erwähnen, daß sonst nichtdepressive, aber an mangelnder Selbstachtung leidende Personen bei der Verarbeitung von das Selbst betreffenden Informationen viele der an depressiven Menschen beobachteten Eigentümlichkeiten aufweisen (Shrauger und Terbovic, 1976). In Kapitel 1 haben wir das Konzept des Selbst-Schemas eingeführt, das unter anderem die Organisation von das Selbst betreffenden Informationen beinhaltet. Da depressive Menschen negativere Selbst-Schemata haben als nichtdepressive, neigen sie verstärkt dazu, die ihnen begegnenden Situationen in einer für sie selbst wenig schmeichelhaften Weise zu interpretieren. In jeder für das Selbst scheinbar relevanten Lebenslage tendiert folglich ein depressiver Mensch zu einer herabsetzenden Deutung seines Verhaltens. Dieses negative Selbst-Konzept wird gegenüber neuen Informationen so rücksichtlos zur Anwendung gebracht, daß die depressive Person schließlich unfähig wird, alternative und positivere Selbstwahrnehmungen zu entwickeln (MacDonald und Kuiper, 1984).

26 Abramson, Alloy und Rosoff, 1981; Benassi und Mahler, 1985; De-Monbreun und Craighead, 1977; Gotlib, 1983; siehe Beck, 1967; siehe auch Dykman, Abramson, Alloy und Hartlage, im Druck

27 Lewinsohn et al., 1980

28 Coyne, im Druck; Coyne, 1976a, 1976b; Coyne et al., 1987; Strack und Coyne, 1983

29 Beck, zitiert bei Seligman, 1975, S. 83

30 Abramson et al., 1981

31 Linville, 1982, 1987

32 Abramson et al., 1981; siehe auch Bargh und Tota, 1988; Ellis, Thomas und Rodriguez, 1984; Ellis, Thomas, Macfarland und Lane, 1985

33 Brown und Harris, 1978; Kuiper und Olinger, 1988

34 Paykel, 1982

35 Layne, 1983

36 Beck, 1967; Beck, Rush, Shaw und Emery, 1979; Beck, 1974

37 Abramson und Alloy, 1981; Abramson, Seligman und Teasdale, 1978; Peterson und Seligman, 1984; siehe auch Andersen und Lyon, 1987

38 Brewin, 1985; Coyne und Gotlib, 1983; Sweeney, Anderson und Bailey, 1986; Peterson und Seligman, 1984; Nolen-Hoeksema, Girgus und Seligman, 1986; siehe auch Brown und Siegel, im Druck. Abramson, Alloy und Metalsky, im Druck; Abramson, Metalsky und Alloy, im Druck, schlagen vor, daß Verantwortungszuschreibungen für negative Ereignisse für einige Formen der Depression von Bedeutung seien, nicht aber für andere.

39 Nach einer Übersicht des vorliegenden Forschungsmaterials kommt Brewin, 1985, zum Beispiel zu dem Ergebnis, daß wir keinerlei Veranlassung haben, den negativen Erklärungsstil als *Verursacher* oder Erzeuger einer Depression anzusehen, dieser Erklärungsstil sei vielmehr nur eines der psychologischen *Charakteristika* der Depression (siehe auch Cochran und Hammen, 1985). Rholes, Riskind und Neville, 1985, und Anderson und Arnoult, 1985, meinen, daß das Gefühl eines Kontrollverlusts zur Auflösung einer Depression führen kann. Kuiper und Olinger, 1988, vermuten dagegen zum Beispiel, daß die für Depressionen anfälligen Personen über defekte kognitive

Mechanismen verfügen, die ihnen die Herstellung eines intakten Selbstwertgefühls verunmöglichen. Solche Menschen neigen, insbesondere unter Streßeinfluß, zu Angstgefühlen; außerdem entwickeln sie in der Regel eine so ausgeprägte Empfindlichkeit für das Urteil anderer Menschen, daß sie sich in streßbelasteten Zeiten bisweilen mehr oder weniger unfreiwillig in soziale Isolation begeben.

Swallow und Kuiper, 1988, argumentieren, daß depressionsanfällige Menschen bei der Auswahl jener Menschen, mit denen sie sich vergleichen, entscheidende Fehler machen. Während normale Menschen sich mit Menschen vergleichen, denen es entweder schlechter- oder in einer erreichbaren Weise bessergeht als ihnen, neigen depressive Personen dazu, sich mit solchen Menschen zu vergleichen, die deutlich glücklicher sind als sie und deren Eigenschaften oder Erfolge sie niemals zu erreichen hoffen können.

Pyszczynski und Greenberg, 1987, glauben, Depressionen würden durch Streßereignisse ausgelöst, die unser Selbstwertgefühl bedrohen. Im Gefolge eines solchen Ereignisses werden die Betroffenen dann unter Umständen in einen chronisch-egozentrischen Zustand versetzt, der seinerseits zu negativen Gefühlen, Selbstentwertungen und anderen unser Selbstwertgefühl gefährdeten Erfahrungen führt.

Andere (wie zum Beispiel Hammen, Miklowitz und Dyck, 1986; Dance und Kuiper, 1987) verweisen darauf, daß negative Selbst-Schemata zwar vermutlich für die Symptomatik, nicht aber notwendigerweise bei der Entstehung von Depressionen von Bedeutung sind.

40 Bargh und Tota, 1988
41 *Psychology Today*, April 1979, S. 58
42 Zis und Goodwin, 1982
43 Hammen, persönliche Mitteilung
44 Coyne, 1976a, 1976b
45 Hammen et al., 1986; Kuiper et al., 1985. Depressive Menschen haben interessanterweise zwar kaum positive Illusionen von sich selbst, aber durchaus positive Illusionen von anderen Personen. So neigen sie zum Beispiel dazu, das Ausmaß der Kontrolle zu überschätzen, die eine andere Person über eine bestimmte Situation auszuüben vermag, ihren eigenen Einfluß aber unterschätzen sie im Zweifelsfall eher (Martin, Abramson und Alloy, 1984; Golin et al., 1977; Alloy und Ahrens, 1987; Tabachnik, Crocker und Alloy, 1983).

46 Vgl. die Diskussion von sozialen Rollen und Sexualität und deren Beziehungen zur Depression bei Brown und Harris, 1978 sowie bei Oatley und Bolton, 1985.

47 Klerman, 1979, 1986

48 Goodwin und Jamison, im Druck

49 S. Taylor, vertrauliches Forschungsmaterial

50 Paykel, 1982; Gotlib, 1984

KAPITEL 7

1 Wagner, 1986, S. 14

2 Ich möchte an dieser Stelle nicht den Eindruck erwecken, die hier beteiligten Wissenschaftler seien nur an speziellen wissenschaftlichen Fragestellungen interessiert gewesen und hätten dabei die Fragestellung als ganzes irgendwie aus den Augen verloren. Dies wäre eine unsinnige Unterstellung. Die Entstehung dieses neuen Forschungsfeldes wurde vielmehr von vielen Wissenschaftlern aus meinem Gebiet bezeugt. Um nur einige wenige zu nennen, erwähne ich Anthony Greenwald, Richard Lazarus, George Vaillant (der allerdings sehr unterschiedliches Beweismaterial verwendete) und Richard Nisbett. Viele andere Psychologen hielten es dagegen nicht für unbedingt notwendig, dieses von ihnen durchaus wahrgenommene Forschungsgebiet als solches besonders anzusprechen, da sie seine Existenz als Ausdruck einer logischen Weiterentwicklung der bereits bestehenden psychologischen Fachliteratur ansahen.

3 Janoff-Bulman, im Druck

4 Collins et al., 1988

5 Weisz, Rothbaum und Blackburn, 1984, S. 965

6 Morrow, 1983, S. 22

7 Weisz et al., 1984, S. 965

8 Seligman, 1975

9 Übersichten bei Harter, 1983; Maccoby und Martin, 1983; Skinner und Chapman, 1987; Connell, 1985; Ryan, Connell und Grolnick, im Druck; Skinner und Connell, 1986; Harter, 1981; Hightower et al., 1986

10 Ryan und Grolnick, 1986; Ryan, Connell und Deci, 1985; Hess und Holloway, 1985; Becker, 1964; Schaefer, 1959; Baldwin, 1949; Baumrind, 1967, 1971; Dornbusch, Ritter, Leiderman, Roberts und Fraleigh, 1987; deCharms, 1976; Deci, Nezlek und Sheinman, 1981; Grolnick und Ryan, 1987a, 1987b

11 Grolnick und Ryan, 1988

12 Ryan und Grolnick, 1986
13 Vgl. die Übersichten bei Harter, 1983, sowie bei Maccoby und Martin, 1983
14 Grolnick und Ryan, 1987b; Ryan et al., im Druck; Gordon, Nowicki und Wichern, 1981; Patterson, 1976; Hatfield, Ferguson und Alpert, 1967; Loeb, Horst und Horton, 1980
15 Baumeister, im Druck
16 Baumeister, Tice und Hutton, im Druck; Parducci, 1968
17 Man könnte hier einwenden, daß die Manie genau einen solchen Zustand repräsentiere. Die bei der Manie und in hypomanischen Phasen auftretenden grandiosen Wahrnehmungsformen sind jedoch nach allgemeiner Ansicht in sich noch keine behandlungsbedürftigen Probleme. Sie können vielmehr insofern als Anstoß für eine Therapie wirken, wenn man sie gelegentlich als Vorboten eines bevorstehenden extremeren Ereignisses ansieht, das sich dann in Form eines depressiven Stimmungstiefs oder einer manifesten manischen Phase mit den sie begleitenden psychotischen Symptomen manifestiert. Die bei der Manie und in hypomanischen Phasen auftretenden Wahrnehmungsformen werden jedoch in der Regel an sich nicht zum Objekt einer klinischen Intervention.
18 Diskussion dieses Themas bei Nisbett und Ross, 1980; Fiske und Taylor, 1984
19 Man könnte an dieser Stelle verwundert fragen, ob dieser die mangelhafte Qualität seiner Arbeit nicht realisierende Mann nicht dazu verurteilt wäre, bei einem «neuen Anfang» seine alten Fehler zu wiederholen. Die meisten lernpsychologischen Theoretiker würden diesem Argument allerdings entgegenhalten, daß dieser Mann – eine ausreichend negative Grundsituation vorausgesetzt – zur Verwirklichung seiner Ziele eine ganz neue Umgebung auswählen und damit seine zukünftigen Erfolgschancen deutlich verbessern würde.
20 Siehe Fiske und Taylor, 1984
21 Brown, 1986, S. 375
22 Janoff-Bulman und Brickman, 1982
23 Siehe Baumeister, im Druck
24 Vaillant in einer Paraphrase der Thesen von Edward Glover
25 Siehe zum Beispiel Vaillant, 1977
26 Siehe zum Beispiel Stipek, 1984

Abrams, R. D., & Finesinger, J. E. (1953). Guilt reactions in patients with cancer. *Cancer, 6*, 474–482.

Abramson, L. Y., & Alloy, L. B. (1981). Depression, non-depression, and cognitive illusions: A reply to Schwartz, *Journal of Experimental Psychology, 110*, 436–447.

Abramson, L. Y., Alloy, L. B., & Metalsky, G. I. (in press). The cognitive diathesis-stress theories of depression: Toward an adequate evaluation of the theories' validities. In L. B. Alloy (Ed.), *Cognitive process in depression*. New York: Guilford Press.

Abramson, L. Y., Alloy, L. B., & Rosoff, R. (1981). Depression and the generation of complex hypotheses in the judgement of contingency. *Behaviour Research and Therapy, 19*, 35–45.

Abramson, L. Y., Metalsky, G. I., & Alloy, L. B. (in press). The hopelessness theory of depression: Does the research test the theory? In L. Y. Abramson (Ed.), *Social cognition and clinical psychology: A synthesis*. New York: Guilford Press.

Abramson, L. Y., Seligman, M. E. P., & Teasdale, J. (1978). Learned helplessness in humans: Critique and reformulation. *Journal of Abnormal Psychology, 87*, 49–74.

Adler, A. (1930). Individual psychology. In C. Murchinson (Ed.), *Psychologies of 1930* (pp. 395–405). Worcester, MA: Clark University Press. – Deutsch: *Über den nervösen Charakter*.

Affleck, G., Tennen, H., Pfeiffer, C., & Fifield, J. (1987). Appraisals of control and predictability in adapting to a chronic disease. *Journal of Personality and Social Psychology, 2*, 273–279.

Alicke, M. D. (1985). Global self-evaluation as determined by the desirability and uncontrollability of trait adjectives. *Journal of Personality and Social Psychology, 49*, 1621–1630.

Alloy, L. B., Abramson, L. Y., & Viscusi, D. (1981). Induced mood and the illusion of control. *Journal of Personality and Social Psychology, 41*, 1129–1140.

Alloy, L. B., & Ahrens, A. H. (1987). Depression and pessimism for the future: Biased use of statistically relevant information in predictions for self versus others. *Journal of Personality and Social Psychology, 52*, 366–378.

Allport, F. H. (1955). *Theories of perception and the concept of structure*. New York: Wiley.

Allport, G. W. (1955). *Becoming: Basic considerations for a psychology of personality*. New Haven, CT: Yale University Press. – Deutsch: *Wer den der Persönlichkeit: Gedanken zur Grundlegung einer Psychologie der Persönlichkeit.* München: Kindler 1974.

Alper, T. G. (1952). The interrupted task method in studies of selective recall: A re-evaluation of some recent experiments. *Psychological Review, 59*, 71–88.

American Cancer Society. (1982). *Cancer facts and figures, 1983.* New York: Author.

American Psychiatric Association. (1980). *Diagnostic and statistical manual of mental disorders* (3rd ed.). Washington, DC: Author.

Amkraut, A., & Solomon, G. F. (1977). From the symbolic stimulus to the pathophysiologic response: Immune mechanisms. In Z. P. Lipowski, D. R. Lipsitt, & D. C. Whybrow (Eds.), *Psychosomatic medicine: Current trends and clinical applications* (pp. 228–250). New York: Oxford University Press.

Andersen, S. M., & Lyon, J. E. (1987). Anticipating undesired outcomes: The role of outcome certainty in the onset of depressive affect. *Journal of Experimental Social Psychology, 23*, 428–443.

Anderson, C. A. (1983). Imagination and expectation: The effect of imagining behavioral scripts on personal intentions. *Journal of Personality and Social Psychology, 45*, 293–305.

Anderson, C. A., & Arnoult, L. H. (1985). Attributional style and everyday problems in living: Depression, loneliness, and shyness. *Social Cognition, 3*, 16–35.

Andreason, N. C. (1980). Mania and creativity. In R. H. Belmaker & H. M. Van Praage (Eds.), *Mania: An evolving concept.* New York: Spectrum.

Andreason, N. J. C., & Norris, A. S. (1972). Long-term adjustment and adaptation mechanisms in severely burned adults. *Journal of Nervous and Mental Disease, 154*, 352–362.

Antonovsky, A. (1979). *Health, stress, and coping.* San Francisco: Jossey-Bass.

Arkes, R. M., & Harkness, A. R. (1980). Effect of making a diagnosis on subsequent recognition of symptoms. *Journal of Experimental Psychology: Human Learning and Memory, 6*, 568–575.

Aronson, E., & Linder, D. (1965). Gain and loss of esteem as determinants of interpersonal attractiveness. *Journal of Experimental Social Psychology, 1*, 156–172.

Ashley, F., Jr., & Kannel, W. (1974). Relation of weight change to change in atherogenic traits: The Framingham Study. *Journal of Chronic Diseases, 27*, 103–114.

Atkinson, J. W. (1964). *An introduction to motivation*. Princeton, NJ: Van Nostrand. – Deutsch: *Einführung in die Motivationsforschung*. Stuttgart: Klett 1975.

Averill, J. R. (1973). Personal control over aversive stimuli and its relationship to stress. *Psychological Bulletin, 80*, 286–303.

Baker, R. (1986). Don't understand me. *New York Times Magazine*, 26.

Baldwin, A. L. (1949). The effect of home environment on nursery school behavior. *Child Development*, 20, 49–62.

Bandura, A. (1977). *Social learning theory*. Englewood Cliffs, NJ: Prentice-Hall. – Deutsch: *Sozial-kognitive Lerntheorie*. Stuttgart: Klett-Cotta 1979.

Bandura, A. (1981). Self-referent thought: The development of self-efficacy. In J. H. Flavell & L. D. Ross (Eds.), *Social cognitive development* (pp. 200–239). New York: Cambridge University Press.

Bandura, A. (1982). Self-efficacy mechanism in human agency. *American Psychologist, 37*, 122–147.

Bandura, A. (1986). *Social foundations of thought and action: A social cognitive theory*. Englewood Cliffs, NJ: Prentice-Hall.

Bandura, A. (in press). Self-efficacy mechanism in physiological activation and health-promoting behavior. In: J. Madden IV, S. Matthysse, & J. Barchas (Eds.), *Adaptation, learning and affect*. New York: Raven Press.

Bandura, A., Taylor, C. B., Williams, L. W., Mefford, I. N., & Barchas, J. D. (1985). Catecholamine secretion as a function of perceived coping self-efficacy. *Journal of Consulting and Clinical Psychology, 53*, 406–414.

Bargh, J. A., & Tota, M. E. (1988). Context-dependent automatic processing in depression: Accessibility of negative constructs with regard to self but not others. *Journal of Personality and Social Psychology, 54*, 925–939.

Bartrop, R. W., Lockhurst, E., Lazarus, L., Kiloh, L. G., & Penny, R. (1977). Depressed lymphocyte function after bereavement. *Lancet, 1*, 834–836.

Batson, C. D., Coke, J. S., Chard, F., Smith, D., & Taliaferro, A. (1979). Generality of the «glow of good will»: Effects of mood on helping and information acquisition. *Social Psychology Quarterly, 42*, 176–179.

Baumeister, R. F. (in press). The optimal margin of illusion. *Journal of Social and Clinical Psychology*.

Baumeister, R. F., Hamilton, J. C., & Tice, D. M. (1985). Public versus private expectancy of success: Confidence booster or performance pressure? *Journal of Personality and Social Psychology, 48,* 1447–1457.

Baumeister, R. F., & Scher, S. J. (1988). Self-defeating behavior patterns among normal individuals: Review and analysis of common self-destructive tendencies. *Psychological Bulletin, 104,* 3–22.

Baumeister, R. F., Tice, D. M., & Hutton, D. G. (in press). Self-presentational motivations and personality differences in self-esteem. *Journal of Personality.*

Baumrind, D. (1967). Child care practices anteceding three patterns of preschool behavior. *Genetic Psychology Monographs, 75,* 43–88.

Baumrind, D. (1971). Current patterns of parental authority. *Developmental Psychology Monographs, 4,* 1–102.

Beck, A. T. (1967). *Depression: Clinical, experimental and theoretical aspects.* New York: Harper & Row.

Beck, A. T. (1974). The development of depression: A cognitive model. In R. J. Friedman & M. M. Katz (Eds.), *The psychology of depression* (pp. 3–28). Washington, DC: Winston.

Beck, A. T., Rush, A. J., Shaw, B. F., & Emery, G. (1979). *Cognitive theory of depression.* New York: Guilford Press.

Beck, K. H., & Lund, A. K. (1981). The effects of health threat seriousness and personal efficacy upon intentions and behavior. *Journal of Applied Social Psychology, 11,* 401–415.

Becker, E. (1973). *The denial of death.* New York: Free Press. – Deutsch: *Die Dynamik des Todes: Die Überwindung der Todesfurcht, Ursprung der Kultur.* Olten und Freiburg: Walter 1976.

Becker, W. C. (1964). Consequences of different kinds of parental discipline. In M. L. Hoffman & L. W. Hoffman (Eds.), *Review of child development research* (Vol. 1, pp. 169–208). New York: Russell Sage Foundation.

Beecher, H. K. (1959). *Measurement of subjective responses.* New York: Oxford University Press.

Benassi, V. A., & Mahler, H. I. M. (1985). Contingency judgments by depressed college students: Sadder but not always wiser. *Journal of Personality and Social Psychology, 49,* 1323–1329.

Berges, M. (1977, January 27). Irving Wallace: A good ear for words. *Los Angeles Times, View,* pp. 1, 6.

Berglas, S. (1985, February). Why did this happen to me? *Psychology Today,* pp. 44–48.

Berglas, S., & Jones, E. E. (1978). Drug choice as a self-handicapping strategy in response to non-contingent success. *Journal of Personality and Social Psychology, 36,* 405–417.

Berkowitz, L. (1972). Social norms, feelings and other factors affecting helping behavior and altruism. In L. Berkowitz (Ed.), *Advances in experimental social psychology* (Vol. 6, pp. 63–108). New York: Academic Press.

Berlyne, D. C. (1960). *Conflict, arousal, and curiosity.* New York: McGraw-Hill.

Blumberg, E. M., West, P. M., & Ellis, F. W. (1954). Possible relationship between psychological factors and human cancer. *Psychosomatic Medicine, 16,* 277–286.

Blumberg, H. H. (1972). Communication of interpersonal evaluations. *Journal of Personality and Social Psychology, 23,* 157–162.

Bohrnstedt, G. W., & Felson, R. B. (1983). Explaining the relations among children's actual and perceived performances and self-esteem: A comparison of several causal models. *Journal of Personality and Social Psychology, 45,* 43–56.

Borysenko, M., & Borysenko, J. (1982). Stress, behavior, and immunity: Animal models and mediating mechanisms. *General Hospital Psychiatry, 4,* 59–67.

Bower, G. H. (1981). Mood and memory. *American Psychologist, 36,* 129–148.

Bower, G. H., Black, J. B., & Turner, T. J. (1979). Scripts in memory for text. *Cognitive Psychology, 11,* 177–220.

Boyce, W. T., Jensen, E. W., Cassel, J. C., Collier, A. M., Smith, A. H., & Ramey, C. T. (1977). Influence of life events and family routines on childhood respiratory tract illness. *Pediatrics, 60,* 609–615.

Bradley, G. W. (1978). Self-serving biases in the attribution process: A reexamination of the fact or fiction question. *Journal of Personality and Social Psychology, 36,* 56–71.

Brehm, J. W. (1966). *Response to loss of freedom: A theory of psychological reactance.* New York: Academic Press.

Brewin, C. (1985). Depression and causal attributions: What is their relation? *Psychological Bulletin, 2,* 297–309.

Briar, S. (1966). Welfare from below: Recipients' views of the public welfare system. *California Law Review, 54,* 370–385.

Brickman, P., Coates, D., & Janoff-Bulman, R. (1978). Lottery winners and accident victims: Is happiness relative? *Journal of Personality and Social Psychology, 35,* 917–927.

Brim, O. G. (1976). Life span development of the theory of oneself: Implications for child development. In H. W. Reese (Ed.), *Advances in child development and behavior* (Vol. 11, pp. 241–251). NY: Academic Press.

Brim, G. (1988, September). Losing and winning. *Psychology Today*, pp. 48–52.

Brockner, J. (1979). The effects of self-esteem, success-failure, and self-consciousness on task performance. *Journal of Personality and Social Psychology, 37*, 1732–1741.

Brodoff, A. S. (1985, October). Resilience. *Vogue*, pp. 235, 238–240.

Broskowski, A. (1981). The health-mental health connection: An introduction. In A. Broskowski, E. Marks, & H. Budman (Eds.), *Linking health and mental health services* (pp. 13–15). Beverly Hills, CA: Sage.

Brown, G. W., & Harris, T. (1978). *Social origins of depression: A study of psychiatric disorder in women*. London: Tavistock.

Brown, J. D. (1984). Effects of induced mood on causal attributions for success and failure. *Motivation and Emotion, 8*, 343–353.

Brown, J. D. (1985). *Self-esteem and unrealistic optimism about the future*. Unpublished data, University of California, Los Angeles.

Brown, J. D. (1986). Evaluations of self and others: Self-enhancement biases in social judgments. *Social Cognition, 4*, 353–376.

Brown, J. D., & Siegel, J. M. (in press). Attributions for negative life events and depression: The role of perceived control. *Journal of Personality and Social Psychology*.

Broyard, A. (1985, January 6). Stimuli form inside and out. *Los Angeles Times Book Review*, p. 9.

Brunstein, J. C., & Olbrich, E. (1985). Personal helplessness and action control: Analysis of achievement-related cognitions, self-assessments, and performance. *Journal of Personality and Social Psychology, 48*, 1540–1551.

Burger, J. M. (1985). Desire for control and achievement-related behaviors. *Journal of Personality and Social Psychology, 48*, 1520–1533.

Burgess, A. W., & Holmstrom, L. (1979). *Rape: Crisis and recovery*. Bowie, MD: Brady.

Butcher, J. N. (Ed.) (1969). *MMPI: Research developments and clinical applications*. New York: McGraw-Hill.

Calabrese, J. R., Kling, M. A., & Gold, P. W. (1987). Alterations in immunocompetence during stress, bereavement, and depression: Focus on neuroendocrine regulation. *American Journal of Psychiatry, 144*, 1123–1134.

Campbell, J. D. (1986). Similarity and uniqueness: The effects of attribute type, relevance, and individual differences in self-esteem and depression. *Journal of Personality and Social Psychology, 50*, 281–294.

Campbell, J. D., & Fairey, P. J. (1985). Effects of self-esteem, hypothetical explanations, and verbalization of expectancies on future performance. *Journal of Personality and Social Psychology, 48*, 1097–1111.

Cannon, W. B. (1932). *The wisdom of the body.* New York: Norton.

Carnevale, P. J. D., & Isen, A. M. (1986). The influence of positive affect and visual access on the discovery of integrative solutions in bilateral negotiation. *Organizational Behavior and Human Decision Processes, 37*, 1–13.

Carroll, J. S. (1978). The effect of imagining an event on expectations for the event: An interpretation in terms of the availability heuristic. *Journal of Experimental and Social Psychology, 14*, 88–96.

Carsrud, A. L., & Olm, K. W. (1986). The success of male and female entrepreneurs: A comparative analysis of the effects of multidimensional achievement motivation and personality traits. In R. Smilor & R. L. Kuhn (Eds.), *Managing take-off in fast growth companies* (pp. 147–161). New York: Praeger.

Cassileth, B. R., Lusk, E. J., Miller, D. S., Brown, L. L., & Miller, C. (1985). Psychosocial correlates of survival in advanced malignant disease? *New England Journal of Medicine, 312*, 1551–1555.

Chodoff, P., Friedman, P. B., & Hamburg, D. A. (1964). Stress, defenses and coping behavior: Observations in parents of children with malignant disease. *American Journal of Psychiatry, 120*, 743–749.

Cialdini, R. B., Kenrick, D. T., & Baumann, D. J. (1982). Effects of mood on prosocial behavior in children and adults. In N. Eisenberg (Ed.); *The development of prosocial behavior* (pp. 339–359). New York: Academic Press.

Clark, M. S., & Isen, A. M. (1982). Toward understanding the relationship between feeling states and social behavior. In A. H. Hastorf & A. M. Isen (Eds.), *Cognitive social psychology* (pp. 73–108). New York: Elsevier.

Clements, C. D., & Sider, R. C. (1983). Medical ethics' assault upon medical values. *Journal of the American Medical Association, 250*, 2011–2015.

Cobb, S. (1976). Social support as a moderator of life stress. *Psychosomatic Medicine, 38*, 300–314.

Cochran, S. D., & Hammen, C. L. (1985). Perceptions of stressful life events and depression: A test of attributional models. *Journal of Personality and Social Psychology, 48*, 1562–1571.

Cohen, S., & Edwards, J. R. (in press). Personality characteristics as moderators of the relationship between stress and disorder. In R. W. J. Neufeld (Ed.), *Advances in the investigation of psychological stress*. New York: Wiley.

Cohen, S., Glass, D. C., & Singer, J. E. (1973). Apartment noise, auditory discrimination, and reading ability in children. *Journal of Experimental Social Psychology, 9,* 407–422.

Cohen, S., & Hoberman, H. M. (1983). Positive events and social supports as buffers of life change stress. *Journal of Applied Social Psychology, 13,* 99–125.

Collins, R. L., Taylor, S. E., & Skokan, L. A. (1988). *A better world or a shattered vision? Positive and negative assumptions about the world following victimization*. Manuscript submitted for publication.

Connell, J. P. (1985). A new multidimensional measure of children's perception of control. *Child Development, 56,* 1018–1041.

Conway, M., & Ross, M. (1984). Getting what you want by revising what you had. *Journal of Personality and Social Psychology, 47,* 738–748.

Coopersmith, S. (1967). *The antecedents of self-esteem*. San Francisco: Freeman.

Cottington, E. M., Matthews, K. A., Talbott, E., & Kuller, L. H. (1980). Environmental events preceding sudden death in women. *Psychosomatic Medicine, 42,* 567–574.

Cousins, N. (1979). *Anatomy of an illness as perceived by the patient*. New York: Norton. – Deutsch: *Der Arzt in uns: Anatomie einer Krankheit aus der Sicht des Betroffenen*. Reinbek: Rowohlt 1982.

Coyne, J. C. (1976a). Depression and the response of others. *Journal of Abnormal Psychology, 85,* 186–193.

Coyne, J. C. (1976b). Toward an interactional description of depression. *Psychiatry, 39,* 28–40.

Coyne, J. C. (in press). Interpersonal processes in depression. G. I. Keitner (Ed.), *Depression and families*. Washington, DC: American Psychiatric Press.

Coyne, J. C., & Gotlib, I. H. (1983). The role of cognition in depression: A critical appraisal. *Psychological Bulletin, 94,* 472–505.

Coyne, J. C., Kessler, R. C., Tal, M., Turnbull, J., Wortman, C., & Greden, J. (1987). Living with a depressed person: Burden and psychological distress. *Journal of Consulting and Clinical Psychology, 55,* 347–352.

Crandall, V. J., Solomon, D., & Kelleway, R. (1955). Expectancy statements and decision times as functions of objective probabilities and reinforcement values. *Journal of Personality, 24,* 192–203.

Crile, G. (1972). *What women should know about the breast cancer controversy.* New York: Macmillan.

Crocker, J. (1981). Judgment of covariation by social perceivers. *Psychological Bulletin, 90,* 272–292.

Cutrona, C. E. (1982). Transition to college: Loneliness and the process of social adjustment. In L. A. Peplau & D. Perlman (Eds.), *Loneliness: A sourcebook of current theory, research and therapy* (pp. 291–309). New York: Wiley.

Dahlstrom, W. G., Welsh, G. S., & Dahlstrom, L. E. (1975). *An MMPI handbook: Vol. II. Research applications.* Minneapolis: University of Minnesota Press.

Dance, K. A., & Kuiper, N. A. (1987). Self-schemata, social roles, and a selfworth contingency model of depression. *Motivation and Emotion, 11,* 251–268.

Davis, F. (1961). Deviance disavowal: The management of strained interaction by the visibly handicapped. *Social Problems, 9,* 120–132.

deCharms, R. (1968). *Personal causation: The internal affective determinants of behavior.* New York: Academic Press.

deCharms, R. (1976). *Enhancing motivation: Change in the classroom.* New York: Irvington.

Deci, E. L., Nezlek, J., & Sheinman, L. (1981). Characteristics of the rewarder and intrinsic motivation of the rewardee. *Journal of Personality and Social Psychology, 40,* 1–10.

DeMonbreun, B. G., & Craighead, W. E. (1977). Distortion of perception and recall of positive and neutral feedback in depression. *Cognitive Therapy and Research, 1,* 311–329.

Derogatis, L. R., Abeloff, M., & Melisaratos, N. (1979). Psychological coping mechanisms and survival time in metastatic breast cancer. *Journal of the American Medical Association, 242,* 1504–1508.

Derry, P. A., & Kuiper, N. A. (1981). Schematic processing and self-reference in clinical depression. *J. of Abnormal Psychology, 90,* 286–297.

DiClemente, R. J., & Temoshok, L. (1985). Psychological adjustment to having cutaneous malignant melanoma as a predictor of follow-up clinical status. *Psychosomatic Medicine, 47,* 81.

Diener, C. I., & Dweck, C. S. (1978). An analysis of learned helplessness: Continuous changes in performance, strategy, and achievement cognitions following failure. *Journal of Personality and Social Psychology, 36,* 451–462.

Diener, C. I., & Dweck, C. S. (1980). An analysis of learned helplessness: 2. The processing of success. *Journal of Personality and Social Psychology, 39*, 940–952.

Diener, E. (1984). Subjective well-being. *Psychological Bulletin, 95*, 542–575.

Donaldson, M. (1978). *Children's minds.* New York: Norton.

Dornbusch, S. M., Ritter, R. L., Leiderman, P. H., Roberts, D. F., & Fraleigh, M. J. (1987). The relation of parenting style to adolescent school performance. *Child Development, 58*, 1244–1257.

Doster, J. A. (1975). Individual differences affecting interviewee expectancies and perceptions of self-disclosure. *Journal of Counseling Psychology, 22*, 192–198.

Douglas, W., & Gibbons, K. (1983). Inadequacy of voice recognition as a demonstration of self-deception. *Journal of Personality and Social Psychology, 44*, 589–592.

Dweck, C. S., & Licht, B. G. (1980). Learned helplessness and intellectual achievement. In M. E. P. Seligman & J. Garber (Eds.), *Human helplessness: Theory and applications* (pp. 197–222). New York: Academic Press.

Dykman, B. M., Abramson, L. Y., Alloy, L. B., & Hartlage, S. (1989). Processing of ambiguous and unambiguous feedback by depressed and nondepressed college students: Schematic biases and their implications for depressive realism. *Journal of Personality and Social Psychology, 56*, 431–445.

Easterlin, R. A. (1974). Does economic growth improve the human lot? Some empirical evidence. In: P. A. David & M. W. Reder (Eds.), *Nations and households in economic growth* (pp. 89–125). New York: Academic Press.

Eckland, B. K. (1968). Theories of mate selection. *Eugenics Quarterly, 15*, 71–84.

Ellis, H. C., Thomas, R. L., McFarland, A. D., & Lane, J. W. (1985). Emotional mood states and retrieval in episodic memory. *J. of Experimental Psychology: Learning, Memory, and Cognition, 11*, 363–370.

Ellis, H. C., Thomas, R. L., & Rodriguez, I. A. (1984). Emotional mood states and memories. Elaborative encoding, semantic processing, and cognitive effort. *Journal of Experimental Psychology: Learning, Memory, and Cognition, 10*, 470–482.

Engel, G. L. (1971). Sudden and rapid death during psychological stress. *Annals of Internal Medicine, 74*, 771–782.

Epstein, S. (1973). The self-concept revisited, or a theory of a theory. *American Psychologist, 28*, 405–416.

Epstein, S. (in press). Constructive thinking: A broad coping variable with specific components. *Journal of Personality and Social Psychology*.

Erikson, E. H. (1950). *Childhood and society* (2nd ed.). New York: Norton. – Deutsch: *Kindheit und Gesellschaft*. Stuttgart: Klett 1971.

Erikson, E. H. (1962). *Young man Luther: A study in psychoanalysis and history*. New York: Norton. – Deutsch: *Der junge Mann Luther: Eine psychoanalytische und historische Studie*. Reinbek: Rowohlt 1970.

Erikson, K. T. (1976). *Everything in its path: Destruction of community in the Buffalo Creek flood*. New York: Simon & Schuster.

Feather, N. T. (1966). Effects of prior success and failure on expectations of success and subsequent performance. *Journal of Personality and Social Psychology, 3*, 287–298.

Feather, N. T. (1968). Change in confidence following success or failure as a predictor of subsequent performance. *Journal of Personality and Social Psychology, 9*, 38–46.

Feather, N. T. (1969). Attribution of responsibility and valence of success and failure in relation to initial confidence and task performance. *Journal of Personality and Social Psychology, 13*, 129–144.

Felson, R. B. (1981). Ambiguity and bias in the self-concept. *Social Psychology Quarterly, 44*, 64–69.

Felson, R. B. (1984). The effect of self-appraisals of ability on academic performance. *J. of Personality and Social Psychology, 47*, 944–952.

Fenichel, O. (1945). *The psychoanalytic theory of neurosis*. New York: Norton. – Deutsch: *Psychoanalytische Neurosenlehre*. Olten und Freiburg: Walter 1980.

Festinger, L. (1954). A theory of social comparison processes. *Human Relations 7*, 117–140.

Findley, T. (1953). The placebo and the physician. *Medical Clinics of North America, 37*, 1821–1826.

Fingarette, H. (1969). *Self-deception*. London: Routledge & Kegan Paul.

Fischer, C. L., Daniels, J. C., Levin, S. L., Kimzey, S. L., Cobb, E. K., & Ritzman, W. E. (1972). Effects of the spaceflight environment on man's immune system: 2. Lymphocyte counts and reactivity. *Aerospace Medicine, 43*, 1122–1125.

Fischhoff, B. (1976). Attribution theory and judgment under uncertainty. In J. H. Harvey, W. J. Ickes, & R. F. Kidd (Eds.), *New directions in attribution research* (Vol. 1, pp. 421–452). Hillsdale, NJ: Erlbaum.

Fiske, S. T., & Taylor, S. E. (1984). *Social cognition*. Reading, MA: Addison-Wesley.

Forsyth, D. R., & Schlenker, B. R. (1977). Attributing the causes of group performance: Effects of performance quality, task importance, and future testing. *Journal of Personality, 45*, 220–236.

Fowler, H. (1965). *Curiosity and exploratory behavior*. New York: Macmillan.

Fox, B. H. (1983). Current theory of psychogenic effects on cancer incidence and prognosis. *Journal of Psychosocial Oncology, 1*, 17–31.

Frank, J. D. (1953). Some psychological determinants of the level of aspiration. *American Journal of Psychology, 47*, 285–293.

Frankl, V. E. (1963). *Man's search for meaning*. New York: Washington Square Press. – Deutsch: *Der Mensch auf der Suche nach Sinn: Zur Rehumanisierung der Psychotherapie*. Freiburg: Herder 1972.

Franks, J. J., & Bransford, J. D. (1971). Abstraction of visual patterns. *Journal of Experimental Social Psychology, 90*, 65–74.

Free, L. A., & Cantril, H. (1968). *The political beliefs of Americans: A study of public opinion*. New York: Clarion.

Freedman, J. (1978). *Happy people: What happiness is, who has it, and why*. New York: Harcourt Brace Jovanovich.

Freud, A. (1966). *The ego and the mechanisms of defense* (rev. ed.). New York: International Universities Press. – Deutsch: Das Ich und die Abwehrmechanismen. München: Kindler o. J. (Erstaufl. 1936).

Freud, S. (1950). *Collected papers* (Vol. 4) (trans. J. Riviere). London: Hogarth Press. – Deutsch: Vgl. Sigmund Freud Studienausgabe, Band III: *Psychologie des Unbewußten*. Frankfurt: S. Fischer (*«Trauer und Melancholie»*, Seite 193–212).

Freud, S. (1957). Repression. In J. Strachey (Ed.), *The standard edition of the complete psychological works of Sigmund Freud* (Vol. 14, pp. 146–158). London: Hogarth Press. (Original work published 1915). – Deutsch: Vgl. Sigmund Freud Studienausgabe, Band III: *Psychologie des Unbewußten*. Frankfurt: S. Fischer (*«Die Verdrängung»*, Seite 103–119).

Freud, S. (1961). *Civilization and its discontents* (College ed., J. Strachey, Ed. & Trans.). New York: Norton. (Original work published 1930). – Deutsch: Vgl. Sigmund Freud Studienausgabe, Band IX: *Fragen der Gesellschaft – Ursprünge der Religion*. Frankfurt: S. Fischer (*«Das Unbehagen in der Kultur»*, Seite 191–270).

Friedman, H. S., & Booth-Kewley, S. (1988). The «disease-prone» personality. *Health Psychology, 42*, 539–555.

Fromm, E. (1941). *Escape from freedom*. New York: Rinehart. – Deutsch: *Die Furcht vor der Freiheit*. Frankfurt: Europäische Verlagsanstalt 1966 (Erstausg. 1958).

Fromm, E. (1955). *The sane society*. Rinehart. – Deutsch: *Der moderne Mensch und seine Zukunft*. Frankfurt: Europäische Verlagsanstalt 1967 (Erstausg. 1958).

Fuentes, C. (1964). *The death of Artemio Cruz*. New York: Farrar Straus Giroux. – Deutsch: Der Tod des Artemio Cruz. München: Hanser 1976.

Gallup, G. H. (1976–1977). Human needs and satisfactions: A global survey. *Public Opinion Quarterly, 40*, 459–467.

Geer, J. H., Davison, G. C., & Gatchel, R. I. (1970). Reduction of stress in humans through nonveridical perceived control of aversive stimulation. *Journal of Personality and Social Psychology, 16*, 731–738.

Geer, J. H., & Maisel, E. (1972). Evaluating the effects of the prediction-control confound. *Journal of Personality and Social Psychology, 23*, 314–319.

Gibbons, F. X. (1986). Social comparison and depression: Company's effect on misery. *Journal of Personality and Social Psychology, 51*, 140–149.

Gibbs, G. (1981). *Teaching students to learn*. Milton Keynes, England: Open University Press.

Gide, A. (1987). *The journals of André Gide, Vol. 1: 1889–1924*. (J. O'Brien, trans.). Evanston, IL: Northwestern University Press. (Original work published in 1939).

Gilovich, T. (1983). Biased evaluation and persistence in gambling. *Journal of Personality and Social Psychology, 44*, 1110–1126.

Gisler, R. H. (1974). Stress and the hormonal regulation of the immune response in mice. *Psychotherapy & Psychosomatics, 23*, 197.

Glaser, R., Rice, J., Sheridan, J., Fertel, R., Stout, J., Speicher, C., Pinsky, D., Kotur, M., Post, A., Beck, M., & Kiecolt-Glaser, J. (1987). Stress-related immune suppression. Health implications. *Brain, Behavior, and Immunity, 1*, 7–20.

Glass, D. C., & Singer, J. E. (1972). *Urban stress*. New York: Academic Press.

Goffman, E. (1955). On face-work: An analysis of ritual elements in social interaction. *Psychiatry: Journal for the Study of Interpersonal Processes, 18*, 213–231.

Goffman, E. (1963). *Stigma: Notes on the management of spoiled identity*. Englewood Cliffs, NJ: Prentice-Hall. – Deutsch: *Stigma: Über Tech-*

niken zur Bewältigung beschädigter Identität. Frankfurt: Suhrkamp 1977.

Goffman, E. (1967). *Interaction ritual.* Newport Beach, CA: Westcliff. – Deutsch: *Interaktions-Rituale: Über das Verhalten in direkter Kommunikation.* Frankfurt: Suhrkamp 1971.

Goldman, R. L. (1947). *Even the night.* New York: Macmillan.

Goleman, D. (1985). *Vital lies, simple truths: The psychology of self-deception.* New York: Simon & Schuster.

Golin, S., Terrell, T., & Johnson, B. (1977). Depression and the illusion of control. *Journal of Abnormal Psychology, 86,* 440–442.

Golin, S., Terrell, T., Weitz, J., & Drost, P. L. (1979). The illusion of control among depressed patients. *Journal of Abnormal Psychology, 88,* 454–457.

Gonzales, A., & Zimbardo, P. G. (1985, March). Time in perspective. *Psychology Today,* pp. 21–26.

Goodwin, F., & Jamison, K. R. (in press). *Manic depressive illness.* New York: Oxford University Press.

Gordon, D., Nowicki, S., & Wichern, F. (1981). Observed maternal and child behavior in a dependency-producing task as a function of children's locus of control orientation. *Merrill Palmer Quarterly, 27,* 43–51.

Gotlib, I. (1983). Perception and recall of interpersonal feedback: Negative bias in depression. *Cognitive Therapy and Research, 7,* 399–412.

Gotlib, I. (1984). Depression and general psychopathology in university students. *Journal of Abnormal Psychology, 93,* 19–30.

Gouaux, C. (1971). Induced affective states and interpersonal attraction. *Journal of Personality and Social Psychology, 20,* 37–43.

Green, S. K. & Gross, A. E. (1979). Self-serving biases in implicit evaluations. *Personality and Social Psychology Bulletin, 5,* 214–217.

Greenberg, M. S., & Alloy, L. B. (in press). Depression versus anxiety: Differences in self and other schemata. In L. B. Alloy (Ed.), *Cognitive processes in depression.* New York: Guilford Press.

Greenfield, S., Kaplan, S. & Ware, J. E. (in press). Expanding patient involvement in care: Effects on patient outcome. *Annals of Internal Medicine.*

Greenwald, A. G. (1980). The totalitarian ego: Fabrication and revision of personal history. *American Psychologist, 35,* 603–618.

Greenwald, A. G. (1984, August). *Totalitarian egos versus totalitarian societies*. Paper presented at the American Psychological Association annual meeting, Toronto, Canada.

Greenwald, A. G., & Breckler, S. J. (1985). To whom is the self presented? In B. Schlenker (Ed.), *The self and social life* (pp. 126–145). New York: McGraw-Hill.

Greer, S., Morris, T., & Pettingale, K. W. (1979). Psychological response to breast cancer: Effect and outcome. *Lancet, 2*, 785–787.

Gregory, L. W., Cialdini, R. B., & Carpenter, K. M. (1982). Self-relevant scenarios as mediators of likelihood estimates and compliance: Does imagining make it so? *Journal of Personality and Social Psychology, 43*, 89–99.

Griffith, W. B. (1970). Environmental effects on interpersonal affective behavior: Ambient temperature and attraction. *Journal of Personality and Social Psychology, 15*, 240–244.

Grolnick, W. S., & Ryan, R. M. (1987a). Autonomy in children's learning: An experimental and individual difference investigation. *Journal of Personality and Social Psychology, 52*, 890–898.

Grolnick, W. S., & Ryan, R. M. (1987b). Autonomy support in education: Creating the facilitating environment. In N. Hastings & J. Schwieso (Eds.), *New directions in educational psychology: Vol. 2. Behavior and motivation*. London: Falmer Press.

Grolnick, W. S., & Ryan, R. M. (1988). *Parent styles associated with children's self-regulation and competence in school*. Manuscript submitted for publication.

Gur, R. C., & Sackeim, H. A. (1979). Self-deception: A concept in search of a phenomenon. *Journal of Personality and Social Psychology, 37*, 147–169.

Gurin, G., Veroff, J., & Feld, S. (1960). *Americans view their mental health*. New York: Basic Books.

Hammen, C., Miklowitz, D. J., & Dyck, D. G. (1986). Stability and severity parameters of depressive self-schemata responding. *Journal of Social and Clinical Psychology, 4*, 23–45.

Hanson, J. D., Larson, M. C., & Snowden, C. T. (1976). The effects of control over high intensity noise on plasma control in rhesus monkeys. *Behavioral Biology, 16*, 333–334.

Harackiewicz, J. M., Manderlink, G., & Sansone, C. (1984). Rewarding pinball wizardry: Effects of evaluation and cue value on intrinsic interest. *Journal of Personality and Social Psychology, 47*, 287–300.

Harackiewicz, J. M., Sansone, C., & Manderlink, G. (1985). Competence, achievement orientation, and intrinsic motivation: A process analysis. *Journal of Personality and Social Psychology, 48*, 493–508.

Harari, O., & Covington, M. (1981). Reactions to achievement from a teacher and student perspective: A developmental analysis. *American Educational Research Journal, 18*, 15–28.

Harris, P. R. (1980) *Promoting health–preventing disease: Objectives for the nation*. Washington, DC: U. S. Government Printing Office.

Harris, R. J., Teske, R. R., & Ginns, M. J. (1975). Memory for pragmatic implications from courtroom testimony. *Bulletin of the Psychonomic Society, 6*, 494–496.

Harris, S. (1946). *Banting's miracle: The story of the discovery of insulin*. Toronto: J. M. Dent & Sons.

Harter, S. (1981). A model of intrinsic mastery motivation in children: Intrinsic differences and developmental change. In W. A. Collins (Ed.), *Minnesota Symposium on Child Psychology* (Vol. 14, pp. 215–255). Hillsdale, NJ: Erlbaum.

Harter, S. (1983). Developmental perspectives on the self-system. In E. M. Hetherington (Ed.), *Handbook of child psychology: Vol. 4. Socialization, personality and social development* (4th ed., pp. 275–386). New York: Wiley.

Hartmann, H. (1958). *Ego psychology and the problem of adaptation*. New York: International Universities Press. – Deutsch: *Ich-Psychologie und Anpassungsprobleme*. Stuttgart: Klett 1960.

Hatfield, J. S., Ferguson, L. R., & Alpert, R. (1967). Mother-child interaction and the socialization process. *Child Development, 38*, 365–414.

Hayes-Roth, B., & Hayes-Roth, F. (1979). A cognitive model of planning. *Cognitive Science, 3*, 275–310.

Heider, F. (1958). *The psychology of interpersonal relations*. New York: Wiley. – Deutsch: *Psychologie der interpersonalen Beziehungen*. Stuttgart: Klett 1970.

Henslin, J. M. (1967). Craps and magic. *American Journal of Sociology, 73*, 316–330.

Hess, R. D., & Holloway, S. D. (1985). Family and school as educational institutions. In: R. D. Parke (Ed.), *Review of child development research* (Vol. 7, pp. 179–222). Chicago: University of Chicago Press.

Hightower, A. D., Work, W. C., Cowen E. K., Lotyczewski, B. S., Spinell, A. P., Guare, J. C., & Rohrbeck, C. A. (1986). The teacher-child rating scale: A brief objective measure of elementary children's school problem behaviors and competencies. *School Psychology Review, 16,* 239–255.

Hill, C. T., Rubin, Z., & Peplau, L. A. (1976). Breakups before marriage: The end of 103 affairs. *Journal of Social Issues, 32,* 147–168.

Hinkle, L. E. (1974). The effect of exposure to cultural change, social change, and changes in interpersonal relationships on health. In: B. S. Dohrenwend & B. P. Dohrenwend (Eds.), *Stressful life events: Their nature and effects.* New York: Wiley.

Hirata-Hibi, M. (1967). Plasma cell reaction and thymic germinal centers after a chronic form of electric stress. *Journal of the Reticuloendothelial Society, 4,* 370.

Hobfoll, S. E., & London, P. (1986). The relationship of self-concept and social support to emotional distress among women during war. *Journal of Social and Clinical Psychology, 4,* 189–203.

Hobfoll, S. E., & Walfisch, S. (1984). Coping with a threat to life: A longitudinal study of self-concept, social support, and psychological distress. *American Journal of Community Psychology, 12,* 87–100.

Hogarth, R. M. (1980). *Judgement and choice: The psychology of decision.* New York: Wiley.

Hollander, C. (1983). Thanks for the recession. *Newsweek, July 25,* 11.

Horney, K. (1950). *Neurosis and human growth.* New York: Norton. – Deutsch: *Neurose und menschliches Wachstum: Das Ringen um Selbstverwirklichung.* München: Kindler 1975.

Horowitz, M. J., & Schulz, R. (1983). The relocation controversy: Criticism and commentary on five recent studies. *The Gerontologist, 23,* 229–234.

Horowitz, M. J., & Schulz, R. (1985). Institutional relocation and its impact on mortality, morbidity, and psychosocial status. In A. Baum & J. Singer (Eds.), Advances in health psychology (Vol. 3, pp. 319–343). Hillsdale, NJ: Erlbaum.

House, J. A. (1981). *Work stress and social support.* Reading, MA: Addison-Wesley.

Imboden, J. B., Canter, A., & Cluff, E. (1961). Convalescence from influenza: A study of the psychological and clinical determinants. *Archives of Internal Medicine, 108,* 393–399.

Imboden, J. B., Canter, E., Cluff, E., Leighton, E. C., & Trevor, R. W. (1959). Brucellosis: 3. Psychologic consequences of delayed convalescence. *Archives of Internal Medicine, 103,* 406–414.

Irwin, F. W. (1944). The realism of expectations. *Psychological Review, 51,* 120–126.

Irwin, F. W. (1953). Stated expectations as functions of probability and desirability of outcomes. *Journal of Personality, 21*, 329–335.

Isen A. M. (1970). Success, failure, attention, and reactions to others: The warm glow of success. *Journal of Personality and Social Psychology, 36*, 1–12.

Isen, A. M. (1984). Toward understanding the role of affect in cognition. In R. Wyer & T. Srull (Eds.), *Handbook of social cognition* (pp. 174–236). Hillsdale, NJ: Erlbaum.

Isen, A. M. (in press). The asymmetry of happiness and sadness in effects on memory in normal college students. *Journal of Experimental Psychology: General*.

Isen, A. M., & Daubman, K. A. (1984). The influence of affect on categorization. *Journal of Personality and Social Psychology, 47*, 1206–1217.

Isen, A. M., Daubman, K. A., & Nowicki, G. P. (1987). Positive affect facilitates creative problem solving. *Journal of Personality and Social Psychology, 52*, 1122–1131.

Isen, A. M., Johnson, M. M. S., Mertz, E., & Robinson, G. (1985). The influence of positive affect on the unusualness of word association. *Journal of Personality and Social Psychology, 48*, 1413–1426.

Isen, A. M., & Means, B. (1983). The influence of positive affect on decision-making strategy. *Social Cognition, 2*, 18–31.

Isen, A. M., & Patrick, R. (1983). The effects of positive feelings on risk-taking: When the chips are down. *Organizational Behavior and Human Performance, 31*, 194–202.

Isen, A. M., Shalker, T. E., Clark, M., & Karp, L. (1978). Affect, accessibility of material in memory, and behavior: A cognitive loop? *Journal of Personality and Social Psychology, 36*, 1–12.

Jahoda, M. (1953). The meaning of psychological health. *Social Casework, 34*, 349.

Jahoda, M. (1958). *Current concepts of positive mental health*. New York: Basic Books.

Janis, I. L. (1982). *Groupthink: Psychological studies of policy decisions and fiascoes* (2nd ed.). Boston: Houghton Mifflin.

Janoff-Bulman, R. (1979). Characterological versus behavioral self-blame: Inquiries into depression and rape. *Journal of Personality and Social Psychology, 37*, 1798–1809.

Janoff-Bulman, R. (in press). Criminal vs. non-criminal victimization: Victims' reactions. *Victimology*.

Janoff-Bulman, R., & Brickman, P. (1982). Expectations and what people learn from failure. In: N. T. Feather (Ed.), *Expectations and action: Expectancy-value models on psychology* (pp. 207–272). Hillsdale, NJ: Erlbaum.

Janoff-Bulman, R., & Frieze, I. H. (1983). A theoretical perspective for understanding reactions to victimization. *J. of Social Issues, 39*, 1–17.

Jemmott, J. B. III, & Locke, S. E. (1984). Psychosocial factors, immunologic mediation, and human susceptibility to infectious diseases: How much do we know? *Psychological Bulletin, 95*, 78–108.

Jennings, D., Amabile, T. M., & Ross, L. (1982). Informal covariation assessment: Data-based versus theory-based judgments. In A. Tversky, D. Kahneman, & P. Slovic (Eds.), *Judgment under uncertainty: Heuristics and biases* (pp. 211–230). New York: Cambridge University Press.

Jensen, M. R. (1987). Psychobiological factors predicting the course of breast cancer. *Journal of Personality, 55*, 317–342.

Joasoo, A., & McKenzie, J. M. (1976). Stress and the immune response in rats. *International Archives of Allergy and Applied Immunology, 50*, 659.

Johnson, J. E., & Leventhal, H. (1974). Effects of accurate expectations and behavioral instructions on reactions during a noxious medical examination. *Journal of Personality and Social Psychology, 29*, 710–718.

Johnson, J. E., & Tversky, A. (1983). Affect generalization and the perception of risk. *Journal of Personality and Social Psychology, 45*, 20–31.

Jones, E. E., & Berglas, S. C. (1978). Control of attributions about the self through self-handicapping strategies: The appeal of alcohol and the role of underachievement. *Personality and Social Psychology Bulletin, 4*, 200–206.

Jones, E. E., & Davis, K. E. (1965). From acts to dispositions: The attribution process in person perception. In L. Berkowitz (Ed.), *Advances in experimental social psychology* (Vol. 2, pp. 219–266). New York: Academic Press.

Jones, E. E., & Harris, V. A. (1967). The attribution of attitudes. *Journal of Experimental Social Psychology, 3*, 1–24.

Jourard, S. M., & Landsman, T. (1980). *Healthy personality: An approach from the viewpoint of humanistic psychology* (4th ed.). New York: Macmillan.

Kamen, L. P., & Seligman, M. E. P. (1986). *Explanatory style predicts college grade point average.* Unpublished manuscript, University of Pennsylvania.

Kavetskii, R. E. (1958). *The neoplastic process and the nervous system*. Kiev, USSR: State Medical Publishing House.

Keller, S. E., Weiss, J. M., Schleifer, S. J., Miller, N. E., & Stein, M. (1981). Suppression of immunity by stress: Effect of a graded series of stressors on lymphocyte stimulation in the rat. *Science, 213*, 1397–1400.

Kelley, H. H. (1967). Attribution theory in social psychology. In D. Levine (Ed.), *Nebraska Symposium on Motivation* (Vol. 15, pp. 192–240). Lincoln: University of Nebraska Press.

Kelly, G. A. (1955). *The psychology of personal constructs*. New York: Norton. – Deutsch: *Die Psychologie persönlicher Konstrukte*. Paderborn: Junfermann 1986.

Keyes, R. (1985, September). The best thing that ever happened to me. *McCall's*, pp. 10, 15, 19.

Kiecolt-Glaser, J. K., & Glaser, R. (in press). Behavioral influences on immune function. Evidence for the interplay between stress and health. In T. Field, P. McCabe, & N. Schneiderman (Eds.), *Stress and coping* (Vol. 2). Hillsdale, NJ: Erlbaum.

Kiesler, S., & Baral, R. (1970). The search for a romantic partner: The effects of self-esteem and physical attractiveness. In K. Gergen & D. Marlowe (Eds.), *Personality and social behavior* (pp. 155–156). Reading, MA: Addison-Wesley.

Kimzey, S. L. (1975). The effects of extended spaceflight on hematologic and immunologic systems. *Journal of the American Medical Women's Association, 30*, 218–232.

Kirscht, J. P., Haefner, D. P., Kegeles, F. S., & Rosenstock, I. M. (1966). A national study of health beliefs. *Journal of Health and Human Behavior, 7*, 248–254.

Klatzky, R. L. (1975). *Human memory: Structures and processes*. San Francisco: Freeman. – Deutsch: *Gedächtnis und Bewußtsein*. Stuttgart: Klett 1989.

Kleck, R. (1968). Self-disclosure patterns of the nonobviously stigmatized. *Psychological Reports, 23*, 1239–1248.

Klerman, G. L. (1979, April). The age of melancholy? *Psychology Today*, pp. 36–38, 42, 88.

Klerman, G. L. (1986, August 15). Depression research advances, treatment lags. *Research News*, pp. 723–725.

Kobasa, S. C. (1979). Stressful life events and health: An inquiry into hardiness. *Journal of Personality and Social Psychology, 37*, 1–11.

Kobasa, S. C., Maddi, S. R., & Covington, S. (1981). Personality and constitution as mediators in the stress-illness relationship. *Journal of Health and Social Behavior, 22,* 368–378.

Kobasa, S. C., Maddi, S. R., & Kahn, S. (1982). Hardiness and health: A prospective study. *Journal of Personality and Social Psychology, 42,* 168–177.

Kobasa, S. C., Maddi, S. R., & Puccetti, M. C. (1982). Personality and exercise as buffers in the stress-illness relationship. *Journal of Behavioral Medicine, 5,* 391–404.

Kobasa, S. C., & Puccetti, M. C. (1983). Personality and social resources in stress resistance. *Journal of Personality and Social Psychology, 45,* 839–850.

Kohut, H. (1966). Forms and transformations of narcissism. In P. Ornstein (Ed.), *The search for the self* (Vol. 1, pp. 427–460). New York: International Universities Press.

Kohut, H. (1978). *The search for the self: Selected writings of Heinz Kohut.* P. H. Ornstein, Ed. New York: International Universities Press.

Konner, M. (1988, March 13). Laughter and hope. *New York Times Magazine,* p. 49.

Kraepelin, E. (1921). *Manic-depressive insanity and paranoia.* London: Churchill Livingston. – Deutsch: *Erfahrungen in der psychiatrischen Klinik.* Leipzig: Barth [4] 1921.

Kronfol, Z., Silva, J., Greden, J., Dembinski, S., Gardner, R., & Carroll, B. (1983). Impaired lymphocyte function in depressive illness. *Life Sciences, 33,* 241–247.

Kübler-Ross, E. (1969). *On death and dying.* New York: Macmillan. – Deutsch: *Interviews mit Sterbenden.* Stuttgart: Kreuz 1983.

Kuhn, T. S. (1970). *The structure of scientific revolutions* (2nd ed.) Chicago: University of Chicago Press. – Deutsch: *Die Struktur wissenschaftlicher Revolutionen.* Frankfurt: Suhrkamp 1973.

Kuiper, N. A. (1978). Depression and causal attributions for success and failure. *Journal of Personality and Social Psychology, 36,* 236–246.

Kuiper, N. A., & Derry, P. A. (1982). Depressed and nondepressed content self-reference in mild depression. *J. of Personality, 50,* 67–79.

Kuiper, N. A., & MacDonald, M. R. (1982). Self and other perception in mild depressives. *Social Cognition, 1,* 233–239.

Kuiper, N. A., MacDonald, M. R., & Derry, P. A. (1983). Parameters of a depressive self-schema. In J. Suls & A. G. Greenwald (Eds.), *Psychological perspectives on the self* (Vol. 2, pp. 191–217). Hillsdale, NJ: Erlbaum.

Kuiper, N. A., & Olinger, L. J. (in press). Stress and cognitive vulnerability for depression: A self-worth contingency model. In: R. W. J. Neufeld (Ed.), *Advances in the investigation of psychological stress*. New York: Wiley.

Kuiper, N. A., Olinger, L. J., MacDonald, M. R., & Shaw, B. F. (1985). Self-schema processing of depressed and nondepressed content: The effects of vulnerability on depression. *Social Cognition, 3*, 77–93.

Kulik, J. A., & Mahler, I. M. (1987). Health status, perceptions of risk, and prevention interest for health and nonhealth problems. *Health Psychology, 6*, 15–28.

Kunda, Z. (1987). Motivated inference: Self-serving generation and evaluation of causal theories. *Journal of Personality and Social Psychology, 53*, 636–647.

Laird, J. D., Wagener, J. J., Halal, M., & Szegda, M. (1982). Remembering what you feel: Effects of emotion on memory. *Journal of Personality and Social Psychology, 42*, 646–657.

Langer, E. J. (1975). The illusion of control. *Journal of Personality and Social Psychology, 32*, 311–328.

Langer, E. J., & Rodin, J. (1976). The effects of choice and enhanced personal responsibility for the aged: A field experiment in an institutional setting. *J. of Personality and Social Psychology, 34*, 191–198.

Langer, E. J., & Roth, J. (1975). Heads I win, tails it's chance. The illusion of control as a function of the sequence of outcomes in a purely chance task. *Journal of Personality and Social Psychology, 32*, 951–955.

Larwood, L., & Whittaker, W. (1977). Managerial myopia. Self-serving biases in organizational planning. *Journal of Applied Psychology, 62*, 194–198.

Laudenslager, M. C., Reite, M., & Harbeck, R. J. (1982). Suppressed immune response in infant monkeys associated with maternal separation. *Behavior and Neural Biology, 36*, 40–48.

Laudenslager, M. C., Ryan, S. M., Drugan, R. C., Hyson, R. L., & Maier, S. F. (1983). Coping and immunosuppression: Inescapable but not escapable shock suppresses lymphocyte proliferation. *Science, 231*, 568–570.

Layne, C. (1983). Painful truths about depressives' cognitions. *Journal of Clinical Psychology, 39*, 848–853.

Lazarus, R. S. (1966). *Psychological stress and the coping process*. New York: McGraw-Hill.

Lazarus, R. S. (1983). The costs and benefits of denial. In S. Brenitz

(Ed.), *Denial of stress* (pp. 1–30). New York: International Universities Press.

Lazarus, R. S., & Folkman, S. (1984). *Stress, appraisal, and coping*. New York: Springer.

Leach, C. S., & Rambaut, P. C. (1974). Biochemical responses of the Skylab crewmen. *Proceedings of the Skylab Life Sciences Symposium, 2*, 247–454.

Lefcourt, H. M. (1973, May). The function of the illusions of control and freedom. *American Psychologist*, pp. 417–425.

Lehman, D. R., Ellard, J. H., & Wortman, C. B. (1986). Social support for the bereaved: Recipients' and providers' perspectives on what is helpful. *Journal of Consulting and Clinical Psychology, 54*, 438–446.

Lehman, D. R., & Taylor, S. E. (1987). Date with an earthquake: Coping with a probable, unpredictable disaster. *Personality and Social Psychology Bulletin, 13*, 546–555.

Lehman, D., Wortman, C. B., & Williams, A. F. (1987). Long-term effects of losing a spouse or child in a motor vehicle crash. *Journal of Personality and Social Psychology, 52*, 218–231.

Lemoine, J., & Mougne, C. (1983). Why has death stalked the refugees? *Natural History, 92*, 6–19.

Lerner, M. J. (1965). Evaluation of performance as a function of performer's reward an attractiveness. *Journal of Personality and Social Psychology, 1*, 355–360.

Lerner, M. J. (1970). The desire for justice and reactions to victims. In J. R. Macauley & L. Berkowitz (Eds.), *Altruism and helping behavior* (pp. 205–229). New York: Academic Press.

Lerner, M. J., & Lichtman, R. R. (1968). Effects of perceived norms on attitudes and altruistic behavior toward a dependent other. *Journal of Personality and Social Psychology, 9*, 226–232.

Lerner, M. J., & Matthews, G. (1967). Reactions to suffering of others under conditions of indirect responsibility. *Journal of Personality and Social Psychology, 5*, 319–325.

Lerner, M. J., & Simmons, C. (1966). Observer's reaction to the «innocent victim»: Compassion or rejection? *Journal of Personality and Social Psychology, 4*, 203–210.

Lettieri, R. J. (1983). Consciousness, self-deception and psychotherapy: An analogue study. *Imagination, Cognition and Personality 3*, 83–97.

Leventhal, H. (1975). The consequences of depersonalization during illness and treatment. In J. Howard & A. Strauss (Eds.), *Humanizing health care* (pp. 119–161). New York: Wiley.

Levine, J. D., Gordon, N. C., & Fields, H. L. (1978). The mechanism of placebo analgesia. *Lancet, 2,* 654–657.

Levy, S. M. (1983a). Death and dying. Behavioral and social factors that contribute to the process. In T. G. Burish & L. A. Bradley (Eds.), *Coping with chronic disease: Research and applications* (pp. 425–446). New York: Academic Press.

Levy, S. M. (1983b). Host differences in neoplastic risk: Behavioral and social contributors to disease. *Health Psychology, 2,* 21–44.

Levy, S. M., Herberman, R. B., Maluish, A. M., Schlien, B., & Lippman, M. (1985). Prognostic risk assessment in primary breast cancer by behavioral and immunological parameters. *Health Psychology, 4,* 99–113.

Lewicki, P. (1984). Self-schema and social information processing. *Journal of Personality and Social Psychology, 48,* 463–574.

Lewicki, P. (1985). Nonconscious biasing effects of single instances on subsequent judgments. *Journal of Personality and Social Psychology, 48,* 563–574.

Lewinsohn, P. M., Mischel, W., Chaplin, W., & Barton, R. (1980). Social competence and depression: The role of illusory self-perceptions. *Journal of Abnormal Psychology, 89,* 203–212.

Liberman, R. (1962). An analysis of the placebo phenomenon. *Journal of Chronic Diseases, 15,* 761–783.

Lieberman, M. A. (1983). The effects of social supports on responses to stress. In L. Goldberger & S. Breznitz (Eds.), *Handbook of stress: Theoretical and Clinical Aspect*s. (764–784). New York: Free Press.

Life Insurance Marketing Research Association (LIMRA). (1983). *The manpower and production survey.* Hartford, CT: Author.

Lindsay, M., & McCarthy, D. (1974). Caring for the brothers and sisters of a dying child. In: T. Burton (Ed.), *Care of the child facing death* (pp. 189–206). Boston, MA: Routledge & Kegan Paul.

Linville, P. W. (1982). Affective consequences of complexity regarding the self and others. In M. S. Clark & S. T. Fiske (Eds.), *Affect and cognition. Seventeenth annual Carnegie symposium on cognition.* Hillsdale, NJ: Erlbaum.

Linville, P. W. (1987). Self-complexity as a cognitive buffer against stress-related depression and illness. *Journal of Personality and Social Psychology, 52,* 663–676.

Loeb, R. C., Horst, L., & Horton, P. J. (1980). Family interaction patterns associated with self-esteem in preadolescent girls and boys. *Merrill-Palmer Quarterly, 26,* 203–217.

Lund, F. H. (1975). The psychology of belief: A study of its emotional and volitional determinants. *Journal of Abnormal and Social Psychology*, *20*, 63–81.

Lyman, R. D., Wurtele, S. K., & Shannon, D. C. (1980). Parents' perceptions of the psychological and social impact of home monitoring. *Pediatrics, 66*, 37–41.

Lynch, M. D. (1981). Self-concept development in childhood. In M. D. Lynch, A. A. Norem-Hebeisen, & K. Gergen (Eds.), *Self-concept: Advances in theory and research* (pp. 119–132). Cambridge, MA: Ballinger.

Maccoby, E. E., & Martin, J. A. (1983). Socialization in the context of the family: Parent-child interaction. In E. M. Hetherington (Ed.), *Handbook of child psychology: Vol. 4. Socialization, personality, and social development* (4th ed., pp. 1–102). New York: Wiley.

MacDonald, M. R., & Kuiper, N. A. (1984). Self-schema decision consistency in clinical depression. *Journal of Social and Clinical Psychology, 2*, 264–272.

MacFarland, C., & Ross, M. (1982). The impact of causal attributions on affective reactions to success and failure. *Journal of Abnormal and Social Psychology, 20*, 63–81.

Marks, G. (1984). Thinking one's abilities are unique and one's opinions are common. *Personality and Social Psychological Bulletin, 10*, 203–208.

Marks, G., Richardson, J. L., Graham, J. W., & Levine, A. (1986). Role of health locus of control beliefs and expectations of treatment efficacy in adjustment to cancer. *Journal of Personality and Social Psychology, 51*, 443–450.

Marks, R. W. (1951). The effect of probability, desirability, and «privilege» on the stated expectations of children. *Journal of Personality, 19*, 332–351.

Markus, H. (1977). Self-schemata and processing information about the self. *Journal of Personality and Social Psychology, 35*, 63–78.

Markus, H., & Nurius, P. (1986). Possible selves. *American Psychologist, 41*, 954–969.

Martin, D. J., Abramson, L. Y., & Alloy, L. B. (1984). Illusion of control for self and others in depressed and nondepressed college students. *Journal of Personality and Social Psychology, 46*, 125–136.

Maslow, A. H. (1950). Self-actualizing people: A study of psychological health. *Personality, Symposium No. 1*, 11–34.

Maslow, A. H. (1954). *Motivation and personality*. New York: Harper & Row.

Matarazzo, J. D. (1982). Behavioral health's challenge to academic, scientific, and professional psychology. *American Psychologist, 37,* 1–14.

Mayer, J. D., & Salovey, P. (in press). Personality moderates the interaction of mood and cognition. In K. Fiedler & J. Forgas (Eds.), *Affect, cognition, and social behavior*. Toronto: Hogrefe.

McFarlin, D. B., & Blascovich, J. (1981). Effects of self-esteem and performance feedback on future affective preferences and cognitive expectations. *Journal of Personality and Social Psychology, 40,* 521–531.

Mechanic, D. (1977). Illness behavior, social adaptation, and the management of illness. *Journal of Nervous and Mental Disease, 165,* 79–87.

Menninger, K. A. (1930). What is a healthy mind? In N. A. Crawford & K. A. Menninger (Eds.), *The healthy-minded child*. Coward-McCann.

Menninger, K. A. (1963). *The vital balance*. New York: Viking.

Meyer, R. J., & Haggerty, R. J. (1962). Streptococcal infections in families. *Journal of Pediatrics, 29,* 539–549.

Miller, D. T. (1976). Ego involvement and attributions for success and failure. *Journal of Personality and Social Psychology, 34,* 901–906.

Miller, D. T., & Ross, M. (1975). Self-serving biases in attribution of causality: Fact or fiction? *Psychological Bulletin, 82,* 213–225.

Miller, E. (1977, February). A Blaze of Talent. *Seventeen*, pp. 118–119.

Miller, S. M. (1979). Controllability and human stress: Method, evidence and theory. *Behaviour Research and Therapy, 17,* 287–304.

Minkoff, K., Bergman, E., Beck, A. T., & Beck, R. (1973). Hopelessness, depression, and attempted suicide. *American Journal of Psychiatry, 130,* 455–459.

Mirels, H. L. (1980). The avowal of responsibility for good and bad outcomes: The effects of generalized self-serving biases. *Personality and Social Psychology Bulletin, 6,* 299–306.

Mischel, W. (1973). Toward a cognitive-social learning reconceptualization of personality. *Psychological Review, 80,* 252–283.

Mischel, W., Coates, B., & Raskoff, A. (1968). Effects of success and failure on self-gratification. *Journal of Personality and Social Psychology, 10,* 381–390.

Mischel, W., Ebbeson, E. B., & Zeiss, A. M. (1976). Determinants of selective memory about the self. *Journal of Consulting and Clinical Psychology, 44,* 92–103.

Monjan, A. A., & Collector, M. I. (1977). Stress-induced modulation of the immune response. *Science, 196,* 307–308.

Moore, B. S., Underwood, B., & Rosenhan, D. L. (1973). Affect and altruism. *Developmental Psychology, 8*, 99–104.

Morrow, L. (1983, August 1). All the hazards and threats of success. *Time*, pp. 20–25.

Myers, B. A., Friedman, S. B., & Weiner, I. B. (1970). Coping with a chronic disability: Psychosocial observations of girls with scoliosis. *American Journal of Diseases of Children, 120*, 175–181.

Nelson, R. E., & Craighead, W. E. (1977). Selective recall of positive and negative feedback, self-control behaviors, and depression. *Journal of Abnormal Psychology, 86*, 379–388.

Nicholls, J. G. (1975). Causal attributions and other achievement-related cognitions: Effects of task outcome, attainment value, and sex. *Journal of Personality and Social Psychology, 31*, 379–389.

Nielsen, L. E., & Fleck, J. R. (1981). Defensive repressors and empathic impairment. *Psychological Reports, 48*, 615–624.

Nisbett, R. E., & Ross, L. (1980). *Human inference: Strategies and shortcomings of social judgment*. Englewood Cliffs, NJ: Prentice-Hall.

Nolen-Hoeksema, S., Girgus, J. S., & Seligman, M. E. P. (1986). Learned helplessness in children: A longitudinal study of depression, achievement, and explanatory style. *Journal of Personality and Social Psychology, 51*, 435–442.

Novack, W., & Iacocca, L. (1984). *Iacocca*. New York: Bantam. – Deutsch: *Iacocca*. Gütersloh: Bertelsmann 1986.

Oatley, K., & Bolton, W. (1985). A social-cognitive theory of depression in reaction to life events. *Psychological Review, 92*, 372–388.

Oncology Times. (1984). Smoking-related deaths higher for heart disease than cancer. *Oncology Times, 6*, 3, 35.

Ohnstad, K. (1942). *The world at my fingertips*. New York: Bobbs-Merrill.

Ornstein, P. (1980). Self psychology and the concept of health. In A. Goldberg (Ed.), *Advances in self psychology* (pp. 137–159). New York: International Universities Press.

Orwell, G. (1949). *1984*. New York: Harcourt Brace. – Deutsch: *1984*. Frankfurt: S. Fischer 1989.

Owens, J., Bower, G. H., & Black, J. B. (1979). The «soap-opera» effect in story recall. *Memory and Cognition, 7*, 185–191.

Parducci, A. (1968). The relativism of absolute judgments. *Scientific American, 219*, 518–528.

Patterson, G. R. (1976). The aggressive child: Victim and architect of a coercive system. In L. A. Hamerlynck, L. C. Hardy, & E. J. Marsh (Eds.), *Behavior modification and families: Vol. 1. Theory and research* (pp. 267–316). New York: Brunner-Mazel.

Paykel, E. S. (1982). *Handbook of affective disorders*. New York: Guilford Press.

Pearlin, L. I., & Schooler, C. (1978). The structure of coping. *Journal of Health and Social Behavior, 19*, 2–21.

Perloff, L. S. (1983). Perceptions of vulnerability to victimization. *Journal of Social Issues, 39*, 41–61.

Perloff, L. S., & Fetzer, B. K. (1986). Self-other judgments and perceived vulnerability to victimization. *Journal of Personality and Social Psychology, 50*, 502–510.

Persson, L. O., & Sjoberg, L. (1987). Mood and somatic symptoms. *Journal of Psychosomatic Research, 31*, 499–511.

Peterson, C., & Seligman, M. E. P. (1984). Causal explanations as a risk factor for depression: Theory and evidence. *Psychological Review, 91*, 347–374.

Peterson, C., Seligman, M. E. P., & Vaillant, G. E. (1988). Pessimistic explanatory style is a risk factor for physical illness: A thirty-five-year longitudinal study. *Journal of Personality and Social Psychology, 55*, 23–27.

Pettingale, K. W., Morris, T., Greer, S., & Haybittle, J. L. (1985). Mental attitudes to cancer: An additional prognostic factor. *Lancet, 1*, 750.

Pettingale, K. W., Philalithis, A., Tee, D. E. H., & Greer, H. S. (1981). The biological correlates of psychological responses to cancer. *Journal of Psychosomatic Research, 25*, 453–458.

Piaget, J. (1954). *The construction of reality in the child*. New York: Basic Books. – Deutsch: *Der Aufbau der Wirklichkeit beim Kinde*. In: *Gesammelte Werke*, Band 2. Stuttgart: Klett 1975.

Pietromonaco, P. R., & Markus, H. (1985). The nature of negative thoughts in depression. *Journal of Personality and Social Psychology, 48*, 799–807.

Pinneau, S. R., Jr. (1975). *Effects of social support on psychological and physiological stress*. Unpublished doctoral dissertation, University of Michigan, Ann Arbor.

Pruitt, D. G., & Hoge, R. D. (1965). Strength of the relationship between the value of an event and its subjective probability as a function of method of measurement. *Journal of Experimental Psychology, 5*, 483–489.

Pyszczynski, T., & Greenberg, J. (1987). Self-regulatory perseveration and the depressive self-focusing style: A self-awareness theory of reactive depression. *Psychological Bulletin, 102*, 122–138.

Pyszczynski, T., Holt, K., & Greenberg, J. (1987). Depression, self-focused attention, and expectances for positive and negative future life events for self and others. *Journal of Personality and Social Psychology, 52*, 994–1001.

Reite, M., Harbeck, R., & Hoffman, A. (1981). Altered cellular immune response following peer separation. *Life Sciences, 29*, 1133–1136.

Rholes, W., Riskind, J. H., & Neville, B. (1985). The relationship of cognitions and hopelessness to depression and anxiety. *Social Cognition, 3*, 36–50.

Richardson, H. M. (1939). Studies of mental resemblance between husbands and wives and between friends. *Psychological Bulletin, 36*, 104–120.

Ringer, R. J. (1977). *Looking out for number one*. Beverly Hills, CA: Los Angeles Book Corp.

Rizley, R. (1978). Depression and distortion in the attribution of causality. *Journal of Abnormal Psychology, 87*, 32–48.

Robertson, L. S. (1977). Car crashes: Perceived vulnerability and willingness to pay for crash protection. *Journal of Community Health, 3*, 136–141.

Rodin, J., & Langer, E. J. (1977). Long-term effects of a control-relevant intervention with the institutionalized aged. *Journal of Personality and Social Psychology, 35*, 897–902.

Rogentine, G. N., Jr., van Kammen, D. P., Fox, B. H., Docherty, J. P., Rosenblatt, J. E., Boyd, S. C., & Bunney, W. E. (1979). Psychological factors in the prognosis of malignant melanoma: A prospective study. *Psychosomatic Medicine, 41*, 647–655.

Rogers, C. R. (1942). *Counseling and psychotherapy*. Boston: Houghton Mifflin. – Deutsch: *Die nicht-direkte Beratung*. München: Kindler 1976.

Rogers, C. R. (1951). *Client-centered therapy: Its current practice, implications and theory*. Boston: Houghton Mifflin. – Deutsch: *Die klientenzentrierte Gesprächstherapie*. Frankfurt: S. Fischer 1987.

Rogers, M. P., Dubey, D., & Reich, P. (1979). The influence of the psyche and the brain on immunity and disease susceptibility: A critical review. *Psychosomatic Medicine, 41*, 147–164.

Rosenberg, M. (1979). *Conceiving the self*. New York: Basic Books.

Rosenhan, D. L., Salovey, P., & Hargis, K. (1981). The joys of helping:

Focus of attention mediates the impact of positive affect on altruism. *Journal of Personality and Social Psychology, 40*, 899–905.

Ross, L. (1981). The «intuitive scientist» formulation and its developmental implications. In J. H. Flavell & L. Ross (Eds.), *Social cognitive development: Frontiers and possible futures* (pp. 1–42). Cambridge: Cambridge University Press.

Ross, M., & Fletcher, G. J. O. (1985). Attribution and social perception. In G. Lindzey & A. Aronson (Eds.). *The handbook of social psychology* (3rd ed., pp. 73–122). Reading, MA: Addison-Wesley.

Ross, M., & Sicoly, F. (1979). Egocentric biases in availability and attribution. *Journal of Personality and Social Psychology, 37*, 322–337.

Rubin, Z. (1985). Deceiving ourselves about deception: Comment on Smith and Richardson's «Amelioration of deception and harm in psychological research». *Journal of Personality and Social Psychology, 48*, 252–253.

Ruehlman, L. S., West, S. G., & Pasahow, R. J. (1985). Depression and evaluative schemata. *Journal of Personality, 53*, 46–92.

Ryan, R. M., Connell, J. P., & Deci, E. L. (1985). A motivational analysis of self-determination in education. In C. Ames & R. E. Ames (Eds.), *Research on motivation in education: The classroom milieu* (pp. 13–52). New York: Academic Press.

Ryan, R. M., Connell, J. P., & Grolnick, W. S. (in press). When achievement is not intrinsically motivated: A theory of self-regulation in school. In A. K. Boggiano & T. S. Pittman (Eds.), *Achievement and motivation: A social-developmental perspective*. New York: Cambridge University Press.

Ryan, R. M., & Grolnick, W. S. (1986). Origins and pawns in the classroom: Self-report and projective assessments of individual differences in children's perceptions. *Journal of Personality and Social Psychology, 59*, 226–235.

Ryan, W. (1971). *Blaming the victim*. New York: Vintage Books.

Sachs, P. R. (1982). Avoidance of diagnostic information in self-evaluation of ability. *Personality and Social Psychology Bulletin, 8*, 242–246.

Sackeim, H. A. (1983). Self-deception, self-esteem, and depression: The adaptive value of lying to oneself. In J. Masling (Ed.), *Empirical studies of psychoanalytical theories* (Vol. 1, pp. 101–157). Hillsdale, NJ: Analytic Press.

Sackeim, H. A., & Gur, R. C. (1978). Self-deception, self-confrontation, and consciousness. In G. E. Schwartz & D. Shapiro (Eds.), *Conscious ness and self-regulation, advances in research and theory* (Vol. 2, pp. 139–197). New York: Plenum.

Sackeim, H. A., & Gur, R. C. (1979). Self-deception, other-deception, and self-reported psychopathology. *Journal of Consulting and Clinical Psychology, 47*, 213–215.

Salovey, P., & Rosenhan, D. L. (in press). Mood states and prosocial behavior. To appear in H. L. Wagner & A. S. R. Manstead (Eds.), *Handbook of psychophysiology: Emotion and social behavior*. Chichester, England: Wiley.

Sarbin, T. R. (1962). A preface to a psychological analysis of the self. *Psychological Review, 59*, 11–22.

Scarf, M. (1979, April). The more sorrowful sex. *Psychology Today*, pp. 45, 47–48, 51–52, 89.

Schaefer, C., Coyne, J. C., & Lazarus, R. S. (1981). The health-related functions of social support. *Journal of Behavioral Medicine, 4*, 381–406.

Schaefer, E. S. (1959). A circumplex model for maternal behavior. *Journal of Abnormal and Social Psychology, 59*, 226–235.

Scheier, M. F., & Carver, C. S. (1985). Optimism, coping, and health: Assessment and implications of generalized outcome expectancies. *Health Psychology, 4*, 219–247.

Scheier, M. F., Matthews, K. A., Owens, J., Magovern, G. J., Sr., Lefebvre, R. C., Abbott, R. A., & Carver, C. S. (1988). *Dispositional optimism and recovery from coronary artery bypass surgery: The beneficial effects on physical and psychological well-being*. Manuscript submitted for publication.

Scheier, M. F., Weintraub, J. K., & Carver, C. S. (1986). Coping with stress: Divergent strategies of optimists and pessimists. *Journal of Personality and Social Psychology, 51*, 1257–1264.

Schleifer, S. J., Keller, S. E., McKegney, F. P., & Stein, M. (1979, March). *The influence of stress and other psychosocial factors on human immunity*. Paper presented at the American Psychosomatic Society annual meeting, Dallas.

Schlenker, B. R. (1980). *Impression management*. Monterey, CA: Brooks/Cole.

Schlenker, B. R., & Miller, R. S. (1977). Egocentrism in groups: Self-serving biases or logical information processing? *Journal of Personality and Social Psychology, 35*, 755–764.

Schmale, A. H., & Iker, H. (1971). Hopelessness as a predictor of cervical cancer. *Social Science and Medicine, 20*, 259–277.

Schmale, A. J., Jr. (1958). The relation of separation and depression to disease. *Psychosomatic Medicine, 20,* 259–277.

Scholzman, K. L., & Verba, S. (1979). Injury to insult: Unemployment, class, and political response. Cambridge, MA: Harvard University Press.

Schulz, D. (1977). *Growth psychology: Models of the healthy personality.* New York: Van Nostrand.

Schulz, R. (1976). Effects of control and predictability on the physical and psychological well-being of the institutionalized aged. *Journal of Personality and Social Psychology, 33,* 563–573.

Schulz, R., & Aderman, D. (1973). Effect of residential change on the temporal distance to death of terminal cancer patients. *Omega, 4,* 157–162.

Schwarz, J. C., & Pollack, P. R. (1977). Affect and delay of gratification. *Journal of Research in Personality, 11,* 147–164.

Secord, P. F., & Backman, C. W. (1965). An interpersonal approach to personality. In B. A. Maher (Ed.), *Progress in experimental personality research* (Vol. 2, pp. 91–125). New York: Academic Press.

Seeman, G., & Schwarz, J. C. (1974). Affective state and preference for immediate versus delayed reward. *Journal of Research in Personality, 7,* 384–394.

Seligman, M. E. P. (1975). *Helplessness: On depression, development and death.* San Francisco: Freeman.

Seligman, M. E. P., & Schulman, P. (1986). Explanatory style as a predictor of productivity and quitting among life insurance sales agents. *Journal of Personality and Social Psychology, 50,* 832–838.

Shaffer, W. J., Duszynski, K. R., & Thomas, C. B. (1982). Family attitudes in youth as a possible precursor of cancer among physicians: A search for explanatory mechanisms. *Journal of Behavioral Medicine, 5,* 143–164.

Shapiro, A. K. (1960). A contribution to a history of the placebo effect. *Behavioral Science, 5,* 109–135.

Shapiro, A. K. (1964). Factors contributing to the placebo effect: Their implications for psychotherapy. *American Journal of Psychotherapy, 18,* 73–88.

Shekelle, R. B., Raynor, W. J., Ostfeld, A. M., Garron, D. C., Bieliauskas, L. A., Liu, S. C., Maliza, C., & Oglesby, P. (1981). Psychological depression and 17-year risk of death from cancer. *Psychosomatic Medicine, 43,* 117–125.

Sherif, M., & Cantril, H. (1947). *The psychology of ego-involvements*. New York: Wiley.

Sherman, R. T., & Anderson, C. A. (1987). Decreasing premature termination from psychotherapy. *Journal of Social and Clinical Psychology, 5*, 298–312.

Showers, C., & Cantor, N. (1985). Social cognition. A look at motivated strategies. *Annual Review of Psychology, 16*, 275–305.

Shrauger, J. S. (1972). Self-esteem and reactions to being observed by others. *Journal of Personality and Social Psychology, 23*, 192–200.

Shrauger, J. S. (1975). Responses to evaluation as a function of initial self-perception. *Psychological Bulletin, 82*, 581–596.

Shrauger, J. S. (1982). Selection and processing of self-evaluative information: Experimental evidence and clinical implications. In G. Weary & H. L. Mirels (Eds.), *Integrations of clinical and social psychology* (pp. 128–152). New York: Oxford University Press.

Shrauger, J. S., & Kelly, R. J. (in press). Global self-evaluation and changes in self description as a function of information. *J. of Personality*.

Shrauger, J. S., & Terbovic, M. L. (1976). Self-evaluation and assessments of performance by self and others. *Journal of Consulting and Clinical Psychology, 44*, 564–572.

Siegel, B. S. (1986). *Love, medicine, and miracles*. New York: Harper & Row.

Silver, R. L., Boon, C., & Stones, M. (1983). Searching for meaning in misfortune: Making sense of incest. *Journal of Social Issues, 39*, 81–102.

Silver, R. L., & Wortman, C. B. (1980). Coping with undesirable life events. In J. Garber & M. E. P. Seligman (Eds.), *Human helplessness: Theory and applications* (pp. 279–340). New York: Academic Press.

Skinner, B. F. (1971). *Beyond freedom and dignity*. NY: Knopf. – Deutsch: *Jenseits von Freiheit und Würde*. Reinbek: Rowohlt 1973.

Skinner, E. A. & Chapman, M. (1987). Resolution of a developmental paradox: How can perceived internality increase, decrease and remain the same across middle childhood? *Developmental Psychology, 23*, 44–48.

Skinner, E. A., & Connell, J. P. (1986). Control understanding: Suggestions for a developmental framework. In M. M. Baltes & P. B. Baltes (Eds.), *The psychology of control and aging* (pp. 35–69). Hillsdale, NJ: Erlbaum.

Sklar, L. S., & Anisman, H. (1981). Stress and cancer. *Psychological Bulletin, 89*, 369–406.

Smedslund, J. (1963). The concept of correlation in adults. *Scandinavian Journal of Psychology*, *4*, 165–173.

Smith, S. S., & Richardson, D. (1985). On deceiving ourselves about deception: Reply to Rubin. *Journal of Personality and Social Psychology*, *48*, 254–255.

Snyder, C. R. (1988, August). *Reality negotiation: From excuses to hope and beyond*. Paper presented at the American Psychological Association annual meeting, Atlanta.

Snyder, M. L., Stephan, W. G., & Rosenfield, C. (1978). Attributional egotism. In J. H. Harvey, W. J. Ickes, & R. F. Kidd (Eds.), *New directions in attribution research* (Vol. 2, pp. 91–117). Hillsdale, NJ: Erlbaum.

Snyder, M. L., & Wicklund, R. A. (1981). Attribute ambiguity. In J. H. Harvey, W. Ickes, & R. F. Kidd (Eds.), *New directions in attribution research* (Vol. 3, pp. 197–221). Hillsdale, NJ: Erlbaum.

Solomon, G. F. (1969). Stress and antibody response in rats. *International Archives of Allergy and Applied Immunology*, *35*, 97.

Solomon, G. F., Amkraut, A. A., & Kasper, P. (1974). Immunity, emotions, and stress (with special reference to the mechanism of stress effects on the immunity system). *Annals of Clinical Research*, *6*, 313–322.

Spuhler, J. N. (1968). Assortative mating with respect to physical characteristics. *Eugenics Quarterly*, *15*, 128–140.

Stein, M., Keller, S. E., & Schleifer, S. J. (1985). Stress and immunomodulation: The role of depression and neuroendocrine function. *Journal of Immunology*, *135*, 827s–833s.

Stipek, D. J. (1984). Young children's performance expectations: Logical analysis or wishful thinking? In I. Nicholls (Ed.), *Advances in motivation and achievement* (Vol. 3, pp. 33–56). Greenwich, CT: JAI.

Stipek, D., & MacIver, D. (in press). Developmental change in children's assessment of intellectual competence. *Child Development*.

Storr, A. (1968). Churchill: The man. In *Churchill: Four faces and the man*. London: Allen Lane.

Strack, S., & Coyne, J. C. (1983). Social confirmation of dysphoria: Shared and private reactions to depression. *Journal of Personality and Social Psychology*, *44*, 798–806.

Strecher, V. J., McEvoy De Vellis, B., Becker, M. H., & Rosenstock, I. M. (1986). The role of self-efficacy in achieving health behavior change. *Health Education Quarterly*, *13*, 73–91.

Strickland, B. R. (1978). Internal-external expectancies and health-related behaviors. *Journal of Consulting and Clinical Psychology, 46,* 1192–1211.

Sullivan, H. S. (1953). *The interpersonal theory of psychiatry* (H. S. Perry & M. L. Gawel, Eds.) New York: Norton.

Sullivan, H. S. (1956). *Clinical studies in psychiatry.* New York: Norton.

Suls, J. (1982). Social support, interpersonal relations, and health: Benefits and liabilities. In G. S. Sanders & J. Suls (Eds.), *Social psychology of health and illness.* Hillsdale, NJ: Erlbaum.

Suls, J., & Fletcher, B. (1985). The relative efficacy of avoidant and nonavoidant coping strategies: A meta-analysis. *Health Psychology, 4,* 249–288.

Suls, J. M., & Miller, R. L. M. (1977). *Social comparison processes: Theoretical and empirical perspectives.* New York: Wiley.

Svenson, O. (1981). Are we all less risky and more skillful than our fellow drivers? *Acta Psychologica, 47,* 143–148.

Swallow, S. R., & Kuiper, N. A. (1988). Social comparison and negative self-evaluations: An application to depression. *Clinical Psychology Review, 8,* 55–76.

Swann, W. B., Jr. (1983). Self-verification: Bringing social reality into harmony with the self. In J. Suls & A. G. Greenwald (Eds.), *Social psychology perspectives* (Vol. 2, pp. 33–66). Hillsdale, NJ: Lawrence Erlbaum.

Swann, W. B., Jr. (1984). Quest for accuracy in person perception: A matter of pragmatics. *Psychological Review, 91,* 457–477.

Swann, W. B., Jr., & Hill, C. A. (1982). When our identities are mistaken: Reaffirming self-conceptions through social interaction. *Journal of Personality and Social Psychology, 43,* 59–66.

Swann, W. B., Jr., & Read, S. J. (1981a). Acquiring self-knowledge: The search for feedback that fits. *Journal of Personality and Social Psychology, 41,* 1119–1128.

Swann, W. B., Jr., & Read, S. J. (1981b). Self-verification processes: How we sustain our self-conceptions. *Journal of Experimental Social Psychology, 17,* 351–370.

Sweeney, P. D., Anderson, K., & Bailey, S. (1986). Attributional style in depression: A meta-analytic view. *Journal of Personality and Social Psychology, 50,* 697–702.

Sweeney, P. D., Shaeffer, D., & Golin, S. (1982). Attributions about self and others in depression. *Personality and Social Psychology Bulletin, 8,* 37–42.

Tabachnik, N., Crocker, J., & Alloy, L. B. (1983). Depression, social comparison, and the false-consensus effect. *Journal of Personality and Social Psychology, 45,* 688–699.

Tache, J., Selye, H., & Day, S. B. (1979). *Cancer, stress, and death.* New York: Plenum.

Taylor, C. B., Bandura, A., Ewart, C. K., Miller, N. H., & DeBusk, R. F. (1985). Exercise testing to enhance wives' confidence in their husbands' cardiac capabilities soon after clinically uncomplicated acute myocardial infarction. *American Journal of Cardiology, 55,* 635–638.

Taylor, S. E. (1979). Hospital patient behavior: Helplessness, reactance or control? *Journal of Social Issues, 35,* 156–184. Revised version in H. S. Friedman & M. R. DiMatteo (Eds.). (1982). *Interpersonal issues in health care.* New York: Academic Press.

Taylor, S. E. (1983). Adjustment to threatening events: A theory of cognitive adaptation. *American Psychologist, 38,* 1161–1173.

Taylor, S. E. (1986). *Health psychology.* New York: Random House.

Taylor, S. E. (in press). Illusion, mental health and adaptation: Cognitive responses to the stress of life. *American Psychologist.*

Taylor, S. E., & Brown, J. (1988). Illusion and well-being: A social psychological perspective on mental health. *Psychological Bulletin, 103,* 193–210.

Taylor, S. E., & Clark, L. F. (1986). Does information improve adjustment to noxious events? In M. J. Saks & L. Saxe (Eds.), *Advances in applied social psychology* (Vol. 3, pp. 1–28). Hillsdale, NJ: Erlbaum.

Taylor, S. E., Collins, R. L., Skokan, L. A., & Aspinwall, L. G. (in press). Illusions and the processing of negative information. *Journal of Social and Clinical Psychology.*

Taylor, S. E., Lichtman, R. R., & Wood, J. V. (1984a). Attributions, beliefs about control, and adjustment to breast cancer. *Journal of Personality and Social Psychology, 46,* 489–502.

Taylor, S. E., Lichtman, R. R., & Wood, J. V. (1984b). Compliance with chemotherapy among breast cancer patients. *Health Psychology, 3,* 553–562.

Taylor, S. E., & Schneider, S. K. (1989). Coping and the simulation of events. *Social Cognition, 7,* 176–196.

Taylor, S. E., Wood, J. V., & Lichtman, R. R. (1983). It could be worse: Selective evaluation as a response to victimization. *Journal of Social Issues, 39,* 19–40.

Tellegen, A. (1979). *Differential Personality Questionnaire*. Unpublished manuscript, University of Minnesota.

Temoshok, L., Heller, B. W., Sagebeil, R. W., Marsden, S. B., Sweet, D. M., DiClemente, R. J., & Gold, M. C. (1985). Relationships of psychosocial factors to prognostic indicators in cutaneous malignant melanoma. *Journal of Psychosomatic Medicine, 29*, 139–153.

Tesser, A. (1980). Self-esteem maintenance in family dynamics. *Journal of Personality and Social Psychology, 39*, 77–91.

Tesser, A., & Campbell, J. (1980). Self-definition: The impact of the relative performance and similarity of others. *Social Psychology Quarterly, 43*, 341–347.

Tesser, A., & Campbell, J. (1982). Self-evaluation maintenance and the perception of friends and strangers. *Journal of Personality, 50*, 261–279.

Tesser, A., & Campbell, J., & Smith, M. (1984). Friendship, choice and performance: Self-evaluation maintenance in children. *Journal of Personality and Social Psychology, 46*, 561–574.

Tesser, A., & Moore, J. (1986). On the convergence of public and private aspects of self. In R. F. Baumeister (Ed.), *Public self and private life* (pp. 99–116). New York: Springer.

Tesser, A., & Paulhus, D. (1983). The definition of self: Private and public self-evaluation management strategies. *Journal of Personality and Social Psychology, 44*, 672–682.

Tesser, A., & Rosen, S. (1975). The reluctance to transmit bad news. In L. Berkowitz (Ed.), *Advances in Experimental Psychology* (Vol. 8, pp. 193–232). New York: Academic Press.

Tetlock, P. E., & Manstead, A. S. R. (1985). Impression management versus intrapsychic explanations in social psychology: A useful dichotomy? *Psychological Review, 92*, 59–77.

Thomas, C. B., & Duszynski, K. R. (1974). Closeness to parents and the family constellation in a prospective study of five disease states: Suicide, mental illness, malignant tumor, hypertension, and coronary heart disease. *Johns Hopkins Medical Journal, 134*, 251–270.

Thomas, C. B., Duszynski, K. R., & Shaffer, J. W. (1979). Family attitudes reported in youth as potential precursors of cancer. *Psychosomatic Medicine, 41*, 287–302.

Thompson, S. C. (1981). Will it hurt less if I can control it? A complex answer to a simple question. *Psychological Bulletin, 90*, 89–101.

Thompson, S. C. (1985). Finding positive meaning in a stressful event and coping. *Basic and Applied Social Psychology, 6*, 279–295.

Thompson, S. C. (1988). *The search for meaning following a stroke*. Manuscript submitted for publication.

Thompson, S. C., & Kelley, J. J. (1981). Judgments of responsibility for activities in close relationships. *Journal of Personality and Social Psychology, 41*, 469–477.

Thompson, W. C., Cowan, C. L., & Rosenhan, D. L. (1980). Focus of attention mediates the impact of negative effect on altruism. *Journal of Personality and Social Psychology, 38*, 291–300.

Thoresen, C. E., & Mahoney, M. J. (1974). *Behavioral self-control*. New York: Holt.

Tiger, L. (1979). *Optimism: The biology of hope*. New York: Simon & Schuster.

Trump, D. (with Schwartz, T.) (1988). *The art of the deal*. New York: Random House.

Turk, D. C. (1979). Factors influencing the adaptive process with chronic illness: Implications for intervention. In: I. G. Sarason & C. D. Spielberger (Eds.), *Stress and anxiety* (Vol. 6, pp. 291–311). Washington, DC: Hemisphere.

Tyler, S., & Shopsin, B. (1982). Symptoms and assessment of mania. In E. S. Paykel (Ed.), *Handbook of affective disorders*. New York: Guilford Press.

Vaillant, G. (1977). *Adaptation to life*. Boston: Little, Brown.

Vasta, R., & Brockner, J. (1979). Self-esteem and self-evaluation covert statements. *Journal of Consulting and Clinical Psychology, 47*, 776–777.

Veitch, R., & Griffith, W. (1976). Good news–bad news: Affective and interpersonal effects. *Journal of Applied Social Psychology, 6*, 69–75.

Velten, E. (1968). A laboratory task for induction of mood states. *Behaviour Research and Therapy, 6*, 473–482.

Viney, L. L. (1986). Expression of positive emotion by people who are physically ill: Is it evidence of defending or coping? *Journal of Psychosomatic Research, 30*, 27–34.

Visintainer, M. A., Seligman, M. E. P., & Volpicelli, J. (1983). Helplessness, chronic stress, and tumor development. *Psychosomatic Medicine, 45*, 75 (Abstract).

Visotsky, H. M., Hamburg, D. A., Goss, M. E., & Lebovits, B. Z. (1961). Coping behavior under extreme stress. *Archives of General Psychiatry, 5*, 423–448.

Wagener, J. J., & Taylor, S. E. (1986). What else could I have done?

Patients' responses to failed treatment decisions. *Health Psychology, 5*, 481–496.

Wagner, J. (1986). *The search for signs of intelligent life in the universe.* New York: Harper & Row.

Wallston, K. A., & Wallston, B. S. (1980). Health locus of control scales. In H. Lefcourt (Ed.), *Advances and innovations in locus of control research.* New York: Academic Press.

Wallston, K. A., & Wallston, B. S. (1982). Who is responsible for your health? The construct of health locus of control. In G. Saunders & J. Suls (Eds.), *Social psychology of health and illness* (pp. 65–95). Hillsdale, NJ: Erlbaum.

Walster, E., & Berscheid, E. (1968). The effects of time on cognitive consistency. In R. P. Abelson, E. Aronson, W. J. McGuire, T. M. Newcomb, M. J. Rosenberg, & P. H. Tannenbaum (Eds.), *Theories of cognitive consistency: A sourcebook* (pp. 599–608). Chicago: Rand McNally.

Ward, W. D., & Jenkins, H. M. (1965). The display of information and the judgment of contingency. *Canadian Journal of Psychology, 19*, 231–241.

Warfield, F. (1957). *Keep listening.* New York: Viking.

Watson, D., & Clark, L. A. (1984). Negative affectivity: The disposition to experience aversive emotional states. *Psychological Bulletin, 96*, 465–490.

Watson, G. (1930). Happiness among adult students of education. *Journal of Educational Psychology, 21*, 79–109.

Weinberger, D. A. (in press). The construct validity of the repressive coping style. In J. L. Singer (Ed.), *Repression: Defense mechanism and personal style.* Chicago: University of Chicago Press.

Weiner, B. (1979). A theory of motivation for some classroom experiences. *Journal of Educational Psychology, 71*, 3–25.

Weinstein, N. D. (1980). Unrealistic optimism about future life events. *Journal of Personality and Social Psychology, 39*, 806–820.

Weinstein, N. D. (1982). Unrealistic optimism about susceptibility to health problems. *Journal of Behavioral Medicine, 5*, 441–460.

Weinstein, N. D. (1984). Why it won't happen to me: Perceptions of risk factors and susceptibility. *Health Psychology, 3*, 431–457.

Weinstein, N. D. (1987). Unrealistic optimism about susceptibility to health problems: Conclusions from a community-wide sample. *Journal of Behavioral Medicine, 10*, 481–500.

Weinstein, N. D., & Lachendro, E. (1982). Egocentrism as a source of unrealistic optimism. *Personality and Social Psychology Bulletin, 8,* 195–200.

Weisman, A. D., & Worden, J. W. (1975). Psychological analysis of cancer deaths. *Omega, 6,* 61–75.

Weisz, J. R. (1986). Understanding the developing understanding of control. In M. Perlmutter (Ed.), *Minnesota symposia on child psychology: Vol. 18. Cognitive perspectives on children's social and behavioral development* (pp. 219–285). Hillsdale, NJ: Erlbaum.

Weisz, J. R., Rothbaum, F. M., & Blackburn, T. C. (1984). Standing out and standing in: The psychology of control in America and Japan. *American Psychologist, 39,* 955–969.

Welsh, G. S., & Dahlstrom, W. G. (Eds.). (1956). *Basic readings on the MMPI in psychology and medicine.* Minneapolis: University of Minnesota Press.

White, R. W. (1959). Motivation reconsidered: The concept of competence. *Psychological Review, 66,* 297–335.

Wilkins, G., Epting, F., & Van De Riet, H. (1972). Relationship between repression-sensitization and interpersonal cognitive complexity. *Journal of Consulting and Clinical Psychology, 39,* 448–450.

Wills, T. A. (1981). Downward comparison principles in social psychology. *Psychological Bulletin, 90,* 245–271.

Wills, T. A. (1983). Social comparison in coping and help-seeking. In B. M. DePaulo, A. Nadler, & J. D. Fisher (Eds.), *New directions in helping: Vol. 2. Help-seeking* (pp. 109–141). New York: Academic Press.

Winters, K. C., & Neale, J. M. (1985). Mania and low self-esteem. *Journal of Abnormal Psychology, 94,* 282–290.

Wixon, D. R., & Laird, J. D. (1976). Awareness and attitude change in the forced-compliance paradigm: The importance of when. *Journal of Personality and Social Psychology, 34,* 376–384.

Wood, J. V., Taylor, S. E., & Lichtman, R. R. (1985). Social comparison in adjustment to breast cancer. *Journal of Personality and Social Psychology, 49,* 1169–1183.

Worchel, S., & Goethals, G. R. (1985). *Adjustment: Pathways to personal growth.* Englewood Cliffs, NJ: Prentice-Hall.

Wortman, C. B., & Brehm, J. W. (1975). Responses to uncontrollable outcomes: An integration of reactance theory and the learned helplessness model. In L. Berkowitz (Ed.), *Advances in experimental social psychology* (Vol. 8, pp. 277–336). New York: Academic Press.

Wortman, C. B., & Dunkel-Schetter, C. (1979). Interpersonal relationships and cancer: A theoretical analysis. *Journal of Social Issues, 35*, 120–155.

Wortman, C. B., & Silver, R. (1982, August). *Coping with undesirable life events.* Paper presented at the American Psychological Association annual meeting, Washington, DC.

Wortman, C. B., & Silver, R. (1987). Coping with irrevocable loss. In G. R. VandenBos & B. K. Bryant (Eds.), *Cataclysms, crises, and catastrophes: Psychology in action* (pp. 189–235). Washington, DC: American Psychological Association.

Wright, J., & Mischel, W. (1982). Influence of affect on cognitive social learning person variables. *Journal of Personality and Social Psychology, 43*, 901–914.

Wurf, E., & Markus, H. (1983, August). *Cognitive consequences of the negative self.* Paper presented at the American Psychological Association annual meeting, Anaheim, CA.

Wurf, E., & Markus, H. (in press). Possible selves and the psychology of personal growth. In D. J. Ozer, J. M. Healy, & A. J. Stewart (Eds.), *Perspectives in personality: Self and emotion* (Vol. 3 a). Greenwich, CT: JAI Press.

Zigler, E., & Glick, M. (1988). Is paranoid schizophrenia really camouflaged depression? *American Psychologist, 43*, 284–290.

Zimbardo, P. G., Ebbesen, E. B., & Maslach, C. (1977). *Influencing attitudes and changing behavior.* Reading, MA: Addison-Wesley.

Zis, A. P., & Goodwin, F. K. (1982). The amine hypothesis. In E. S. Paykel (Ed.), *Handbook of affective disorders* (pp. 175–190). New York: Guilford Press.

Zuckerman, M. (1979). Attribution of success and failure revisited, or: The motivational bias is alive and well in attribution theory. *Journal of Personality, 47*, 245–287.

Zullow, H. M., Oettingen, G., Peterson, C., & Seligman, M. E. P. (1988). Pessimistic explanatory style in the historical record: CA Ving LBJ, presidential candidates, and East versus West Berlin. *American Psychologist, 43*, 673–682.

Zullow, H. M., & Seligman, M. E. P. (1988). *Pessimistic rumination predicts electoral defeat of presidential candidates: 1900–1984.* Manuscript submitted for publication.

REGISTER

JOAN FRANCES CASEY
ICH BIN VIELE
Eine ungewöhnliche Heilungsgeschichte
448 Seiten. Klappenbroschur und rororo 9566.

Eine junge Frau steht am Fenster und spürt, wie die schreckliche Versuchung
zu springen in ihr aufsteigt. Sie weiß nicht, warum sie sich umbringen will. Sie
sucht professionelle Hilfe und trifft auf die Therapeutin Lynn Wilson. Die
Diagnose lautet: Multiple Persönlichkeit.

«Dieses Buch ist vieles in einem. Es ist die Geschichte eines Kindes, das sehr
schwer verletzt wurde und überlebte. Es ist die Geschichte einer Therapie, der
Beziehung zwischen einer Therapeutin und einer Patientin. Vor allem aber ist
es die Geschichte zweier Menschen, die sich zum richtigen Zeitpunkt in ihrem
Leben trafen und gemeinsam ein Wunder vollbrachten. Und es erzählt von
zwei Frauen, die sich gegenseitig verändert haben.»
Lynn Wilson

DANIEL HELL
WELCHEN SINN MACHT DEPRESSION?
Das depressive Geschehen als Schutz und Botschaft. Ein neuer integrativer
und evolutionärer Ansatz.
304 Seiten. Klappenbroschur.

Jede vierte Frau und jeder fünfte Mann droht einmal im Leben depressiv zu
erkranken. Der Züricher Psychotherapeut Daniel Hell forscht nicht nur nach
den Ursachen, sondern erschließt mit der Finalfrage «Wozu braucht dieser
Mensch jetzt seine Depression?» neue Antwortmöglichkeiten und Heilungs-
chancen.

ROWOHLT